Harald Hartung
Die Launen der Poesie

Herausgegeben von der
Akademie der Wissenschaften
und der Literatur · Mainz
Klasse der Literatur

Harald Hartung
Die Launen der Poesie

*Deutsche und
internationale Lyrik seit 1980*

*Herausgegeben von
Heinrich Detering*

WALLSTEIN VERLAG

Die achtziger Jahre

Guten Tag: Gedicht

*Fünf neue Lyriker:
Peter Waterhouse, Barbara Maria Kloos,
Sabine Techel, Hans-Ulrich Treichel, Richard Wagner*

»Guten Tag Kunst: So muß man beginnen.« So beginnt einer der Lyriker, von denen die Rede sein soll, ein Gedicht und liefert gleich die Begründung: »Warum? Im Grüßen / bleiben die Übergänge sichtbar.« Gilt diese lyrische Maxime auch für die Kritik, für den Kritiker? Beim Grüßen sollte er es nicht belassen – aber daß die Übergänge *sichtbar* bleiben, ist für die Scheidekunst, als die Kritik sich versteht, von Bedeutung.

Dennoch: Guten Tag, Kunst. Die Zeiten für Gedichte scheinen nicht schlecht. Die Lyriker dürfen wieder Dichter heißen; mag ihnen selbst auch nicht ganz wohl dabei sein. Die Verleger verlegen immer noch (oder wieder) Lyrik. Es gibt sogar Käufer, die kaufen. Gibt es auch Leser? Es gibt Hörer, die in die Lyriklesungen kommen. Nicht alles, was gekauft wird, wird auch gelesen. Doch das gilt anderswo auch. Vielleicht sind die Käufer der schmalen Gedichtbände noch die intensiveren Leser, während manch einer den neuen Grass oder Handke bloß anliest, um mitreden zu können.

Guten Tag: Kritik. Es wird ja nicht nur gedichtet, verlegt, gekauft und gelesen, es wird auch besprochen. Besprechen, Besprochenwerden! Das klingt wie Zauber und ist es vielleicht auch. Ob gut oder böse, kein Autor mag ihn missen. Den Romanautor tröstet vielleicht noch der Verkaufserfolg über schlechte oder schlimmer: ausbleibende Rezensionen. Dem Lyriker bleibt oft nur der rezensierende Kollege: Lyrikkritik als Freundschaftskartell. Doch waren die Zeiten schon schlechter, war Lyrikkritik oft konventikelhaft. Gegenwärtig haben auch Debütanten die Chance, in den großen Organen rezensiert zu werden; und gar von den führenden Kritikern, die sich lange Jahre lieber an die Novitäten der Epik hielten. Ist die Lyrik inzwischen soviel interessanter geworden? Oder rückte die Figur des Dichters, der Dichterin in den Blick – der Lebensroman in Gedichten. *Human interest* gibt der Lyrik Auftrieb, der Lyriker wurde porträtwürdig. Doch was ist mit dem *Gedicht*?

Es wird besprochen, gelesen, verkauft, verlegt, doch zu allererst *gemacht*. Dieses Machen, dieses Gemachte des Gedichts wird gegenwärtig kaum befragt. Soll heißen: es gibt keine aktuelle Theorie des Gedichts. Die Lyriker, möchte man sagen, pfeifen auf Theorie. Doch nein, sie pfeifen nicht einmal mehr darauf. Denn auch die *Lust* an der Theorielosigkeit, die sich durch Provokation oder Argument rechtfertigte, ist schon wieder vergangen. »Man muß vergessen, daß es so etwas wie Kunst gibt! Und einfach anfangen« – das war schon 1968 ein (un)frommer Wunsch. Immerhin konnte Rolf Dieter Brinkmann mit dieser Prämisse etwas anfangen, indem er aus US-Import-Pop und persönlicher Aggressivität seine Lyrik mischte. Das Verdrängte kehrte wieder, aber die abgerissene Tradition präsentiert sich nun als Warenhaus. Der Slogan wäre fällig: »Man muß einsehen, daß es einen Haufen Tradition gibt! Und sich einfach bedienen.« 1979, beim Zweiten Bielefelder Colloquium Neue Poesie, formulierte einer der Teilnehmer: »Machen können wir alles. Also was machen wir?«

War das ein Plädoyer für die offene Literatur oder der Ausdruck von Ratlosigkeit? Aufruf zur *bricolage* oder der Zweifel an der Machbarkeit überhaupt? Und wenn jeweils beides im Spiel war – sind wir dann aus der Epoche der Aporien in ein Posthistoire eingetreten, in dem alle Ambivalenzen bunt sind und doch grau? Halten wir uns an die Übergänge und sagen nicht gleich: Guten Tag, Theorie. Sprechen wir über einige Autoren, die 1986 ihren ersten oder zweiten Lyrikband veröffentlicht haben. Die Auswahl ist begrenzt, doch nicht ganz zufällig: der Dilettantismus der Verständigungstexte, die evidente lyrische Konvention blieben draußen. Entsteht ein Gedicht oder wird es gemacht? Eine alte und unlösbare Frage. Damit aber ein Gedicht entsteht, muß es gemacht werden. Die Machart läßt sich ablesen. Worauf konzentrieren sich diese Lyriker? Wie sammeln sie das Zerstreute?

Peter Waterhouse

»Passim« (lat.): »zerstreut, rings umher, überallhin«, aber auch »durcheinander, ohne Unterschied.« *Passim* ist der Titel des zweiten Gedichtbandes von Peter Waterhouse, der 1956 in Berlin geboren wurde, in Wien und Los Angeles studierte, eine Dissertation über Paul Celan schrieb und gegenwärtig in Wien lebt. Sein Gedichtband teilt davon nichts mit, die üblichen Klappentextangaben fehlen, Biographisches bleibt ausgespart – auch im lyrischen Text: »Ein nüchterner Selbstrest trägt Krawatte«, heißt es. Oder: »Wer muß ich unter dem Pullover sein, der jetzt blau ist?« Und bei der scherzhaften Frage »Warum macht die Sonne meine Nase rot?« verweist ein Sternchen auf die Anmerkung: »* Autobiographisch« – selbst das vermutlich eine falsche Spur. Was besagt schon eine gerötete Nase?

Daß ein junger Lyriker so ostentativ auf die Ausbeutung seines biographischen Fundus verzichtet, ist für sich schon bemerkenswert genug. Aber das heißt nicht, daß Waterhouse so etwas wie persönlicher Ton und jugendlicher Charme fehlten. Er gibt sich auf freilich vertrackte Weise kommunikativ, munter, aufgeräumt. Er ist immerhin derjenige, der sein Metier apostrophiert »Guten Tag Kunst« und der sich und seinesgleichen als »begrüßenswerte Künstler des Spaziergangs« bezeichnet: »Spaziergang als Himmelskunst«. Ein junger Heißenbüttel, aber mit der Attitüde eines methodischen Luftikus. Seine Exerzitien machen ihm augenscheinlich Spaß, und der trägt den Leser auch über die Strecken methodischen Leerlaufs hinweg, die bei Waterhouse nicht fehlen.

»Wo sind wir jetzt?« fragt der erste Teil von *Passim*. Hier gibt der Autor seine Prämissen bekannt. »Der Name der Sprache heißt: Abwesenheit!«, »Die Sprache heißt heute: Keiner« – aber auch: »Alles klingt schwierig / es ist alles nicht schwierig.« Also Negativität und Anonymität als Voraussetzungen des Sprachspiels. Es ist tatsächlich *Spiel* und kein stures Exerzieren. Waterhouse verzichtet auf Dogmatisches, auf eindeutige Thesen. Er liebt Zweifel, Ambivalenz; jene »Übergänge«, die »im Grüßen« sichtbar bleiben: »Es gibt nur Übergänge, die gute Welt ist ein einziges Sagen: / Guten Tag.« Die *gute* Welt, sagt er; ist die Welt gut? Waterhouse hat Wittgensteins Sprachskepsis in eine Heiterkeit à la Arp gewendet. Die »gute Welt« kann er freilich nur sagen, weil soviel Welt draußen bleibt: »Wollte ich etwas sagen? Nein.«

Dennoch entscheiden nicht poetologische Prämissen über die Qualität von Texten, sondern ihre Komplexität, die alle Vorgaben übersteigt. Oder mit einem von Waterhouse' Titeln: »Konstruktives Verfahren und süße Bestimmung«, der Charme der Fügungen und gleitenden Assoziationen, die Evokation heiterer irrealer Welten. Die Texte sind künstliche Objekte, besser: künstliche Abläufe, mit all ihren Tricks und Überraschungen. Waterhouse beginnt gern mit *Setzungen*, denen man ihre Beliebigkeit, ihren Charakter als Gag durchaus ansieht:

Wir beginnen manchmal so: Sessel.
Sessel.
Bald macht der Beginn einen weiten Sprung, der Sprung
lautet wörtlich:
Bitte nehmen Sie Platz auf dem Sessel.

Das ist auch der Platz des Lesers, freilich ein unsicherer, nicht geheuerer. Der Anfang wird hin und her gewendet, befragt, fallengelassen und wieder aufgenommen. Der anfangs gesetzte Wort-Gegenstand wird verwandelt oder in seiner Identität so lang apostrophiert, bis es zu emphatischen Tautologien kommt. »Im Grunde / ist jetzt alles gesagt«, heißt es einmal ziemlich zu Beginn; und natürlich demonstriert Waterhouse im Folgenden, was alles noch gesagt werden kann: »mit so wenig ist noch keiner ausgekommen, die Preisrede ist unser bestes / alles wird mitgerissen, wir sind hingerissen, das geht so fort.« Die Texte führen selber ihre Verfahrensweise vor, kommentieren sie, ja sind manchmal nur Kommentare zu Gedichten, die *in* den Texten stecken. Gedichte über Gedichte – oder mit dem Wort Oskar Pastiors »Gedichtgedichte«.

Die lyrischen Texte in *Passim* sind worthaltig, nicht welthaltig. Celan hatte einst geschrieben: »Blume – ein Blindenwort.« Waterhouse respondiert: »Glauben Sie mir das Wort Blume?« Das *Wort* glauben wir ihm wohl, auch seine anderen schön und witzig verstreuten Wörter und künstlichen Sätze.

Nur an wenigen Stellen, so scheint mir, tritt Waterhouse für einen Moment aus seiner linguistischen Innenwelt heraus, geht er, so der Titel eines Gedichts, »Ins Innere hinaus«: »Die Welt öffnet vielleicht die Augen. / Welche Augen? Die geliebten.« Ich respektiere, daß Waterhouse vor dem Affirmativen zurückscheut, daß er – noch – beim Disparaten der Wörter verharrt. »Passim« heißt ja auch »durcheinander, ohne Unterschied«. Er hat noch einiges vor sich: das Unterscheiden und das Zusammensehen: »Denk mich zusammen / du Sagmirein, Schweigenhaus Stadtpartikel, Erschießungstrupp Tür / Nichtgesagtstraßekeinwort, Hierfließtmeingutersinn / komm du Narr.«

Barbara Maria Kloos

Barbara Maria Kloos, 1958 in Darmstadt geboren, kommt uns mit ihrem lyrischen Debüt *Solo*, aber mit der Attitüde der Provokation – das lyrische *Ich* gegen die ganze *Welt*: »Kein Cäsar / Um mich kein Heer / Ich bin Marke / Solitär«, so lautet ihr Motto. Was sie uns mitzuteilen hat, geht in ihren Gedichten offensichtlich nicht völlig auf, sondern benötigt (nach berühmten Vorbildern) eine Anleitung, eine Gebrauchsanweisung unter dem Rubrum »Gefühl & Härte«. Da rechnet sie mit aller zahmen Lyrik ab: »Die meisten Gedichte tun so, als hätten sie nichts zu sagen. In falschem Schamgefühl vor dem Handlungsreichtum der Prosa, vor dem munteren Treiben in Erzählungen und Romanen geben diese Gedichte in jeder Zeile nur eine einzige Information: Ich weiß, daß ich nichts weiß.« Und dann sagt sie, was sie vom Gedicht verlangt: »Ins Gedicht gehört Handlung, Handlung und nochmals Handlung. Da muß tatsächlich mehr los sein, als sich in Form von Schweißtropfen zwischen dem linken und rechten Ohr des melancholischen Grüblers abspielt ... Nur durch die weitgehende Disziplinierung der modernen Lyrikerin und durch den geschickten Aufbau einer spannenden Story im Taschenformat, die so schnell begriffen werden kann wie die Waschmittelwerbung, sind noch jene ordinären und extraordinären Gemütszustände zu erzeugen, die wir ›lyrisch‹ zu nennen pflegen.«

Ein Programm, gewiß. Etwas zwischen Brecht, Kästner und Pop-art. Doch man verkennt es, wenn man die (Selbst?)Ironie nicht abrechnet, und die ist – trotz »Gefühl & Härte« – nicht zu übersehen. Benn sprach gern davon, daß Lyriker ihre Lyrik »starten«. Barbara Maria Kloos »startet« also so etwas wie eine grobe, grob-sinnliche Lyrik. Etwa mit »Münchner Honeymoon«:

> Himmel, hat der Halbmond
> einen Ständer! Die Sterne
> reiben sich in Scharen
> an seinem gelben Schwanz.
>
> Ich glaub, heut hat der
> Sommer Schnaps gesoffen.
> Die heiße Nacht nimmt mich
> von hinten: voll und ganz!

Die Provokation – aber was ist das heute? – mag darin liegen, daß eine *Frau* obszöne Motive wagt und, so scheint mir, auch das Mißverständnis und Mißverstandenwerden nicht scheut. Durch Grobheit sucht sie die Gedichtsprache aufzurauhen und durch den Wechsel von Plumpheit und Raffinesse, Zartheit und Aggression den Leser zu fesseln. Liebes- und Ehethemen gelingen ihr am besten, was schon die sprechenden Überschriften zeigen: »Knutschfleck, katholisch«, »Eheszenen oder Wissen Sie, was Ihre Frau treibt?«, »EheEpigramm, zärtlich«, »Damenwahl«, »LiebesGewitter« usw. Gebrauchslyrik, die von Sprachzweifel nicht angekränkelt ist, und so nimmt man der Autorin auch den Zweifel an der Identität nicht ab: »Ich stecke nicht in meiner Haut.« Das Gegenteil ist der Fall: Barbara Maria Kloos scheint sich sehr wohl in ihr zu fühlen.

Sabine Techel

Das tut Sabine Techel offenbar nicht. Weder setzt sie ihre Subjektivität ungeniert ein, noch eliminiert sie methodisch das autobiographische Moment; sie wirkt vielmehr unentschieden in Haltung, Stimmung und Ausdruck ihrer Gedichte. Etwas davon verrät schon der Titel ihres Erstlings *Es kündigt sich an*. Was ist dieses »es«, das sich da ankündigt? Das Titelgedicht scheint auf etwas Apokalyptisches hinzudeuten – aber das ist für Sabine Techel schon zu schwer, zu deutlich. Sie muß »es«

zurücknehmen, relativieren: »es ist jetzt Zeit für kalte Hände / was nicht schlimm ist wenn man immer welche hat / und was schlimm ist will auch gelernt sein.« Aber was ist »schlimm«? Wir erfahren es nicht. Es war wohl die falsche Frage. Sabine Techel liegt wohl eher das Halbschlimme, das Kleinformat, die tägliche Groteske.

Und dergleichen gelingt ihr auch, wo sie sich zu boshafter Kürze entschließt. Und da ist dann auch ein Ich präsent: »Ach ich, gierig / nach einem gierigen Mann / den ich vom Sessel kalt lächelnd / bestaunen kann.« Doch was ist, wenn dies Gegenüber fehlt, wenn ihr kaltes Staunen keinen lebensvollen Widerpart findet? Dann gibt es verquollene Reflexionen, gehäufte Voraussetzungen und Vorbehalte, und das Bewußtsein der Spaltung wirkt eigentümlich diffus – was spaltet sich da eigentlich, wenn es heißt: »meine bleiche Hälfte präsent meine andere / hinter dem Fenster zu meiner Verfügung / flexibel disponibel mobil à discrétion.« Man bediene sich! Und wenn das Gedicht auch heißt »Zum sofortigen Verbrauch bestimmt« – die Ironie oder Selbstironie rettet es nicht. Wie prägnant dagegen formulierte Karin Kiwus den »Sprung« im Ich in ihrem Band *Von beiden Seiten der Gegenwart* (1976): »Zu zweit kam ich / am anderen Ufer an.«

Auch sonst erinnern einige Texte in Ton und Zeilenfall an Karin Kiwus, andere an Hans Arp, Sarah Kirsch und Erich Fried. »Wer schlägt dem Kasper jetzt die Fritten tot?« wird à la Arp gefragt und geklagt: »Weh unser armer Udo ist tot.« Zwar heißt ein Gedicht »Ein theoretischer Ansatz«, doch ist es praktisch ganz auf Sarah Kirsch gestimmt: »Ach mein Liebster will den Frühling holn.« – Bloße Imitation? Dafür ist zu viel Intelligenz im Spiel, zu viel Kenntnis und Sprachgefühl. Man könnte bei etlichen ihrer Gedichte von Pastiches sprechen, von Nachahmungen als Huldigung, von Exerzitien zur Erlangung eines eigenen Stils (berühmtes Exempel: Prousts *Pastiches et mélanges*). Also sagen, was sagbar ist, was andere gesagt haben. Aufs Unsagbare verzichten oder diesen Verzicht formulieren nach dem Vorgang anderer. Ein Gedicht wie »Unsägliches« freilich zielt nicht auf Rilke, sondern auf Erich Fried: »Wenn du doch hier wärst / daß ich dir sagen könnte / daß ich nicht sagen kann / was ich nicht sagen kann.« Sabine Techel hat ein

Gespür dafür, daß hier das Wichtigste des Gedichts liegen könnte.

Vorerst und wenn sie sich nicht in konturloser Reflexion verliert, sagt sie, was sie sagen kann, was sie deutlich im Sinn hat oder was sich als lyrische Formel anbietet. Sie kennt das Musterbuch der Moderne, hat aber im *Bric-à-brac* der Möglichkeiten ihre eigene Nuance noch nicht gefunden. An Skepsis und Ironie fehlt es ihr nicht: »Guter Wille ist lächerlich und okay.« Und dennoch sieht sie sich auf ihre guten – wenn auch ironisch gebrochenen – Vorsätze verwiesen: »Ich weiß ich hätte nicht / und sollte doch. Ich müßte endlich. Überhaupt ich / würde schon noch. Und ich werde auch.«

Hans-Ulrich Treichel

So unfertig Sabine Techel, so fertig scheint Hans-Ulrich Treichel. Begabung ist nicht das Problem, Begabung hat man. Doch man begreift auch, wie wenig damit gewonnen ist. Treichels *Liebe Not* muß woanders liegen. Hans-Ulrich Treichel (Jahrgang 1952) ist kein Anfänger mehr. Sein 1982 erschienener erster Band *Tarantella* erregte Aufmerksamkeit; in Darmstadt gewann Treichel den Leonce- und-Lena-Preis 1985. Vorbilder (zwischen Brecht und Ulla Hahn) lassen sich auch bei ihm ausmachen, sind aber dem Einzelgedicht und dem Ganzen der Sammlung integriert. Dem lyrischen Ich stehen eine skeptische Munterkeit und eine zarte Melancholie zur Verfügung. Ihm fehlt es nicht an Selbstgefühl: »Ich bin es, immerhin, der hier / auf diesem gutgeleimten Stuhl den / viel zu langen Tag verbringt und / schlechtgereimte Lieder pfeift.«

Treichel geriert sich als Bruder Lustig, dem auch die Melancholie zur Verfügung steht, denn der Text endet: »ich bins, der wie ein Ziegelstein / durch diesen Fluß geschwommen.« Er ist der Virtuose unter den jungen Lyrikern und weiß seine Gedanken und Gefühle auf schöne böse Formeln zu bringen. Er spielt mit dem Reim Verstecken und Wiederfinden:

> Wach auf und schrei
> Dir die Nacht aus dem Leib
> Geh und verzeih mir
> Vergiß mich und bleib.

Wie schön der Gestus der Bitte im Bruch zwischen Reimwort
(»verzeih«) und dem nachfolgenden »mir« ausgedrückt ist.
Freilich ist es das Problem solcher Kunstgriffe, daß man sie
nicht zu oft wiederholen kann. Leicht entsteht der Eindruck
von Manier. Der Stuhl von Treichels Poesie ist dann doch zu
gut geleimt, Ironie wird kokett.

Treichel nimmt dadurch für sich ein, daß er Betroffenheitsjargon und gängiges Apokalypse-Design verschmäht. »der Andrang / ist riesig, hier wimmelt es nur / so von Leuten wie Ihnen, bei gleicher / Verzweiflung entscheidet die Angst« – das könnte einigen Kollegen ins Stammbuch geschrieben sein. Auch für Treichel ist – wie für Benn – Kunst das Gegenteil von gut gemeint. Die *Liebe* (im Titel seines Bandes) glaube ich ihm; doch die *Not* ist ihm oft so lieb, daß sie in der »frischgereimten Wollust« seiner Gedichte verschwindet.

Richard Wagner

Darf man einem Lyriker wünschen, daß seine Verse aus Not entstehen? Ich weiß es nicht. Doch den Gedichten des Rumäniendeutschen Richard Wagner kommt zugute, daß ihm seine Biographie den Lebensstoff eher aufdrängt als vorenthält. *Rostregen*, Wagners erster Band in der Bundesrepublik, enthält nur karge Angaben: daß der Autor 1952 in Lowrin (Kreis Temesch) geboren wurde, bis 1978 Deutschlehrer war und nun in Temeswar lebt; und daß er zwischen 1973 und 1984 in Bukarest sieben Titel Lyrik und Prosa veröffentlichte. Um so mehr verraten die Gedichte selbst. Sie sprechen von den politischen Verhältnissen wie von den Bedingungen, unter denen geschrieben wird.

Am besten ist Wagner, wo er ganz allgemein oder ganz persönlich schreibt. Was so allgemein »Gegend« genannt wird, wird zur Chiffre einer Welt:

> Flach. Und darüber Eisen.
> Ganz flach. Und darüber sehr viel Eisen.
> Als seis ein Himmel. Ein Himmel aus Eisen.
> Gegend. Und darin nichts. Als diese Schlote.
> Und diese Leute. Und diese Straßen. Und diese

> Autos. Und diese Häuser. Und diese Fotos.
> Diese nichtssagenden, mickrigen Fotos.
> Diese Familien. Diese Familienfotos.
> Diese Zeitungen. Dieses Leben. Diese
> Sprache. Dieser Staat.
> Eisen. Flach. Ganz flach.
> Darunter. Wir.

Ein primitives Bild, eine simple Struktur. Doch im Summarischen, Pauschalen setzt sich ein persönlicher Gestus durch, haßerfüllt und verzweifelt, aufbegehrend und resignativ-ambivalent, aber kraftvoll. Man spürt, hier ist keine Distanz – außer in der Form, im Gedicht. Wo Wagner mehr Abstand hat oder – aus welchen Gründen immer – die direkte Benennung scheut, kommt er zu billigen Allegorien. So in »Park am Morgen«: »Die eisernen Bänke sind leer. / Drüben, hinter nachtgrüner Wand, / die Villen. Treppen zur Macht. / In den Türen das herrschende Nichts.« Der politische Gedanke wird auf eine pseudometaphysische Pointe reduziert.

Sicher fühlt er sich im Biographisch-Konkreten, im Rückgriff auf Kindheitserinnerungen, in der Rekapitulation von Familiengeschichte und im Ausdruck der momentanen Lebens- und Schreibsituation. So gelingt ihm »Die Unterredung« (mit einem Funktionär) oder die Schilderung einer Situation, in der der Schreibende in Depression und Angst versinkt (»Es gibt Tage wie Schlamm«) und auf das Läuten der Türglocke wartet und auf die Männer in den »Wagen mit den zwei Antennen«:

> Irgendwann kommen sie.
> Und sie sind so höflich, daß ihre Höflichkeit nichts als
>   Ironie ist.
> Und wenn sie kommen, kennen sie die Gedichte,
> die du im Freundeskreis gelesen hast.

In diesen Texten kommt Wagner ohne modernistische Tricks und Mätzchen aus, die er Brinkmann und andern abgeguckt hat, ohne funktionslose Wort- und Zeilenbrüche, ohne Zitierung von Popsongs und falschen Bedeutsamkeiten (»Talkin' 'bout my generation«). In anderen Texten, insbesondere einigen Langgedichten, wirkt die Adaption modernistischer Muster forciert. Wagners Gedicht ist nicht provinziell, es wäre es noch weniger, wenn es seine Weltläufigkeit nicht zur Schau stellen müßte. Jemand schrieb, man merke Wagners Gedichten ihre Entstehung in der kulturellen Diaspora Rumäniens nicht an und sie könnten – außer in der rumäniendeutschen *Neuen Literatur* – ebenso gut in den *Manuskripten* oder *Akzenten* stehen. Das war als Lob gemeint, aber es ist ein zweischneidiges Lob.

Wagner, der unzweifelhaft eine beachtliche Begabung ist, wird das Seine gegen die Allverfügbarkeit moderner Schreibweisen zu verteidigen haben. In dem Gedicht »Lesung« spricht »Celan vom Band«, und der Schluß lautet: »In diesen Sätzen. / Bin ich. / Eingemauert. / In dieser Sprache. / Muß ich. / Reden.« Wer spricht, Celan oder Wagner? Oder Wagner wie Celan? Wer sich in Sätzen eingemauert weiß, kann sich auch befreien.

Gibt es, von Waterhouse zu Wagner, so etwas wie ein Resümee? Der eine schreibt »Die Sprache heißt heute: Keiner«, und doch steht hinter den Sprachspielen Biographie – und wäre sie nur im Namen Waterhouse und im Geburtsort Berlin zu fassen. Bei Wagner heißt es einmal: »Was Sprache war, ist Wunde«. Das meint die Verletzung durch Wirklichkeit. Doch ließe sich der Satz auch umkehren: Was Wunde war, wird Sprache – wenn es auch noch nicht die eigene sein sollte. Sie übersteigt die Biographie und die politischen Verhältnisse.

Waterhouse spricht vom Zerstreuten, dem Überallhin, auch Durcheinander von Sprache – eben von *Passim*. Wagner redet aus der Zerstreuung einer sprachlichen Minorität, aus der Diaspora, ins Museum der modernen Poesie. Berühren sich die Extreme? Sind es überhaupt welche? Sind es noch Optionen oder schon Zwänge? Sind es Nötigungen, die ins Freie führen? Daß man auf diese Fragen kommt, sichert den beiden ein besonderes Interesse. Was aber nichts gegen oder für die Qualität der anderen beweist. Sie stehen – biographisch, poetologisch, methodisch – dazwischen. Aber das Dazwischen ist noch keine Mitte. Auch sie sind nicht zu Haus, weder in der Sprache noch in der Realität. Sie spielen aus, über was sie verfügen – ein solitäres Ich (Kloos), ein disponibles (Techel), ein virtuoses (Treichel) –, und ihre Optionen wirken noch nicht so entschieden. Das kann auch eine Chance sein. Insgesamt haben wir weder neue Priester vor uns noch neue Präzeptoren, sondern Animateure, Jokulatoren, Skeptiker.

Gern und nicht zu Unrecht beklagt man den Traditionsverlust in der jungen Literatur; viele Anfänger kennen weder Klassik noch Moderne. Ganz anders die hier besprochenen Lyriker. Sie wissen viel und können manches. Sie laborieren eher an Versiertheit denn an Ungeschicklichkeit. Sie verfügen über die Muster und kombinieren das Disparate. Was aber ist mit der *Integration* der Ambivalenz, von der Benn so gern sprach? Was mit dem vollkommenen Gedicht? Denn »wenn der Mann danach ist« – so Benn –, »dann kann der erste Vers aus dem Kursbuch sein und der zweite eine Gesangbuchstrophe und der dritte ein Mikosch-Witz und das Ganze ist doch ein Gedicht.« Aber *wann* ist der Mann danach (oder die Frau)? Das weiß man, spürt es. Doch auch der Rezensent kann es nicht begründen.

Peter Waterhouse: Passim. Rowohlt: Reinbek 1986.
Barbara Maria Kloos: Solo. Piper: München 1986.
Sabine Techel: Es kündigt sich an. Suhrkamp: Frankfurt am Main 1986.
Hans-Ulrich Treichel: Liebe Not. Suhrkamp: Frankfurt am Main 1986.
Richard Wagner: Rostregen. Luchterhand: Neuwied 1986.

Der Mensch ist keine Maschine
Lars Gustafsson: Die Stille der Welt vor Bach

1967 erschien, übersetzt von Hans Magnus Enzensberger, Lars Gustafssons Gedichtband *Die Maschinen*. Eine Versicherungsgesellschaft hatte damals die Herausgabe ermöglicht. Soll heißen: der Autor Gustafsson – Philosoph, Erzähler, Kritiker und Lyriker – war hierzulande ein Geheimtip und blieb es auf Jahre. Erst die erzählerischen Arbeiten, angefangen mit *Herr Gustafsson persönlich*, machten den Autor als ebenso anregenden wie amüsanten Analytiker der siebziger Jahre bekannt. Die *Risse in der Mauer* – so der Obertitel der fünfbändigen epischen Recherche – warfen Licht nicht bloß auf die Epoche, sondern auch auf oder besser *in* die Person ihres Verfassers.

Der strenge, esoterische Gedankenspezialist zeigte nun auch

menschliche Anfälligkeit, einfache Gefühle und sogar Humor. Aber diejenigen, die sich durch den Lyriker der *Maschinen* und den Essayisten der *Utopien* hatten faszinieren lassen, mochten sich fragen, ob nicht der »eigentliche« Gustafsson, der Lyriker und Essayist, der präzis träumende Analytiker, in der relativen Behaglichkeit der *Wollsachen* oder des *Familientreffens* verlorengegangen war. Er war es nicht. Das beweist ein neuer Auswahlband Gustafssonscher Lyrik, ausgewählt aus seinen schwedischen Lyrikpublikationen zwischen 1968 und 1980 und erweitert um einige Texte, die auch in Schweden noch nicht veröffentlicht worden sind.

Gustafsson ist Lyriker *und* Essayist, sagte ich. Und meine damit den Experimentalcharakter der Lyrik nicht minder als den poetischen Glanz der Gustafssonschen Essayistik. Nicht umsonst faszinierte im Band *Die Maschinen* nicht minder als das Titelgedicht der angeschlossene Selbstkommentar, der eine kühne Verbindung zwischen Maschine, Grammatik und Mensch herstellte. Der Mensch wurde in Gustafssons Gedicht »aufgefaßt als eine kybernetische Vorrichtung, die mit unserer eigenen Sprache und unserer eigenen Logik programmiert ist. Es handelt sich um einen Versuch, die Perspektive zu verändern und das, was uns am besten bekannt ist, unter einem neuen Gesichtswinkel zu betrachten.«

Diese neue Perspektive läßt sich am knappsten unter dem Begriff des Phantastischen fassen, einer Phantastik, die nicht die Klarheit des Gedankens verneint, sondern geradezu aus solcher Klarheit erzeugt wird. Ausgehend von der Philosophie Berkeleys, für die nur existiert, was wahrgenommen wird, gelangt Gustafsson zu der Prämisse, die Welt als *undurchsichtig*, der Vernunft unzugänglich darzustellen. Was Gustafsson über das Phantastische sagt, konnte als Beschreibung seiner Poesie gelesen werden: »Die phantastische Kunst ist von einer eigentümlichen Kälte. Das hängt damit zusammen, daß sie den Schwerpunkt aus dem Text heraus verlegt, außerhalb des Gesagten, ja sogar außerhalb der Grammatik. Die Bedeutung der Bilder, die sie hervorbringt, liegt außerhalb der Reichweite des Menschen. Darin ermißt sich ihr tiefer Pessimismus.«

Das eben machte diese Lyrik faszinierend: sie war nicht sentimental, sie war klar und doch geheimnisvoll, und inmitten eines flachen politischen Engagements band sie den Leser wirklich. Freilich verschaffte sie ihm auch jene paradoxe Erleichterung, »die sich immer dann einstellt, wenn man ein Problem ein für alle Male als unlösbar aufgibt – ein Gefühl, das beinahe der Genugtuung über eine Lösung gleichkommen kann«.

Nun ist die Genugtuung des Lesers nicht auch die Erleichterung des Autors. Ihm mochte die Gedankenflucht seiner Textwelt den Carceri des Piranesi gleichen. Wer hält sich schon Jahrzehnte in der Kälte von Abstraktion und Entfremdung auf? Gustafssons Befreiungsversuch setzte als Trauerarbeit ein. Von den *Rissen in der Mauer* ließ sich's erzählen. Was aber geschah mit der Lyrik? Blieb sie als Relikt einer phantastischen Präexistenz oder konnte sie im geheimnislosen Licht der Gegenwart bestehen?

Die neuen Gedichte geben darauf eine Antwort. Sie tun es nicht im Sinne einer Entscheidung, sondern halten die Spannungen der Gustafssonschen Existenz aus. Aber auch etwas von dem erlösenden und befreienden Licht wird sichtbar. Fast programmatisch exerziert das der Autor in seiner »Ballade vom Flipperspiel«. Die Berkeley-These des Anfangs wird am Beispiel des Flipperspiels ad absurdum geführt. Die Welt, reduziert auf ein sinnloses Signalsystem, erscheint als Folge bunter Lämpchen auf einer Flippertafel, »die stets ein bißchen vulgäre Bilder / aus der vagen Ikonographie der Gegenwart zeigt«. Aber das Gedicht ist nicht, wie man beim flüchtigen Hinsehen meinen könnte, eine Satire auf die Eitelkeit der Welt – sondern auf die des Flipperspielers, auf seine solipsistische, seinsvergessene Existenz. Dann aber fällt der melancholische Blick auf ein »graues, vielgliedriges Insekt«, »das unter einem Stein in der Feuchtigkeit haust«. Eine geheimnisvolle andere Wirklichkeit wird erahnbar: »Nur das, was *nicht* von uns wahrgenommen wird, ist.« Das Gedicht hat eine dialektische Wendung genommen. Der Gedanke ist bei seinem Gegenteil angelangt – bei der stummen Existenz.

Referierend verkürzt, mag das abschreckend unsinnlich erscheinen. Aber Gustafsson ist kein Gedankenlyriker im älteren Verstande, jemand der einen vorgefaßten Gedanken an Beispielen aus dem Leben exemplifiziert. Sein Denken *testet* sozusagen die Wirklichkeit und zwingt sie in die Erscheinung.

Selbst der »nackte« Gedanke vibriert so von Sinnlichkeit. So in der schönen »Elegie auf einen Labrador«, die das Tier in seiner Besonderheit läßt und doch dem menschlichen Gefühl sein Recht auf Sympathie einräumt.

Gustafsson ist ein kühner Autor, dem Sentimentalität fremd ist. Doch seine Absage an den Solipsismus bedeutet keine Absage ans Ich. Dieses Ich, das so leidensfähig ist wie jedes andere, wenn auch von tieferer, skeptischerer Art, möchte sich aus der narzißtischen Isolation lösen, die zu Schwermut und Todessehnsucht führt. Der Beobachter der Historie, der sich zu Teilnahme und Engagement aufgerufen fühlt, läßt keinen Zweifel an seiner Skepsis gegenüber politischer Veränderung. In dem längeren Gedicht »Dialog zwischen zwei Teilnehmern« artikuliert er seinen unheilbaren Geschichtspessimismus – »denn ich sehe das Muster, aber keine Veränderung« und fragt seinen Partner: »Soll man Hoffnung hegen oder nicht / ich verzweifle bald.« Und derjenige, der in diesem Dialog als »Ich« dem »Er« gegenübersteht, erklärt, er habe mit seiner Verzweiflung »aufgehört«. Ein existentieller Akt, der aus einer Einsicht rührt – Beispiel dafür, wieviel der Gedanke vermag oder, vorsichtiger, wieviel Gustafsson ihm zutraut. Welche Einsicht? Welche Begründung? »Ich habe entdeckt, daß es mich hier wirklich gibt.«

Der Mensch ist keine Maschine, keine Marionette mehr – das ist die Erkenntnis, die über die frühere Lyrik der *Maschinen* hinausführt. Und da es so ist, werden auch die Dinge wirklicher und die Gefühle menschlicher, einfacher, vertrauter – wird die Skala größer. Sie umfaßt die »Schlittschuhstille der Welt vor Bach« ebenso wie den »wärmenden Geruch nach Schweinestall« in einem westfälischen Dorf. Nicht die Mechanismen der Grammatik interessieren, sondern Bäume, Tiere und Menschen. Schöne Porträtgedichte gelten Lou Andreas-Salomé und Mozart. In seiner Mozart-Phantasie rühmt Gustafsson »genau die Art von Schwäche, die alle Kraft des Universums auf sich zieht«. Etwas aus dieser paradoxen Kraft aus Schwäche ist in jeder wirklichen Kunst, so auch in den neuen Gedichten von Lars Gustafsson.

Lars Gustafsson: Die Stille der Welt vor Bach. Aus dem Schwedischen von Hans Magnus Enzensberger, Hanns Grössel, Anna-Liese Kornitzky und Verena Reichel. Hanser: München und Wien 1982.

Die Gnade der Genauigkeit
Robert Lowell: Gedichte

Im September 1977 starb der amerikanische Lyriker Robert Lowell, gerade sechzig Jahre alt. Ihn hatte die amerikanische Kritik vielfach als den größten Dichter Neuenglands, gar als größten seit Ezra Pound und T.S. Eliot bezeichnet und die fünfziger bis siebziger Jahre das Zeitalter Lowells (»The Age of Lowell«) genannt. Nun sind Urteile dieses Kalibers von Deutschland aus kaum nachzuprüfen und bloß geeignet, das wirklich kritische Publikum abzuschrecken. Manfred Pfister, der Übersetzer und Herausgeber einer neuen Lowell-Auswahl, warnt zu recht vor der »Waschzettel-Rhetorik« solcher Etikettierungen und sieht es nicht als seine Aufgabe an, »Rangordnungen zu fixieren, sondern die Bedingungen und Eigenart seiner Dichtung zu umreißen«.

Eben mit der Eigenart seiner Poesie hängt zusammen, daß Lowell in Deutschland bislang nicht allzu viel Glück gehabt hat. Was man von amerikanischer Lyrik erwartete, war etwas anderes, als er zu bieten hatte: veristische Snapshots à la W.C. Williams, Charles Olsons offene Feldkomposition, Robert Creeleys Reduktionen, die Emotionen von Allen Ginsbergs *Howl* und schließlich die stofflichen Reize von Beat, Underground und Pop – kurz: die Abwendung von europäischer Tradition. Diesem Klischee entsprach Lowell offenkundig nicht. Er wirkte – auf den ersten Blick zumindest – problembeladen, formbewußt, akademisch und abendländisch, wozu auch seine religiöse Thematik und sein Faible für Mythos und Geschichte paßte. Daß er überhaupt übersetzt wurde – und das Verdienst seines ersten Übersetzers Meyer-Clason soll damit nicht geschmälert werden –, mag, wie so oft bei Lyrik, mit äußerlichen Momenten zu tun gehabt haben. Im Jahre 1969, als eine Auswahl aus zwei Lowell-Bänden unter dem Titel *Für die Toten der Union* erschien, dominierte unangefochten das politische Interesse. Lowell selbst hatte in den reimlosen Sonetten seines *Notebook 1967-68* der Aktualität entschieden Tribut gezollt und ein Engagement ins Gedicht gebracht, das er schon mehrmals vorher praktiziert hatte.

So hatte er 1965 aus Protest gegen den Vietnam-Krieg eine Einladung Präsident Johnsons zum White House Festival of Arts abgelehnt und zwei Jahre später an dem historisch gewordenen Friedensmarsch auf das Pentagon teilgenommen. Aber schon 1943 hatte Lowell Zivilcourage bewiesen, als er – der »feuerschnaubende katholische Pazifist«, wie er in einem Gedicht sich nennt – den Wehrdienst verweigerte und zu einer Gefängnisstrafe verurteilt wurde, von der er immerhin fünf Monate abzusitzen hatte – er, der Bostoner Intellektuelle, unter Zuhältern, Schiebern und Gangstern von der »Mord AG«. Wie wenig aber linkspolitische Klischees Lowells Verhalten erklären können, zeigt eine Begründung aus seinem damaligen Brief an Roosevelt: Er sei außerstande, an einem Krieg teilzunehmen, der Europa und China »der Gnade der UdSSR ausliefere, einer der Weltrevolution verschworenen totalitären Tyrannei«. Wer sprach aus solchen Formulierungen? Doch nicht bloß der romantische Antikapitalist und Pazifist, sondern auch der konservative Neuengländer.

Daß Lowell weder eindeutig dachte noch handelte, ändert nichts an der manichäischen Grundhaltung seines Wesens. Randall Jarrell, mit dem Lowell von seinem Studium im Kenyon College her bekannt war, hat 1946 in der Rezension von Lowells zweitem Gedichtband die Momente dieser antithetischen Weltsicht benannt. Böse, dunkel sind das Alte Gesetz, Imperialismus, Kapitalismus, Calvinismus, Autorität, die »biederen Bostoner«, die Reichen. »Doch damit kämpfend wie Hefe, es erhellend wie Licht, ist alles, was frei und offen ist, was wächst und sich verändern will: hier ist jene Großzügigkeit und Offenheit und Bereitheit, die das Heil bedeutet; hier ist ›Empfänglichkeit für Erfahrung‹; hier ist das Reich der Freiheit, und Gnade, die das Gesetz aufgehoben hat, des vollkommenen Befreiers, den der Dichter Christus nennt.« Selbst der spätere, agnostizistisch gewordene Lowell hatte nicht das Gefühl, daß seine Erfahrung sich wesentlich verändert hatte und sah in seinen Gedichten »dieselbe Art von Kampf, Licht und Dunkel, Erfahrungsstrom«.

Lowells Manichäertum blieb zeitlebens durch Erfahrung gedeckt. Bedeutsam bereits war die Herkunft, Lowells Abstammung von zwei der angesehensten Familien Neuenglands, den Winslows und den Lowells, in denen sich nordamerikanische Geschichte von den Pilgervätern her inkarnierte. Der Ausbruch aus solchen quasi aristokratischen Familienbindungen, Protest gegen Materialismus und Heuchelei des Bostoner Großbürgertums, Verzicht auf bürgerliche Karriere und endlich Konversion zum Katholizismus gehören zu Lowells erster Entwicklungsphase, die durch die Heirat mit der katholischen Romanautorin Jean Stafford abgeschlossen wurde.

Die weiteren Stationen werden durch die beiden folgenden Ehen mit der linksradikalen, irreligiösen Kritikerin Elizabeth Hardwick und der angloirischen, aristokratischen Schriftstellerin Caroline Blackwood markiert – Lebensthema wie poetisches Leitmotiv fortan ist »ein Mann, zwei Frauen, gewohnte Fabel von Romanen« und »vom Leiden reden, das die Ehe birgt«. Dem entspricht die psychische Disposition eines labilen, von Schuldgefühlen geplagten Mannes, der wiederholt Anfälle von Geisteskrankheit durchlitt und ab 1949 periodisch in Nervenheilanstalten untertauchte. In einem seiner eindrucksvollsten Gedichte, »Skunk-Stunde« (Skunk Hour), heißt es: »Ich hör / meinen kranken Geist in jeder Blutzelle schluchzen, / als griffe meine Hand um seine Kehle ... / Ich selber bin die Hölle; / niemand ist hier –«. Das ist Selbst-Diagnose, mehr noch: Bekenntnis.

Lowells Lyrik ist infolgedessen »Confessional poetry« – *Bekenntnisdichtung*. Man zögert, das deutsche Äquivalent einzusetzen, weil es auf Goethe zurückführt. Bei Lowell ist an die »unverstellte Bloßlegung schmerzlicher und oft peinlicher persönlicher Erfahrungen und die Dialektik von privatem und politischem Geschehen« zu denken, wie Manfred Pfister formuliert. Das heißt, Lowell ist zugleich intimer und öffentlicher als das »heilig-öffentliche Geheimnis« Goethes. Er ist auch moderner, robuster in seinem Umgang mit »fiction« und »faction«, indem er etwa einen realen Brief zum reimlosen Sonett umredigiert, andererseits aber fiktiven Arrangements autobiographische Authentizität verleihen möchte. »Dichtung sollte uns mit einer Scheibe Leben dienen; / doch Du und ich, wir lebten wirklich, was ich schrieb« – diese programmatischen Zeilen aus dem Sonett »Künstlermodell« sind durchaus

mit Vorsicht und Vorbehalt zu lesen – zur »Scheibe Leben«
gehört immer auch das Messer, das sie schneidet.

Lowells lyrische »Lebensstudien« – *Life Studies* ist der Titel
einer Sammlung von 1959 – sind Exerzitien, geschrieben unter
dem doppelten, in sich unversöhnbaren Anspruch, den »Standard
der Wahrheit« mit der Gnade der Kunst zusammenzubringen.
Selbstquälerisch und zugleich mit untergründiger
Hoffnung formuliert es »Epilog« am Ende des Auswahlbandes:

> Doch manchmal kommt mir alles, was meine Augenkunst
> so fadenscheinig schreibt,
> wie ein Schnappschuß vor,
> grell, hastig, schreiend und gestellt,
> das Leben überhöhend,
> doch von der Fakten Last gelähmt.
> Nichts als Mesalliance!
> Doch warum nicht sagen, was und wie es war?
> Beten um die Gnade der Genauigkeit,
> wie sie Vermeer aufs Sonnenlicht verwandte (...)

An Genauigkeit mangelt es Lowell niemals. Aber seine Poesie
steht nicht im Lichte Vermeers. In ihrer gebrochenen Syntax,
ihrem oft gewaltsamen Umgang mit überkommenen Mustern
und Gattungen, ihrem Oszillieren zwischen strengen und
prosahaften, alltäglichen Formen, ist sie eine durchaus moderne
Poesie, eine Poesie im Zeitalter der Angst, um Audens berühmte
Formel zu benutzen. Das Licht, das der späte Lowell,
die Epoche »Seit 1939« musternd, am Tunnelausgang sieht,
erscheint ihm als »das Licht eines Gegenzugs«.

Dieser erneute Versuch, Robert Lowell einem deutschen
Publikum nahezubringen, ist nicht genug zu rühmen. Der
Lyriker Lowell, der Tradition und klassische Moderne, Artistik
und Lebenswahrheit zusammenzwang, könnte nicht bloß
für Lyrikleser, sondern auch für Lyrikschreiber wichtig werden.
Daß Lowell schon seit einem Jahrzehnt untergründig auf
unsere Lyrik wirkt, dafür gibt es freilich schon Indizien. Die
neue Auswahl und Übersetzung kommt zu guter Stunde.
Manfred Pfisters Nachwort gibt ein präzises, kenntnisreiches
Bild des Autors und seiner Entwicklung. Seine Auswahl favo-

risiert nicht den politisch interessanten mittleren Lowell, sie bringt auch Beispiele für die frühe, von Mythos und Religion inspirierte Lyrik. Der Vergleich mit schon vorliegenden Übersetzungen einiger Gedichte fällt durchweg zu Pfisters Gunsten aus. Er übersetzt, bei gelegentlichen Härten, durchaus präzis und angemessen und trifft den knappen, veristischen gebrochenen Ton vieler Gedichte recht gut. Ihm gelingt auch die Nachbildung komplizierterer metrischer Formen und die des oft irregulären, aber bedeutsamen Reims. Zu wünschen bleibt bei Lyrikübersetzungen immer etwas; so auch hier. Mein Wunsch an Übersetzer und Verlag wäre ein weiterer Auswahlband mit Lowells *Notebook* und dessen anschließenden späten Zyklen. Lowells Kunst hätte ihn verdient.

Robert Lowell: Gedichte. Englisch und deutsch. Auswahl, Übertragung und Nachwort von Manfred Pfister. Klett-Cotta: Stuttgart 1982.

In der Maske von Lowry
Wolf Wondratschek: Die Einsamkeit der Männer

Als der junge Stefan George seinem Bedürfnis nach Schönheit, Schrecken und Auserwähltheit Ausdruck geben wollte, erfand er die Figur des Algabal, jenes Herrschers, der einen Diener erdolchte, der ihn beim Füttern der Tauben stört, und doch »am selben tag befahl / Dass in den abendlichen weinpokal / Des knechtes name eingegraben werde.« Algabals »Unterreich« oder auch Ludwigs Neuschwanstein haben heute leise komische Nostalgiewerte – harmlos waren sie nicht. Und auch die Sehnsucht nach Mythos und Regression, Schönheit und Schrecken, wie sie in die neueste Stimmung gehört, ist nicht harmlos. Vielleicht geht sie maskiert, ehe sie offen hervortritt. Die Maske erlaubt Identifikation wie Distanz; man sagt die Dinge ohne Risiko, unter Vorbehalt.

Nun ist Wondratschek nicht George. Aber er hat ein Gespür für diese neu-alte Stimmung. Seine Auftritte hat er schon immer inszeniert, das war er seinem Image als Pop- und Rockpoet schuldig. Aber es scheint so, als sei ein neuer Wondratschek anzuzeigen. Der Sänger des Gewöhnlichen, Trivialen, der seine Gedichte und Lieder mit enormem Erfolg über den Zweitausendeins-Versand vertrieb, kommt nun mit Sonetten und als Liebhaber von Schönheit, Schmerz und Gewalt. Die Maske, die er sich ausborgte, konnte er – seinem Alter und dem seiner Leser zuliebe – nicht dem Fin-de-Siècle-Fundus entnehmen. Er wählte eine nähergelegene Identifikationsfigur: Malcolm Lowry, den Autor des Romans *Unter dem Vulkan*. Manisch im Schreiben und Trinken, impotent und früh vergreist nach dem erschriebenen »Beweis« seiner Potenz, starb Lowry 1957 an einer Überdosis Schlaftabletten. Das Epos seiner Selbstzerstörung, die Geschichte des Alkoholikers Geoffrey Firmin und der Beziehung zu seiner Frau Yvonne, besaß alle Züge von Authentizität.

Wondratschek ist Lowrys Spuren in Guernavaca nachgegangen und hat im Anschluß an eine Mexiko-Reise jene 31 Sonette geschrieben, die den Band *Die Einsamkeit der Männer* ausmachen – »mexikanische Sonette«, die wie Technicolor-Aufnahmen von Landschaften, Sonnenuntergängen und Kneipeninterieurs wirken; zugleich »Lowry-Lieder«, die gar nicht liedhaft, sondern pathetisch Trunksucht, Gewalt und Einsamkeit feiern. Wondratschek setzt seinen biographischen Wink in Klammern: Lowry ist nur Vorwand und Maske. Nicht aufs Nachschreiben seines Lebens kommt es an, sondern auf die Inszenierung eines Rituals, des Rituals von Männlichkeit, wie Wondratschek es versteht.

»Ich, Malcolm Lowry, habe nie gelebt«, setzt ein Gedicht ein, und bereits in der nächsten Zeile weiß man nicht mehr genau, wer da redet: Lowry oder Wondratschek. Es ist auch eigentlich gleichgültig. Nicht das »Medium« Lowry ist die Botschaft, sondern die Maske. Es ist die Maske des Macho. Sie will sagen: so sind sie alle, die Männer – aggressiv, einsam und verloren, schweigsam und bestialisch. »Du willst sie fühlen: deine tiefste Wunde, / die Männer, die wie Hunde sind«, und das ist nur vordergründig kritisch gemeint. Und dann heißt es: »Ganz innen aber, bei dir selbst, // bist du noch klein und ängstlich wie ein Kind« – eine sentimentale Rechtfertigung. »Alcoholic child«, sagte Lowry knapper, bündiger, und er meinte sich selbst. Wondratschek meint alle Männer, und er meint das Klischee.

Man mag sagen: Was kümmert uns Männlichkeitswahn, aufgemacht als exotischer Import, mag das goutieren wer will. Aber so harmlos ist der Mythos vom *He-Man*, der zerstören und scheitern will, nicht. Er findet gegenwärtig einen Anklang, der übers Kostüm hinaus hineinreicht in die seelische Innenausstattung. Da zählen schon Zeilen wie die von der »Sehnsucht nach Männern, die zum Töten taugen« – zumal wenn solche Sehnsucht Frauen zugeschrieben wird, da zählt auch die Wendung vom »Luxus der Brutalität«, wenn man sich diesen Luxus schon wieder erlauben will.

Ich nehme an, Wondratschek hat selbst ein ambivalentes Verhältnis zu den Bedürfnissen, die er befriedigt oder auch frustriert, – damit auch zu seinen Fans. Den Macho nehme ich ihm nicht ab, vermute also, daß er das, was er als »Einsamkeit der Männer« stilisiert, nicht recht ernst meint – noch weniger, was er über Frauen schreibt, die er nur als Huren oder Madonnen zu sehen vermag. Und sollte er's ernst nehmen, kann man ohnehin nicht mit ihm rechten. Und träfe selbst der Vorwurf des Pubertären, wie er gegen Wondratschek erhoben wird – der Künstler sollte es besser wissen. Er sollte solche aufgedonnerten Zeilen nicht billigen: »Du willst die Lust am Absoluten. / Der Himmel soll dich peitschen und Dämonen / sollen bluten.« Oder nach dem sauren der süße Kitsch eines preziös tuenden Madonnenkults: »Da schläft in jedem Schoß ein Jesuskind // und jede dieser heilig Auserwählten / fühlt sich rein und groß wie auf verderblichen Gemälden.«

Derlei war schon beim frühen Rilke verderblich und verdorben und ist durch nichts echt zu machen. Wondratschek spekuliert auf rohe Wirkungen, wenn er Rilke-Ton und Breitwand-Expressionismus zusammenrührt und darauf vertraut, daß die einen nichts merken und die anderen solche Mixturen geradezu goutieren. Er beutet die Bestände aus, Inhalte wie Formen. Was einst den Orpheus-Sonetten recht war, ist als »Einsamkeit der Männer« billig geworden. Raffiniert gemachte zynische Poesie.

Nun will man uns ja gegenwärtig einreden, Zynismus sei so etwas wie ein Überlebensprinzip. Mag sein. Aber was will da überleben? Die Poesie? Irgendwie – so undeutlich wie das Changieren zwischen Sentimentalität und Brutalität – entspricht diese Lyrik unserer Situation. Oder überschätzen wir das bloß: die Lage – oder die zynische Poesie?

Wolf Wondratschek: Die Einsamkeit der Männer. Mexikanische Sonette (Lowry-Lieder). Diogenes: Zürich 1983.

Die heftigen Bilder
Gerhard Falkner: der atem unter der erde

Er nimmt seine Motti von Novalis und Adorno wie von Bob Dylan. Er zitiert Epikur, aber auch den Baedeker über New York oder einen Mauerspruch wie diesen: »Ödipus, du sollst deine Mutter anrufen!« Doch der 1951 geborene Gerhard Falkner zitiert nicht bloß Ältestes wie Jüngstes, er verarbeitet es auch. Er tut das in seinem zweiten Gedichtband *der atem unter der erde* ohne Scheu und mit der Lust am Ausgefallenen, aber er benutzt auch die alten Formen und Wendungen der Lyrik, wenn es ihm in den Kram paßt. Den Vorwurf, Epigone zu sein, fürchtet er offensichtlich nicht. So klingt auch, was er über die Väter sagt, nicht wie eine Drohung, sondern wie eine Maxime, die mit ihrer Schärfe spielt: »mit den söhnen sollen die väter / nicht spaßen, sie wachsen unter / der hand, sie werden, wenn sie / groß sind, funkeln wie messer.« Und wirklich haben manche von Falkners Versen schon jetzt jene Schärfe und jenen Glanz, der hier der Zukunft zugeschrieben wird.

Seinem ersten, 1981 erschienenen Band *so beginnen am körper die tage* hatte der Autor noch ein Statement nachgeschickt, das den Ton des Eingeständnisses anschlug: »ich gebe zu, daß die bilder heftig sind, daß ich einen gedanken oft nur aufgreife, um ihn an einer form aufzuschlagen; ich gebe ja zu, daß nichts daran liegt, eine idee bis ans bittere ende ihrer allgemeinen nachvollziehbarkeit zu führen.« Es war ein listiges Eingeständnis – es sollte die lahme Konkurrenz deklassieren, indem es hervorhob, was für Falkners Vorstellung von Poesie entscheidend war: die Kraft der Bilder und die Eigenwilligkeit des poetischen Gedankens. Die »heftigen« Bilder, die der Autor anstrebte, waren freilich noch die Ausnahme, nicht die Regel.

Das ist in dem neuen Gedichtbuch schon anders. Nicht daß Falkner, im Sinne einer heftigen, wilden Malerei, der unkontollierten Geste huldigte: er bevorzugt die gezielten Schläge, die kontrollierten Eruptionen. Das kann manchmal grell wirken: »der rio tinto liegt in seinem bett / wie eine menstruierende spanierin« oder »jahrhundertelang habt ihr die monade masturbiert.« Im Kontext eines erotischen Gedichts oder einer Polemik gegen die Verhunzung der Erde halten solche Zeilen stand. Eine solche »scène de violance« kann sich aber auch zu einem Rätselspruch beruhigen, der nach Ernst Meister klingt, wenn er Hölderlin rezipiert: »es geht der abgenützte mensch / wenn ihn kälte nicht ausläßt / gern zum ertrinken / zum lungenzerplatzen / ans meer.« In der Gedichtfolge auf Jack Henry Abbott, den mehrfachen Mörder und Autor von *In the Belly oft the Beast*, geht es Falkner nicht um die Verherrlichung von Gewalt und Aggression, sondern um das Exempel. Abbott erscheint ihm als »weltinsasse« und »atemhäftling«: »bin einer von vielen / bin einer von allen.«

Man sieht, Falkner ist nicht der »sanfte Heinrich«, wie Benn einen verbreiteten Lyrikertypus verspottete. Er ist kein Dogmatiker, kein Langweiler. Er favorisiert weder eine bestimmte Weltsicht noch eine einzige poetische Methode. Wirklichkeit und Sprache sind ihm gleich interessant und gleich stimulierend. So verblüfft und blufft Falkner gern mit Wortspielen, einfallsreichen oder bloß kalauernden, spricht von »prahlhelm«, »fortschrott«, »aschenkaputtel«, kennt sprachlich »morschzeichen« wie »ersprochenes«, und nicht bloß »vom herrensagen«. Den Reim benutzt er gewitzt und zugespitzt, gern mit einem schlagenden Nachklappen: »nach solchen schrammen bleibt bloß eine leere kerbe / kein erbe.«

Doch der Sprachspieler Falkner würde unser Interesse nicht lange halten können, wäre er ein weltloser Bastler. Falkner hat sich in der Welt umgetan und gibt sich in der Anrufung der »kolossalen städte« baalisch weltsüchtig und weltverzehrend. Aber die Ekstase ist durch Melancholie und Ironie gebrochen. Der Hymniker gerät nicht ins Schwitzen, sondern bleibt ein Liebhaber der »klaren, eisigen schönheit« mit Sinn für Proportion und Detailschärfe. Und seine Bilder können so phantastisch wie genau sein: »ihr schöner schritt / war wie aus rosa lehm gemacht.« Das leuchtet ein, auch wenn es sich nicht sogleich begründen läßt. Überzeugender noch Falkners Präzisionszeichnung, sein »kaltnadelradiertes gestrichel« scharfer Bilder: »ein feld kippt finstere krähen um« oder – in einem Gedicht über Cadiz – »an weißen holmen turnt die brandung.«

Das ist kalt und artifiziell und nicht von besonderer Nähe oder menschlicher Wärme bestimmt. Überraschend darum die letzte Abteilung des Bandes, »die trauer zum bösen« überschrieben und von dem Wunsch bestimmt, Kälte, Entfremdung und Faszination durchs Böse aufzuheben. Sie enthält einige der schönsten und reifsten Gedichte Falkners, darunter »das graue und das kalte«: »du bist umnachtung, bosheit / bist der keil ins alte / ich bin das splitternde, vereiste / das ins herz verkrallte.« Solche Verse zeigen, daß Falkner das Böse, das ihn fasziniert, nicht ästhetisch ausbeuten, sondern überwinden möchte; daß seine heftigen Bilder nicht der Aggression dienen, sondern dem Versuch, den »winter aus der sprache zu treiben«.

Gerhard Falkner: der atem unter der erde. Gedichte. Luchterhand: Darmstadt und Neuwied 1984.

Nur unsere Träume sind nicht gedemütigt
Zbigniew Herbert: Bericht aus einer belagerten Stadt

In einem seiner frühen Gedichte verglich Zbigniew Herbert seine Vorstellungskraft mit einem Stück Brett, an das ein kurzes Hölzchen schlägt: »ich klopfe ans Brett / und es antwortet mir / ja – ja / nein – nein.« Gegen die »bilderlawinen« der anderen Dichter setzte er seine »klapper« oder »das trockene gedicht des moralisten«. Wie immer es mit den Bilderlawinen seiner Konkurrenten bestellt sein mochte – Herberts Bescheidung war selbstbewußt und nicht kokett, und dennoch mußte der Leser ihr widersprechen. Seine Gedichte zeigten Phantasie und Intelligenz, viel mehr Einfallsreichtum jedenfalls, als der Autor zugeben mochte. Ihre Trockenheit war die eines guten Weines, einer guten Spirituose – ihre Klarheit war inspiriert.

Vor allem war ihr Autor, der im Gedicht gefragt hatte »Wozu Klassiker«, selbst zu einem solchen geworden – zu einem Klassiker der modernen polnischen Literatur, zu einem Schriftsteller von europäischem Rang und Renommee. Darüber mochte man einiges vergessen oder verdrängen.

Ein Beispiel: daß Herbert ein Debütant des polnischen Oktobers von 1956 war, daß viele seiner Gedichte Parabeln auf polnische Zustände sind – nicht Produkte einer »Sklavensprache«, sondern unmißverständliche Schlüsselgedichte. Und daß der »Klassiker« Herbert in dem alten Konflikt für Marsyas und gegen Apoll Partei ergreift. Freilich faszinierten uns auch seine Reise-Essays, vornehmlich aus dem Mittelmeerraum. Und wer da als *Ein Barbar in einem Garten* firmierte, war ein hochsensibler und kulturgesättigter Geist, der Anschauung und Reflexion in eine schöne Balance brachte. Nicht anders der Verfasser der Gedichte *Herr Cogito* (1974), in denen der Poet durch die Maske des Philosophen spricht – ein lyrischer »Monsieur Teste«, ja vielleicht mehr als das.

Womöglich, nein sicher gab es auch für Zbigniew Herbert eine Versuchung: nämlich die, sich in der »besseren Welt« irgendwie einzurichten, seine Wunde »der chemischen Reinigung anzuvertrauen« – das heißt auch, die polnische Problematik als bloßes Exempel anzusehen und zum bloßen Klassizisten zu werden. Herbert ist diesen Versuchungen nicht erlegen. Er lebt – nach vielen Reisen – seit Jahren wieder in Polen; in der Nähe von Warschau. Auch Herr Cogito hat eine Heimat. Was Rückkehr kostet und was sie bedeutet, darüber ist nicht zu spekulieren. Wir halten uns ans Gedicht, denn es gibt neue Gedichte von Herbert zu lesen. Daß freilich die Originalausgabe des neuen Bandes 1983 in Paris erscheinen mußte, ist mehr als nur eine historische Pointe.

Warum also kehrt Herr Cogito in den »steinernen Schoß des Vaterlandes« zurück? »an Fortschritt glaubt er nicht mehr / die eigene Wunde bewegt ihn / der Schaufenster Überfluß / erfüllt ihn mit Langeweile« – das sind einige Gründe, wobei der wichtigste, so will mir scheinen, fast unauffällig mitläuft: »die eigene Wunde«. Erst der Schluß des Gedichts steigert das existentielle Moment in ein skeptisch gefaßtes Pathos:

vielleicht kehrt Herr Cogito heim
um Antwort zu geben

auf die Einflüsterungen der Angst
auf ein unmögliches Glück
einen unerwarteten Hieb
eine tödliche Frage

Aus der Cogito-Maske spricht die persönliche Stimme von Leiden, Heimweh, Gefaßtheit. Auch in den anderen Gedichten vertraut der Dichter darauf, daß unter allen Masken und Gestalten der leidende Mensch – und nicht bloß das private Individuum – sichtbar wird. Das gelingt ihm am schönsten und bewegendsten im »Bericht aus einer belagerten Stadt«, dem Titelgedicht des Bandes.

Berichtet wird aus der Perspektive dessen, der zu alt ist, »um Waffen zu tragen und zu kämpfen wie die andern« und dem man »gnadenhalber den minderen Part des Chronisten« bestimmte. Aber eben dieser »mindere« Part ermöglicht jene Perspektive, in der die Wahrheit sichtbar wird: der Zustand einer belagerten Stadt, in der Hoffnung und Verzweiflung, Tapferkeit und Verrat nebeneinander existieren und manchmal ineinander übergehen. Diese Doppelgesichtigkeit prägt auch die Darstellung. Parabolik und Fakten kommen zueinander. Im »Schwinden des Zeitgefühls« der Belagerten zieht sich die Geschichte zusammen zu einem ewigen Jetzt. Es ist die Erfahrung *polnischer* Geschichte: »die Belagerung dauert lange die Feinde lösen einander ab / nichts verbindet sie außer dem Trachten nach unsrem Untergang.« Das macht die Belagerten sensibel für die Einsamkeit *aller* vom Unglück Berührten: »die Verteidiger des Dalai-Lamas die Kurden das Bergvolk Afghanistans«. Und der Chronist erlaubt sich – im Gegenzug und ironisch – auch an die mitleidigen »Verbündeten hinter dem Meer« zu denken: »sie schicken Mehl Säcke voll Zuversicht Fette und guten Rat / und wissen gar nicht daß ihre Väter uns verraten haben«. Herbert läßt es also auch an aktuellster und direktester Deutlichkeit nicht fehlen.

Dazu gehört auch die Datierung einiger Gedichte. Das an den Schluß gesetzte Titelgedicht stammt aus dem Jahr 1982, aus der Zeit des Kriegsrechts also, das im Jahr darauf lediglich formal aufgehoben wurde. *Bericht aus einer belagerten Stadt* – das ist nicht bloß als Parabel zu lesen, sondern als buchstäbliche Wahrheit. Am Eingang des Bandes stehen zwei Gedichte von 1956, mit dem Datum einer Epoche, die Hoffnung zuließ. Sie wirken an dieser Stelle als Memento und Warnung. Das Gedicht »Was ich sah« weist auf die falschen Propheten und die »Schergen im Schafspelz« und setzt dagegen das Bild der Opfer: »den Menschen sah ich den man gefoltert hatte.« Das andere Gedicht »Von der Höhe der Treppe« warnt vor der revolutionären Illusion, man könne die Treppe, auf der die Herrschenden stehen, im Sturm erobern – der Hydra wachsen die Köpfe nach. Nicht ein Realpolitiker spricht hier, der aus Opportunität zur Mäßigung mahnt, sondern der Dichter, der aus seiner Phantasie ein Werkzeug des Mitgefühls machen möchte – eines Mitgefühls, das auch die »verkniffenen Münder« der Mächtigen einschließt.

Diesen *Dichter* Herbert könnte man über engagierter Parabolik und kritischem Klartext womöglich vergessen. Die politisch interpretierbaren Texte, die das Buch umschließen, schließen auch drei Jahrzehnte polnischer Hoffnungen und Niederlagen ein. Die Schlußzeile des Buches »und nur unsre Träume sind nicht gedemütigt worden« weist über allen manifesten politischen Gehalt hinaus. Der freie, nicht gedemütigte Traum ist mehr, ist Menschlichkeit und Poesie.

So darf man auch die Fortsetzung des Buchtitels nicht überlesen: » und andere Gedichte«. Dies sind vermischte Gedichte: neue wie ältere Cogito-Gedichte, Gedichte auf Beethoven, aber auch auf Isadora Duncan, eine Nänie auf die Mutter, Verse auf Freunde und – wie immer bei Herbert – subtile Selbstreflexionen des Dichters und seines Gedichts. Sich selbst oder – bescheidener – seinen Herrn Cogito rechnet er zu den »minores«, zu den minderen Poeten mit Chronistenpart. Darüber mag die Nachwelt befinden. Aber wem soll sie denn Gnade erweisen, wenn nicht dem, der seinen Part aufrichtig und wahrheitsgemäß versah und das mit jener Präzision, deren Notwendigkeit Herr Cogito betont. Diese wahrhaft menschliche Präzision geht davon aus, daß wir trotz allem »die Hüter unsrer Brüder« sind und daher keinen von ihnen vergessen dürfen: »wir müssen daher wissen / genau zählen / beim Namen rufen / für den Weg versorgen«. Daran erinnern uns die Gedichte Zbigniew Herberts.

Zbigniew Herbert: Bericht aus eine belagerten Stadt und andere Gedichte. Aus dem Polnischen von Oskar Jan Tauschinski. Suhrkamp: Frankfurt am Main 1985.

Und das Gedicht ist Verzicht
Reiner Kunze: eines jeden einziges leben

Vielleicht wäre Reiner Kunze in anderen Zeitläuften einer der Stillen im Lande geworden. Man könnte sich das vorstellen, nachdem der *Fall* Kunze, der nichts anderes war als der Fall einer realexistierenden Literaturbürokratie, Geschichte geworden ist. Verrauscht ist auch die westliche Medienaufregung, die noch einmal durch die Verfilmung von Reiner Kunzes *Die wunderbaren Jahre* Nahrung erhalten hatte.

Man kann nachrechnen, doch der Autor lebt wirklich schon seit mehr als neun Jahren in der Bundesrepublik – Zeit genug, sollte man meinen, um das Etikett »DDR-Dissident« von ihm zu tun. Mit seiner Frau, einer tschechischen Ärztin, wohnt er in einem abgelegenen niederbayerischen Ort, schreibt an seinen Gedichten und hält sich vom Literaturbetrieb fern. Ein Stiller im Lande? Wir halten uns an seine Gedichte.

Kunzes Lyrik hatte nie etwas Spektakuläres, sie war immer eher knapp und verhalten. Sie überschritt nie die »Zimmerlautstärke« und provozierte durch das leise Gesagte. Das hatte auch mit Inhalten zu tun, mit Kunzes Bekenntnis und seinem Recht auf Ausdruck und Entfaltung, aber auch mit dem Ton, in dem gesprochen wurde. Der verhaltene Ton erregte Irritation, ja Wut.

Merkwürdigerweise irritierte auch der in den Westen übergesiedelte Kunze. Und das nicht bloß politisch, indem er weder die Erwartungen der Linken noch der Rechten erfüllte. Wieder war es der Ton, der irritierte. Den Wechsel in die Bundesrepublik hatte Kunze als ein »Durchatmen« erlebt und von der »Heiterkeit« gesprochen, die auf seiner Palette bisher gefehlt habe. Es war die »Heiterkeit«, die zum Bilde des Dissidenten nicht passen wollte. Kunze war dem verordneten Boykott entkommen, doch in einen Bereich subtilerer Annexionsansprüche geraten. Man erwartete Kritik von links, Affirmation nach rechts.

> Können Sie, sagte die stimme,
> nicht auch etwas schreiben
> in unserem sinn?

Kunze jedoch schrieb im eigenen Sinn und *auf eigene hoffnung*, wie es der Gedichtband von 1981 formulierte. Mit Texten der Jahre 1973 bis 1980 überspannte der Dichter den Bruch in seiner Biographie. Neben Gedichten, die »im nacken die vergangenheit« spüren ließen, standen solche, die das Durchatmen und die neue Heiterkeit versuchten. Begreiflich, daß das öffentliche Interesse an Reiner Kunzes Lyrik überwiegend ihren politischen und aktuellen Aspekten galt. Ästhetische Scheidungen waren selten. Peter Demetz etwa sah in Kunzes Sammlung einen Autor von mutiger Empfindungskraft und zugleich einen Sonntagsdichter zu Wort kommen.

Für seinen neuen Gedichtband *eines jeden einziges leben* hat Reiner Kunze sich fünf Jahre Zeit genommen. Er beruft sich ausdrücklich auf Oskar Loerke, der von der »Reifezeit« seiner Gedichtbücher sprach, und betont den Aspekt des Entstehens und Wachsens auch in einem dem Band beigegebenen »nachwort«. Das Gedicht sei »das ergebnis des prozesses, der allen marktgegebenheiten hohnspricht.«

Das ist die schlichte Wahrheit, und nur daß ein Mann wie Reiner Kunze sie ausspricht, sichert den Satz gegen Ironie. Nur der in die literarische Marktwirtschaft Verschlagene kann so ungebrochen sein Gedicht gegen die Marktlage ausspielen – vielleicht daß der Markt doch vor dem Dichter kapituliert,

»Für einen gedichtband« – macht Kunze uns die Rechnung auf – »bedarf es hundert und mehr poetischer einfälle, hundert originärer, mehr oder weniger entdeckerischer verknüpfungen von welt – auch für einen zeitraum von vier, fünf jahren eine zahl, die staunen machen sollte –, und jener allen marktgegebenheiten hohnsprechende prozeß muß sechzig-, siebzig-, achtzigmal wochen- und monatelang über den tag und durch die halbe nacht gebracht werden und gelingen.« Übertönt der Autor da die eigenen Zweifel oder will er uns imponieren? Gemeinhin betonen die Dichter den Preis nicht, den das Gedicht fordert. Kunze tut es dennoch, um seiner emphatischen Auffassung vom Dichteramt willen:

> Und das gedicht ist verzicht
> im leben wie in der Sprache
> Doch im leben zuerst
> und in beidem gleichviel

Am Ende freilich zählt das Resultat, die Summe der gelungenen Gedichte.

Kunzes neuer Band bietet weder formale noch stoffliche Überraschungen, sondern bezeugt Kontinuität, maßvolle Fortentwicklung. Wieder findet sich der Typus des kurzen, kurzzeiligen lakonischen Gedichts, die konzentrierte und leise Sprechweise, die vieles der Ausdeutung und Assoziation des Lesers überläßt. Wieder arbeitet Kunze gern mit ausführlichen Titeln und Motti, und manchmal ist dieser Kopf länger als das nachfolgende Gedicht. Wieder wird so manches Gedicht zu einem lyrisch-spruchhaften Kommentar, überwiegt das Lehrhafte oft das Leben des Bildes.

Das zeigt sich besonders deutlich, wenn der Ausgangspunkt bereits ein Gedicht ist – etwa wenn Kunze Versen Ilse Aichingers, in denen von der nächtlichen Post die Rede ist und vom Mond, der ihr Kränkungen unter die Tür schöbe, folgende Kontrafaktur entgegensetzt:

> Kämen die kränkungen
> nur mit der post
> und am morgen wenn wir
> an uns glauben

Das ist ein Seufzer und noch kein Gedicht. In solchen poetischen Reaktionen ist der eigene Lebensstoff nicht stark genug, um sich gegen das Abgeleitete, Vermittelte zu behaupten. Die schwächste Abteilung des Bandes ist darum jene, darin der Dichter eine Vorliebe für Teppiche, Farbholzschnitte, Torsi oder Cembalokonzerte bekundet und das Stilisierte noch einmal stilisiert. Was er vom »cembalokonzert« sagt, ist wirklich bloß »feingesponnen«: »Im gehör / feingesponnenes silber, das mit der zeit / schwarz werden wird.« Diesem Gespinst nun wird existentieller Ernst zugemutet, wenn daraus der Schluß gezogen wird: »Eines tages aber wird die seele / an schütterer stelle / nicht reißen.«

Dieser Schriftsteller hat Lebenskräftigeres zu bieten, Gewichtigeres, das durchaus leicht daherkommen, leise gesagt sein kann. Man kann fast darauf wetten: überall, wo er von Menschen spricht, die ihm nahestehen, von Sympathien, die ihm wichtig sind, stimmen Ton und Sprache, hält das Gewebe des Gedichts.

Reiner Kunze ist kein Phantasiedichter, der seine Visionen niederschreibt, kein Artist, dessen Kunst einen beliebigen Gegenstand verzehren kann. Er ist angewiesen auf das, was ihm seine Biographie zuträgt. Bei allem Kunstbemühen entscheidet das Leben über die Kunst. Damit muß er als Dichter leben, und ich meine, er kann es auch.

Zu den besten Gedichten gehören – wie schon in früheren Bänden – jene, in denen Kunze über Menschen spricht, die ihm nahestehen. Hier sind es Verse über den Vater und das Gedicht über einen Freund (»besuch aus Mähren«) mit dem Schluß:

> Doch beharrte er darauf daß nirgendwo sonst
> erde erde sei,
> und durch die haut seiner worte
> schimmerte das knöchelweiß der faust die auch er
> in der jugend geballt hatte

Hier ist er wirklich *engagiert* – engagiert nämlich ins Menschlich-Konkrete, was politische Sympathien nahelegt. In solchen Texten legitimiert er seine Sympathie für die polnische Sache oder für jene in der DDR, »die ihr gespräche dort pflanzt / wo sie befahlen, die wurzeln zu roden«. Wo Kunze mit seiner Biographie für das Gesagte eintritt, überzeugen auch seine gnomischen Zusammenfassungen als Wahrsprüche:

> Heimat haben und welt
> und nie mehr der lüge
> den ring küssen müssen

Was dem neuen Gedichtband ein besonderes Interesse sichert, sind einige Gedichte, in denen Kunze von Pathos und Moralität völlig absieht und nur dem vertraut, was er wahrnimmt und erlebt. Es sind Gedichte über süddeutsche Landschaften, sinnenhaft und konkret wie von Georg Britting, nur zarter, sensibler. »hoher sommer« beginnt: »Eine trockenheit, / daß nachts in der ohrmuschel plötzlich / der regen rauscht.« Innen- und Außenwelt sind gleichermaßen präsent, und solche Erfahrung ist sich selbst genug. Hier schreibt sich ein Lyriker frei. Auch diesem entspannteren Reiner Kunze, der sein Dichteramt nicht betonen muß, wird man weder Marktgängigkeit noch Opportunismus nachsagen. Er sei uns willkommen.

Reiner Kunze: eines jeden einziges leben. S. Fischer: Frankfurt am Main 1986.

Engführung mit Ohrensausen
Oskar Pastior: Lesungen mit Tinnitus

Wer zum ersten Mal etwas von Oskar Pastior liest, ist vielleicht befremdet und irritiert. Wer ihn selbst lesen hört, ist fast immer sogleich erstaunt, amüsiert, ja überzeugt. Er hat nicht nur Spaß gehabt, er hat auch verstanden – auch wenn er nicht zu sagen weiß, was. Er hört die Botschaft und muß dem Glauben nicht nachfragen: der Ernst des Sprachmeisters Pastior erheitert ihn. Der ungeübte Pastior-Leser dagegen hat es schwer – er hält sich an das Schwarze auf dem Papier und versteht oft nur Bahnhof. Und da antwortet ihm der Text, Seite 56: »– und ich versteh bloß Tinnitus.« Und was noch folgt als poetische Erklärung, ist dem Leser so lange Bahnhof oder Hekuba, als er nicht weiß, daß Tinnitus (medizinisch) nichts anderes als Ohrensausen ist. Was also hat der Leser von Pastiors *Lesungen mit Tinnitus* zu erwarten? Nicht daß ihm Hören und Sehen vergeht, sondern daß ihm beides – unter Sehschwindel und Ohrensausen – wiederkommt.

Klartext gibt es ja überall. Die Botschaften werden immer billiger und banaler. »Im Lichte der zunehmenden Entropie, der die Welt entgegeneilt«, erscheint dem Dichter Pastior die »Ungenauigkeit als die größere Genauigkeit, die Unschärfe als Schärfe« – und womöglich das Sprachgeräusch als Sprache. Pastior ist ein Poet des Sprachspiels und der löcherigen Botschaft. Was wir hören, ist *Höricht*, und was wir für echt und eigen nehmen, ein *Wechselbalg* – um mit den Titeln früherer Bände zu reden.

Zwar hieß Pastiors erster und noch in Bukarest erschienener Gedichtband *Offne Worte*, aber er trug schon ein rätselhaftes und irritierendes Motto: » sage, du habest es rauschen gehört.« Sollte man fortsetzen: » wie das Gesetz es befahl«? Wie auch immer. Es gibt so etwas wie ein Gesetz, nach dem Pastiors Poesie angetreten ist und sich entwickelt hat über mehr als zwanzig Jahre. Es zeigt den Autor damit »beschäftigt, den Spielraum zu verkleinern und die Regeln zu erweitern«, also die Engführung zu riskieren und doch die Freiheit des Machens zu gewinnen.

Lesungen mit Tinnitus sind Lesungen unter erschwerten Bedingungen: Lesungen einer Sprachwelt, die sich das Ohr erst anhören, erst zurechtlesen muß, ohne völlig ins Reine zu gelangen – ein Restgeräusch, eine Trübung und semantische Dunkelheit bleibt auch nach mehrfacher Lektüre zurück. Andererseits rechnet der Autor mit diesem Rest, stärkt ihn und nährt ihn in der Hoffnung, daß aus dem »Höricht« des Unverstandenen, aus dem Kehricht der Silben und Buchstaben so etwas wie Hoffnung kommt – Hoffnung auf Verstehen, auf Übersetzbarkeit. Sprachskepsis und Sprachglaube kommen in Pastiors Texten zueinander. So ist »Tinnitus« quasi als *Figur* »für Verhörer – bester Erbsmasseur / Lesender – für Ausrutscher / kein Animator nein ein Exstincteur«. Aber das poetische Paradox will, daß der Feuerlöscher (exstincteur) doch zum Animator des poetischen Feuers und Furors wird.

Pastiors Sprachglaube gibt sich komisch, pedantisch und pathetisch zugleich. Daß ein Lied in allen Dingen schlafe, kann er Eichendorff nicht einfach nachsprechen; und so liest sich Pastiors Paraphrase so: »schläft eines in allen dingen / zwei ist eines auf vorderwort / und nicht neben anderes haben // ein es – ein es: im essigkrug / hinan!« Und der Leser mag einige

Mühe haben, diesem »hinan«, passioniert und bis zur Passion, zu folgen. Das »Lied« wird nicht mehr genannt, doch es ist – zum »es« geworden – im Text anwesend und darf als »essigkrug« aufs Leid verweisen.

So sind Pastiors *Lesungen mit Tinnitus* durchaus ernste Scherze – ernst zu nehmen auch dort, wo sie kalauernd des Lesers »kauminuskeln« strapazieren oder »betrübsblind übesam« erscheinen. Nein, betriebsblind wie ein Doktrinär des Experiments war Pastior nie, weil er das, was ihn »betrübt«, in seinen Poesien versteckt, doch nicht verdrängt. Und »übesam« lese ich ungescheut positiv – als das Exerzitium und seine Fruchtbarkeit.

Oskar Pastior: Lesungen mit Tinnitus. Gedichte 1980-1985. Hanser: München und Wien 1986.

Aber wo bleibt das Gelächter
Robert Gernhardt: Körper in Cafés

Robert Gernhardt ist ein Profi des Leichten, das schwer zu machen ist. Die sogenannten ernsten Autoren dürfen auch mal ein Tief zeigen. Es kann ihnen immer noch als Scheitern hoch angerechnet werden. Der Spaßmacher dagegen muß immer in Form sein. Denn wenn Lächerlichkeit tötet, so am ehesten den, dem sein Witz mißlingt. Kein Wunder, daß sich nur wenige in der Branche halten. Wir fragen ja nicht, wie einer das über die Jahre hinkriegt, daß sein Salz nicht dumm wird. Wir erwarten einfach Bestform. Hier ist sie. Bei Gernhardt werden wir auch diesmal nicht enttäuscht.

Vielleicht liegt das schon daran, daß er das Problem des Spaßmachers, das eigene Problem, nicht bloß formuliert, sondern ernstnimmt: »Immer ist unter denen, die lachen, / Der, welcher nicht lacht.« Diesen einen möchte Gernhardt besiegen. Er ist ihm vermutlich der liebste, denn er verlangt ihm mehr ab als die Gemeinde, der Fan-Club. Es könnte ein Leser von *Wörtersee* sein, der sich wohl amüsierte, aber nun, von neuen Gedichten, mehr verlangt – Tiefsinn im Flachsinn. Der

Zögernde und Widerspenstige, der zuletzt lacht, lacht der nicht am befreiendsten?

Aber gibt es überhaupt etwas zu lachen? Ich stelle mir einen eher mißmutigen, ja melancholischen Leser der *Körper in Cafés* vor. Schon aus dem Titelgedicht zieht er Nahrung. Was ist mit diesen Menschen, die ihre Lässigkeit in der Öffentlichkeit demonstrieren? Sie haben ihre Probleme, die gesellschaftliche Mechanik in die Intimität zu retten:

> Aber dann in den vier Wänden
> müssen Körper Flagge zeigen.
> Voll hängt er in ihren Sielen
> und die Hölle voller Geigen.

Eros als Leistungssport. Aber Gernhardt hütet sich, das Problem gesellschaftskritisch zu vertiefen, zu beschweren. Er hat aber Mitleid mit denen, die sich da plagen. Siege und Niederlagen sind ihm vom eigenen Metier her bekannt. Und so zeigt der Autor seine Flagge, die Flagge der Melancholie.

Er steckt sie – zwischenzeitlich – auch wieder weg und spielt selber den coolen, analytischen Typ, der das »Beziehungsgespräch« kommentiert, das »immer dasselbe« meint. Die Sache ist bekannt, da zeigt der Poet keinen Ehrgeiz, aber er bringt sie noch einmal auf den Punkt – etwa wie den in Haßliebe verstrickten Partnern das Wort zur Waffe wird »wie sooft schon, wenn vor dritten / Zwei an ihrem Einssein litten«. Der melancholische Befund gewinnt dennoch Heiterkeit – durch Reim und Zahlenspiel.

Aber mit dem Witz ist es wie mit der Lust: »Als dann die Lust kam, war ich nicht bereit.« Wie gerne möchte das lyrische Ich hedonistisch genießen! Aber dann steht es sozusagen *neben* seinem Genuß und muß zusehen, wie er etwas Fremdes und das ganze Mißverhältnis nur noch komisch wird. Komisch wird dann auch gleich das Pathos, in das der Betrogene sich flüchtet. Es klingt schon fast asketisch und kirchenväterlich, wenn gefragt wird: »Sag mir bitte dann, warum sich / ständig Fleisch dem Fleische gattet.«

Wer spricht das überhaupt? *Ich Ich Ich* könnte der Autor mit dem Titel seines Romans antworten – aber dreimal »Ich« ist weniger als einmal, auch wenn ein ganzes Kapitel des

Gedichtbuchs »Ich« überschrieben ist. Die »Revision im Spiegel« ergibt wenig Erfreuliches: »Dann ein Blick aus meinen Augen – / und ich weiß, wieviel wir taugen.« Das Ich als Wir. Indem der Poet sich anschwärzt, *uns* mit anschwärzt, gewinnt er unsere Sympathie.

»Es gibt kein richtiges Leben im falschen« – so (mit dem Titel eines Prosabändchens) läßt sich die Philosophie auch von Gernhardts Lyrik umschreiben: Frankfurter Schule im Verfallsstadium. Einen Jux will er sich machen, dieser Gernhardt. Er sieht die gesellschaftliche Misere, er kennt die literarische Tradition. Veränderung ist nicht mehr möglich. Nun will er spielen. Wie verbindet man Platens hochpathetischen »Tristan« mit der Tristesse des modernen Wohnungsbaus? Ein Vierzeiler genügt:

> Wer die Schönheit angeschaut mit Augen,
> ist dem Tode schon anheimgegeben?
> Jedenfalls wird er fürs weitere Leben
> schlecht zum Mieter der Nordweststadt taugen.

Wo Gernhardt selbst offenbar nicht wohnt. Da er kein soziales Engagement heuchelt, muß er auch kein Privileg rechtfertigen. Er spricht von seinem Haus in der Toscana (»Der Glückliche! Hätten wir auch gern!«) und kann zugleich von der Erfahrung sprechen, »Wie alles den Bach runtergeht«. Das mag man zynisch finden, verlogen ist es jedenfalls nicht. Und wo das moralische Argument nicht mehr greift, bleibt ohnehin nur der Rückgriff auf die Ästhetik. Da das Schöne nicht mehr »mit Augen« zu schauen ist, muß es eine Ästhetik des Häßlichen sein. Sie ist prägnant formuliert und wirkt so komisch wie klassisch: »Das Schöne gibt uns Grund zur Trauer. / Das Häßliche erfreut durch Dauer«.

Man solle doch von den Klassikern lernen, meint Gernhardt in einem anderen Gedicht scheinheilig. Und was könne man vom Manne Brecht lernen? Die Wahrheit, schlägt Gernhardt vor, wie es wirklich mit ihm und den vielen Frauen gewesen ist. Ließe Gernhardt sich festlegen, würde man vielleicht von materialistischer Melancholie reden. Doch ein Vers wie »Der Geist ist weich. Das Fleisch bleibt hart« ist weder Bekenntnis noch Provokation. Gernhardt muß schon mit obszönen

Motiven kommen, um das Frozzeln und Finassieren zu vergessen.

Aber wo bleibt das Gelächter? Weiß der Teufel, wo es bleibt. »Lachen ist Lust«, weiß der Autor, »jede Lust aber endet.« Und so wetterleuchtet das Lachen im Gesicht des Lesers, um selten einmal auszubrechen. Gernhardt ist mehr Satyr als Satiriker. Er versteht sich auf sein Spiel.

Robert Gernhardt: Körper in Cafés. Haffmanns: Zürich 1987.

Wiedervereinigung
Jürgen Becker: Gedicht von der wiedervereinigten Landschaft

Wie gut, wenn ein Autor auch langjährige Leser noch zu irritieren vermag – und sei es durch den Titel seines neuen Buches. *Gedicht von der wiedervereinigten Landschaft* – klingt das nicht wie von Handke, pathetisch und positiv? Und hat Jürgen Becker vergessen, daß die politischen Sonntagsredner vergangener Jahrzehnte den Begriff der Wiedervereinigung verschlissen haben? Oder ist er auf einen Trend eingeschwenkt, der sich seit einiger Zeit ankündigt: auf die Tendenz zur Reaktivierung patriotischer Floskeln?

Nein, es gibt keine Wende bei Jürgen Becker. Nur eine kalkulierte Irritation. Er testet wieder einmal unsere Aufmerksamkeit, unsere Sensibilität für Assoziationen. Vor zwei Jahren – im Lyrikband *Odenthals Küste* – zeigte erst die genauere Lektüre, welches Meer an den kleinen Ort in der Umgebung Kölns grenzte: das Meer, das vor Jahrmillionen dort war, und das »vergessene Meer« in uns. Ein Echo dieses Geräuschs brandet in Beckers neuen Text hinüber: »Es gab immer nur eine Wiederholung / von Fragen, die den Sand aufwühlten, den alten Sand / ganz unten im Seegrund.« Was haben diese alten tiefgründenden Fragen mit dem neuen Text zu tun, mit einem langen Gedicht, dem der Autor einen ins Aktuelle und Politische spielenden Titel mitgab?

Titel, sagt Lessing, seien keine Küchenzettel. Es scheint, als wollte Jürgen Becker die Probe auf diesen Satz machen. Erst im fünften und letzten Teil kommt er überhaupt auf die Titelformulierung zu sprechen. Dazu ganz beiläufig und ironisch: »Was soll man denn wiedervereinigen ... Landschaften etwa?« Das ist wie eine vage Idee, die man in Gesprächen einwirft, ohne viel damit sagen oder bezwecken zu wollen – eine Idee zudem, für die das Ich des Gedichts keinerlei Priorität beansprucht. Es geht ihm allenfalls um die Korrektur einer fremden Idee.

In den Mund gelegt wie die einem in die DDR zurückkehrenden »Dr. G.« – und für ihn ist es eine politische Idee: »aber Sie, wenn ich richtig verstanden / habe, meinten den *Unterschied*, das Unvergleichbare / in der Geschichte zweier Systeme?«

Genau dies aber meint der Lyriker nicht. Die politischen Differenzen überläßt er Systemtheoretikern und Soziologen. Er hat für den Moment – und mit Folgen für sein Gedicht – etwas anderes verstanden, er hat die Formulierung »Landschaften wiedervereinigen« wörtlich genommen. Mehr noch, er hat jetzt, gegen Ende des Textes, begriffen, was er die ganze Zeit über halb bewußt versucht hat: nämlich das Getrennte von Beobachtung, Erfahrung, Erinnerung unter dem Aspekt Landschaft zu etwas Ganzem zusammenzuführen.

Poetische Wiedervereinigung also. Jürgen Becker ist zu diesem Geschäft biographisch wie literarisch disponiert. Er verbrachte Krieg und Kriegsende als Kind in Thüringen. Dieses »Grüne Herz Deutschlands« hat er in früheren Texten ebenso beschworen wie die Zeit, »als die kurze Chesterfield-Epoche aufhörte und die Panje-Wägelchen kamen« – also den Wechsel von amerikanischer zu russischer Besetzung und die Teilung Deutschlands. In Variationen und Selbstzitierungen kommt er jetzt auf die Themen seiner Biographie und Familiengeschichte zurück: »Wie vorläufig, / oder endgültig, ist die Trennung der Regionen, die / von toten Männern vollzogen ist und die eine Kindheit / zerschnitten hat.«

Kein Zweifel, daß das lyrische Ich sich weniger für die Verantwortlichen der Historie interessiert als für die eigenen Erfahrungen der Entfremdung und Verletzung. Trennung und Schnitt können nur im Eingedenken, in der erinnernden Wiederholung geheilt werden. Für die Erinnerung wie fürs Schreiben, die Poesie gilt das gleiche Gesetz: »das Sägegeräusch macht keinen / Unterschied, aber es reißt die tiefen Vernarbungen auf, / nicht quälend, eher auf eine erleichternde Weise.« Solche Erinnerungsarbeit erzeugt gelegentlich fast surreale Bildvorstellungen. Etwa: »Und immer gingen andere Zeiten mit; vor der Laube, / auf weißen Stühlen, saßen lächelnd die Toten.«

Da sind die Toten wirklich tot, als lächelnde Marionetten. Da ist weitere Wiederholung nicht vonnöten. Wo die Toten aber nicht zu freundlichen Gespenstern werden, muß das Rad weitergedreht werden. Das führt mit einiger Konsequenz zum langen Gedicht. Zu seinen Chancen wie zu seinen Gefahren. Das lange Gedicht entsteht ja geradezu aus dem Kampf gegen die eigene Länge. Es kann sich in Details zerfasern wie unter dem Diktat einer Idee erstarren. Diesem Dilemma hat sich Jürgen Becker mit Kunstverstand, ich meine mehr noch: mit Instinkt entzogen. Er wußte nicht zu früh, was er wollte. Aber er vergaß es auch unterwegs nicht beim Schreiben.

Der gelenkte Zufall – so möchte man sagen – verhalf ihm zur Struktur seines Gedichts, zu den thematischen Schwerpunkten, die sich halbwegs deutlich abzeichnen. Am Beginn Heimat- und Familiengeschichte, dann die gegenwärtige Umgebung als Ort des Schreibens. Zwei Krankenhausaufenthalte sind im Folgenden Anlaß, den Zusammenhang von Vitalschwäche und poetischer Halluzination zu befragen: »Brauchte ich eine Krankheit, / um das Bild einer vollkommenen Sprache zu haben.«

Am Schluß der kreisenden Assoziationen dieses langen Gedichts steht ein Programm. Sagen wir ruhig: ein Bekenntnis: »Es kommt auf die Nähe zu unseren Landschaften an, die so wichtig für die Argumente der Bilder, für / die Arbeiten im Gedächtnis sind.« Wir können nicht leben ohne das, was wir sehen und behalten; ohne Landschaften, gegenwärtige und verlorene. Beckers *Gedicht von der wiedervereinigten Landschaft* wäre ein taubes Plädoyer, wenn es nicht soviel Lebensstoff und Energie enthielte, die alle Argumente ersetzen.

Jürgen Becker: Gedicht von der wiedervereinigten Landschaft. Suhrkamp: Frankfurt am Main 1988.

Keine Eule der Minerva
Durs Grünbein: Grauzone morgens

Viel Information gibt der Verlag diesem Bändchen ja nicht mit. Nur daß Durs Grünbein ein sechsundzwanzigjähriger Dichter aus Dresden und das vorliegende sein erstes Buch sei. Einzelpublikationen in der DDR? Vermutlich Fehlanzeige. Halten wir uns also an die Gedichte selbst. Was für eine Zone ist das, diese »Grauzone morgens«?

Auf keinen Fall jene DDR, wie wir sie etwa aus Volker Brauns Lyrik oder noch aus den Versen des jungen Uwe Kolbe kennen. Nichts mehr von der Dialektik der Verhältnisse. Nichts an Utopie oder aber dem, was sich fälschlich real existierender Sozialismus nennt. Das ist für den jungen Mann, der hier schreibt, fort und abgeschminkt. Der Rest allenfalls ein salopper Seufzer: »Amigo, was ist bloß schief / gegangen, daß sie uns derart zu Kindern / machen mit ihrer *Einsicht in die Not- / wendigkeit*, ihrer *Wachsenden Rolle des / Staates?*«

Doch die Antwort auf die Frage interessiert schon nicht mehr. Das Mißtrauen ist total. Der da sich nicht zum Kind machen lassen will, hat anderes im Sinn: »Sieh genau hin, ehe sie dich / für blöd verkaufen.« Nur hat er selbst Schwierigkeiten, diese Maxime zu befolgen. Denn die Verhältnisse, die sind nicht so – so durchschaubar, wie sie einst Brecht erschienen. Eine präzise Formel will sich nicht einstellen. *Grauzone morgens* ist ein Bild für das Diffuse der gegenwärtigen DDR-Realität: »In dieser // Grauzonenlandschaft am Morgen / ist vorerst alles ein / toter Wirrwar abgestandener Bilder, z.B. / etwas Rasierschaum im / Rinnstein, ein Halsband / oder im Weitergehn ein Verbotsschild.« Also beliebige Details im ungenauen Licht, und nichts davon wirklich signifikant (außer vielleicht den Verbotsschildern). Über diesen Befund und über seine Variation kommt Durs Grünbein nicht wesentlich hinaus. Eine Eule der Minerva ist nicht in Sicht.

Die Frage ist, was einer aus seinen Befunden macht, wenn er Poet ist. Wenn Grünbein seine Optik präzis einstellt, gelingen ihm deutliche Realitätsausschnitte, einzelne Szenen: die »hagere Frau«, »mit dem / Ausdruck der Müdigkeit / unverändert nach Wochen«. Oder das telefonierende »Nullbock«-Pärchen am Prenzlauer Berg als Bild der Sonntagslangeweile. Oder nur eine einzelne treffende Beobachtung wie »der träge zu dir / herüberspringende Chromblitz eines / Motorrads«. Der Autor fühlt sich bei seinen Erkundungen als »kleiner Statist / hin- und herbugsiert in den / Staffagen eines schäbigen / Vorstadtkinos / 4 Jahrzehnte / nach diesem Krieg«, also in einer fingierten oder simulierten Realität. Was immer man unter den hier imaginierten »Staffagen« verstehen mag – dem Autor scheint es auf Genauigkeit und Konkretion nicht sehr anzukommen. Gleich anschließend bekennt er nämlich, dieser Vers sei »so gut wie ein anderer / hier / auf einer Grautonskala«.

Sind im Grauen nun alle Verse grau? Durchaus nicht. Es gibt bessere und schlechtere. Die schlechteren sind von dieser Art: »Manchmal // ist nichts banaler als ein / Gedicht, eine erste Tagung / so früh am Morgen auf den / erstarrten Flügeln der Motte.« Lassen wir die Frage nach der Banalität dieser oder anderer Verse. Aber ich möchte schon wissen, was eine »Tagung« auf Mottenflügeln ist.

Die besseren Zeilen – denn was Grünbein als Verse drucken läßt, ist abgeteilte Prosa – möchten »Glimpses & Glances« sein, also poetische Observationen im Stil von W.C. Williams. Auch auf »Meister Bâsho« beruft er sich, also auf die Kunst des Haiku. Aber dessen Konzentration ist Grünbeins Sache nicht. Hauptvorbild aber ist Rolf Dieter Brinkmann. Wie der sich räuspert und spuckt, hat Grünbein ihm abgeguckt. Leider auch die Manierismen: die Unschärfen, Stoffanhäufungen, funktionslosen Zeilenbrechungen. Da ist für den Autor noch viel zu tun, wenn er übers Epigonale hinausgelangen möchte.

Stofflich gesehen ist die kompensatorische Funktion dieser Lyrik offenkundig. Vielleicht erregt einen jungen Leser in Dresden oder Umgebung die bloße Vorstellung, »vorübergehend in New York zu sein«. Aber würde er sich auch mit dem begnügen, was Grünbeins lyrisches Ich halluziniert? »In New York // hättest du todsicher jetzt den / Fernseher angestellt, dich zurückgelehnt / blinzelnd / vom Guten-Morgen-Flimmern belebt.« Ein Surrogat des Surrogats. Es zeigt, wie bescheiden die Tagträume in Grünbeins »Grauzone« sind.

Durs Grünbein: Grauzone morgens. Gedichte. Suhrkamp: Frankfurt am Main 1988.

Ulbricht leider ist tot
Peter Hacks: Die Gedichte

Falsche Bescheidenheit ist nicht seine Sache. Man mag Peter Hacks als einen der wichtigsten Dramatiker der DDR schätzen – seine Selbsteinschätzung ist allemal höher. Einem jüngeren Konkurrenten schreibt er ins Stammbuch: »Schwer hat er neu sein, der Kleine. Alle abscheulichen Stücke / Schrieb Heiner Müller bereits, alle erhabenen ich.« Das ist ironisch gesagt, doch ernst gemeint. Hacks sieht sich als Klassiker zu Lebzeiten. Nun überrascht er uns mit einem gewichtigen Band, der den klassisch-lapidaren Titel *Die Gedichte* trägt.

Aber machen diese dreihundertundfünfzig Seiten Verse ihren Verfasser auch zum Lyriker? Man könnte mit Hacks gegen Hacks argumentieren. Er hat nämlich mehrfach geleugnet, ein Lyriker zu sein. Am raffiniertesten in einem Gedicht mit dem Titel »Bescheidung«. Dort versichert er uns treuherzig, er habe nur »erfüllbare Bedürfnisse« – nämlich »Schnaps, Liebe, Kunst« – und sei mit dem schleppenden Gang des Fortschritts zufrieden, »also nicht zum Lyriker bestimmt.« Wie das? Dann wären die Lyriker – sagen wir mal: Volker Braun – ungeduldig, also schlechte Geschichtskenner und Marxisten? Und er – Peter Hacks – wenn schon kein Lyriker, so doch eine Figur sui generis? Wie sagte sein großer Vorgänger in Sachen Klassik? »Nur die Lumpe sind bescheiden.«

Wir plädieren da lieber für den Lyriker Hacks. Er eröffnet den Band mit den Nebenprodukten des Dramatikers. Aus dem Handlungszusammenhang der Dramen gerissen, verlieren seine »Lieder zu Stücken« viel von ihrer Faszination und wirken wie präparierte Schmetterlinge. Die nachfolgenden »Historien und Romanzen« dagegen möchte man für Etüden halten, die dann doch eine dramatische Ausführung nicht lohnten. Mit zähem Witz werden Vorfälle und Anekdoten vom König David bis zum Marschall Budjonny in Verse gebracht.

Dann aber – wir befinden uns bereits im Kapitel »Gesellschaftsverse« – wird es interessant. Hier handelt der Autor nicht bloß von Gesellschaft, er gibt sich auch als geselliger Poet. Freilich paßt die Gesellschaft noch nicht recht zum Poeten, so wenig er selbst paßt zu den Klischeeforderungen nach Volkstümlichkeit oder Sozialistischem Realismus. Doch der Anspruch ist deutlich: Klassizismus meint Bildung und Erziehung. Der Lyriker Hacks rechnet mit der Kenntnis der Formen, Mythen und Motive zwischen Antike und Barock. Am liebsten schlüpft er ins Kostüm des 18. Jahrhunderts und gibt sich als Poet, der das Lehrhafte mit dem Vergnüglichen verbindet – heiter, klar und korrekt.

Natürlich ist er kein wirklich zeitabgewandter Autor. Hacks kann unmöglich verdrängt haben, daß die Mächtigen sein Stück *Die Sorgen und die Macht* einst, Anfang der sechziger Jahre, vom Spielplan absetzten, weil Kommunismus dort als das Gegenteil des Bestehenden definiert wurde. Andererseits ist die spätere Rückwendung zu Klassik und Antike mehr als eine bloße Maskerade oder Tarnung des Autors, ist sein Vers »Ich bin ein Dichter und kein Zeitgenosse« mehr als eine listige Provokation.

Wie hält es nun der Dichter, der kein Zeitgenosse sein möchte, mit den Verhältnissen? Er geht auf Distanz. Er wählt die Idylle oder das anachronistische Pathos. Er spricht von seinem »Dörfchen, das heißt DDR«, aber er kann die Wirklichkeit nicht ganz übersehen. So sieht der Dichter, der sich früh erhob, um das »Glück des Sozialismus« zu loben, auf dem Feld die Kartoffelfrauen: »Sie rutschen fröstelnd auf dem Bauch. / Er blickt sie an und seufzt: ihr auch?« Des Dichters Seufzer hat freilich fragenden Klang – so fremd sind sie einander, die Kartoffelfrauen und der Privilegierte.

Er kennt dieses Privileg, er kennt das Problem von Kunst und Macht. Er kleidet es ins Gewand der Ode. Sie klingt freilich eher nach Klopstock als nach Johannes Bobrowski. Und unter der anachronistischen Sprachform wandelt sich die DDR zu einem imaginären Preußen, über dem ein »Schwerer Himmel« lastet:

> (...) Wünschbar von oben nur
> Dünkt mich eins: gemäßigte Gegnerschaft.
> All das läßt für Preußen sich sagen. Auch
> Von den Mädchen lieb ich die kältern mir.
> Nimmer ohne Parasol aber such
> Ich die Orte auf, wo man Gunst verteilt.

Auch wenn das Pathos fast in Komik umkippt – ernstgemeint und ernst zu nehmen ist das Eingeständnis, daß der privilegierte Künstler sich vor der Gunst der Obrigkeit zu schützen hat. Daß der normale DDR-Bürger eines solchen Sonnenschirms nicht bedarf, steht auf einem anderen Blatt. Freilich nicht bei Hacks.

Immerhin spricht für Hacks das Selbstgefühl des Dichters, mit dem er dem Staat gegenübertritt. Manchmal freilich plagt ihn Eifersucht. Während er doch alles zum Besten des Landes tue, bevorzuge das Vaterland eher »Bescholtene« und »Leute mit scheuem Gewissen« – Dissidenten nämlich. Er behauptet: »Wenn sie in Schwärmen gehn, wenigstens stören sie nicht.« Doch gleich in den folgenden Versen gibt er zu, daß selbst die Geliebte ihn nicht völlig vom Verdruß befreien kann. Da tröstet nicht einmal die Hoffnung auf die Nachwelt, die Aussicht auf ein Denkmal in der »Hacksallee«.

Hier wird das Gedichtbuch zum Buch des Unmuts. Man spürt, wie der Dichter sich im Groll erwärmt. Man nenne es gekränkten Narzißmus. Aber dieser Narzißmus wird mit Anstand, nämlich durch Form bewältigt. Der opportunistische Beiklang verschwindet aus den Versen. Selbst eine Elegie auf Ulbricht nimmt man dem Autor ab. »Ulbricht leider ist tot«, beginnt sie und erstaunt gleich durch ihren Fortgang: »und Schluß mit der Staatskunst in Deutschland.« Gilt Honecker denn rein gar nichts? Die Frage ist müßig, denn die politischen Aussagen haben nur noch die Aufgabe, den Rückzug vorzubereiten – Kunst und Liebe erscheinen als die letzten Bastionen des Subjekts.

Töricht aber, wer im Schlußkapitel »Liebesgedichte« Peter Hacks endlich ohne Maske und Kostüm anzutreffen hofft. Auch der Liebende ist eine Kunstfigur. Sie liebt, wie die jeweilige Form es verlangt. Ob der Poet ein Sonett »Auf Lauras Entjungferung« macht, ob er eine Elegie »Von den Rechten des Weibes« verfaßt oder das tändelnde Lied vom Dornröschen in »rosa Höschen« singt – der Poet im Manne hält auf Distanz. Er kontrolliert und dosiert seine Emotionen, zeigt keinen Ausbruch von Schmerz, kein Eingeständnis von Schwäche. Der Erotiker Hacks gibt sich wechselweis heiter oder verdrießlich, verständig oder frivol, wie das Gesetz der

Kunst es befiehlt. Selbst die bösen Töne gegen Frauen sind gekünstelt. Hacks gibt den Macho nur, freilich auf eine raffinierte Weise.

In seinen besten Gedichten ist nichts »echt« im Sinne einer gängigen Betroffenheitsliteratur. Aber alles ist gut oder wenigstens geschickt gemacht. Hacks' Klassizismus ist verstockt, aber nicht borniert. Er behauptet: »Ich bin der besten einer / Der Köpfe unter dem Mond.« Da übertreibt er. Doch ein Dummkopf ist er nicht.

Peter Hacks: Die Gedichte. Aufbau: Berlin und Weimar 1988.

Petrarca, sächsisch
Rainer Kirsch: Kunst in Mark Brandenburg

Es gibt einen untergründigen Ruhm, der seinen Träger auch über Zeiten des Schweigens im Gespräch hält. Rainer Kirsch ist dafür ein Beispiel. Zwar gehört er mit Volker Braun, Heinz Czechowski und Karl Mickel zu den wichtigsten Lyrikern der DDR, doch bei uns ist er keineswegs so bekannt, wie er es verdiente. Zudem liegt sein einziges in der Bundesrepublik erschienenes Buch, die Werkauswahl *Auszog das Fürchten zu lernen*, gut zehn Jahre zurück. Mit Prosa, Lyrik, Szenischem und Kritischem brachte sie vielerlei, nur eines nicht: ein deutliches Profil des Lyrikers Rainer Kirsch.

Das aber haben wir jetzt, im Gedichtband *Kunst in Mark Brandenburg* – und damit die Chance, die Bedeutung dieses Dichters besser zu erkennen. Es handelt sich um einen schmalen, doch hoch konzentrierten Band von etwa vierzig Gedichten aus den Jahren 1979 bis 1987, zwar chronologisch geordnet, doch kein lyrisches Tagebuch – alles Private ist durch Kunstanstrengung verzehrt. Kirschs ostentative Sparsamkeit ist nicht nur Resultat künstlerischer Selbstkritik, sie dürfte auch mit den Bedingungen zu tun haben, unter denen er schreibt. »Form, klar, ist volksfern, hochnot Inhalt«, heißt es einmal ironisch gegen die immer noch gängigen Forderungen der Literaturbürokratie.

Die Mark Brandenburg – so läßt der in Sachsen geborene Poet durchblicken – ist also ein trockenes Terrain für Kunst. Da hat es als glücklicher Zufall zu gelten, wenn dem Sachsen die Sächsin (»blond / mit braunen Augen«) ins Haus geschneit kommt und ihn zu einer »Etüde« inspiriert: »Wer sächsisch redet kann auch sächsisch denken / Denk ich und küß die Sächsin.« Und selbst im Erotikon, das beim Küssen nicht stehenbleibt, lassen Liebe und Reflexion sich nicht trennen: »Ist denn sächsisch / Die Liebe üben und dabei noch nachgrübeln?«

Auf jeden Fall ist es typisch für Rainer Kirsch. Seine Gedichte »üben« die Liebe und das »Nachgrübeln« mit gleicher Wollust; und es fragt sich nur, was mehr fasziniert: die Drastik der Darstellung oder die Rabulistik des erotischen Diskurses. Beides zusammen erzeugt die enorme Spannung, unter der die Gedichte stehen. Jede Entgleisung ins Private wäre peinlich, jede formale Mechanik erkältend. Der Dichter benötigt Formen, die etwas aushalten. In einem älteren Gedicht auf Georg Maurer, seinen Lehrer am Leipziger Literaturinstitut, dachte Kirsch den alten Zeiten nach, wo jeder Dichter noch sein eigenes Versmaß fand: »Wir aber / Sitzen und nehmens.« Und so *nimmt* Kirsch, ungenierter als irgendeiner, vom Erbe, was ihm geeignet dünkt: Altes und Neues, Trimeter und Distichon, Sonett und Freivers. Er lernt von Goethes Divan-Strophen wie von Brechts Sonett-Schlüssen. Er schreibt »Im Ton Mandelstams« wie »Im Maß Petrarcas«.

Zuviel Anleihen? Zuviel Kunstfertigkeit? Kirschs Ausweg aus der Epigonie? Er nimmt von vielen und legt es sich neu zurecht. Im Maß Petrarcas schreibt er – laut eigener Auskunft – auf dreifache Weise: nach dem Versmaß Petrarcas, nach dem Maß, das der große Vorgänger an die Welt legte, und nach dem »Maß« im Sinne Hegelscher Vermittlung. So versucht er, »sich, mit Verneigungen, auf des Großen Schultern zu stellen.« Ein prekäres Bild, eine heikle Situation, aber er bleibt oben und hält die Balance.

Sein Petrarkismus funktioniert durch einen Trick – was ja nicht gegen den Artisten spricht. Er stellt seinen Petrarca vom idealistischen Kopf auf die materialistischen Füße. Petrarca folgen heißt für Kirsch, von der Liebe als »oberster Bewegungsweise der Materie« handeln. Ist das noch materialistischer Petrarkismus oder petrarkisierter Materialismus?

Im Sonett »Petrarca nördlich versetzt« redet er die Geliebte als »zarte Gedungene« an. Wenn eh schon Zwang ins Liebesverhältnis kommt, darf dem Eros auch nachgeholfen werden. Zur Hand ist offenbar bloß »dies sirupöde dumpfgepantschte Naß, / Das sie dem Volk am Markt verkaufen dürfen«. Und schon ist das Gedicht bei einer drastischen Kritik an Ökonomie und Politik: »Bringts nicht gleich Tod, verfault es doch die Lust.« Und Kirsch fragt:

> Kann euch die Traube nur in Liedern glücken?
> Und soll ich würgen an der Liebreichsten Brust?
> Unlaunig, nist ich mich der Gegend ein,
> Und schaff mir einen Berg, und baue Wein.

Daß dieser Berg erst bloß der eigene Parnass, der angebaute Wein die Poesie ist, ändert nichts an dem politisch zu nennenden Vorsatz, hartnäckig, »unlaunig«, die Erfüllung der Utopie zu betreiben.

So also zielt Kirschs Petrarkismus auf die Gesellschaft: auf Wein, Lust und Kunst in »Mark Brandenburg«. Und damit gehören auch jene Gedichte ins Programm, die mit Liebe und Liebesgespräch nichts zu tun haben. Also die Ballade auf den Postbotenhelfer Maik Wohlrabe, der den Inhalt zweier Posttaschen in ein Schlammloch warf. Oder das ergreifende »Memorial« für einen Moskauer Freund, der das Opfer stalinistischer Verfolgung wurde. Oder auch »Die Tangentialen«, eine Reflexion über das Stalin zugeschriebene Geschichtsgleichnis vom D-Zug – mit dem vertrackt-genauen aktuellen Schluß: daß wir »Spätgeborene, / der Großen Strecke Windung stille rechnend rück- / schließen.«

Wo solche Rückschlüsse und Abrechnungen nötig sind, verwundert nicht weiter, daß Kirsch überhaupt eine Lust an mathematischen und physikalischen Spekulationen hat – mögen sie dem Wärmetod des Weltalls gelten oder der Quantität erotischer Leistungen. Auch hier verfährt Kirsch nach Gusto, sind Ernst und Schalk kaum zu trennen. Der Anhang enthält eine ausführliche »Lesehilfe« zum Sonett »Im Maß Petrarcas«, das die Fülle der Anspielungen und Verweise entschlüsselt.

Doch wenn der Gedichtverlauf scheinbar ernsthaft einer Orgasmuskurve verglichen wird, muß man schon wirklich ein »Liebhaber methodologischer Kurzschlüsse« sein, um das zu goutieren.

Von solchen Foppereien kehrt man zu den Gedichten zurück, etwa zu dem schönen Sonett »Die Dialektik«, dessen Schluß ein Dialog der Liebenden ist:

»Des Bleibens ist kein Ort.« »Wir sind der aber.«
»Er geht mit uns.« »So tauch den Blick derweil.«
»Das Licht schmilzt hin.« »Sein wir die Kandelaber.«
»Tod spaltet die.« »Ja, stumpfen wir sein Beil.«
»So sehr, sagst du, gefalln dir meine Brüste?«
»Ich sagte es, wenn ich zu reden wüßte.«

Auch hier ist – wie in Brechts berühmten Versen von den Kranichen – »die Liebe Liebenden ein Halt.« Der Dichter leiht ihnen seine Sprache. Rainer Kirsch weiß zu »reden« wie wenige unter den gegenwärtigen Lyrikern.

Rainer Kirsch: Kunst in Mark Brandenburg. Gedichte. Hinstorff: Rostock 1988.

Prüfung der Trauer
Michael Krüger: Idyllen und Illusionen

Dem Melancholiker erscheinen alle Tage gleich. So kann er schreiben: »Die Beschreibung eines einzigen Tages ist / die Schilderung aller, wenn du nach oben / schaust.« Der da im Gras liegt und nach oben schaut, ist kein röstender Sonnenanbeter, sondern jemand, dem die Sonne »ein Loch in den Willen« brennt, das Leben zu feiern – eben ein Melancholiker. Freilich einer, der bei seinem traurigen Befund nicht liegenbleibt, sondern aufsteht und ihn aufschreibt. Und da das Überwiegen der schwarzen Galle seit alters als Unordnung der Säfte gilt, hat er sich ein Regulativ verordnet: die temperierende Form des Gedichts. Der Melancholiker ist Künstler und Kunstfigur zugleich.

Die Rede ist von Michael Krügers *Idyllen und Illusionen*, einem Bändchen mit »Tagebuchgedichten«. Doch wir lesen weder ein Tagebuch mit Alltagsbeobachtungen noch ein sensibles Befindlichkeitsbrevier. Das lyrische Ich führt ein philosophisches Logbuch, das Diarium einer Endzeit, deren Tage gezählt sind. Und so zählt auch der Schreiber und gestattet sich jeweils nur elf Zeilen, um mit seinen Befunden ans Ende zu kommen. Warum elf? Weil der Autor früher schon einmal einen Zyklus von Elfzeilern schrieb? Oder weil die Elf – anders als die Zwölf – weniger mit Symbolik und Harmonie zu tun hat? Wie auch immer: das Spiel hat seine Regel.

Michael Krüger muß ein enttäuschter Utopist sein. Er, der die Dunkelheit der Bilder liebt und manchmal auch nur ihre Unschärfe, spricht die Intention seines Schreibens überraschend direkt aus – etwa als Stichwort und Maxime: »Aufbruch zum Rückweg, auf Glück verzichten, / heute wird die Trauer geprüft: nur sie kann / uns leiten, die einst der Hoffnung entlief.« Diese Prüfung der Trauer holt sich Rat bei geschichtsphilosophischer Spekulation. Das lyrische Ich ist – wie Benjamins Engel der Geschichte – der Vergangenheit zugewandt. Doch statt der einzigen Katastrophe, »die unablässig Trümmer auf Trümmer häuft«, sieht der Nachgeborene nur Mini-Welten, Mini-Katastrophen, eben *Idyllen und Illusionen*.

Was alles hat in Krügers Elfzeilern Platz? Alles, was der im Gras liegende Melancholiker im Rücken hat – die Kulturen, »die Altäre, / Kathedralen, Würmer und Schwämme. Staaten, / von fleißigen Bakterien zerfressen, Marmor / und Reste von Leichen«. Also die verstreuten Dinge einer ruinösen Welt – aber einer von gestern. Krüger zeigt eine Vorliebe für barocke und manieristische Motive; für den Riesen, der selber eine anthropomorphe Landschaft à la Arcimboldo ist, für die romantische Kirche im Wald und die allegorischen Ameisen, die das Kreuz abtragen als »fleißige Ikonoklasten«. Der Autor freilich ist durchaus kein Bilderstürmer. Er liebt die Allegorien, in denen die Welt mortifiziert scheint. Er befragt die Ruinen, die er zitiert oder erdenkt, und die Interpretation der traurigen Bilder erzeugt ein intellektuelles Vergnügen, das sich dem Leser mitteilt.

Krügers Texte überzeugen dort, wo sie versuchen, das »irreale Doppel einer realen Welt« zu liefern. Heikel wird es, wo sich der Autor mit Allegorien der Zukunft als Prophet versucht. Er fabelt von Pflanzen, die es »vorher hier nicht gab« und die auch der botanisch bewanderte Briefträger nicht zu deuten weiß: »Nur in Braunau, / sagt er, bisher, und das Geblök der Lämmer, / die das Seltene achtlos zupfen, scheint ihm / recht zu geben.« Die Pflanze des Bösen, gentechnisch manipuliert, wird kaum ein zweites Mal an derselben Stelle sprießen.

Vor Zeigefingerdidaktik, Zeigefingerallegorie ist Krüger sonst durch einen Kunstverstand geschützt, der gerade aus dem Spiel mit der Dunkelheit poetische Wirkung zu ziehen weiß. Daß dem Autor die Bilder »schweigen«, daß sie »stumm und dunkel« scheinen und »übermüdet« von Schrift, ist eine Erfahrung – aber wohl auch ein Stück Strategie. Nur wenn die Entzifferung aufgeschoben ist, kann man weiter schreiben. Und beim Dechriffieren bleibt auch der Leser beschäftigt. Wenn er Krügers rückwärtsgerichtete Allegorien auf seine eigene Gegenwart bezieht, kann er des Autors Prüfung der Trauer nachvollziehen.

Michael Krüger: Idyllen und Illusionen. Tagebuchgedichte. Wagenbach: Berlin 1989.

Die neunziger Jahre

Placebos, Kwehrdeutsch, Vaterlandkanal
Anmerkungen zur jungen Lyrik (1991)

> von sprach- / placebos sind di szenen überfoll.
> *Thomas Kling*

Vor einiger Zeit hieß es in der Laudatio auf eine junge Lyrikerin: »Die häßliche Verszeile, die mißlungene Wendung ist die eigentliche stilistische Leistung des modernen Dichters.« Das sagt man nicht in einer Preisrede, wenn man es nicht halbwegs ernst meint. Aber das Paradox, an das möglicherweise gedacht war, verliert seine Kraft, wenn ihm die Texte nicht entsprechen. Keine Rede also von diesen Gedichten. Das zweischneidige Lob, das ihnen galt, ist symptomatisch für eine Ratlosigkeit, die sich als Chuzpe gibt und – als Ausweg aus der permanenten Lyrik-Krise – das Phantom einer genialen sprachlichen Unkultur beschwört.

Nicht zu leugnen ist allerdings, daß es in der Lyrik der achtziger Jahre ein neues Biedermeier, eine Herz-Schmerz-Poesie gegeben hat, zu der Alternativen nötig sind. Doch das Problem sitzt tiefer als der Gegensatz von Kultur und Unkultur, von häßlicher und schöner Sprache. Enzensbergers These, wonach sich die meisten poetischen Erzeugnisse mit der Wiederaufbereitung ausgebrannten Materials begnügten, gilt ja nicht bloß für den konventionellen, sondern auch für den progressiven Flügel der jüngsten Lyrik. Nur ist hier das Problem noch verzwickter, weil im ostentativen Avantgarde-Anspruch das Konventionelle sich umso besser tarnt. Wer Reimgedichte und Sonette schreibt, muß schon einiges aufbieten, um zu zeigen, daß er nicht wie Eichendorff oder Rilke, ja nicht einmal wie Günter Kunert oder Ulla Hahn schreibt. Wer sich experimentell gibt, darf mit dem Respekt von Kritikern rechnen, die begreiflicherweise ungern zugeben, etwas nicht zu verstehen. So gehen die Recyclingprozesse vonstatten und der lyrische Betrieb weiter. Das Gedächtnis der Gegenwart ist ohnedies kurz. Die Imitationen überlagern die Originale, Imitationen die Imitationen; und ungewohnte experimentelle Techniken gehen in den allgemeinen Besitz über: in die Sprache der Werbung wie in den politischen Diskurs. Es war kein Lyriker, der im Herbst der deutschen Wende auf die plakatierten Parolen »Wir sind das Volk« und »Wir sind ein Volk« »Ich bin Volker« als Trumpf setzte. Sind wir ein Volk von Dichtern – oder sind die jungen Leute nur gewitzter oder schneller mit ihrem Witz? Derlei gehört zu den Wortspielen einer Generation. Aber es hat Tradition. Schon Arno Schmidt suchte einen »mä-10«, übte sich in »fonetischer Schreibunk« und erforschte die mehrsinnigen Wurzeln der Wörter durch seine Etyms. In der Lyrik exerzierten, als Jux oder engagierte Wortbefragung, Ernst Jandl und Erich Fried diese Logopoeia, das Spiel mit Gestalt und Sinn der Worte: »eile mit feile/ auf den fellen/ feiter meere« oder »Drei Tage dann kriecht der Krieg/ als Wurm wieder aus.« Inzwischen sind solche verbalen Manipulationen ubiquitär: Produkte eines semantischen Changierens zwischen Poesie und Kalauerei, Jugendsprache und Sprach-Rock. Beliebt (quasi als Sublimation der allgemeinen Rechtschreibschwäche) sind Ver-Schreibungen der verschiedensten Art – gleichermaßen beliebt bei jungen Lyrikern in Ost wie West.

Bei Thomas Kling liest man: »yachtinstinkt«, »sounnz«, »hautkot-ürfummel«, »taax: v-N-auge«, »reh-frenng: WOTTA SAILIN'«, »liedschattn«, »der ernste laichzug«, »sicher heizkräfte, drastische heizarmee«, »zrrmatt«. – Bei Bert Papenfuß-Gorek: »seh-krankheit«, »tanzhodenkind«, »militanze«, »wirrus«, »potenZierung«, »ver-lust«, »zmetter-lingue«, »fanten asien« – Bei Sascha Anderson: »eNDe« (= ND: Neues Deutschland), »MISS MEDEA WAHL«, »westöstlicher die wahn«. Bei Rainer Schedlinski: »trieft er ins schwarze.« – Was von diesen verbalen Manipulationen trifft, was trieft in Schwarze? Sind es Äußerlichkeiten oder nicht auch Innerlichkeiten einer Generation? Symptome des Infantilismus, der Reflexion, der Sprachscham, des Widerstands – aber welchen Widerstands?

Zumindest in der DDR konnten Sprachspiel und -experiment so verstanden werden – als Gegenrede zum totalitären Diskurs. »der totalitäre diskurs der gesellschaft«, so Rainer Schedlinski in einem Sammelband, »determiniert den einzelnen bis in seine geringsten und intimsten tätigkeiten, indem er für alles, was einer tut, einen gesellschaftlichen sinn formuliert (...) was ich sagen will ist, daß die diskursive macht so mächtig, weil schlüssig ist, und daß diese schlüssigkeit sie derart vor der wirklichkeit abdichtet, daß ihre hermetik nur durch humor gelüftet (›was immer lustig ist, ist subversiv‹, orwell), durch Individualität verwässert, durch aggressivität aufgebrochen, oder durch kunst verlassen werden kann.« – Sollte Schedlinski recht haben, dann wäre die junge Poesie nicht bloß witzig, aggressiv, individuell, sie setzte auch eine neue Wahrnehmung an die Stelle eines verfestigten (totalitären) Diskurses – sie leistete eine »Fertiefung Der Wahrnehmung«, um mit Bert Papenfuß-Gorek, dem Kollegen vom Prenzlauer Berg, zu reden.

Bert Papenfuß-Gorek, Sascha Anderson, Rainer Schedlinski

Noch vor einigen Jahren galten sie als aufrührerisch und subversiv, die Poeten der »Prenzlauer-Berg-Connection«, wie Adolf Endler sie anerkennend gruselnd genannt hat. Zwischen Anpassung und Dissidenz hatten sie einen dritten Weg gewählt: die Verweigerung, das Abtauchen in den Untergrund, zumindest in die Halb-Öffentlichkeit der Malerbücher und hektographierten Zeitschriften, der Lesungen in Kirchen oder privaten Zirkeln. Zuerst wurden diese scheinbar Semiprofessionellen ignoriert, dann behindert oder verfolgt, zuletzt zugelassen und in Reihen »außer der Reihe« auch von großen Verlagen der DDR publiziert. In dem langsam zerbröckelnden Staat schien Poesie noch einmal politisch wirksam zu sein: weniger durch ihre brisante Thesen als durch den Anarchismus der Sprache, durch ein witzig verfremdetes »Kwehrdeutsch«, das die unterschiedlichsten Einflüsse zwischen Barock und Experiment, Schwitters und Chlebnikow, Rotwelsch und Jugendsprache verarbeitete.

Daß es sich um die authentische Möglichkeit einer »dritten Literatur« handelte, war bis vor kurzem unbestritten. Einwände, die es natürlich auch gab, bezogen sich allenfalls auf die Originalität bzw. Modernität dieser Literatur. Manfred Jäger etwa sprach von einer »nachgeholten Moderne in der realismusgeschädigten DDR«. Noch vor der Wende setzte sich freilich in den kleinen Zirkeln der nicht-offiziellen Literatur der Eindruck durch, daß auch das scheinbar Unverwertbare und

Unvereinnahmbare integrierbar sein kann. Inzwischen wird der gesellschaftliche, politische, vor allem der moralische Status dieser Literatur in Frage gestellt. Das kann hier nicht interessieren. Zunächst einmal liegen keine Fakten auf dem Tisch, nach denen sich Schuld und Verstrickung aufdröseln ließen; und es ist fraglich, ob es unzweideutige Fakten überhaupt geben wird. Außerdem versteht sich, daß man Heroismus und Märtyrertum nur von sich selbst, nicht aber von anderen verlangen kann. Bleiben wir bei der Literatur, bei den Texten. Die Stasi vermochte viel, mehr als zu ahnen und zu befürchten war. Nur eines gewiß nicht: sie konnte nicht dichten. Sie hat, womöglich, literarische Zirkel durchsetzen, nicht aber erschaffen können. Ich bleibe bei den Texten; zunächst bei den jüngsten Publikationen einiger Prenzlauerberg-Autoren.

Der wohl passionierteste Sprachspieler unter ihnen ist Bert Papenfuß-Gorek, der Finder des Wortes »Kwehrdeutsch«. Sein Gedichtbuch *SoJa*, eine Zusammenstellung neuester und älterer Texte, zeigt seine Methode voll entwickelt, fast schon als Manier. Die durchgehend verfremdete Orthographie wirkt gewöhnungsbedürftig, beruht aber auf vergleichsweise schlichten Tricks. Der Autor selbst verrät sein Rezept: »nach ueberstandener/ seh-krankheit/ erkennen/ erweiterte augen die/ riffgelaufnen/ stabenschiffe/ ›ix‹ als ›ka-es‹ &/ ›zet‹ als ›te-es‹«. Immerhin macht er uns kein X für ein U vor. Hat man sich erst einmal eingelesen, macht die »kwehrsprache« kaum noch Probleme – zumal beim Lautlesen. Freilich geht dann auch schöne Doppeldeutigkeit verloren: die aparten »zmetter-lingue« verlieren ihren linguistischen Charme.

Nun hat (oder hatte) das Sprachspiel auch politische Intentionen. Es möchte »wortschaetze gegen ferfestigungen« mobilisieren. Doch gegen welche? Was ist, wenn bestimmte Bastionen und Dogmen gefallen sind? Und wie frei ist der Autor selbst? Fühlt er sich zwischen den politischen Ereignissen zerrieben oder liebt er das Finassieren? Seine Texte zeigen sich eigentümlich unentschieden. Mal will das Sprachspiel, »dass kommunismus/ kommen muss«. Ein paar Seiten später wird das Chaos an- und ausgerufen: »Das KAOS Kaeme/ Komm.« Ein anderes Mal wird Klage geführt um den »fruehling zu bald/ immer zu welk«, vermutlich den Frühling der Wende.

Was soll da gelten? Halten wir uns an des Autors Eingeständnis der Ratlosigkeit: »ich such die kreuts & die kwehr/ kreutsdeutsch treff ich einen/ gruess ich ihn kwehrdeutsch/ auf wiedersehen faterland/ ich such das meuterland.«

Die wirkliche oder gespielte Ratlosigkeit hat Gründe. Wir lesen Texte aus diversen Jahren, unterschiedlichen Situationen. Etliches stand schon 1989 in dem Band *dreizehntanz*. Das neue Buch ist zu einem guten Teil Reprise, und – mehr als ein Schönheitsfehler -: die neuen Texte fügen der Manier und den Themen des Autors nichts Wesentliches hinzu. Man liest mühsame Etüden und Exerzitien oder nachgetragene politische Epigramme. Etwa das auf Honecker gemünzte »99, 86«: »forn er hinten / ix bin nixt / wehl ix erix / tropft blut mein / in die urne / er oder ix / ix bei leibe / darum erix.« Schnee vom vergangenen Jahr. Gegen welche »ferfestigungen« rennt Papenfuß-Gorek da noch an? Wo liegt jetzt das Meuterland, da Vater Staat und Mutter Sprache nicht mehr dräuen? Der Autor wird sich neue Themen suchen müssen, neue Techniken in einer Gesellschaft, die von der prinzipiellen Harmlosigkeit von Kunst ausgeht.

Sascha Anderson gab sich immer schon grimmig und ungemütlich. Er möchte kein Spieler sein. Seine Sache ist das Pathos, die dunkle Rede. Er taucht die Gedichte von *Jewish Jetset* in eine Sprachverdunkelung, in der die Gesten groß und pathetisch geraten, aber auch so rätselhaft wie die graphischen Chiffren, die A.R. Penck zu dem Band beisteuerte. Im Kern unmißverständlich sind aber einige Texte zu Anfang. Sie basieren auf persönlicher Erfahrung und sprechen von Verhör, Tortur und Gefangensein: »im anfang war die stunde auf dem stuhl, dem leeren, / rotberührten beins. der rest war sitzen, darauf/ hoffen, glaube an und fraß, in mich hinein.« Das Ich wird »zum zeugen in eigner sache« aufgerufen.

Das Titelgedicht »Jewish Jetset«, das auf die Judenvernichtung anspielt, weiß: »das böse trägt von jetzt an keine stiefel / mehr« – ein prägnanter Satz und von andauernder Aktualität. Nicht immer formuliert Anderson so genau. Andere Texte, die mit den historischen Vertreibungen der Juden zu tun haben, lösen ihr Thema in dunkle Assoziationen auf, denen auch die nachgetragenen Anmerkungen nicht aufhelfen. Etliche dieser

Gedichte sind wohl nur ansatzweise zu verstehen; und vermutlich wollen sie auch gar nicht »verstanden« sein. Das Sprachdunkel, so darf man annehmen, bot Schutz. Auf diese Hermetik zielt ein theoretisierender Einschub im Buch. Der »sinn« erscheint Anderson als »eine treppe, richtungslos wie in den träumen, da das wissen, ob es aufwärts oder abwärts geht, keine postpsychologisch zu bezeichnende rolle spielt«. Um aber seiner alogischen Schreibweise doch so etwas wie eine theoretische Begründung zu geben, träumt Anderson von einem »struktur-orientierten, polyedrischen ansatz der literatur«. Was »polyedrisch« gedacht sein mag, erscheint dem Leser oft als Geröll von Sprachbrocken. Wo es sich zu neuen Strukturen ordnet, ist auch immer wieder die Sprachskepsis mit komponiert: »ach wie verfluch ich vater / und muttersprache, die dem umzugsgut im eisenbahncontainer ähnelnde / fähre des verstands.«

Nach Andersons Neo-Avantgarde wirken die Gedichte in Rainer Schedlinskis *Die Männer der Frauen* geradezu konventionell. Der Autor ist ganz altmodisch an Themen wie Alltag und Liebe interessiert, und da lauern natürlich Epigonie und Sentimentalität. Schedlinski läßt sich auf beide ein, doch er findet, gewissermaßen im letzten Moment, den Dreh, um dem Kitsch zu entgehen. Er schreibt etwa: »Was ich brauche ist diese elende liebe / ohne die steifen bekanntschaften.« Das wäre pubertär, folgte nicht der Vers:«an diesem behaarten ort auf der straße.«

Immer wieder sind es einzelne Beobachtungen, die zeigen, daß Schedlinski ohne Pseudotiefsinn Wirklichkeit bezeichnen und verwandeln kann. Etwa zwei Zeilen in einem Liebesgedicht: »mein gesicht ist über den kopf gespannt wie ein trockener film« und »das lachen zerrt am mund wie elektroden.« Der Autor weiß, »die dichter erzählen viel, wenn der tag lang ist.« Deshalb wohl beansprucht er keinerlei Vorrecht der Poeten aufs Sprachproblem: »es sind dieselben worte mit denen wir lügen.« Aber natürlich hält Schedlinski an dem einen Vorrecht der Dichter fest: präzis zu träumen. Er formuliert es in der Maxime »die schiffbrüchigen halten die ufer zusammen.«

Barbara Köhler, Kerstin Hensel

Auch Barbara Köhler und Kerstin Hensel (beide Absolventinnen des Leipziger Literaturinstituts Johannes R. Becher) geben sich nicht ostentativ avantgardistisch. Ihre Bindung an die lyrische Tradition ist stark und unverkennbar – durchaus nicht zum Nachteil ihrer Gedichte. Das zeigt zunächst Barbara Köhlers Debüt *Deutsches Roulette*. Gewiß finden sich Einflüsse und Anspielungen in Menge, ist der autobiographische Stoff noch nicht immer eingeschmolzen, herrscht bei den gewählten Formen noch ein gewisses Probestadium zwischen Prosa und Vers, Notiz und Sonett. Aber Kraft und Substanz sind erkennbar und werden nicht epigonal geglättet. Barbara Köhler hält sich an Vorbilder (und so prekäre wie die Bachmann oder Hölderlin), doch gibt ihr dieser Halt die Chance, eigene Erfahrung einfließen zu lassen. So in dem Sonett »Endstelle«, einer Variation auf Hölderlins »Hälfte des Lebens«. Es beginnt: »DIE MAUERN STEHN. Ich stehe an der Mauer / des Abrißhauses an der Haltestelle; / erinnre Lebens-Läufe, Todes-Fälle, / vergesse, wem ich trau in meiner Trauer.« Die Form also provoziert die Einfälle, so auch in »Rondeau Allemagne«: »Ich harre aus im Land und geh, ihm fremd, / Mit einer Liebe, die mich über Grenzen treibt, / Zwischen den Himmeln. Sehe jeder, wo er bleibt; Ich harre aus im Land und geh ihm fremd.« Das beschreibt knapp, formelhaft eine Dialektik von Liebe und Entfremdung.

Kerstin Hensel, die auch mit Prosa hervortrat, hat bereits mehrere Lyrikbände veröffentlicht (mit diversen Überschneidungen in den Ost- und West-Publikationen). Bei ihr gibt es Liebes- und Naturgedichte, die erstaunlich frei und sicher mit ihren Vorbildern umgehen. Allenfalls zeigen ein paar der Kirsch abgelauschte Manierismen und ein paar Kraftmeiereien à la Brecht und Mickel, daß diese frühe Sicherheit auch ihre Probleme hat. Man merkt wohl an gewissen lokalen oder thematischen Eigenheiten, daß diese Gedichte in der DDR geschrieben wurden. Sie sind nicht apolitisch und klammern Gesellschaftliches und Politisches keineswegs aus. Aber es fiele gleich schwer, Kerstin Hensels Verse als Zeugnisse der Dissidenz oder der Affirmation zu begreifen. Ihr Klima ist gewissermaßen primär poetisch. Karl Mickel, als ihr Mentor, nennt die Autorin »eine Echte aus der Hexenzunft« – nach Sarah Kirsch und Irmtraud Morgner. Das ist schön gesagt, aber auch Ausdruck einer Verlegenheit. Sarah Kirsch brachten ihre *Zaubersprüche* von 1973, gelinde gesagt, politische Ungelegenheiten. Der Nachfolgerin im Metier konnte applaudiert werden. Sie kennt keine Angst vor Epigonie und kann, unter welchen Prämissen auch immer, die Gegenwart als Arbeitsbedingung akzeptieren: »In keiner Zeit wird man zu spät geboren«, heißt es in einem Sonett.

Dieser hochgemute Satz gilt für Sprache und Thematik gleichermaßen. Kerstin Hensel schreibt Sonette (einige sogar im barocken Alexandriner) und freie Verse nebeneinander. Ihre Ausdruckslust ist nicht von Sprachzweifel angekränkelt, auch wenn sie einmal schreibt: »An allen Worten nagen die Ratten: / ngedul Mißge Uh Wahr ei.« Man achte darauf, welche Worte genannt werden: Ungeduld, Mißgefühl, Wahrheit. Sie überläßt uns deren politische Ausdeutung.

Die politische Lesart ist in Kerstin Hensels Gedichten ohnedies immer nur eine unter mehreren und meist nicht einmal die überzeugendste. Ihre besten Stücke genügen sich selbst; auch da, wo sie parabolisch wirken. Als Beispiel das Gedicht »Erfüllung«: »An frühen Tagen fuhr ich gerne Zug, da / Hinter mattgeschwitzten Scheiben / Brach das Land / Aus allen Fugen Furchen. Was es trug / An stolzen Früchten / Trug der Sand. / Und hielt ich an, sprang ab / In voller Fahrt / Brach ich / Mir Bein und Hals und hart / Schlugs mich ins volle / Korn das rauschend kühlte. / So zog ich leer dahin / So kams, daß ich, was mich nicht / Füllte, fühlte.« Das Gedicht »Erfüllung« zeigt die Dialektik seines Themas, den Widerstreit von Fülle und Leere. Natürlich ist das auch politisch zu lesen, doch ebensogut poetologisch. Kerstin Hensel kann den Avantgarde-Anspruch mit mildem Spott unterlaufen: »Im Süßseim der Avantgarde / Steht das Gewebe. / Dagegen! Dagegen!! Sein oder laufen.«

Thomas Kling, Durs Grünbein, Uwe Kolbe

Aber es gibt wohl so etwas, das sich als Avantgarde versteht. Thomas Kling (aus Düsseldorf, jetzt in Köln) und Durs Grünbein (aus Dresden, jetzt in Berlin) wären ihr wohl zuzurechnen. Thomas Kling ist schon so etwas wie ein Star dieser Szene. Sein zweiter Gedichtband *geschmacksverstärker* verleugnet nicht das Synthetische seiner Intention: einem verbrauchten Reiz soll offenbar aufgeholfen werden: »UND DER LETZTE KONKRETE KALAUER / KOMMT DANN ›BITTE MIT GESCHMACKSVERSTÄRKER‹.« Man ergänze: der letzte Kalauer der Konkreten Poesie. Ihn wendet Kling methodisch gegen die zeitgenössische Realität, um ihre Banalität zu würzen. Der Titel des neuen Bandes *brennstabm* zielt auf eine weitere Forcierung: Sprachgewohnheiten und Realitätsauffassungen sollen gleichsam erhitzt und aufgeschmolzen werden. Das geht seit Arno Holz nicht ohne Polemik gegen die Lyrikkonvention ab. »von sprach-/ placebos sind di szenen überfoll«, diagnostiziert Kling, und wendet sich gegen »jauche-permanenzn. im grenz- / gang ertaubte claims. die abgegrastn / ausgegrenztn schädel!«

Solch ein Rundumschlag verpflichtet; und Kling ist viel zu gewitzt, um nicht seine Kritik unter einen mentalen Vorbehalt zu stellen: »den sprachn das sentimentale / abknöpfn, als wär da nicht schon so gut / wi alles im eimer; bausch der im / hohn bogen in ein op-behältnis / fliegt.« Wo alles im Eimer ist, läßt sich der Gestus des Wegwerfens als artistische Leistung bewundern. Deshalb sind Art und Unart dieser heftigen Lyrik an Beispielen zu prüfen. Etwa an »di zerstörtn, ein gesang«, einem mehrteiligen Gedicht, das die Kriege unseres Jahrhunderts als einen Albtraum von Bildern und Sprachsplittern (»aus schwer zerlebtn trauma-höhlen«) zu fassen sucht. Es zeigt vielleicht am deutlichsten, worin Klings Begabung liegt. Ich zitiere Nr. 5 von 9 Teilen: »hart umledertn herznz. unsere schwere. / geschütze so bricht der tag an die rattnnacht. / nächte nächte rattnmächte im böschunx–, im / ratten-mohn. wir sind noch WIR WAREN UNTER DER / WEISZN *(jiddisch, di mond)* da waren wir, / DAS WARNEN WIR. UMSONST-GESANG.« Das ist von einer kruden Schönheit. Der Autor schließt hier an gewisse Möglichkeiten Celans, das Schlimme im grotesken Sprachduktus einzufangen.

Rolf Dieter Brinkmann dagegen (es ist ja erlaubt zu lernen) ist Klings Vorbild in seinen Alltagsszenen. Immer wieder einmal findet man im Sprachschotter Details, in denen etwas aufblitzt. Etwa: »ich lecke di / achsel des sommers; der sommer ist eine frau.« Oder Kling gelingen Blicke auf »gestokkte« Bilder oder eine satirische Szene wie »taunusprobe. lehrgang im hessischen«: »kajalflor zu heavy metal sounnz (vorher- / sage: grölender stammtisch), gerekktes / hinterzimmer–, jetzt gast-stubn-›heill!!‹ / di theknmannschaft, pokalpokal, trägt /501 trägt wildleder-boots, drittklassiger / western den sie hier abfahrn HEILHEILHEIL!!!!« Vorerst aber ist der sprachliche Furor bei Thomas Kling größer als der Zugewinn an poetischer Realität.

Durs Grünbein (Jahrgang 1962) ist der jüngste in unserer Reihe. Sein erster Band *Grauzone morgens* zeichnete die damalige DDR so: »In dieser / Grauzonenlandschaft am Morgen / ist vorerst alles ein / toter Wirrwar abgestandener Bilder, z.B. / etwas Rasierschaum im / Rinnstein, ein Halsband / oder im Weitergehn ein Verbotsschild.« Auch hier winkte Brinkmann herüber, ohne Grünbeins »Grautonskala« wesentlich zu beleben. Grünbeins eben erschienener zweiter Band *Schädelbasislektion* zeigt einen beträchtlichen Fortschritt der Entwicklung, was Sprache und Form wie die Themen angeht. Das kurze Reimgedicht wie der quasi dramatische Monolog, die lyrische Anekdote wie der materialienreiche Flächentext stehen dem Autor gleichermaßen zur Verfügung. Auch Grünbein sollte man da aufsuchen, wo er suggestiv und präzis ist. Bei einer lyrischen Anekdote wie der vom Toten, der »dreizehn Wochen / Aufrecht vorm Fernseher« saß. Bei einer Passage in einem längeren Gedicht, die das Sprachproblem dialogisch auseinanderlegt: »Nein, ich erträume nichts mehr.« »Bist du krank?« / »Es sind die Worte, hörst du?« »Ruh dich aus …« / »Es ist das Feilschen, nicht der Klang.« »Kann sein.« / »Wir hängen alle in der Sprache fest, im leeren Raum.« Oder bei Texten, die Benns Thema von Verhirnung und Regression als Schädelbasislektion wieder aufnehmen.

In Grünbeins Band gibt es auch schon lyrische Reflexe auf die politischen Ereignisse der Wende. Diese »Sieben Telegramme« haben originelle Passagen (»Ich sah: Hitlers Ohr rosig im Bunker der Reichskanzlei«). Ihr appellatives Moment fällt dagegen, gelinde gesagt, ungeschickt aus: »Komm zu dir Gedicht, Berlins Mauer ist offen jetzt. / Wehleid des Wartens, Langeweile in Hegels Schmalland / Vorbei wie das stählerne Schweigen ... Heil Stalin.« Grünbein ist (zum Glück) kein lyrischer Reporter. Unübersehbar an seinen Gedichten ist jedoch, daß er sich (begünstigt durch seine Jugend) zunehmend von einer spezifischen und begrenzten DDR-Thematik löst.

Uwe Kolbe hat seinerzeit, das heißt 1980, mit seinem ersten Buch *Hineingeboren* einer ganzen Generation junger DDR-Lyriker das Stichwort gegeben. Franz Fühmann hatte damals den jungen Mann mit einem »Ecce poeta!« begrüßt und geschlossen: »Schwer genug wird er's noch haben; er macht sich's ja selbst schwer, denn leichter geht's nicht. Er schaut ja auch nur aus wie der Hans im Glück, und wir wollen ihm heute wünschen, daß er seinen Goldklumpen nie wegtauscht.« Das hat Kolbe auch nicht tun wollen. 1987 übersiedelte er mit einem Visum der DDR in die Bundesrepublik.

Vaterlandkanal, das Lyrik und Kurzprosa als »ein Fahrtenbuch« zusammenfaßt, ist Kolbes viertes Buch. Es zeigt die Probleme, die dieser Hans im Glück mit seinem ehemaligen und seinem jetzigen Land hat, deutlich genug. Unterm Titel »Der eherne Kreis« heißt es zu Beginn: »Ich habe mein Land verloren. (...) Sein Name war Fingerhut. / Ich habe meine Finger noch / und schenke mir den Rest.« Wer sich für die Zensurpraxis der DDR interessiert, findet, datiert, nun all die Texte nachgetragen, die seinerzeit der Zensur zum Opfer fielen. Ein 1979 geschriebener »Gruß an Karl Mickel« etwa ist von präziser Gnomik und äußerstem Freimut: »Zugeb ich, daß ich ganz privat / so reflektiere nah am Hochverrat, / und meine Gerade nenn ich Grat: / Am einen Fuß die Schelle klirrt, / der andre nimmt ein Bad / in Eselsmilch.« Deutlicher ließ sich nicht formulieren, wie sehr die opponierende Poesie Teil des Systems war. Die auf Dauer unvermeidliche persönliche Deformation ist in einem ebenfalls verbotenen Text von 1982 auf den Punkt gebracht: »Wirklich, es gibt so eine innere Freiheit, die aus Gleichschaltung beinahe Genuß zieht.«

Aber die andere, die neue Freiheit – was ist mit ihr? Kolbe setzt, notgedrungen, auf »Erlebnislyrik«, die die Erfahrung von Entfremdung und Verlust in gerafften Bildern zu bewältigen sucht: »Erlebnislyrik, große Not, ein feuchtes / Überborden, Hans Heimatlos der Name. / Kam hergeschwomen, ließ es hinter sich, / sein Wilhelmsstrand, sein Vaterlandkanal.«

In solchen Versen, mag sein, steckt ein Stück Sentimentalität. Kolbe hat seiner Sprache das Sentimentale nicht à la Kling »abknöpfn« wollen. Aber damit ist noch nicht entschieden, ob seine Lyrik zu den »sprachplacebos« zählt. Überhaupt ist, bei Gedichten, so schnell nichts entschieden. Sie brauchen Zeit. Sentiment und Desperation, Sprachspiel und Erfahrungsnotat gehören zueinander. Der erweiterten deutschen »Szene« könnte ein neuer Widerstreit von Experiment und Erfahrung zugutekommen.

Sprache & Antwort. Stimmen und Texte einer anderen Literatur aus der DDR. Hg. von Egmont Hesse. S. Fischer: Frankfurt am Main 1988.
Bert Papenfuß-Gorek: SoJa. Galrev: Berlin 1990.
Bert Papenfuß-Gorek: dreizehntanz. Luchterhand: Frankfurt am Main 1989.
Sascha Anderson: Jewish Jetset. Galrev: Berlin 1991.
Rainer Schedlinski: Die Männer der Frauen. Galrev: Berlin 1991.
Barbara Köhler: Deutsches Roulette. Suhrkamp: Frankfurt am Main 1991.
Kerstin Hensel: Schlaraffenzucht. Luchterhand: Frankfurt am Main 1990.
Kerstin Hensel: Gewitterfront. Mitteldeutscher Verlag: Halle 1991.
Thomas Kling: geschmacksverstärker. Suhrkamp: Frankfurt am Main 1989.
Thomas Kling: brennstabm. Suhrkamp: Frankfurt am Main 1991.
Durs Grünbein: Grauzone morgens. Suhrkamp: Frankfurt am Main: 1988.
Durs Grünbein: Schädelbasislektion. Suhrkamp: Frankfurt am Main 1991.
Uwe Kolbe: Vaterlandkanal. Suhrkamp: Frankfurt am Main 1990.

Die Pflaumen im Eisschrank so süß und kalt
William Carlos Williams:
Der harte Kern der Schönheit

Amerika, du hast es besser, lautet ein klassischer Seufzer. Es kennt nicht, wie Goethe bemerkte, den vergeblichen Streit um Basalte. Seine Dichter kennen offenbar auch nicht das Problem des Doppellebens, an das der Doktor Benn so viele Gedanken wandte. Was hätte er zur poetischen Praxis seines nordamerikanischen Generationsgenossen und Kollegen William Carlos Williams, Landarzt aus Rutherford/New Jersey, gesagt? »Die Schreibmaschine«, so Williams, »stand im Schreibtisch meiner Praxis bereit. Ich brauchte nur die Platte herauszunehmen, auf der sie befestigt war, und schon konnte ich mich an die Arbeit machen. Ich schrieb, so schnell ich nur konnte. Mitten im Satz kam oft ein Patient zur Tür herein ...«

Eine glückliche Synthese, zumindest deren schönes Bild. Kein »Hirnhund, schwer mit Gott behangen«, ist am Werk, vielmehr ein heiterer Pragmatiker, der bekannte: »Es ist wirklich eigenartig, doch wenn mich ein Gedicht oder die Geburt eines Kindes völlig in Anspruch genommen hatte, war ich nachher nicht erschöpft, sondern ausgeruht.« – »3000 Geburten, 900 Gedichte und 1 neue Welt« überschreibt der Herausgeber Joachim Sartorius sein Nachwort. Von den Babies, denen Doktor Williams zur Welt verhalf, sei hier nicht die Rede, wohl aber von der einen neuen Welt und den Gedichten – ein gutes hundert –, die in Original und Übertragung diese zweisprachige Ausgabe bestücken, als *Der harte Kern der Schönheit* von Williams' Werk.

Aus welchen Anfängen erwuchs diese neue Welt der Poesie! Des Dichters erstes, im Selbstverlag erschienenes Gedichtbuch fand ganze vier Käufer. Der Vierzigjährige wurde, nach immerhin fünf Büchern, allenfalls in kleinen literarischen Zirkeln diskutiert. Mit Pound, den Williams während seines Studiums kennengelernt hatte, blieb er befreundet, nur war er nicht bereit, »die guten alten USA« hinter sich zu lassen und, Pounds Einladung folgend, nach Paris zu gehen, um sich als *expatriate writer* der europäischen Avantgarde anzuschließen. T.S. Eliot war geneigt, Williams »eine gewisse lokale Bedeutung« zuzubilligen. Sein Fehlurteil traf allenfalls eins: die Bedeutung der Lokalität für Williams, seine Verwurzelung in Rutherford, dem für den Dichter einzig möglichen Ort, seine Art von »amerikanischer Poesie« zu schreiben. In »Der Morgen« gibt Williams einen Ausschnitt seiner Welt und beschwört den »spirit of place«, der ihn inspiriert:

> Der Geist des Ortes steigt aus seiner Asche,
> wiederholt insgeheim einen dunklen Refrain:
>
> Dies ist mein Haus und hier leb ich.
> Hier bin ich geboren und dies ist mein Amt –

Als der Dichter das Gedicht »Morning« schrieb und im Band *The Clouds* 1948 publizierte, tat er das im Bewußtsein, sein *office*, sein Amt wahrzunehmen. Seine Bedeutung stand fest. Sein Glaube an die Gründung einer neuen poetischen Welt durch ein spezifisch amerikanisches Idiom war gerechtfertigt durch eine Leistung, die in der Öffentlichkeit mehr und mehr anerkannt wurde. Die schönste und fruchtbarste Anerkennung ist die durch die nachfolgenden Dichter. Williams erhielt sie in außerordentlichem Maße.

Keiner hat wohl Williams' epochale Bedeutung emphatischer und zugleich treffender formuliert als der aus dem Nachbarort Paterson stammende Allen Ginsberg. Williams ist ihm »der wahre Held der ersten Hälfte des amerikanischen Jahrhunderts, der das Werk Whitmans fortführt.« Der Beweis für Ginsbergs These: Die zweite Jahrhunderthälfte macht Williams' Leistung recht eigentlich deutlich. Nicht bloß Ginsbergs rabiat-grandioses Gedicht *The Howl*, für das Williams ein Vorwort schrieb, bezeugt Williams' Wirkung als Vorbild und Anreger. Auf ihn – und nicht etwa auf Pound – konnten sich ganze Generationen von Poeten einigen. Zunächst die Dichter der Beat Generation und der Black Mountain School. Dann aber auch die folgenden Schulen von New York School, Underground und Pop. Einer der Pop-Poeten schrieb: »Popart fängt an mit W.C. Williams' ›Nur damit du Bescheid weißt: Ich habe die Pflaumen gegessen / die im Eisschrank / waren.‹«

Von diesen Pflaumen im Eisschrank naschten seit den sechziger Jahren auch deutsche Lyriker wie Brinkmann und Born – und nicht zu ihrem Nachteil. Bei Williams könnten junge Poeten auch heute lernen, ohne jemand imitieren zu müssen – man muß nicht gleich beim späten Celan anfangen. Williams führt uns nicht auf seine Person oder Manier zurück, sondern ins Offene: in die Wirklichkeit. »Der große Dichter aber ist ein großer Realist, sehr nahe allen Wirklichkeiten – er belädt sich mit Wirklichkeiten«, hatte Benn gesagt, wenn auch gerade die eigene These nicht immer eingelöst. Williams ist wirklich der große Pragmatiker der Lyrik, dabei von enormer Ökonomie und Eleganz. Er belädt sich mit Wirklichkeiten, doch er überfrachtet niemals sein Gedicht. Das bleibt frei von Ballast, von Meinung, Weltanschauung, Ideologie.

»No ideas but in things« ist Williams' zentrale Devise: »Keine Ideen außer in Dingen.« So ist er wahrhaft ein Dichter der Dinge. Er liebt die schnellen, jähen Blicke, in denen das Wesen der Dinge aufblitzt. Williams sprach bescheiden-nüchtern von »glimpses«. Joyce hatte dafür den aus der theologischen Tradition stammenden Begriff der Epiphanie: »Die Seele des gewöhnlichsten Objekts scheint uns zu strahlen.« Der Satz beschreibt sehr schön die Wirkung, die von Williams' Bildern ausgeht. So sehen wir etwa »The Red Wheelbarrow«, »glazed with rain / water« – »Die rote Schubkarre«, »glänzend von Regen- / wasser«. Oder »glasiert vom Regen / naß«, wie es eine frühere Übersetzung noch glücklicher faßt. Oft genügt ihm ein einziger Schnappschuß, um sein Gedicht zu konstituieren. Williams setzt auf trainierte, doch unverbildete Leser, die ohne Deutung und Kommentierung auskommen, Dazu ist kein Widerspruch, daß der frühe Williams manchmal durch quasi nebenbei gesprochene Einwürfe verrät, welch enorme Bedeutung er seinen Bildern beimißt. In »Pastorale« schildert er ärmliche Hütten und den morbiden Reiz verwitterter Farben, um zu schließen: »Keiner / will glauben daß dies / von größter Wichtigkeit ist für die Nation.« Und nicht ohne Hintersinn trug das Buch, in dem diese Verse erschienen, einen beziehungsvollen Titel, das spanische: *Al Que Quiere!*, etwa »Für den, der es haben möchte«.

Das eben war sein poetisches Geschäft, der Nation oder

doch dem, »der es haben möchte«, die Wahrheit und Schönheit des Unscheinbaren nahezubringen, zum Geschenk zu machen. Das zeigen Titel wie »Wilde Möhre« »Proletarisches Porträt«, »Sperlinge unter dürrem Laub« oder »Stadteinfahrt«, wo es heißt:

> Unkraut: nie werde ich dieses Anblicks satt
> es erfrischt mich immer
> denn es es ist wenig Heiligkeit
> in dem was höheren Glanz hat.

Viele dieser Texte, wahrhaft Musterstücke der Anthologien, sind auch deutschen Lesern seit langem bekannt: nämlich durch Hans Magnus Enzensbergers erstmals 1962 erschienene Auswahl. Joachim Sartorius würdigt diese »bahnbrechende Arbeit« für die deutsche Williams-Rezeption durch Übernahme eines beträchtlichen Teils dieser Übersetzungen in seine wesentlich breitere Auswahl. Ihm kommt es darauf an, neben dem von Enzensberger favorisierten frühen und mittleren Williams auch das Spätwerk zu präsentieren. Er hat daher auch wichtige Texte aus Williams' letzten Gedichtbänden übersetzen lassen; aber auch einige kulturgeschichtlich zentrale Gedichte, die mit dem New Yorker Dada und der Kunstszene der zwanziger Jahre zusammenhängen. Eins dieser Gedichte ist »The Great Figure«, inspiriert durch die goldene Fünf auf dem roten Heck eines vorbeirasenden Feuerwehrautos. Charles Demuth malte danach 1928 das Gemälde »I saw the Figure 5 in Gold« – nun abgebildet auf dem Umschlag des Buches – und Williams hielt es für das bemerkenswerteste amerikanische Gemälde, »das ich in Jahren gesehen habe«.

Unter den späten Gedichten das schönste und anrührendste ist das lange Poem »Asphodele, jene grüne Blume«, ein Zeit- und Liebesgedicht zugleich. Sein Schluß bezeugt die enorme Vitalität des alten Williams: »aber ein Duft / wie von unserer Hochzeit / hat sich für mich erneuert / und begonnen, wieder / in alle Sprünge meiner Welt / zu dringen.«

Diese alterlose, jugendfrische Welt liegt nun in ihren wichtigsten Partien zweisprachig vor. Natürlich ist Williams' Idiom, seine kunstvolle Kunstlosigkeit, nicht leicht ins Deutsche zu bringen. Williams beschrieb das Gedicht als eine Maschine, die keine überflüssigen Teile enthalten dürfe. Und von ihrem Hersteller forderte er, die Worte ohne Verzerrung zu einem intensiven Ausdruck seiner Beobachtung und seiner Erregung zu ordnen. Williams' Knappheit ist oft kaum erreichbar, doch fast alle Übersetzungen treffen den spezifischen Ton, so daß man beim Lesen schon nachschlagen muß, wer jeweils übersetzt hat. Die übersetzten Versionen folgen den Brechungen von Zeile und Strophe. Eine gewisse Ausnahme machen die Übertragungen von Alfred Andersch, die man dennoch – als Dokumente der deutschen Williams-Rezeption – in dieser Auswahl nicht missen möchte.

Da haben wir also den »harten Kern der Schönheit«. Ein Buch mit Gedichten, zu denen man immer wieder zurückkehren wird. Aber wünschen darf man immer; und so wünscht man sich nach der Lektüre nur dies: mehr, immer mehr! Mehr in der Art von »Sappho, sei getröstet« am Schluß des Bandes. Da bekennt der Dichter, er würde die Gabe zu dichten »auch nicht für all das hergeben, / was du meinen leidenschaftlichsten Umarmungen bedeutest.« Und der Leser? Was würde er von seinem Leben hergeben um der Poesie willen? Schon die Frage wäre ein Prüfstein für unser Leben, unsere Lektüre.

Williams Carlos Williams: Der harte Kern der Schönheit. Ausgewählte Gedichte. Amerikanisch und deutsch. Aus dem Amerikanischen von Alfred Andersch, Thomas Böhme, Heinz Czechowski, Hans Magnus Enzensberger, Erich Fried, Walter Fritzsche, Peter Gosse, Karin Graf, Michael Krüger, Jochen Laabs, Joachim Sartorius, Christoph Sorger und B.K. Tragelehn. Hanser: München und Wien 1991.

Scheinwerfer über der Grenze
Vittorio Sereni: Grenze / Frontiera

Frontiera, so lautet der Titel des ersten Gedichtbands von Vittorio Sereni, und die hier beschworene »Grenze« schien zunächst nur auf Serenis Herkunft und Heimat anzuspielen: auf die obere Lombardei und das Städtchen Luino am Ostufer des Lago Maggiore, wenige Kilometer von der Schweizer Grenze entfernt. Doch 1941, als das Buch erschien, markierte der Titel zugleich eine andere Grenze: die zwischen Idylle und Desillusionierung, zwischen Frieden und Krieg.

Der Autor vom Jahrgang 1913, der in Mailand promoviert und an diversen Literaturzeitschriften mitgearbeitet hatte, wurde Soldat, kämpfte in Griechenland und Sizilien und geriet in amerikanische Gefangenschaft. Nach dem Krieg war Sereni zunächst Lehrer, dann für lange Jahre Lektor bei Mondadori. Die sparsam publizierte spätere Lyrik – *Gli strumenti umani* (1965) und *Stella variabile (1981)* – rückte ihn in die Nähe der Lyriker nach Ungaretti und Montale. Mit Montale etwa verbindet Sereni der existentielle Ernst seiner Poetik.

Wozu dienen die Verse? »Man schreibt sie nur im Negativ / in einer jahrelangen Schwärze / als würde man lästige Schulden begleichen / die Jahre zurückliegen«, heißt es in einem der späteren Gedichte. 1986, drei Jahre nach Serenis Tod, erschienen seine gesammelten Gedichte. Ins Deutsche war bisher kaum etwas übersetzt, abgesehen von einigen Gedichten, die Alfred Andersch übertrug. Der zweisprachige Band *Grenze / Frontiera*, präzis, wenn auch nicht immer poetisch übersetzt, ist ein Anfang, diesen bedeutenden Lyriker auch bei uns bekannt zu machen.

Der junge Sereni gab sich als Regionalist, den die Themen und Motive seiner engeren Heimat beschäftigten. Einmal heißt es ganz direkt: »E noi ci si sente lombardi« (Und wir fühlen uns lombardisch). Aber der flüchtige Eindruck trügt. Der Regionalismus war wohl eher eine Maske. Sie gestattete es, unter den Bedingungen des Faschismus die trügerische Idylle der Vorkriegszeit zu schildern. Mehr noch: die Vorzeichen der Katastrophe zu registrieren.

In dem 1937 geschriebenen Gedicht »Winter in Luino« heißt es:

> Fliehen werde ich, wenn der Wind
> deine Ufer überfährt;
> denn die Leute am Hafen wissen, wie vergebens
> die Verteidigung der hellen Tage ist.
> Des Nachts wird das Land von den Scheinwerfern
> > abgetastet,

Und eine weitere Szene vom See, im Gedicht »Terrasse«, wird folgendermaßen inszeniert:

> Wir sind alle gefesselt
> an ein stummes Ereignis heute abend,
> in jenem Strahl des Torpedobootes,
> der uns absucht,

Poetisch subtiler als diese deutlichen Einschüsse von Bedrohung sind Serenis veristische Idyllen, die Zug um Zug ihre eigene Aufhebung betreiben. »Konzert im Garten« ist der erste Zyklus überschrieben. Er gibt die Bilder einer Epoche, die den trügerisch schönen Schein bewahren möchte: einen Frieden, der ahnt, daß er nur mehr Vorkriegszeit ist. Wie listig und wissend aber ist der Blick aus der Provinzidylle heraus: »Zu dieser Stunde / gießen sie die Parks in ganz Europa.«

Von der Bank im Schatten aus sieht der Dichter die Kinder im Sprühen des Wasserstrahls kämpfen. Im italienischen Original ist eine »tromba« im Spiel, eine Trompete, und sie sprüht nicht bloß Wasser, sondern intoniert Krieg. Sereni erweitert die Perspektive:

> weiße und rote Geschosse
> rasen über den Asphalt der Avus,
> es rollen Züge nach Südost
> durch Felder von Rosen.

Noch sind die »Geschosse« nur Rennwagen, Silberpfeile und rote Alfa Romeos; aber die Züge, die durch Rosenfelder rollen, lassen schon an die Truppentransporte und das Blut der Schlachtfelder denken.

Die Vorahnung, die fast alle Gedichte von *Frontiera* durchzieht, macht die Bilder des Noch-Einmal zu nostalgischen Medaillons. In ihnen ist die Grenze zum Tod markiert, doch selten überschritten. Nur einmal heißt es in einem Gedicht ganz unvermittelt: »Die Passanten / haben alle ein Todesgesicht.«

Der Krieg, der die Welt veränderte, veränderte auch die poetische Welt Serenis. Er kehrte dichterisch nicht mehr an die Orte seiner frühen Erfahrungen zurück. In *Frontiera* ist die Vorkriegswelt konserviert. Der reife Dichter überprüfte die

Strumenti umani, das menschliche Instrumentarium – gemäß seiner Devise. »Man schreibt Verse, um eine Last loszuwerden / und sich die nächste aufzubürden.«

<small>Vittorio Sereni: Grenze / Frontiera. Aus dem Italienischen von Uwe Petersen, eingeleitet von Gilberto Lonardi. Gunter Narr Verlag: Tübingen 1993.</small>

Radwechsel während der Fahrt
György Petri: Vorbei das Abwägen, vorbei die Abstufungen

György Petri, heute ein Mann Anfang Fünfzig, ist der bekannteste und bedeutendste gegenwärtige ungarische Lyriker. Daß er auch bei uns geschätzt und gelesen wird, verdankt er vor allem seinem Übersetzer Hans-Henning Paetzke, der sich seit den frühen achtziger Jahren für ihn einsetzt. Nach zwei Bändchen der edition suhrkamp legt er nun bei Ammann eine neue und repräsentative Auswahl aus Petris Werk vor. Im Nachwort kommt Paetzke auf das Votum eines Lyrikkenners zurück, das seinerzeit wichtig gewesen sein dürfte. Er zitiert aus einem Brief von 1984: »Diese Gedichte sind selbständig, kühn, frei von der schlechten Bescheidenheit, die heutzutage, nicht nur in Deutschland, die lyrische Produktion charakterisiert. Petri hat große Themen, die er lakonisch, souverän und eigensinnig behandelt, mit einer Ökonomie, die zeigt, daß er über ungewöhnliche künstlerische Mittel verfügt.«

Knapper und prägnanter als Hans Magnus Enzensberger – denn das war der damalige Gutachter – kann man es kaum sagen. Mehr noch, seine Charakterisierung dürfte auch noch heute zutreffen. Petris Verse haben nichts von ihrem Eigensinn und ihrer Souveränität verloren. Noch heute freilich muß man an Petris Ausgangspunkt erinnern – man scheut sich zu sagen: an seine Inspiration. Für den Dreizehnjährigen, dessen Spielplatz das unkrautüberwucherte Grundstück eines zerstörten Hauses gewesen war, wurde die ungarische Revolution von 1956 zum Schlüsselerlebnis, und ihr Scheitern stürzte ihn in

Depressionen. »Damals beschloß ich, Dichter zu werden«, bekannte Petri später. »Weshalb, das weiß ich eigentlich bis zum heutigen Tag nicht. Bis dahin hatte ich nicht die geringste literarische Neigung in mir verspürt. Vielleicht meinte ich, das bisher Erlebte so aufarbeiten zu können.«

Man darf das Understatement dieser Aussage nicht verkennen. Der eminente Artist ist über Selbsttherapie längst hinaus; auch über die sogenannte engagierte Poesie. Wo man ihn aufs Politische festlegen will, greift er gern zur ironischen Ausflucht: »Es handelt sich einfach darum, daß die Politik ein ebenso organischer Bestandteil meines Lebens ist wie Frauen, gute Zigaretten, Alkohol und wie meine Privatleidenschaft, das Kochen.«

Das ist zweifellos eine animierende Mischung, aber auch eine, die zu gewissen Zeiten selbst im vergleichsweise liberalen Ungarn anstößig war. Subversion ist allemal im Spiel. So verwundert nicht, daß ein Gedicht, in dem von einem rostigen, quietschenden und daher Kopfschmerz erzeugenden Eisentor die Rede war, als politische Allegorie verstanden wurde und nicht erscheinen durfte. Wegen eines anderen Gedichts, nämlich eines auf Breschnews Tod, das in einer amerikanischen Auswahl stand, fiel Petri ernsthaft in Ungnade und war fast fünfzehn Jahre auf Samisdat-Publikationen angewiesen. Der Sympathisant der demokratischen Opposition dürfte also den »Radwechsel« mit Ungeduld erwartet haben. Nun aber, in einem neueren Gedicht mit dem Titel »Macht nichts, Genosse, wir sind frei« heißt es eher sarkastisch: »Genießen wir den Radwechsel / während der Fahrt.« Was keine leichte Sache sein dürfte.

Man sieht: Der Stoff geht dem Dichter im Zeitenwechsel nicht aus. Doch wie überall im Ostblock ist die Lyrik als Politikersatz obsolet und haben Allegorie und Hermetik ihre Funktion verloren. *Vorbei das Abwägen, vorbei die Abstufungen* – der wohlbedachte Titel der neuen Gedichtauswahl scheint eine politische Lesart geradezu nahezulegen. Aber Petri wäre nicht Petri, wenn er uns auch hier nicht ein wenig foppte. Die Zeile erscheint in dem Gedicht »Saisonschluß«, mit dem auch das Buch schließt:

Aus dem Schlechten sprießt das einzig Gute:
Unaufschiebbar wird das Aufschiebbare.
Stirbt der Mensch, kann er toter nicht mehr sein:
Vorbei das Abwägen, vorbei die Abstufungen.
Entscheiden allerdings kann er: Asche oder Staub.
(Vorausgesetzt, er hat darüber letztwillig verfügt.)
Und während er zu verwesen beginnt (oder verbrannt
                                            worden ist),
geht die unzulängliche Praxis des Irdischen weiter:
Wir regen uns emsig wie die Würmer.
Sie sind nicht zu verachten, diese letzten Tage:
Packen, Herumschlendern, Warten auf den Zug,
noch einen Kaffee, ein Bier, ein Sandwich, einen Kognak,
unter unseren Füßen knirscht glitzernder frischer Schotter;
und im stumpf werdenden Funkeln:
staubige Geranien, rote Bänke.

Das Gedicht ist eine für Petri typische Melange aus Metaphysik und Sozialem, aus hohem und niederem Stil. Eine Summe auch seiner Erfahrungen. Man kann nur ahnen, wie weit der Weg zu diesem Resümee gewesen ist.

Eine Vorstellung davon geben jene Gedichte, die noch zu Zeiten der Repression geschrieben wurden. Darunter einige gallig-humoristische Satiren, die den schärfsten Hohn, ja die obszöne Geste riskieren. Die schärfsten Töne schlägt das seinerzeit inkriminierte Gedicht »In memoriam Leonid Iljitsch Breschnjew« an. Dort treten Jaru und Ceau, also Jaruzelski und Ceaușescu, als die Friedhofswärter mit dem bösen Blick auf und überlegen, ob es ein Trinkgeld gibt. Der tote Diktator wird als »der alte Trottel mit dem schiefen Mund« verhöhnt, und die historische Pointe entlastet sich obszön: »Jedenfalls ist er: tot. / Den großen Oktober wird er nicht mehr hervorholen / aus seinem beseichten Hosenschlitz.«

Den »Konkursverwaltern Osteuropas« gelten auch sonst Texte, in denen Zorn und Enttäuschung nachbeben. In einem Gedicht vom September 1989 etwa im emphatischen Ratschlag: »Sublimiert euch schnell! Nehmt zur Kenntnis / (...): / Ihr seid vergangen. / Es lohnt nicht, in Gestank überzugehen.« Doch selbst aus solchen Apostrophen klingt etwas wie Menschenfreundlichkeit und Hoffnung gegen alle Hoffnung. Überhaupt muß man manches gegen den Strich lesen, etwa den Vers: »Meine Augen bleiben trocken. Ich will damit sehen.« Der Dichter, der weiß, daß es gegen den Tod kein Heilmittel und »für Witwen, Waisen, Nationen« keine Wiedergutmachung gibt, ist niemand, der ernstlich ungerührt bleibt.

Dagegen spricht ja schon seine Liebe zu den »organischen« Bestandteilen des Lebens, zu Frauen, guten Zigaretten, Alkohol etc. Will heißen: wir lesen bei Petri eine Fülle von Versen, in denen ein Liebhaber des Lebens spricht – oder sagen wir: sentimentalisch gebrochen singt. Die Titel verraten und versprechen da einiges: »Aus den Gesängen eines schmerzerfüllten Liebhabers«, »Rauch Alkohol Musik«, »Das dünne Mädchen«, »Nachtlied eines Spanners«. Der Dichter zieht uns in das Wechselbad seiner Gefühle – mal zärtlich, mal schnoddrig, schmachtend oder auch zynisch; passagenweise geschwätzig, oft aber von hinreißender, ja frecher Präzision. So in der Aufforderung eines Erotikons: »Na, fallen wir übereinander her! / Auch das soll reichen. / Bringen wir es hinter uns.«

Ganz gegenläufig ist mein Vorschlag zur Lektüre György Petris: Man bringt diese Gedichte nicht einfach hinter sich. Man liest sie langsam und mit wachsendem Genuß.

György Petri: Vorbei das Abwägen, vorbei die Abstufungen. Gedichte. Ungarisch und deutsch. Herausgegeben und nachgedichtet von Hans-Henning Paetzke. Ammann: Zürich 1995.

Auferstehungswunder
Johannes Kühn: Leuchtspur

Daß ein Dichter jahrzehntelang verkannt und endlich doch noch entdeckt und gewürdigt wird, was beweist das? Die These, wonach letztlich kein wirkliches Talent der öffentlichen Aufmerksamkeit entgeht? Oder die Auffassung, daß der Literaturbetrieb das Originelle übersieht, sofern es nicht in einer gerade gängigen Manier erscheint? Der Dichter Johannes Kühn, über die Sechzig hinaus, könnte wohl Belege für beide Ansichten liefern.

Da ist ein Saarländer des Jahrgangs 1934, der wegen einer aufkommenden Gemütskrankheit die Oberschule abbrechen muß, etliche Jahre in einer Tiefbaufirma arbeitet und über zwei Jahrzehnte für seine Manuskripte keinen Verleger findet. Er hatte enorm viel geschrieben: über 7000 Gedichte, dazu Märchen und dramatische Arbeiten. Nun aber gab es doch Kundige, die sich durch diese wunderliche Fülle nicht abschrecken ließen und den *Genius* – so darf man wohl sagen – in dem immer scheuer werdenden Einzelgänger erkannten: der Autor Ludwig Harig und die Freunde Irmgard und Benno Rech, des Dichters spätere Herausgeber. Und als dann Kühns Gedichte an sichtbarer Stelle erschienen, gab auch die Kritik ihren Segen: Ecce poeta!

Aber war es da nicht zu spät? Im Nachwort zu *Ich Winkelgast* (1989) schrieben Irmgard und Benno Rech: »Johannes Kühn ist an den Rand geraten, er ist nicht mehr in unsere Geschäftigkeit verwickelt.« Was über alles Persönliche hinaus auch meinte, daß Kühn das Dichten aufgegeben hatte. Endgültig, wie es schien. Der Band *Gelehnt an die Luft* (1992) schöpfte dann noch einmal aus dem Fundus vergangener Jahrzehnte.

Nun aber die Überraschung oder gar das »Auferstehungswunder«, wie Peter Rühmkorf sagte, dem solche Emphase nicht leicht von der Zunge geht. Die Herausgeber zitieren das nicht ohne Stolz und berichten, daß Johannes Kühn nach über zehnjähriger Pause wieder täglich Gedichte schreibt. Knapp siebzig, entstanden in den Jahren 1993 und 1994, haben sie in dem Band *Leuchtspur* versammelt.

Vor seine Rückkehr in die Poesie hat Johannes Kühn diese Maxime gesetzt: »Jede Umkehr in ein lautes Leben / sei für mich verboten.« Und so scheinen auch seine neuen Verse von jemand geschrieben, der sich fremd und verwundert in unserer Welt bewegt, wie ein Wiedergänger Hölderlins oder Mörikes. Manches klingt auch von ferne an. Doch ist Kühn unverkennbar ein Zeitgenosse, dem der Gegenwartsalltag nicht fremd ist. Er sieht dessen Dinge und Vorgänge freilich mit einer eigentümlich distanzierten und verfremdenden Präzision. Er hat ein Faible für Maschinen einer älteren Technik, für Dampfwalze und Mähdrescher. Der Poet, dem die körperliche Arbeit ja nicht fremd ist, rühmt den Mähdrescher, der »schneidet für zehn Männer / oder mehr! / Ohne Mühsalseufzer, / ohne Fluch bei Disteln, / ohne Schweiß.« Kühn gerät dabei jedoch keinen Moment in den Verdacht, einen Nachtrag zur Traktorenlyrik der frühen DDR zu liefern.

Idolisierung und Ideologisierung sind ihm fremd. Und wenn er die brechtisch tönende Frage riskiert: »Was wird man später singen / aus unseren Zeiten?«, geht er dieser Spekulation gar nicht weiter nach und hält sich lieber an die sichtbare Realität, etwa an den Anblick einer geplatzten Teertonne, einer Dampfwalze mit Maschinenschaden, an die sich stauende Autokolonne. Solch ein »Haltestau« bietet genügend Material für seine Poesie, auch genügend Rechtfertigung: »Ein Fußgänger nur / geht mit einer Blume im Knopfloch / durch die Verkehrshindernisse. / Zu seinem Schritt / läßt sich noch singen.«

Der Poet als singender Fußgänger – wirkt das nicht etwas harmlos und idyllisch? Das ist eine Frage, die Kühns Gedichte Zug um Zug gegenstandslos machen. Wie Stifter weiß er, daß die Kraft, die die Milch im Töpfchen übergehen macht, dieselbe ist, die die Lava der Vulkane treibt. Daher sind seine Idyllen nicht kleinlich. Manches rührt ans Kosmische: »Die Taube pickt an die Abendröte, / eine große Erdbeere, / reif in den Himmeln.« Doch in all der Schönheit liegt auch Bedrohung. Der Poet, der im Gras liegt, fühlt sich besiegt »vom Blau des Firmaments«. Und selbst wenn er, beim Anblick des Taubenflugs, sich zuruft: »Zieh das Totenhemd aus!«, spürt man, welcher Bedrückung diese Befreiung abgerungen ist.

So erscheint Johannes Kühn uns als ein Kleinmeister mit großen Hintergründen. Was früher wohl Hymne oder Elegie geworden wäre, firmiert bei ihm als »Kleine Epistel über die Ewigkeit«. Es ist eines der stärksten und bewegendsten Gedichte des Buches, ist Klage über die condition humaine, Klage über die Grenzen der Menschheit:

> Es gibt ewige Gedanken, nicht von mir,
> Es gibt ewige Flüsse, nicht von mir.
> Es gibt ewige Felsen, nicht von mir.
> Es gibt ewige Zeiten, die man mißt,
> nicht von mir.

Bedenkt man's recht, verbirgt diese »Litanei« einen geradezu prometheischen Anspruch: die Klage, daß der Dichter nicht Schöpfergott ist.

Johannes Kühn liebt das Maß, die Nüchternheit. Er verhebt sich nicht an Pappmodellen kosmischer Systeme, geriert sich nicht als Priester oder Prophet. Er weiß: »Ich habe keinen Wein, ich habe keinen Weihrauch.« Daher kommen viele Verse ohne Aspiration daher, nüchtern, entspannt, manche gar humoristisch und selbstironisch. Der Außenseiter, der seine Rolle mit Altersdistanz sieht, vermerkt mit ironischem Stolz, daß er im Gasthaus seinen Hut noch immer richtig hinhängt. Er führt humorvoll Klage, daß die Muse ihn nicht besuche und er deshalb Kaffee trinken müsse, um sich zu trösten.

Der Kaffee scheint immerhin so wirksam zu sein, daß er dem Schreibenden zu Versen von schöner Leichtigkeit verhilft. So zu dem Gedicht »Die Glatze«, das uns scherzend warnt: »Es bete keiner meine Glatze an, / ich habe sie geprüft.« Nein, das tun wir auch nicht. Wir halten uns ja an die Verse. Übrigens trägt der Poet, nach Ausweis eines Fotos, zwar graues, aber volles Haupthaar.

Johannes Kühn: Leuchtspur. Hg. von Irmgard und Benno Rech. Hanser: München und Wien 1995.

Er verspricht den Himmel auf Erden
Ernesto Cardenal: Gesänge des Universums /
Cántico Cósmico

Der Priester, Dichter und Revolutionär Ernesto Cardenal gilt wohl immer noch als Symbolfigur für eine Symbiose von Christentum und Sozialismus. Heute, nach dem Scheitern der Utopien, lebt der ehemalige Kulturminister der sandinistischen Regierung zurückgezogen in Managua. Da mag man sich fragen, ob nun auch der Blick auf den Poeten Cardenal wieder frei wird.

Von Anfang an war Dichtung für Cardenal immer auch ein Instrument seines Wirkens, ein Vehikel zum Transport seiner

Befreiungstheologie. Das zeigt schon sein frühes Poem *Gebet für Marilyn Monroe* (1965), das ihn berühmt machte. Das Gedicht bündelt die poetischen, religiösen und agitatorischen Impulse im Bild der Tempelaustreibung. Der Menschensohn vertreibt die Händler der 20th Century Fox aus dem Tempel des Körpers des Filmstars.

Es war die besondere Mischung aus Erotik, Religiosität und Aktivismus, die Cardenals Poesie attraktiv machte. Sie luxurierte zudem durch ihr schieres Quantum und bot gewissermaßen jedem etwas – übrigens auch ihren Kritikern. So spottete Mario Vargas Llosa über Cardenals »Cocktail aus Christentum und Religion«.

Wie prekär auch Cardenals Synkretismus sein mochte – seinem Erfolg schadete er nicht. Cardenal wurde zur Kultfigur. Sein Ruhm war in Europa womöglich noch größer als in Lateinamerika. Wie empfänglich man auch bei uns für seine Botschaft war, bewies 1980 die Verleihung des Friedenspreises. Der Peter Hammer Verlag, seit den siebziger Jahren um den Autor bemüht, präsentiert nun mit dem *Cántico Cósmico* ein opus maximum Cardenals – einen Weltgesang, der die Konkurrenz zu Lukrez und Dante aufnimmt.

Gesänge des Universums ist die deutsche Version überschrieben, die aus Umfanggründen auf den Abdruck des Originals verzichtet. Den Leser erwarten immerhin 43 Gesänge in zwei Bänden. So einschüchternd der Umfang, so hoch der Anspruch. Die Einleitung von Helmut H. Koch avisiert uns das Werk als die »astrophysikalische Epik« Cardenals, als Mischung von materialistischer und spiritualistischer Seinsbetrachtung, von Realismus und Science Fiction. Eingebettet in diese Kosmogonie ist die Menschheitsgeschichte und die Vorstellung, die menschliche Gattung strebe, »gemäß dem Gesetz der Harmonie im Gesamtuniversum«, zu einer klassenlosen Gesellschaft.

Nun interessieren den Leser von Poesie erst in zweiter Linie die Ideen des Autors. Sie dürfen notfalls veraltet oder schlicht falsch sein, wenn nur der Gesang fasziniert. Dem steht bei Cardenal freilich einiges entgegen. Zunächst schon der schiere Umfang, der die Geduld des Lesers auf eine harte Probe stellt. Daß Cardenals Poem eher populärwissenschaftlich und unsystematisch angelegt ist, möchte man da fast als Vorzug werten: »Was die Einheit dieses Gedichts angeht, / so hat es keine. Die Einheit ist außen.«

Cardenal umspielt seine Themen und verliert sich in Abschweifungen und Variationen. Er schüttet einen Zettelkasten von Belegen, Zitaten und Autoritäten vor uns aus und meint: »Heute reden die Physiker wie die Mystiker.« Aber müssen die Poeten darum wie die Sachbuchautoren reden?

Cardenals Mixtur aus Liebeslyrik, Astrophysik und Kommunismus wird zur Falle des poetischen Gedankens. Wissenschaftliche Explikationen, die man zu Flattersatz zerhackt, ergeben noch keine Poesie. Und – noch problematischer – die menschenfreundlich multikulturell gedachte Mischung der Mythen schwächt die Vision. Die Bilder überlagern einander, löschen einander aus. Cardenals zentrale Botschaft von Harmonie und Liebe wird damit so wohlmeinend wie beliebig. Seine erotische Obsession gerät zur gigantischen Platitüde: »Alles ein einziger Koitus. / Der ganze Kosmos Kopulation.«

Da ist es mehr als eine Geschmacksfrage, wie der Autor, der an manchen Stellen ergreifend das soziale Elend beschreibt, zu eigentümlich kritiklosen Emphasen abhebt und seine Liebesbotschaft recht wahllos über die Realität ausgießt: »Die modischen Kleider der Mädchen, was waren sie anders als Liebe.« Das Pathos pauschaler Verheißung gerät zur Reklame: »Ich sage es noch einmal, / der Himmel ist hier auf Erden.« Wozu dann eine Revolution? Wozu die ziemlich krude Guerillero-Romantik, die Cardenal zu beleben versucht?

Aber lassen wir den Prediger, den Rhetoriker Cardenal. In ihm ist ja ein wirklicher Dichter versteckt. Er kommt leider nur selten zu Wort. Immer wieder einmal gelingen ihm lyrische Momentaufnahmen, symbolhafte Prägungen – etwa ein Strandbild mit Kindern, die Krebse suchen: »Entenhals fährt auf wie eine Schlange / mit Silberfisch in seinem Schnabel.« Das hat rhythmische und optische Präzision. Nur belegen solche Fundstücke im Geschiebe der Materialien die alte These, wonach ein langes Gedicht nur eine Abfolge von kürzeren ist – hier freilich mit allzuviel Leerlauf.

Ernesto Cardenal: Gesänge des Universums / Cántico Cósmico. Aus dem Spanischen von Lutz Kliche. Peter Hammer Verlag: Wuppertal 1995.

Schwarzerde – Freiheitserde
Ossip Mandelstam: Die Woronescher Hefte

Im November 1933 schrieb Ossip Mandelstam jenes folgenreiche Epigramm gegen Stalin, das den Diktator als »Verderber der Seelen und Bauernabschlächter« bezeichnete. In den Augen des Untersuchungsrichters war das »ein beispielloses konterrevolutionäres Dokument«, und unter den damaligen Umständen hätte Mandelstam mit der sofortigen Erschießung bestraft werden können.

Kaum aus Milde, eher aus sadistischer Laune hatte Stalin die Direktive »Isolieren, aber erhalten« ausgegeben, und so wurde der Dichter zu drei Jahren Verbannung im Perm-Gebiet (Ural) verurteilt. Noch in der Untersuchungshaft hatte Mandelstam einen Selbstmordversuch unternommen, ein zweiter folgte Juni 1934 in dem Verbannungsort Tscherdyn. Nadeschda Mandelstam telegraphierte ans ZK, erlangte Bucharins Unterstützung und erreichte – auch mit der Hilfe Anna Achmatowas und Boris Pasternaks – eine Revision und Milderung des Urteils. Die Mandelstams durften sich den Ort der Verbannung selbst aussuchen – sofern es sich nicht um Moskau, Leningrad oder zehn weitere größere Städte handelte. Sie wählten Woronesch.

Einstweilen aber gab es Aufschub, eine Frist zum Leben und zum Dichten. Woronesch, das »Rabennest«, wie Mandelstam es nannte, bot vorerst noch kleine Verdienstmöglichkeiten beim lokalen Radio, aber dem Geächteten, den eine Woronescher Zeitung als »Trotzkisten und Klassenfeind« bezeichnete, kaum gesellschaftlichen Umgang oder Gespräch. Etwas Kompensation bot das Kino. Dort liefen »City Lights« und »Modern Times« – und Chaplin erscheint in einem später geschriebenen Gedicht als Gegenfigur zu Stalin.

Wahrhaft inspirierend wurde für Mandelstam die »Schwarzerde« der Landschaft um Woronesch, der dunkle und fruchtbare Boden, der dieser Region Mittelrußlands seinen Namen gegeben hat. Es ist erstaunlich, welche Fülle an Motiven der Dichter dieser Landschaft abgewann. Sie wird ihm zum Symbol für die noch unverlorene Fülle des Lebens. Eines der ersten Woronescher Gedichte schlägt das Thema »Schwarzerde« an.

Er grüßt sie als seine »Freiheitserde« und schließt mit der schönen Strophe:

> Wie schön die fette Schicht, die auf der Pflugschar liegt,
> Wie still die Steppe, der April vermischt die Wege ...
> Ich grüß dich, Schwarze Erde – Auge, du sei unbesiegt:
> Ein schwarzberedtes Schweigen will sich regen.

Diesem »schwarzberedten Schweigen« entwuchs nun Gedicht um Gedicht. Sie alle zeugen von Mandelstams Willen, sich nicht unterkriegen zu lassen, sondern weiter zu dichten, weiter zu sprechen. Dafür findet der Dichter das schöne Bild der sich bewegenden Lippen. Am Schluß eines Vierzeilers, der aufzählt, was alles verloren ging, heißt es selbstbewußt: »Die Lippen rühren sich, ihr könnt sie mir nicht nehmen.«

Schon wie von jenseits gesprochen erscheint das Motiv in einem titellosen Gedicht vom Mai 1935: »Ich liege in der Erde, rühre meine Lippen – / Ein jeder Schüler wird einst lernen, was ich sag.« Das klingt wie ein Vermächtnis, doch das weitere wirkt merkwürdig doppeldeutig. Was meint die Ausdehnung der sowjetischen Herrschaft »bis ins Reisfeldland hinunter«, wenn der Schluß lautet: »Solang auf dieser Welt ein letzter unfrei lebt«? Der Übersetzer Ralph Dutli merkt dazu an, daß sich in einer kritischen Lesart auch verstehen ließe: »Bis auf der Welt der letzte unfrei lebt« – und der Text würde zur sarkastischen Kritik an Stalins Expansionsgelüsten.

Mandelstam mag in der ersten Woronescher Zeit manchmal geneigt gewesen sein, sein Überleben von Stalins Gnaden als eine »Schuld« zu begreifen, die möglicherweise abzutragen wäre. Diese Skrupel wurden allzu bald hinfällig. Er fühlte bald »die Schlinge um den Hals«. Nun war er, zur Zeit der Moskauer Prozesse, zu einem äußersten Kompromiß bereit, um sich und seine Frau zu retten: Er schrieb, im Januar 1937, eine Ode auf Stalin. Der Dichter, der sonst seine Gedichte im Sprechen, im Rühren der Lippen, entwarf und einmal gemeint hatte, »ganz allein in Rußland arbeite ich nach meiner Stimme, doch ringsum schreibt das dickfellige Pack« – er zwang sich an den Schreibtisch, um sich die widernatürliche Produktion abzuverlangen. So beginnt die »Stalin-Ode« auch eigentümlich umständlich, ja gewunden:

> Wenn ich zur Kohle griffe für das höchste Lob –
> Für eine Zeichnung unverbrüchlicher Freude –
> Würd ich die Luft mit Linien teilen atemlos
> In listige Winkel, vorsichtig, mich scheuend.

Hinter solchen Bedingungen und Reservationen, hinter der Figur des Zeichners und Malers, der Mandelstam eben *nicht* war, wird fast provozierend die Unlust spürbar, den sich selbst abgezwungenen Auftrag auszuführen. »Eine Krankheit« soll Mandelstam das Gedicht genannt haben.

Natürlich hat es nicht an Stimmen gefehlt, die die Stalin-Ode als ernsthafte Annäherung an den Sozialismus ansehen wollten – oder doch als Kapitulation vor dem übermächtigen Diktator. Dutlis hilfreicher Kommentar verzeichnet aber auch die viel überzeugenderen gegenläufigen Deutungen. Sie demonstrieren, wie Mandelstam seine rhetorische Oberflächenstrategie unterläuft und den Text in sein eigenes Gegenbild verwandelt: Lob verkehrt sich in Verdammung. Das müssen die seinerzeitigen Redakteure begriffen haben: Keine Zeitschrift wagte es, die Stalin-Ode zu drucken.

Man weiß, daß die Ode ihren Dichter nicht rettete. Das »Woronescher Wunder«, wie Nadeschda Mandelstam den Aufschub nannte, ging im März 1938 zu Ende. Während nach einem weiteren Moskauer Schauprozeß Bucharin erschossen wird, erhalten die Mandelstams überraschend einen Sanatoriumsaufenthalt zugesprochen. Es ist eine Falle: Mandelstam wird erneut verhaftet und zu fünf Jahren Zwangsarbeit in Sibirien verurteilt. Er stirbt in einem Transitlager bei Wladiwostock, am 27. Dezember 1938. Das letzte Gedicht der *Woronescher Hefte* ist an eine Freundin gerichtet, und seine letzten Zeilen lauten: »Die Blumen sind unsterblich. Himmel – unteilbar. / Und das, was sein wird, ist nur ein Versprechen.«

Das eigentliche Wunder aber ist, daß dieses gute Hundert später Gedichte überhaupt auf die Nachwelt gekommen ist. Es ist das Verdienst Nadeschda Mandelstams, die Zettelverstecke anlegte, einzelnen Vertrauten Kopien übergab und all diese Gedichte samt ihren Varianten auswendig lernte. Mandelstams Stimme war nicht auf Papier angewiesen, sie überlebte im Gedächtnis seiner Frau. Ihr konnten die »Furien mit dem

Durchsuchungsbefehl«, von denen Joseph Brodsky in seinem Mandelstam-Essay spricht, nichts anhaben. Man muß auch Mandelstams getreuem Übersetzer Ralph Dutli danken, der mit der Edition der *Woronescher Hefte* seine sorgfältig gemachte Gesamtausgabe des Dichters abschließt.

Ossip Mandelstam: Die Woronescher Hefte. Letzte Gedichte 1935-1937. Aus dem Russischen übertragen und herausgegeben von Ralph Dutli. Ammann: Zürich 1996.

Zungenkunst
Thomas Kling: morsch

Noch Gottfried Benn konnte meinen, das moderne Gedicht sei primär Schrift, nämlich schwarze Letter auf weißem Grund. Vorlesen galt ihm als magerer Ersatz. Heute, vierzig Jahre nach seinem Tod, stellt sich das Problem doch wohl anders. Bei mehr oder minder spektakulären Auftritten versuchen Poeten, das marginalisierte Gedicht in der Konkurrenz der Medien zu behaupten. Lyrik ist damit auch eine Sache der Stimme, ja des Körpers geworden. Wird das Gedichtbuch demnächst durch die Lyrik-CD, den Lyrik-Clip ersetzt? Werden die »Slam Poets« und die »Spoken-Word-Gemeinden« den schreibenden Dichter und das lesende Publikum verdrängen?

Das sind Fragen, die gegenwärtig durch die etwas schüttere Lyrik-Diskussion geistern. Doch noch immer erscheint das meiste an ernstzunehmender Lyrik in Druck und Buch, hängen Ruf und Ruhm der Dichter von den traditionellen Medien ab. Andererseits gibt es ja Dichter, die faszinierende Vorleser sind. So Ernst Jandl als furios-witziger Schulmeister oder der hintergründig-spielende Oskar Pastior, dessen Exerzitien man auf Anhieb zu verstehen glaubt. Jedenfalls solange er vorliest. Warum also die Sache nicht gleich vom Mündlichen her aufzäumen? Vor allem unter den jüngeren Autoren zeigt sich die Neigung zu einer neuen Oralität, werden Lyrik-Lesungen zu veritablen Performances, scheinen sich die alten Prioritäten zu verkehren.

Star dieser experimentellen Lyrikszene und selbst schon schulbildend geworden, ist Thomas Kling, heute ein Mann Ende Dreißig. Anfang der achtziger Jahre sensationierte er die Zuhörer durch seine ersten Auftritte, und noch immer wirken seine Lesungen mit ihrer weiten Skala zwischen Brüllen und Flüstern, Ekstase und Ironie wie die einzig authentischen Interpretationen der Sprach-Partituren seiner Gedichtbücher. *Erprobung herzstärkender mittel* war 1986 sein Debüt. *brennstabm* von 1991 zeigt seine Schreibweise voll entwickelt. *Morsch*, sein neuestes Buch, ist bereits sein fünfter Gedichtband. Was verrät er uns über die Entwicklung des Autors – was über die Frage von Schrift und Laut?

Thomas Kling hält seine von Anfang an geübte Dialektik von Schrift und Rede auch in seinen neuen Gedichten offen. Zunächst schon typographisch durch die Beibehaltung einer quasi phonetischen Schreibweise mit ihren Kontraktionen und Eliminierungen, wie sie von Anfang an zu Klings »Sprachinstallationen« gehört. Wir lesen, was wir hören. Also etwa diesen Gedichtanfang: »SELEKTIERENDE ANLAGN: gesichzkreis, / im nahbereic' fahndnde augn.« Freilich gibt es in dem neuen Buch auch Zeilen, die – abgesehen von der obligaten Kleinschreibung – völlig ohne »schrifterosionen« auskommen.

Daß Klings Welterfahrung vor allem oral und auditiv vermittelt ist, demonstriert schon das Eingangsgedicht »Manhattan Mundraum«, das die Stadt als ungeheuren Kosmos von Sprache und Geräusch auffaßt. Darin das entscheidende Organ: »dies ist die organbank von manhattan. seht / ihre zunge: geschwärzter eingeschwärzter o-ton.« Auch im Schlußzyklus, in »romfrequenz«, ist es die *Lingua*, die ihn interessiert: »dies abgekochte rom; dem geben wir, zart, / seine zunge zurück. di wächst rom zwischn / den zähnen heraus.«

Doch in allen Texten Thomas Klings gibt es ein kaum minder starkes gegenläufiges Moment, das Moment der Schrift. Die älteste etruskische Schrift – so zitiert er Mommsen –, kenne die Zeile noch nicht und winde sich, «wie die schlange sich ringelt.« Damit möchte auch etwas vom Ideal unseres Lyrikers getroffen sein. Wie Klings Zeilen sich ringeln und winden, wie er mit Enjambements, mit Sprüngen und Zersplitterungen umgeht, virtuos, auch maniriert, das wird man kaum hören, man muß es schon nachlesen. So holt die Schrift den Dichter ein. Oder mit einer Formulierung von Reinhard Priessnitz, die einmal als Motto erscheint: »die rede, die in die schrift flieht, / kein entkommen.« Auch die »KLING-GEDICHTE« – so des Autors selbstironischer Terminus – zeigen die Schrift, den festen Buchstaben als Zufluchtsort.

Morsch – so lautet der Titel des Bandes. Das möchte Befürchtungen in bezug auf seine Haltbarkeit wecken. Aber der Klappentext verweist darauf, daß nicht bloß das Brüchige und Zerfallende von Sprache gemeint ist, sondern auch die Potenz des »Mörsers« und die Nützlichkeit des »Mörtels.« In den neuen Gedichten überwiegt der Mörtel, das Konstruktive, gibt es eine gewisse harmonisierende Tendenz. Deutlicher als früher benutzt Thomas Kling Themen und Elemente der Tradition. Der Zyklus »vogelherd« versteht sich als eine Folge von »microbucolica«. Und hinter Kürenberg und Vergil geht Kling noch weiter zurück. Die wenigen Zeilen von »sapphozuchreibun'. nachtvorgang« erweisen sich als Paraphrase von Sapphos wunderbarem Fragment, dessen Anfang Herder so wiedergab: »Der Mond ist schon hinunter. / Hinab die Siebensterne.«

Und da schon Natur und Eros angespielt sind, möchte ich sagen, daß der Leser, den Klings Virtuosität auf Distanz hält, hier und da Zeilen findet, aus denen Zartheit und Zärtlichkeit spricht. So gibt es in dem bukolisch getönten Text »stimmschur« Verse, die eine erotische Situation zeichnen: »in nässe zungnrdn, eindringlicher gesang. das / is doch nich zu laut oder?« Nein, das ist nicht zu laut. Es zeigt diskretes Gefühl. Nicht immer also hält sich Kling an die Bennsche Maxime, das Material »kalt« zu halten. Mir scheint: nicht zum Nachteil seiner Leser.

Thomas Kling: morsch. Suhrkamp: Frankfurt am Main 1996.

Das fliegende Schiff
Seamus Heaney: Verteidigung der Poesie

Im Mai 1981, als Seamus Heaney in Oxford an einem feierlichen College-Dinner teilnahm, erfuhr er vom Tod eines jungen Mannes, der sich an einer Hungerstreikaktion der IRA beteiligt hatte. Der Zufall wollte es, daß der Tote der Sohn eines Nachbarn in County Derry gewesen war und daß der Dichter, ein nordirischer Katholik aus nationalistischer Familie, die Nacht in einem Zimmer verbringen würde, das einem Minister des konservativen Kabinetts gehörte – jenes Kabinetts, das gegen die kompromißlose Haltung der Hungerstreikenden auch nach den ersten Todesfällen seine unnachgiebige Position beibehalten hatte.

Für Heaney war das eine *Double-bind*-Situation, »ein klassischer Moment der Selbstentzweiung, des inneren Widerstreits, ein Moment der Stummheit und Ohnmacht«. Aber auch der Anlaß, nach einem »Ort des aufgelösten Widerspruchs« zu suchen. Dieser Ort – so Heaneys Überlegung – war letztlich nicht durch eine Verfassungsreform oder territoriale Wiedervereinigung zu erreichen, so wichtig solche politischen Bemühungen auch sein mochten. Dieser Ort jenseits der Wirrnis war dort zu suchen, »wo die Imagination gegen den Druck der Realität einen Gegendruck ausübt« – in der Poesie.

Mit diesem Zitat von Wallace Stevens kommt Seamus Heaney noch einmal auf die zentrale Intention seiner Oxforder Vorlesungen zurück, die er in seiner Zeit als Professor für Poesie von 1989 bis 1994 gehalten hat. Noch einmal, das meint in der letzten seiner Vorlesungen, die den Titel *Grenzen des Schreibens* trägt. Ursprünglich – so sagt er dort – habe er die Geschichte der Oxford-Feier in die Eröffnungsvorlesung aufnehmen wollen, um die integrierende Funktion der Poesie zu belegen: »Nach reiflicher Überlegung beschloß ich allerdings, sie auszulassen, weil ich das Gefühl hatte, daß sie unangebrachte politische Erwartungen wecken und den – irrigen – Eindruck vermitteln könnte, meine Oxforder Vorlesungen würden sich primär mit den Schrecknissen und Auswegslosigkeiten der Nordirlandpolitik befassen.«

Heaneys *Verteidigung der Poesie*, wie die deutsche Ausgabe betitelt ist, hat also einen deutlichen Zug der Rechtfertigung und kann sich darin auf Sir Philip Sidneys *Defence of poesie* von 1595 berufen, die den Vorrang der Dichtung vor Philosophie und Historie behauptete. Aber der Originaltitel von Heaneys Buch bringt eine überaus wichtige Modifikation ins Spiel, die freilich kaum bündig übersetzt werden kann. Er lautet *The Redress of Poetry*. Dieser Titel ist dem Autor so wichtig, daß er ihn ausführlich erläutert und immer wieder auf ihn zurückkommt.

»Redress« ist zunächst etwas wie Wiedergutmachung, Genugtuung oder Richtigstellung. Heaney wendet diese juristisch gefärbte Vorstellung auf die Dichtung. Vor Platons Appellationsgericht versucht die Poesie, »all das ›richtigzustellen‹, was an den herrschenden Verhältnissen falsch oder erbitternd ist«. So hat Dichten die Tendenz, »eine Gegenwirklichkeit in die Waagschale zu werfen.«

Doch sind für Heaney unter den vielen Bedeutungen, die das Oxford English Dictionary angibt, auch die obsoleten wichtig. So meint »redress« etwa: jemanden oder etwas aufrichten; die Hunde oder das Wild wieder auf den richtigen Weg bringen. Damit wird dem Dichter auch die Vorstellung bedeutsam, daß die Poesie eine »spontane, erregende Richtungsänderung« bewirken könne – eine Auffassung, die Heaneys Begriff von »redress« vor dem bloß Reaktiven bewahrt. Kurz: Heaney hat sich für sein Unternehmen einen Leitbegriff gewählt, der undoktrinär und poetisch ist und ihm erlaubt, »einen verläßlichen theoretischen Kurs zu steuern, indem man seinem poetischen sechsten Sinn folgt«.

Aber wohin steuert der Poeta doctus das Schiff und was ist seine Ladung? Heaneys Vorlesungen bringen Wiedergutmachungen für verkannte, aber auch Richtigstellungen am Bild hochgeschätzter, ja überschätzter Autoren. Sie tun das vor allem an Figuren der englischen, anglo-irischen und anglo-schottischen Tradition und schlagen so einen Bogen von Christopher Marlowe bis zu William Butler Yeats und Philip Larkin. Den Beschluß aber macht ein wunderbares Porträt der amerikanischen Lyrikerin Elizabeth Bishop.

Weder System noch Vollständigkeit ist also beabsichtigt, und Heaney betont zudem, daß das Grundthema der Vorlesungen aus seiner eigenen Lyrik hervorgegangen sei. Die Erfahrung des Praktikers kommt all diesen Arbeiten zugute. Heaney argumentiert immer nah am Text, an den Fragen von Reim und Rhythmus, von Sprache und Sprachgebrauch. Sensibel und vorurteilslos prüft er das Verhältnis von Phantasie und Proportion, von Kraft und Eleganz. Sein kritisches Ideal findet er in John Keats' These ausgedrückt, Dichtung überrasche durch eine »schöne Unmäßigkeit«.

Vor Heaneys ästhetischen Kriterien versagt eigentlich nur einer der vorgestellten Dichter: Dylan Thomas. Der Essay »Dylan der Dauerhafte?« schlägt den Tenor einer sehr ernsthaften und engagierten Richtigstellung an. Bis an den Rand seiner Möglichkeiten ist Heaney um Fairness bemüht. »Er war unser Swinburne, ein Dichter von unmittelbarer bezwingender Macht«, bekennt er zu Anfang und kann doch seine Enttäuschung über Thomas' weitere Entwicklung nicht verbergen. Sie macht sich in Formulierungen Luft, die Heaneys polemisches Talent verraten. *Under Milk Wood* ist ihm ein »idyllischer Klamauk«. Er zieht in Betracht, die frühe Dichtung als eine Art »Schwellkörper-Fantasie« zu karikieren, und sieht in manchen Gedichten den Dichter als einen »Sprach-Bodybuilder muskelstrotzend in Pose«. Der entscheidende Kritikpunkt ist freilich Thomas' Antiintellektualismus, seine »doktrinäre Unreife«, die sich für seine Kunst als rückschrittlich erwiesen habe. Aber dann liest man eine wunderbar einfühlende, ja mitreißende Interpretation des späten Gedichts »Do Not Go Gentle Into That Good Night«, so daß Heaneys Polemik – die eines enttäuschten Liebhabers – nahezu aufgehoben scheint.

Sagen wir also: In Heaneys Bemühen um Rettungen und Revisionen steckt eine Härte des Gedankens, über die man sich nicht täuschen sollte. Sie resultiert aus einem Gerechtigkeitsempfinden, das sich sensibel und geduldig an der Moral des poetischen Handwerks abarbeitet, jedoch aus noch tieferen Gründen kommt. Etwas davon blitzt in der schon erwähnten Schlußvorlesung auf. Dort sagt Heaney, der unausgesprochene Hintergrund seiner Ausführungen sei stets »nordirisch«. Und wenn er das mit dem Gedanken modifiziert, die Poesie sei erst in zweiter Linie mit konkreter »Verbesserung« befaßt, dann ist das keine Abminderung, sondern eine Verstärkung eines existentiellen Ernstes. Hinter allem steht Heaneys ungebrochener Glaube an die Macht der Poesie, oder – in einer von Seferis entlehnten Formulierung – die Auffassung, die Poesie sei »stark genug, um zu helfen«.

Sie ist zumindest Remedium gegen alles Bornierte. Sie hilft den Menschen zunächst, zu ihrer Sprache, der Sprache ihres Landstrichs zu gelangen, ohne die Kultur einer größeren, womöglich bedrängenden Gemeinschaft abzulehnen oder zu ignorieren. Sein Landsmann Joyce ist für Heaney das klassische Beispiel eines Autors, der die Schätze der anglophonen Kultur nicht entwerten muß, um seine Auflehnung gegen eine imperialistische Hegemonie zu legitimieren. Was hier noch wie pro domo gesprochen wirken mag, erhält seine volle Beweiskraft am Beispiel von Hugh MacDiarmid, der sich auf Yeats als Vorbild bezog und dessen Rolle für Schottland etwa derjenigen von Yeats entspricht. Heaney analysiert und rühmt MacDiarmids Leistung: die Neubewertung des Gälischen und Schottischen und die Schaffung einer ganzen Literatur in einer eigenen Sprache, dem »Synthetic Scots«. Er zeigt aber auch, wie MacDiarmids inspirierende Arbeit in den Bann des Leninismus und auf die Doktrin einer Weltsprache geriet. Schließlich förderte MacDiarmids Anglophobie »nur einen rachsüchtigen Nativismus, der das genaue Gegenteil des emanzipierten Bewußtseins darstellt, das er propagieren wollte«.

Diese Wendung gegen jede Art von borniertem Nativismus erweist die kulturelle wie die politische Aktualität von Heaneys »Richtigstellungen«. Und wem sein Glaube an die Macht der Poesie anachronistisch vorkommt, der halte sich an jene Passagen, die Heaneys illusionslosen Blick auf die Gegenwart zeigen. Der Dichter weiß, daß die Welt von Medientonfällen erfüllt ist, daß niemand mehr naiv in einem regionalen Idiom aufgeht und die ersten Sätze der Kinder eher von TV-Werbespots bestimmt sind als von der Sprechweise der Eltern. Er weiß aber auch, daß es weiterhin Poesie geben und daß sie kein lyrisches Esperanto sein wird, sondern erfüllt vom Geschmack ihrer lokalen Herkunft.

Daß selbst hier Richtigstellung, ja Korrektur nötig sein kann, zeigt er an einem eigenen Gedicht, das von des Vaters

Arbeit mit dem Pferdepflug spricht. Dort hieß es ursprünglich: »My father *wrought* with a horse-plough.« Heaney opferte die obsolete, aber im Dialekt Mittel-Ulsters übliche Form zugunsten des blasseren standard-englischen »*worked*«. So wurde der Dichter »vom Land der Spontaneität in die Vororte des *mot juste* versetzt«, aus der Welt der Naivität in die der Reflexion.

Da Heaney aber ein Dichter geblieben ist, enden seine Vorlesungen mit Poesie, mit einem seiner neueren Gedichte, das von einem Wunder handelt. Den Mönchen von Clonmacnoise erscheint in ihrem Oratorium ein fliegendes Schiff, dessen Anker sich ins Altargeländer verhakt:

> Schwang einer sich von Bord, das Tau herunter
> Und suchte, es loszumachen. Doch umsonst.
> ›Der Mann lebt nicht wie wir und wird ertrinken‹,
>
> Sagte der Abt, ›es sei denn, daß wir helfen.‹
> Sie taten es, das Schiff war frei, und er stieg zurück
> Hinaus aus dem Wunder, so wie er's erfahren.

Hier haben wir genau das Ineinander von Wunder und menschlichem Tun, wie es die Vorlesungen zuvor so kenntnisreich und unterhaltsam erörtert haben.

Seamus Heaney: Verteidigung der Poesie. Oxforder Vorlesungen. Aus dem Englischen von Ditte König und Giovanni Bandini. Edition Akzente. Hanser: München und Wien 1996.

Wir brauchen die Niederlage
D.J. Enright: Gedichte

»Ein sarkastischer Dichter für Intellektuelle« – auf diese Formel hat sich die englische Kritik in Hinsicht auf D.J. Enright verständigt. Das ist natürlich keine Kennmarke, die gängige Erwartungen an Lyrik bedient. Natürlich auch nicht in England, wo man den so apostrophierten Autor nach Lesungen wohl des öfteren gefragt hat: »Why isn't your poetry more personal?« Die Frage erscheint als Titel eines seiner Gedichte. Die ironiegesättigte Antwort kann man jetzt englisch wie deutsch nachlesen, in einer von Helmut Winter übersetzten und kommentierten Auswahl.

Dennis Joseph Enright, Sohn irisch-englischer Eltern, heute ein Mann Mitte Siebzig, hat viele Jahre seines Lebens als akademischer Lehrer im Ausland verbracht, in Alexandria, Kobe, Berlin, Bangkok und von 1960 bis 1970 in Singapur. Bürokratismus erregte ihm Allergie, jedenfalls eckte er immer wieder an. In Alexandria verhaftete man ihn unter Spionageverdacht. In Bangkok schlugen ihn Polizisten zusammen, weil er sie zufällig bei ihrer Rückkehr von einem Bordellbesuch überrascht hatte. In Singapur hatte er sich erlaubt, in seiner Antrittsvorlesung ein paar Bemerkungen über die Notwendigkeit der freien Entfaltung von Kultur zu machen. Die Behörden nahmen übel, und es gab eine diplomatische »Enright affair« und einen Leitartikel der *Times*. Auch sonst folgte Enright der Maxime: »Man soll in der Fremde nie vergessen, daß man ein Fremder ist, aber auch nicht zu allem schweigen, weil man ein Fremder ist.«

An diese Maxime hält sich auch Enrights Lyrik. Sie zeigt ihn als passionierten Beobachter und engagierten Analytiker. Als Antipoden des monologischen Poeten: »Wir brauchen Lyrik *über* etwas, Lyrik über Menschen, vorzugsweise über andere Menschen.« So erscheinen in seinen Gedichten aus Asien Titel wie »Rissige Fingernägel«, »Die Flöte des Nudelverkäufers« oder »Wer arm ist, wacht schnell auf«. Enright macht sich keine Illusionen – nicht einmal über seine Neigung zur Fremde. Er fragt sich »Lebe ich in fremden Ländern / Weil sie mich nicht verderben können?«

Man begreift daher auch, daß Enrights Verhältnis zu Deutschland ambivalent ist. Enright hat nie Germanistik studiert, aber sein erstes wissenschaftliches Buch ist ein Kommentar zu Goethes *Faust*. Seine Lyrik hat eine Tendenz zur deutschen Syntax, zu deutschsprachigen Einschüben. »I am a Bewohner of an Elfenbeinturm«, lautet ein Titel. Und natürlich gibt es – vor allem aus seiner Zeit als Gastprofessor in Berlin (1956/57) – Gedichte zu Themen der deutschen Vergangenheit. Eines davon, »Apocalypse«, nahm der zuständige

Zeitungsredakteur erst zum Druck an, nachdem der Autor ihn von der Authentizität des vorangestellten Zitats überzeugt hatte. Es stammte aus einer Berliner Tourismusbroschüre und rühmte die »ewige, unzerstörbare Freude«, die die Musik der Philharmoniker gleich nach Brandgeruch und Leichengestank gespendet habe.

Enright hat eine »Lyrik des Anstands, der Leidenschaft und der Ordnung« als sein Ideal von Poesie postuliert. Viele seiner Gedichte kommen dem nahe, wenn man berücksichtigt, daß sich bei ihm der Anstand lakonisch, die Leidenschaft als Understatement und die Ordnung im freien Vers äußert. Gern behält der Dichter die Maske der Ironie bei. Sie erleichtert es ihm, seiner Sympathie zu den Leidenden und Düpierten zu folgen. »Wir brauchen die Niederlage«, sagt er, »und ihren bitteren Brennstoff für Lyrik.« Das Original freilich ist noch lakonischer, lapidarer: »You need defeat's sour / Fuel for poetry.«

Ganz so deutsch ist Enrights Idiom also doch nicht. Helmut Winters Übertragungen wollen so »prosaisch« wie die Originale bleiben. Sie geben keine Nachdichtung, aber überzeugende Annäherungen. Dafür bedankt sich übrigens auch der Dichter selbst: »What's left? These phrases in a foreign tongue.« Der Leser weiß die informativen Kommentare zu schätzen. Sie bringen ihm einen spröden, aber hochinteressanten Dichter nahe.

D.J. Enright: Gedichte. Zweisprachig, übersetzt, mit einer Einleitung und Anmerkungen von Helmut Winter. Mattes Verlag: Heidelberg 1996.

Der Wein liebt die Bäume
Paavo Haavikko: Gedichte! Gedichte

Man zählt ihn zu großen europäischen Dichtern, und sein Zyklus *Winterpalast* (1959) gilt als das *Waste Land* der modernen finnischen Lyrik – aber Paavo Haavikko, heute ein Mann Mitte Sechzig, ist bei uns immer noch nicht so bekannt wie etwa seine schwedischen Kollegen Gustafsson und Tranströmer.

Immerhin hat Manfred Peter Hein schon früh – nämlich 1965 und 1973 – ausgewählte Gedichte des Finnen übersetzt. Doch dann geschah lange Zeit nichts. Haavikko, ein Mann von vielen Interessen, konzentrierte sich auf Dramen, Hörspiele und Sachtexte und ließ einen Teil seiner späteren Lyrik in Privatdrucken erscheinen, deren Rezension und öffentlichen Vortrag er untersagte. Seine Poesie trat, wie er selbst meint, in ihre »Endphase«. »Hierin« – so ergänzte er freilich – »verbirgt sich der listige Versuch, die Schicksalskräfte irrezuführen.«

Diese »Schicksalskräfte« gewährten seiner Poesie eine bemerkenswerte Spätblüte. Der Band *Herbstland*, von Gisbert Jänicke übersetzt, gab 1991 einen ersten Eindruck. Er endete mit einigen Texten, die Haavikko in seine »Wintergedichte« aufnahm. Weitere »Wintergedichte« eröffnen den neuen Band. Doch sind ihnen Verse vorangestellt, die verraten, daß der Winter nicht bloß als biographisches Motiv gedacht ist: »Das Alter fängt nicht morgen an und nicht heute, / es fing schon gestern an und geht heut weiter, diesen Tag.« Nur zieht Haavikko keine resignative Konsequenz, sondern gewinnt daraus einen starken poetischen Impuls: »Also verwandle diesen Tag in ein Jahr, gedächtnislos, / und gib ihm Namen und Nummer, Ordnung und Nummer und vergiß ihn.«

Haavikko hat einen emphatischen Begriff von Poesie. Er ist aber kein Dichter für Dichter, ja nicht einmal ein Autor mit einer offenkundigen linguistischen Passion. Er verwendet ohne Scheu die Begriffe »Erlebnisdichtung« und »Botschaft«. Er möchte, daß sein Gedicht »als geschlossene Einheit unbedingt klar und einfach zu begreifen wäre« und verwundert sich über das Paradox, daß solche Ansprüche seine Lyrik schwerverständlich machen. Ihre Schwierigkeiten liegen nicht so sehr im Gesagten, sondern in dem, was vorausgesetzt oder verschwiegen wird. Also nicht in den Sätzen, sondern in den Lücken dazwischen. Nicht in der Logik, sondern in ihren Sprüngen.

Der Dichter nutzt alle Möglichkeiten der Alltagssprache und operiert mit den Termini der Alltagswelt, mit Begriffen aus Politik, Wirtschaft, Börse. Vom Geld ist erstaunlich oft und kennerisch die Rede. Es finden sich Zeilen wie: »Unternehmensverluste, sinkende Konsumtion, aber Abwicklung der

Kapitalbesteuerung.« Manche Resümees wirken wie Kurzkommentare aus dem Wirtschaftsteil: »Uns regieren nicht mehr Kekkonen, Koivisto und Beistandspakt, / sondern EG und Geld, zu ihrem Glück.« Das sind bewußt flach gehaltene Passagen, in die manchmal überraschende lakonische Gnomen eingelassen sind wie: »Gott ist im Frühjahrsangebot, die Bronze grünt.« Es sind Knoten, die schwer aufzudröseln sind.

Haavikko, der Beobachter von Historie und Realität, der Analytiker der Konsumwelt, ist ein geheimer Metaphysiker. Er liebt die frappierenden Kurzschlüsse zwischen Profanität und Transzendenz: »Gott befahl uns, den alten zur Fortsetzung neue Waren zu schaffen, / aber befahl zu vergessen, wie man das Fließband abstellt.« Da nun das Fließband weiterläuft und offenbar weiterlaufen muß, schließt der Dichter die Frage der Theodizee aus; sie ist ja auch in Jahrhunderten etwas wohlfeil geworden. Er akzeptiert Gott als Hilfspunkt in seinen Konstruktionen, behelligt ihn aber nicht mit weiteren Erwartungen. Im Zyklus »Prosperos Gedichte« heißt es: »Ja, Gott ist eine gute Frage, aber eine schlechte Antwort. / Frag nicht mit Antworten. Antworte nicht mit Fragen.«

So fallen Haavikkos Fragen auf den Menschen und die Menschheit zurück. Auch weil der Dichter meint, die Unmenschlichkeit sei die einzige Menschheit, die noch geblieben sei: »Von dieser Menschlichkeit ist noch genug da.« Aus der Negation, aus der Illusionslosigkeit bezieht Haavikkos Gedicht die weiteren Diagnosen. Und auch seine leisen Triumphe. Mit übermenschlicher Ruhe, mit Engelsgeduld blickt es auf den Typus, der sich Mensch nennt: »Die Niederlagen vergißt er. Von den Siegen erholt er sich nie.« Das geht – nach den Erfahrungen unseres Jahrhunderts – über Rilkes tapferes »Wer spricht von Siegen. Überstehn ist alles« hinaus. Haavikko spricht aus weiterer Distanz, und das ist weder anmutend noch pläsierlich.

Man findet diese Diagnose in einem Zyklus mit dem Titel »Die melancholische Freude und Tapferkeit der Bäume«, und so wird der Leser, der Tröstliches sucht, dennoch nicht enttäuscht. Haavikkos Rede über Bäume ist keine verspätete Konzession an die ökologische Mode. Denn als man hierzulande noch Brechts Verdikt nachbetete, trug einer seiner frühen Bände den schönen Titel *Die Bäume, ihr grünes Vermächtnis* (1966). Der alternde Dichter nun spricht den Bäumen den schönsten denkbaren Dank zu: »Ich habe ein gutes Leben gelebt. Ich lebte zur Zeit der Bäume.«

Das ist ein schöner Schluß. Hier würde er aus Haavikko dann doch einen frommen Mann machen und seine Hintersinnigkeit verkürzen. Man darf den Wein nicht vergessen. Der Dichter des nördlichen Divans weiß: »Der Wein liebt die Bäume.« Und der Dichter – vielleicht auch der empirische Herr Haavikko aus Helsinki – liebt mit den Bäumen den Wein. Er macht uns – Vorsicht! Vorsicht – ein geradezu phantastisches Versprechen: »Eine Flasche Wein am Tag und in der Nacht verhütet effektiv den Herzinfarkt. / Zwei Flaschen am Tag machen den Menschen unsterblich.« So direkt las man's bisher in keinem »Schenkenbuch« keines Divans. Aber ein paar Seiten später kommt dann doch die melancholische Einschränkung: »Gegen das Alter hilft nur Beaujolais-Wein und am Ende vielleicht auch der nicht mehr. Nichts.« Auch für diese Behauptung trägt das lyrische Ich die alleinige Verantwortung. Ich hingegen für die folgende: Gegen die gegenwärtige Lyrik-Verdrossenheit hilft die Lektüre von Haavikkos *Gedichte! Gedichte*. Wie immer man dosiert: man liest sich nicht so leicht über.

Paavo Haavikko: Gedichte! Gedichte. Aus dem Finnischen von Gisbert Jänicke. Residenz: Salzburg, Wien 1997.

Die Erforschung des Schmerzes
Anne Sexton: Selbstportrait in Briefen

Am Anfang dieses *Selbstportraits in Briefen* haben wir eine neunzehnjährige junge Frau, die mit ihrem Freund durchbrennt und heiratet. »Wenn Ihr das lest, habt Ihr bereits einen neuen Schwiegersohn«, schreibt sie im August 1948 an ihre Eltern. Der letzte Brief, den wir in dieser Auswahl lesen, stammt vom 31. Juli 1974 und ist an Erica Jong gerichtet. Die Schreiberin, die sich das Jahr zuvor von ihrem Mann getrennt hat, nennt die Männer »Hasenfüße«, und endet mit den Worten: »Paß auf Dich auf, meine Liebe – liebe, liebe Freundin.« Aber das klingt wie eine letzte Mahnung an die eigene Adresse. Am 4. Oktober begeht die Lyrikerin Anne Sexton, knapp sechsundvierzigjährig, Selbstmord – besser gesagt, gelingt ihr der letzte ihrer Suizidversuche.

Er gelang ihr, weil sie, wie ihre Tochter später schrieb, »zu ihrem Tod« nach Haus zurückgekehrt war – ohne Ankündigung oder Warnung, zudem in einer Phase der psychischen Erholung. Tags zuvor hatte sie eine erfolgreiche Lesung in Maryland gehabt, und mit einer Vertrauten war sie noch die Fahnen eines Gedichtbandes durchgegangen. »Mich retten nur Gedichte«, hatte Anne Sexton einmal zu Anfang ihrer Karriere geschrieben und später immer wieder dieses Rettungsmittel beschworen.

»Selbstmord ist schließlich das Gegenteil des Gedichts«, schreibt sie 1965 an den Herausgeber einer Zeitschrift, der dabei ist, eine Nummer über Sylvia Plath zusammenzustellen. In diesem Brief kommt Anne Sexton auf ihre Bekanntschaft mit Sylvia zu sprechen. Sie hatten einander in Robert Lowells Lyrik-Seminar an der Boston University kennengelernt. Nach dem Seminar gingen sie gelegentlich ins Ritz, um bei einigen Martinis und kostenlosen Kartoffelchips »detailliert, eingehend« über ihre Suizidversuche zu sprechen: »Wir waren einfach zwei Barhockerinnen – die vom Tod redeten – nicht vom Schöpferischen.«

Das Gedicht stand zwischen ihnen nicht zur Debatte. Jede der beiden »Barhockerinnen« hatte ihre eigene Variante im Kopf, jede ihren enormen Ehrgeiz, »es zu schaffen – eine große Dichterin zu sein.« Beide schafften es. Man weiß, um welchen Preis. Von der Elegie, die Anne Sexton später auf den Tod ihrer Kollegin schrieb, heißt es in einem Brief an Ted Hughes: »Mein Gedicht verleitet zu der Annahme, daß ich sie gut kannte, während ich doch nur ihren Tod gut kannte.«

Das ist sicher wahr, meint aber auch eine sehr deutliche Einschränkung. Anne Sexton mochte nicht verglichen werden. Vielleicht weil sie wußte, daß der Tod den Vergleich eines Tages nahelegen könnte. Zumal auch das Leben Motive für Vergleichungen lieferte. Daher ist ihre erkennbare, wenn auch untergründige Rivalität mit Sylvia Plath ein interessantes Moment der Briefe. Gerade deshalb liest man sie auch als Korrektur, als Zeugnis der Unverwechselbarkeit von Sextons Leben und Werk. Das mag die Aufnahme der Briefe in eine Werkausgabe rechtfertigen.

Dennoch sind die Briefe nicht mit Blick auf literarische Verwertung oder auf die Nachwelt geschrieben. Nicht einmal mit Blick auf Orthographie, mit der Anne Sexton zeitlebens auf Kriegsfuß stand, ohne schlechtes Gewissen übrigens: »Wir sind auch ins Colluseum gegangen, in dem abends hier und da blaue Lichter an waren.« Wir lesen tatsächlich private Briefe. Selbststilisierungen, mit denen die Autorin manchmal kokettiert, werden durch Ironie relativiert. Nie redet sie hinter vorgehaltener Hand. Nie haben wir das Gefühl, die Schreiberin sei indiskret oder wir Leser seien Voyeure. Sie kann uns nerven, doch sie erscheint stets rückhaltlos aufrichtig. Selbst den Geschäftsbriefen an Redakteure oder Jurymitglieder fehlt alle Diplomatie. Vielleicht war es das, was ihr die Türen öffnete?

Was immer und bis in die letzten Briefe frappiert, ist Anne Sextons spontane, natürliche Intelligenz, ihre unverstellte Fähigkeit zur Analyse. Auch zur Analyse dessen, was zum Gesetz ihres Lebens und Sterbens wurde. Mehrfach kommt sie auf ihre Initiation zu sprechen, die sie aus Klischee und Lebenskonvention in die Erfahrung des Schmerzes und der Poesie führte.

Nach dem Abitur hatte Anne eine Schule besucht, auf der höhere Töchter für die Ehe vorbereitet wurden. Diese Ehe aber setzt einen desaströsen Prozeß ingang. Die junge Ehefrau, die sich durch Geburt und Aufzucht ihrer beiden Kinder überfordert fühlt, macht eine Reihe von Selbstmordversuchen und muß längere Zeit in Kliniken verbringen. Im Lauf einer psychiatrischen Behandlung ermutigt sie ihr »Dr. Martin«, Lyrik zu schreiben. Genauer: *wieder* Lyrik zu schreiben. Denn Anne hatte die Poesie aufgegeben, nachdem die Mutter, die selbst dichtete, ihr vorgeworfen hatte, ihre Gedichte seien Plagiate. Ein knappes Jahr später – Oktober 1957 – wird ihr erstes Gedicht zur Publikation angenommen. 1960 erscheint ihr erster Gedichtband, der ihre Klinikerlebnisse verarbeitet, und wird für den National Book Award nominiert. Ein Wunder? Ein problematisches, wie sich zeigen sollte.

Anne Sexton bringt es selbstironisch auf den Punkt. An eine Freundin schreibt sie: »Ich war eine dumme Pute, die nichts besaß außer einem Kabriolett und die nie etwas gelernt hat, nicht einmal Rechtschreibung. Ich fing erst mit 28 an, erwachsen zu werden.« Was dann aber folgt, das wollte die Dichterin nicht so eindeutig fixiert sehen. Eines der interessantesten Zeugnisse ist ein Brief an den Dichter und Kritiker John Stallworthy, Annes Lektor bei ihrem britischen Verlag. Ihm, der offenbar nach einer selbstbiographischen Notiz gefragt hatte, bot sie einige Angaben und Deutungen, mit dem Ansinnen, die gewünschte »aufs Äußere reduzierte Biographie« zu verfassen: »Verstecken Sie mich. Nicht notwendigerweise vor den ›Fans‹, sondern vor mir selbst.« Anne wußte genau, was sie am Abfassen der gewünschten Äußerung hinderte: »Steht das nicht alles irgendwo in den Gedichten? Steht nicht sogar zuviel davon in den Gedichten, eine schamlose Zurschaustellung und Auflistung der eigenen LEBENSGESCHICHTE?«

Das ist das offene Geheimnis dessen, was man schulmäßig »Confessional Poetry« nennt und wofür Anne Sexton, Sylvia Plath und ihr gemeinsamer Lehrer Robert Lowell als Protagonisten figurieren. Anne Sexton hat ihren Part mit mindestens dem gleichen Furor absolviert wie ihre Kollegen. Auch davon zeugen ihre Briefe. Angefangen bei dem Dictum, das sie gegenüber dem befreundeten Lyriker W.D. Snodgrass erwähnt: »Ich habe einmal zu Dr. Martin gesagt, daß es mir egal sei, wenn ich für immer verrückt bliebe, wenn ich nur gut schreiben könnte.« Bekenntnisdichtung hat einen anderen Ehrgeiz als den, Selbsttherapie zu sein. Einmal heißt es etwas pathetisch: »Der Schmerz muß erforscht werden wie eine Seuche.« Doch das am eigenen Leibe, an der eigenen Psyche zu tun, mußte auch das starke Naturell Anne Sextons auf Dauer überfordern.

Umso eher, als die Moralistin in Anne gegen das »Rettungsmittel« Lyrik zunehmend Vorbehalte entwickelte. Schon nach den ersten Erfolgen fragt sie sich mißtrauisch, ob sie ihre poetische Unschuld nicht verloren habe, und bei ihrem dritten Buch quält sie die Furcht, die besten poetischen Einfälle bereits hinter sich zu haben. Dabei betrieb Anne Sexton ihre Karriere bis zum Schluß überaus professionell und mit ausgeprägtem Geschäftssinn. Sie forderte mehr als anständige

Honorare, diktierte die Bedingungen bei Lesungen – bis in die Wahl der Mikrophone. Ja, sie organisierte ihre eigene Werbekampagne. Erfolg und Ruhm blieben nicht aus: der Pulitzerpreis, die Dozenturen, die Ehrendoktorate.

So schienen sich auch ihre Lebensverhältnisse zu stabilisieren; das Verhältnis zu den Töchtern, zu ihrem Mann. Das Wagnis einer großen Europareise wurde unternommen; mit vorzeitiger Rückkehr, wenn auch nicht völlig ein Flop. Unsicherheit, ja Angst kaschiert Anne durch Humor und Sarkasmus. So in Brüssel der Diebstahl ihrer Sachen. Unter dem wenigen, was ihr blieb, ist ein Reimlexikon. Selbst in ihrer Poesie will sich offenbar eine lichtere Seite zeigen. Anne schreibt *Verwandlungen*, lyrische Paraphrasen auf Grimms Märchen. Aber eben das scheinen die Fans, die Freunde, die Verlage nicht übermäßig zu goutieren. Das eingeforderte Lob erscheint ihr halbherzig. Und schließlich kommen die Jahre, in denen sich alles im Kreise dreht und selbst die Krankheit sie zu langweilen beginnt. Ein Ersatz für ihre Besuche psychiatrischer Abteilungen kommt nie in Sicht.

März 1973 trennt Anne Sexton sich von ihrem Mann, vermutlich im Bewußtsein ihres bevorstehenden Endes. »Ich verliere wohl in gewisser Hinsicht den Boden unter den Füßen«, schreibt sie an ihren neuen englischen Lektor, »aber sag das nicht weiter, denn solange die Gedichte nicht draufgehen, ist es okay.« Der Tochter Linda macht sie zum 21. Geburtstag ein höchst eigentümliches Geschenk: ihren literarischen Nachlaß. Das möge für ihr künftiges Einkommen wichtig sein, meint die Mutter lebenspraktisch, um fortzufahren: »vielleicht ... aber nur vielleicht reicht der Geist der Gedichte ja auch über uns beide hinaus, wird man sich an das eine oder andere noch in hundert Jahren erinnern.«

Die getreue Tochter ließ drei Jahre nach dem Tod der Mutter eine erste Ausgabe der Briefe erscheinen. Auf einer Neuausgabe von 1991 basiert die deutsche Version, die Silvia Morawetz präzis übersetzte und zu der Elisabeth Bronfen ein informatives Vorwort schrieb.

Anne Sexton: Selbstportrait in Briefen. Hg. von Elisabeth Bronfen. Aus dem Amerikanischen von Silvia Morawetz. S. Fischer: Frankfurt am Main 1997.

Er rückt das Meer von der Stelle
Adonis: Die Gesänge Mihyârs des Damaszeners

Unter den Dichtern, die alljährlich als Kandidaten für den Nobelpreis gehandelt werden, wird immer wieder der Libanese Adonis genannt. Er gilt als der bedeutendste arabische Dichter der Gegenwart, als moderner Klassiker. Einige seiner Dichtungen wurden ins Französische und Spanische übersetzt, eine erste deutsche Auswahl (*Der Baum des Orients*) erschien 1989. Nun beginnt Ammann mit dem ehrgeizigen Unternehmen einer auf mindestens vier Bände angelegten arabisch-deutschen Gesamtausgabe. Eine gute Fee möge dabei helfen.

Diese Fee muß schon einmal tätig geworden sein. Als 1944 der Präsident der neu gegründeten Syrischen Republik das Dorf Kassabin besuchte, wo Adonis als Ali Ahmad Sa'id geboren wurde, durfte der Vierzehnjährige ein Gedicht vortragen. Der Präsident war beeindruckt, und der Knabe konnte sich etwas wünschen. »Eine Ausbildung«, war seine Antwort. Zehn Jahre später machte Ali Ahmad Sa'id in Damaskus seine Licence mit einer Arbeit über arabische Mystik.

Unter dem Druck der politischen Situation ging der junge Mann ins liberalere Beirut und arbeitete als Lehrer, Journalist und Literaturkritiker. 1957 wurde er Mitbegründer der Zeitschrift *Shi'r* (Poesie), die die arabische Welt mit der literarischen Moderne bekanntmachte. Als Autor befreite er sich von allem, was damals einen arabischen Intellektuellen belastete: von Familie, Clan und erstarrter Tradition. Der Dichter nahm eine andere Nationalität an – die libanesische – und gab sich einen neuen Namen: *Adonis*. Die Selbsttaufe im Namen einer alten Vegetationsgottheit sollte der islamischen Welt etwas vom Abglanz jenes Gottes mitteilen, »der starb und wiederauferstand – Symbol eines transtemporalen Orients, eines Orients, der vorchristlich, vorislamisch und gleichwohl postnietzscheanisch ist«.

Kein Wunder, daß dieser moderne Synkretismus die Hüter der Rechtgläubigkeit auf den Plan rief. Zumal auch der Poet Adonis mit der tradierten Rolle des Dichters als »Lobredner Gottes und der Herrschenden« gebrochen hatte. Mit Gedichten war Adonis bereits in den fünfziger Jahren aufgetreten.

Das reife Werk beginnt 1961 mit den *Gesängen Mihyârs, des Damaszeners*, die nun die deutsche Ausgabe eröffnen. Die Persona des Zyklus leitet sich her von einem klassischen schiitischen Dichter, der bei den Sunniten als Häretiker galt. Sie ist die Zarathustra-Gestalt in Adonis' Werk: »Mihyâr, der Damaszener, hat auf die gleiche Weise versucht, etwas zu provozieren, was ich die gute Zerstörung nenne: alles niederreißen, um alles neu zu erbauen.«

Dieser Mythos von Erneuerung und Wiedergeburt bestimmt auch die dichterische Praxis. Adonis ist ein metamorphotischer Dichter, der sich vielen Einflüssen öffnet. Unbefangen, oft erstaunlich ungeniert bedient er sich bei Mystik und Surrealismus, bei Mallarmé und Heidegger. Doch der Synkretist ist kein Epigone. Adonis brach mit der klassischen arabischen Prosodie und favorisiert den freien Vers. Er attakkiert die tradierten Vorstellungen von Sprache. Dichten ist für ihn der Versuch einer »Abschaffung der Namen«: »So müssen die alten Sachen samt ihren Namen sterben, damit ihr Leben, das Leben, beginnen kann.« Im arabischen Kontext hat eine solche Auffassung kulturelle und politische Sprengkraft.

Adonis ist klug genug, seine Radikalität ins Gewand überlieferter Mythen zu kleiden. Ein Beispiel ist das Poem »Die Tage des Falken«, das vom Begründer der andalusischen Umayaden-Dynastie handelt und die politische Utopie eines arabischen Andalusien, die noch in manchen Köpfen spukt, in eine poetische Vision transponiert, in ein »Andalusien der Tiefen«. Ähnlich bemerkenswert ist Adonis' Versuch, der arabischen Liebeslyrik neue thematische Impulse zu geben. »Die Verwandlungen des Liebenden«, die mehrfach die altrömischen Gottheiten »Liber, Libera, Phallus« beschwören, bringen erotische Motive, wie sie die arabische Literatur immer noch tabuiert.

Adonis ist in alldem ein Dichter von bemerkenswerter Grazie. Er gibt uns seine Ideen als Figuren, seine Gedanken als lyrische Kadenzen. Der neue Zarathustra ist auch ein neuer Orpheus. Am Anfang der *Gesänge Mihyârs* erscheint ein Verzauberer und Beweger der Dinge: »Er naht wehrlos wie ein Wald, und wie die Wolken wird er nicht zurückgeschlagen. Gestern trug er einen Kontinent und rückte das Meer von der

Stelle.« Dieses orphische Wunder schimmert auch durch die
Übertragung Stefan Weidners.

Adonis: Die Gesänge Mihyârs des Damaszeners. Ausgewählte Gedichte
1958-1965. Arabisch und deutsch. Aus dem Arabischen übersetzt und
herausgegeben von Stefan Weidner. Ammann: Zürich 1998.

Keine Delikatessen mehr
*Ingeborg Bachmann: Letzte, unveröffentlichte Gedichte,
Entwürfe und Fassungen.*

Ingeborg Bachmann war schon zu Lebzeiten ein Mythos,
doch erst ihr Tod und die Nachwirkung ihres Werkes, beson-
ders des *Todesarten*-Projekts, haben ihrem Bild jene Züge ver-
liehen, die in der gegenwärtigen Rezeption dominieren. Im
Zeichen des aufkommenden Feminismus wurde die Dichterin
(ähnlich wie Sylvia Plath) zur mythischen Opfer- und Kult-
figur und zur Protagonistin eines weiblichen Schreibens.

Interpretinnen vor allem entdeckten diese »andere« Bach-
mann. *Undine geht* erschien so als Anfang eines Prozesses,
darin das Bachmannsche Schreiben progressiv zur »Konzen-
tration auf die patriarchalischen Zerstörungsmodi« führt. Wer
in der *Todesarten*-Prosa die Erfüllung dieser Intentionen sieht,
mochte die Lyrik einer Vergangenheit zuschlagen, in der das
schreibende Ich nur »Wortopern« hergestellt hatte. Aber zu-
mindest die späte Lyrik ist eine Absage ans Kulinarische. Das
sollte gewisse Revisionen nahelegen.

Hans Höller, durch eine Werkmonographie als Bachmann-
Kenner ausgewiesen, unternimmt solche Neubewertung. Er
präsentiert uns in Textgenese und Kommentar einige späte
Bachmann-Gedichte. Höller geht von der plausiblen Annah-
me aus, daß es bereits in der frühen Lyrik Szenerien gibt, in
denen das weibliche Ich verstummt oder erstickt, Szenerien,
die sich vom *Malina*-Roman her schlüssig kommentieren las-
sen. Triftig scheint mir auch seine These, daß der »kunstferne«
Weg, den die Prosaschreiberin einschlug, noch in der entschie-
densten Negation auf die Kunst bezogen blieb.

Unter dem etwas umständlichen Titel des Bandes dürfen wir zwei unterschiedliche Komplexe erwarten: *Letzte, unveröffentlichte Gedichte*, das sind im Nachlaß aufgefundene Texte aus Bachmanns Berliner Zeit vom Frühjahr 1963 bis Ende 1965, hauptsächlich aus dem lebensgeschichtlichen Zusammenhang der beiden Prag-Reisen, die die Dichterin im Spätwinter 1964 mit Adolf von Opel unternahm. *Entwürfe und Fassungen* – das meint die textgenetische Darstellung der aus der gleichen Erfahrung stammenden Gedichte, die 1968 im legendären *Kursbuch 15* erschienen, das den Tod der bürgerlichen Literatur ausrief.

Die dort publizierten »Vier Gedichte« waren die letzten, die Ingeborg Bachmann an die Öffentlichkeit gab. »Keine Delikatessen«, das die Folge eröffnete, paßte fast zu gut in die Totsagung der Literatur und dürfte damals die Liebhaber ihrer Lyrik erschreckt haben. Da hieß es: »Soll ich / eine Metapher ausstaffieren / mit einer Mandelblüte? / die Syntax kreuzigen / auf einen Lichteffekt? / Wer wird sich den Schädel zerbrechen / über so überflüssige Dinge –«

Heute, dreißig Jahre später, geht es nicht um Literatur und Ideologie, sondern um Philologie. Sie könnte die Rolle der Lyrik im Übergang zur Prosa der *Todesarten* klären. Was also bringt die Präsentation und Analyse der Texte aus dem Nachlaß in der Österreichischen Nationalbibliothek in Wien? Und was die Textgenese der *Kursbuch*-Gedichte, mit denen sich die Bachmann von der Lyrik verabschiedete?

Die bei Höller dokumentierten nachgelassenen Gedichte fügen dem Kanon der Bachmannschen Lyrik nichts hinzu, sind aber biographisch aufschlußreich. Sie stammen aus der Zeit nach der Trennung von Max Frisch und markieren eine Krise und ihre vorläufige Überwindung. »Schallmauer« und »In Feindeshand« sind Dokumente der depressiven Erfahrungen des Berlin-Aufenthalts, die sich auch in der Büchner-Preis-Rede »Ein Ort für Zufälle« spiegeln. Die beiden Prag-Gedichte dagegen zeigen einen positiven, vertrauensvollen Duktus. Alle Texte sind erste Entwürfe, notizenhaft und fragmentarisch. Am ehesten läßt sich »Poliklinik Prag« als vollständiges Gedicht lesen:

Das ist alles umsonst. Kostet nichts mehr.
Nur die krank sind, Kein Reichenhaus, kein Armenhaus
nur ein Krankenhaus für die Kranken, kostet nichts,
alles umsonst, kein Vortritt und keine Privilegien,
da sind alle krank und klopfen an wie ans Paradies
und taumeln wie vorm Paradies und atmen kaum

Höller spricht in seiner Deutung von einem Evangelium der Armut, das der Konsumkritik Pier Paolo Pasolinis nahekomme. Er verweist aber auch auf die Ambivalenz des Gedichts, dessen utopische Negation des Tauschprinzips (»alles umsonst«) sich auch als totale Vergeblichkeit und Aussichtslosigkeit lesen lasse. Höller zitiert in diesem Kontext Erich Frieds plausible These zu »Böhmen liegt am Meer«: »Die Gegenwelt, in der sie Zuflucht vor der Verzweiflung findet oder doch sucht, wird der Verzweiflung zum Verwechseln ähnlich.«

Diese verzweifelte Suche nach einer Gegenwelt läßt sich an den Arbeitsprozessen der *Kursbuch*-Gedichte besonders deutlich ablesen. Sie demonstrieren in ihren diversen Fassungen die augenfällige Schreibqual und ihre progressive Aufhebung in Kunst. Das heißt aber auch: die Verlagerung des Lebensproblems und nicht seine Lösung. Der Blick auf die beigegebenen Reproduktionen der Typoskripte zeigt dem Leser – in den Korrekturen von Hand, vor allem in der sichtlichen Hektik des Tippens –, wie jemand buchstäblich um sein Leben schreibt. Dennoch heißt es in dem Gedicht »Keine Delikatessen«: »Ich vernachlässige nicht die Schrift, / sondern mich.«

In den ersten Entwürfen zu diesem Gedicht ist die Autorin in fast selbstdestruktiver Weise von Ekel und physischer Gewalt fasziniert. Das lyrische Ich setzt sich an die Stelle des geschlachteten Tieres, das zur Delikatesse verarbeitet wird: »Zuschlagen, / mich niederschlagen, / diesen Schädel, der nichts mehr wert ist, / ihn aufbrechen, dieses verderbliche Hirn essen / mit einem Tropfen Zitrone und brauner Butter darüber.« Erst die weitere Textgenese macht die Kunst und ihre soziale Problematik zum Thema; und man versteht nun erst, nach soviel Varianten, was die Formulierung vom »Schreibkrampf in dieser Hand / unter dreihundertnächtigem Druck« bedeutet.

Nicht minder faszinierend ist der Entstehungsprozeß des wunderbaren »Böhmen liegt am Meer«. Der Ausgang ist kaum mehr als eine Impression. Als Ingeborg Bachmann im Januar 1964 nach Prag kam, fielen ihr die vielen grün gestrichenen Häuser auf, und so lautete der Titel des ersten Entwurfs »Grüne Häuser in Prag«. In ihm aber ist schon die emphatische Vorstellung des »Angrenzens«, die in den folgenden Stufen unter dem schon endgültigen Titel zur utopischen Gedicht-Landschaft ausgefaltet wird, zur Preisung von Heimsuchung als Heilsgeschehen, zur Dialektik von Fall und Aufrichtung: »Zugrund gerichtet, wach ich ruhig auf. / Von Grund auf weiß ich jetzt, und ich bin unverloren.« Die Bachmann sprach in bezug auf das Gedicht von einer »geistigen Heimkehr«. Es ist die Heimkehr ins »Haus Österreich«, wie es dann im *Malina*-Roman eine Rolle spielt – ein Indiz für die enge Verflechtung der Impulse in der beginnenden *Todesarten*-Phase. Großartiger, beherzter hätte der Abschied von der Lyrik nicht ausfallen können.

Gewiß wurde das Artifizielle der Bachmann in diesen Jahren immer verdächtiger; und Hans Höller belegt in seinen umsichtigen und materialreichen Analysen, daß ihre Schreibqual die Ablehnung aller Geläufigkeit signalisierte. Man begreift nach dem Studium dieser Entwürfe und Fassungen aber auch, daß die Autorin das endlich vollendete Gedicht für etwas halten wollte, das sie gar nicht selbst geschrieben hatte: »Für mich ist es ein Geschenk und ich habe es nur weiterzugeben an alle anderen, die nicht aufgeben zu hoffen auf das Land ihrer Verheißung.«

Ingeborg Bachmann: Letzte, unveröffentlichte Gedichte, Entwürfe und Fassungen. Edition und Kommentar von Hans Höller. Suhrkamp: Frankfurt am Main 1998.

Witwer und Schamane
Ted Hughes: Birthday Letters – Der Tiger tötet nicht

Die nach Meinung der Times tragischste literarische Liebesgeschichte unserer Zeit begann im Cambridge der fünfziger Jahre, als sich diese zwei jungen Leute ineinander verliebten: Sylvia, eine amerikanische Fulbright-Stipendiatin, die mit dem Schreiben begonnen hatte, und Ted, ein hoffnungsvoller englischer Lyriker. Die beiden hatten neben ihrer Liebe und ihren literarischen Interessen auch ein Faible für das Okkulte, für spiritistische Séancen, vor allem für das Spiel mit dem Ouija-Brett, bei dem ausgeschnittene Buchstaben und ein Weinglas eine Rolle spielen. Bei einem dieser Spiele, so berichtet ein Freund, gestand Ted, er habe bei dem, was die Geister gedichtet hatten, ein wenig nachgeholfen. Das mag auch für die folgenden Verse gelten, die wir jetzt lesen können. Deutsch lauten diese Zeilen so:

> Ruhm wird kommen. Ruhm besonders für dich.
> Ruhm kommt unausweichlich. Und wenn er kommt,
> Wirst du für ihn bezahlt haben mit deinem Glück,
> Deinem Mann und deinem Leben.

Eine finstere Prophezeiung – wenn auch vermutlich eine nachträgliche. Berühmt wurden beide, Sylvia Plath wie Ted Hughes. Die Frau, die sich von ihm, dem untreuen, getrennt und an einem kalten Februartag 1963, erst dreißigjährig, Selbstmord begangen hatte, gilt heute als eine der großen Dichterinnen des zwanzigsten Jahrhunderts, dazu als tragische Ikone und Kultfigur des Feminismus. Der Mann, der zwar – aus Rücksicht auf die beiden Kinder – das Tagebuch ihres letzten Jahres vernichtet hatte, aber durch Publikation ihres Nachlasses Sylvias posthume Karriere erst ermöglichte, bezahlte auf andere Weise für seinen Ruhm: Durch Weiterleben, Weiterdichten und – Schweigen zu allerlei Vorwürfen, die in dem Maße zunahmen, wie Sylvias Ruhm wuchs.

Jetzt, dreieinhalb Jahrzehnte später, hat er das Schweigen über seine Ehe gebrochen und so etwas wie einen Befreiungsschlag geführt. Er tat es nicht als Apologet oder Memoirenschreiber in eigener Sache, sondern als Dichter. Er veröffentlichte seine lyrischen *Birthday Letters*. Die *Times* brachte sie quasi als Fortsetzungsroman, die Buchausgabe verkaufte sich über hunderttausendmal, und nun liegen sie auch auf deutsch vor, übersetzt von Andrea Paluch und Robert Habeck. Ted Hughes hat das Erinnerungsgedichtbuch seinen Kindern Frieda und Nicholas gewidmet, wie um ihnen eine Erklärung für das zu liefern, was zum Tod ihrer Mutter führte. Die Lesart des Vaters als Ersatz für das von ihm vernichtete letzte Tagebuch der Mutter.

In einem dieser meist recht breit angelegten Poeme berichtet, *bedichtet* Ted Hughes auch jene Szene mit der Alphabettafel, die zu der fürchterlichen Prophezeiung führte; übrigens in einer eigentümlich wertfreien, unironischen Impassibilität. Die 88 Texte von *Birthday Letters* haben trotz vielfacher Anrede der Toten überhaupt etwas Chronikalisches. Sie scheinen weniger auf die Wiederfindung der verlorenen Zeit als auf die Fixierung, ja Dokumentierung des Gewesenen gerichtet, als wären sie Beweisstücke in eigener Sache. Daß der Dichter sich so gut und zweifelsfrei erinnert, mag noch einen anderen Grund haben. Merkwürdig oft nämlich sind es Szenen aus dem gemeinsamen Leben, die uns aus Sylvias Tagebuch, ihren Gedichten und Storys oder den Berichten von Freunden bekannt sind. Und nicht immer fällt ein Vergleich zu Ted Hughes' Vorteil aus.

Was Sylvia in ihrem Gedicht »The Rabbit Catcher« zu spannungsgeladenen Zeilen fügte, wird in der lyrischen Nacherzählung des Mannes zur Schilderung eines mißlungenen Ausflugs, bei der der Ehemann sich immer noch entschuldigen möchte – wegen dieser Frau. Auch die Fast-Katastrophe mit einem Ruderboot oder die Geschichte mit dem 59. Bär kennen wir schon aus ihren Storys. Und die wahrhaft rasante Szene im Tagebuch, wo Sylvia mit blitzender Prägnanz beschreibt, wie sie Ted bei ihrer ersten Begegnung in die Wange beißt, bis Blut fließt, findet nun ihre späte lyrische Prägung im Bild vom »Burggraben aus Zahnabdrücken«. Eine nicht sonderlich geglückte Metapher als Relikt. Die tote Sylvia triumphiert als Dichterin. Der Lebende entbietet ihr demütig Reverenz.

Wer Neues, ja Provozierendes erwartet, kommt dennoch auf seine Kosten. Ted Hughes muß das Amerikanische an

Sylvia Plath von Anfang an ambivalent empfunden haben: als Faszination (»Schönes, schönes Amerika!«), aber auch als etwas Irritierendes und sogar Abstoßendes. Niemand verlangt, daß der Erinnernde nachträglich die Schönheit der ehemals Geliebten besingt. Aber Ted Hughes kommt merkwürdig ausführlich auf Sylvias Mängel zurück. Was er zunächst noch einen »prallen Ball aus Freude« nennt, ist einige Gedichte später ein »Gummigesicht« und »Rohmasse für elastische Grimassen.« Und nicht ohne Provokationslust treibt er seine Vergleiche ins Rassistische: »Das Geheimnis deiner Lippen, / Die wulstig waren wie die von Eingeborenen« (»aborigines« steht im Original). Ist das ein Bestreben um größtmögliche Präzision – oder nicht eher ein später Abwehrzauber?

Für ihn gäbe es plausible Gründe. Schon aus Sylvias Briefen an die Mutter, spätestens aus den Tagebüchern wissen wir, welche entscheidende Rolle ihr Vater in all ihren Vorstellungen und Projektionen gespielt hat. Dafür, daß er die Achtjährige durch seinen Tod verließ, verwandelte sie ihn in ihrem berühmten »Daddy«-Gedicht zum Nazi mit »Meinkampfgesicht«; und wir wissen auch, etwa aus Anne Stevensons Biographie, daß Ted Hughes, als er Sylvia mit einer anderen Frau betrog und sie verließ, zum Duplikat für Otto Plath herhalten mußte – Fortsetzung einer klassischen Übertragung.

Kaum anders sieht es der Dichter. »Deine Anbetung brauchte einen Gott. / Wo ihr einer fehlte, suchte sie sich einen«, heißt es nüchtern in *Birthday Letters* – ein Gedanke, den Hughes in einem anderen Gedicht ins poetische Bild transformiert. Die tragende Metapher ist der Begriff der »Doppelbelichtung«. Der Dichter sieht sich von Sylvia beobachtet und wie von einem »Paparazzo-Heckenschützen« photographiert: »Ich fühlte nicht, / Wie, als deine Linsen sich verengten, / Er in mich glitt« – Sylvias Vater nämlich.

Die *Birthday Letters* über die Jahre hin zu schreiben, muß für Ted Hughes ein unabweisbares Bedürfnis gewesen sein, eine progressive Katharsis. Sie zu publizieren, war ein simpler Akt der Rechenschaft. Doch die Qualität dieser manchmal etwas geschwätzigen lyrischen Texte steht auf einem andern Blatt. Ted Hughes hat weitaus Besseres geschrieben. Nicht ohne Grund gilt er in England als *major poet*.

Eine Ahnung von seiner Poesie gibt *Der Tiger tötet nicht*, ein Band ausgewählter Gedichte, übersetzt von Jutta und Wolfgang Kaußen. Mit diesem Band, der auf Hughes' *Selected Poems* basiert, erhält der Dichter – und nicht bloß der Witwer Sylvia Plaths – hierzulande eine neue Chance. Denn richtig ist, daß Ted Hughes bei uns nicht viel Glück gehabt hat. Der von Elmar Schenkel übersetzte Band *Krähe* (1987) und zwei Auswahlen (1971 und 1995) haben nichts daran geändert. Er muß – als Dichter – gleichsam noch einmal von vorn beginnen.

Ein Foto von 1960, aufgenommen im Treppenhaus des Londoner Verlags Faber & Faber, zeigt ihn zusammen mit T.S. Eliot, W.H. Auden, Louis MacNeice und Stephen Spender – Ted Hughes stand dort als Repräsentant der dritten, der jüngsten Generation der englischen Moderne. 1957, im Erscheinungsjahr von Enzensbergers Erstling *verteidigung der wölfe*, hatte er mit *The Hawk in the Rain* debütiert. Während Enzensbergers Tiere zeitkritische Allegorien waren, gab sich Hughes in seinen Tiergedichten als ein lyrischer Schamane, inspiriert durch Graves' *Weiße Göttin* und Frazers *Der Goldene Zweig*. Seine Poesie wollte immer schon die Gesellschaft transzendieren. Anders als Rilkes Panther ist der Jaguar bei Hughes kein Symbol der Gefangenschaft: ihm ist der Zwinger »nicht mehr // Als dem Visionär sein Gehäus: / Wildnisse an Freiheit greift sein Lauf«.

Dieser visionäre Impetus beherrscht auch die Gedichte über Füchse, Falken, Katzen, Hechte, Schweine, Bären, Wölfe, Mücken und Ratten. Oft geht es in ihnen um »violence« – um die Spielarten von Gewalt, Gewalttat, Verletzung, Schändung. Und doch hat Hughes recht, wenn er 1965 in einem Interview betont: »My poems are not about violence but vitality.« Es ist eben die schamanistische Zerstückelung und Wiederherstellung des Körpers, die den Dichter interessiert. Einem Freund, Lucas Myers, schrieb Hughes einmal, jedes Werk von ihm müsse eine Episode über das »Zerreißen der Katze« haben. Es kann auch die Schlachtung eines Schweins sein, das anschließend wie eine Schwelle geschwuert wird: »Ich starrte lange darauf. Sie waren dabei, es zu brühen. / Zu brühen und zu scheuern wie eine Türschwelle.« Hier ist es freilich der Mensch, der Aufklärer und Fleischverzehrer, der die Wiederherstellung des Körpers verhindert.

»Was wird er wohl machen, wenn ihm die Tiere ausgehen?« – die ironische Frage eines Kritikers brachte Hughes nicht in Verlegenheit. Er kann auch ohne Tiere. Der Raum seiner Poesie umfaßt alle Phänomene von Landschaft und Natur. Auch Historie und Gesellschaft sind von Bildern und Metaphern des Kreatürlichen durchdrungen. So bekommt sein Geschichtsbild einen darwinistischen Zug, und Krieg und Militär erscheinen als Emanation von Vitalität. Umso stärker ist Hughes dort, wo er solche vitalistischen Kurzschlüsse vermeidet. Eines seiner schönsten Gedichte ist »Staub, der wir sind«, ein Gedicht über den Vater, der als einer von zehn Überlebenden einer Kompanie aus dem Ersten Weltkrieg zurückgekehrt war. Dort heißt es:

> Er war also gerettet und gereinigt worden.
> Seine Muskeln ganz weiß – marmorweiß.
> Er war erheblich getötet worden. Aber wir hatten ihn
> wiederbelebt.
> Nun lehrte er uns Stille wie ein Gebet.

Diese meditative, ja fromme Passage darf nicht darüber hinwegtäuschen, daß Hughes nicht auf Harmonisierung und Affirmation aus ist. Das lyrische Ich hat teil an der lebenslangen Beschädigung. Die »Seelennahrung«, die es aus dem Vater zog, wird von der Seele wohl aufgenommen. Aber sie bleibt »ein seltsames Ding, rachitisch – eine Hyäne«.

Die Tiere gehen diesem Dichter tatsächlich nicht aus. Sie gehören zur »Anderswelt«, in die er immer wieder eintaucht. Die mystische Selbstheilung gelingt in der schamanistischen Grenzüberschreitung. Ihr Vehikel ist das Gedicht. Im traditionell Religiösen gibt es keine Lösung. Der Kosmos ist leer. Die Sache mit Adam und Eva war eine slapstickhafte »Apfel-Tragödie«, in der »Schlange« (männlich gedacht) Eva vergewaltigt und Gott Adams Rache absegnet: »Dann knallt Adam der Schlange einen Stuhl auf den Kopf, / Und Gott sagt: ›So ists gut.‹« In dieser heil-losen Welt bleibt dem Menschen nur das bißchen Blut, das ihn an das Leben erinnert und sich noch vom Tod Nahrung erhofft. Der Dichter ruft dieses »Littleblood«, dieses »Blutbißchen«, als Trost her: »Setz dich auf meinen Finger, sing mir ins Ohr, Blutbißchen.«

Ted Hughes ist kein Sänger der heilen Welt. Seine *Birthday Letters* mit ihren Konzessionen an Autobiographie und Erinnerung mochten darüber noch wegtäuschen. *Der Tiger tötet nicht* – aber er bleibt Tiger. Der vitalistische Zauber dieser Poesie mag manchem Leser sehr fremd und robust erscheinen, und kaum menschenfreundlich. Aber da kann man sich sehr täuschen. Hughes ist spröde in seinem Gefühl. Wie Benn könnte er sagen, Kunst sei das Gegenteil von gut gemeint. Dennoch beginnt ein spätes Gedicht, »Verse für Elias«, ganz lapidar: »Hat ihm die Musik geholfen? Ja, sie hat ihm geholfen.« Seine eigene Musik ist kraftvoll und rauh, emphatisch und ironisch, einlullend und hart gefügt. Schwer, sie nachzumachen. Jutta und Wolfgang Kaußen haben es oft mit Glück versucht. An den beigegebenen Originalen kann man es nachprüfen.

Ted Hughes: Birthday Letters. Deutsch von Andrea Paluch und Robert Habeck. Frankfurter Verlagsanstalt: Frankfurt am Main 1998. – Der Tiger tötet nicht. Ausgewählte Gedichte. Englisch – deutsch. Auswahl, Übertragung und Nachwort von Jutta und Wolfgang Kaußen. Insel: Frankfurt am Main 1998.

Fahndungsraster für das Erhabene
Raoul Schrott: Tropen. Über das Erhabene

Er gilt als Götterliebling und Überflieger. Niemand fragt mehr, ob sein leicht bizarrer Name – Raoul Schrott – ein Pseudonym ist. Zumindest nicht seit seinem Geniestreich, eine große Anthologie nicht bloß herauszugeben, sondern gewissermaßen selber zu schreiben. Das Buch hieß zu Recht *Die Erfindung der Poesie*. Was Schrott dort aus den »ersten viertausend Jahren Poesie« zusammengetragen hatte, faszinierte als gelungenes Paradox: Das Älteste wirkte frisch wie am ersten Tag, das Fremdeste irgendwie vertraut.

Dieser schöne Effekt war freilich ambivalent. Der Liebhaber der Musen, ein stupender Kenner, der aus mindestens neun alten Sprachen übersetzt, hatte entschlossen Ezra Pounds

Devise »Make it new!« befolgt – wenngleich mit dem Resultat, daß selbst sumerische, arabische oder altirische Poesien zwar erstaunlich modern, aber auch ein bißchen wie Raoul Schrott klingen. Da können Philologen noch so viel rechten und im Detail auch recht haben – Schrott hatte nur von jener Lizenz Gebrauch gemacht, die Pound für sich beansprucht hatte: nämlich sich seine Tradition selbst zu zimmern. Eben das war der Nebensinn des Titels: »Erfindung« von Tradition für den Eigengebrauch.

Doch ist der Liebhaber der Musen auch deren Liebling? Zu dieser Frage hatten die früheren Arbeiten – darunter zwei Gedichtbände – so recht keine Antwort nahegelegt. Sie waren freundlich, aber nicht enthusiastisch besprochen worden. Nun aber, nach den Maßstäben, die die Anthologie setzte, muß darüber neu verhandelt werden. Schrott selber hat die Meßlatte höher gelegt.

Auch sein neues Buch trägt einen Doppelsinn im Titel. *Tropen* heißt es, und ein erläuterndes Stichwort auf dem Umschlag hilft uns auf die Sprünge. Tatsächlich entführt uns Raoul Schrott auch geographisch in tropische Bereiche, vor allem aber in die imaginären »Tropen« der poetischen Bilder und Figuren. In dieser Sphäre geht es ihm um ein gewaltiges Thema. Sein Werk handelt – laut Untertitel – »Über das Erhabene«.

Das »Über« ist wichtig. Es klingt nach Essay, Untersuchung, Recherche. Von jenen Poeten, die das Erhabene selbst dichterisch erringen wollen, unterscheidet sich Raoul Schrott durch seinen forscherischen Impuls. *Tropen* ist ein Vermessungsversuch von Terrains der physikalischen Optik, der Perspektive, aber auch des Mythos, der Historie oder der Malerei. Und da es bei alldem nicht um bloßes Wissen geht, sondern um Poesie, genauer: um ein großes Lehrgedicht, zieht Schrott dem Enzyklopädischen eine vertikale Perspektive ein, eben die Frage nach dem Erhabenen.

Was es mit diesem Erhabenen auf sich hat, sagt uns der Autor gleich zu Beginn. Da stehen wir mit unserem Tropen-Führer in der algerischen Wüste, am »Tropique du Cancer«, und hören dreierlei: Daß das Erhabene auf einer Projektion beruht. Daß wir – mit Niels Bohr – nicht wissen, was die Natur ist, aber etwas über sie sagen können. Und daß das »Sublime« nicht behauptet werden kann »als Block von Gedichten und als einzige Stimme«. Aber wie denn und wo? »Stattdessen« – und eben hier läßt Schrott seine poetologische Katze aus dem Sack – »liegt es in Tonfällen und Stimmhaltungen, Stücken, Lagen und Schichten.« Will sagen: nicht in der unverwechselbaren subjektiven Stimme, sondern in der *Persona*: in dem, was aus der Maske tönt.

Nachdem uns der weltläufige Guide derart aufgeklärt hat, kommt er endlich zur Sache. Denn *Tropen. Über das Erhabene* möchte schließlich doch Lyrik sein, ein Großgedicht in fünf »Stücken«, und der Leser nimmt zwar das üppige Glossen- und Anmerkungsbeiwerk als Beigabe, möchte aber Poesie und nicht bloß gelehrte Fußnoten lesen. Nun gilt es die Probe: Der Leser will die »Tropen« sehen, und aus ihnen soll es tönen. Sonst klappt er das ungeheuer kluge Buch zu.

Er wird es nicht tun, wette ich. Er wird weiterlesen, interessiert, fasziniert, oft hingerissen, manchmal auch verärgert. Nein, was sag ich. Raoul Schrott kann man nicht böse sein. Nichtmal dort, wo er eitel wirkt in der Ausbreitung seiner Kenntnisse oder eitel in der Formulierung: »Das sublime bewahrt seine luminiszenz«, lautet so eine gebildet-kitschige Verszeile. Manchmal schläft auch Homer, und Raoul Schrott ist auf weitesten Strecken hellwach: Er weiß inzwischen genau, was er *nicht* kann. Er hat einige mondäne Mätzchen abgelegt, die er in dem Band *Hotels* kultivierte. Er verzichtet auf private Konfession. Das lyrische Ich ist eher schwach entwickelt, vielleicht auch heikel und schamhaft. Schrott möchte ein objektiver Dichter sein. Man könnte ihn durchaus einen deutschen Schüler Pounds nennen. Den einzigen, den wir im Moment haben.

»ich war ein anderer früher«, heißt es in einem Gedicht über die »Elemente«. Ein verstecktes Selbstbekenntnis. Raoul Schrott legt es Empedokles in den Mund. Der Dichter geht maskiert wie Pessoa, wie Pound. So hatte Pound in einem frühen Gedicht (»Histrion«) geschrieben: »Noch keiner hat gewagt dies auszusprechen: / Doch weiß ich wie die Seelen aller Großen / Zuweilen durch uns ziehn.« Und während Pound sich derart mit Dante oder Villon identifizierte, spricht Schrott aus der Rollenmaske von Dante, Petrarca, Masaccio oder Michelangelo, aber auch aus Galilei, Newton, Niels Bohr und Einstein. Nur tut es der jüngere Poet wohl kaum in der Absicht, das maskierte Subjekt noch einmal zum Helden einer neuen Odyssee oder einer neuen Göttlichen Komödie zu machen. Hybris ist ihm fern. Aber er profitiert doch von der Größe der »Seelenfürsten«, wie Pound seine Vorbilder genannt hatte.

Identifikation erhöht die Spannung des Textes. Das Risiko, die Gefahr des Absturzes, ist natürlich enorm. Vielleicht muß man so jung sein wie Raoul Schrott, um es einzugehen. Ich kann nicht alle seine einschlägigen Gedichte rühmen und finde auch, daß man Petrarca und den Mont Ventoux inzwischen reichlich bedichtet hat. Aber das Poem über den auch nicht gerade vom Andichten verschonten Michelangelo scheint mir doch außerordentlich gelungen – vielleicht weil es um Michelangelos Klage über einen Kunstfehler geht. Denn so lautet der Schluß:

> … als endlich das gerüst
> abgenommen wurde und die eine seite aufgedeckt
> hätte ich die engel am liebsten auf den mund geküßt
> doch die hatten inzwischen etwas anderes ausgeheckt
> gott verdamme prostata ischias und mein zipperlein:
> die äpfel im paradies hätten sollen einfach größer sein

Auf den Autor, dem so auch das Heikle gelingt, warten andere Gefahren, wenn es um die Umsetzung von Themen der Naturwissenschaft geht. Da lauert der lyrische Schulfunk, das versifizierte Feature. Auch hier zieht sich Schrott bemerkenswert gut aus der Affäre. Nicht so sehr beim vielbedichteten Galilei als etwa in den Texten zur allgemeinen und zur speziellen Relativität, in zwei fiktiven Monologen Albert Einsteins.

Man wertet Schrotts Leistung nicht ab, wenn man sagt, daß er vor allem bei seinen Porträts von Naturwissenschaftlern viel aus Enzensbergers *Mausoleum* gelernt hat, darin seinerzeit, nämlich 1975, der Fortschritt aufgebahrt wurde. Dort, bei Enzensberger, liest man in einem Gedicht auf den französischen Physiologen Marey: »Kurzum, ›die Welt‹// ist eine Augentäuschung: Nichts sehen wir so, / ›wie es ist‹, und das was sich zeigt, verbirgt sich.« Das könnte auch bei Schrott zitiert sein.

Perspektivismus ist ein entscheidendes Motiv der *Tropen*; und wohl auch ihrer Philosophie. Zu den Kapiteln des Buches gehören »Eine Geschichte der Perspektive«, »Fallhöhen« (mit Einschluß des Relativitätsprinzips), sowie Texte über »Physikalische Optik«. Andererseits ist uns nicht entgangen, wie sehr dieses Buch um das Erhabene kreist. Was also soll gelten, fragt man sich: die Perspektivik und Relativität – oder aber das Erhabene? Falsch gefragt, sagt der listige Poet, der uns aus seinen Furchen (Verse sind Furchen) listig anlächelt. Und wir bekennen schuldbewußt: Wir haben beim Erhabenen nicht richtig aufgepaßt.

Das Erhabene selber ist Täuschung, zumindest Perspektive. Das beweist doch jeder Sonnenuntergang. Oder das Alpenglühen der Berge (Schrott gelingen übrigens Gedichte über Berge). Kurz: Das Erhabene ist Ausdruck einer existentiellen Haltung, die an der Natur scheitert. Bleibt nur die Kunst, die Sprache, die Poesie. Das Gedicht entwirft die Topographie des Erhabenen mit dem Raster seiner Tropen. So die Antwort des klugen Poetologen. »Raster« ist übrigens ein interessantes Wort.

Aber das Gedicht und selbst das Lehrgedicht, hält der Leser dagegen, ist doch wohl mehr als ein Fahndungsraster für das Erhabene. Irgendwo muß es doch selbst erscheinen? Vielleicht am ehesten dort, wo es um Pathos geht, also auch um Leiden. Einmal wird Burke mit dem Satz zitiert: »Was immer Gefahr und Schmerz auslöst, ist die Quelle des Sublimen.« Mir ist aufgefallen, daß Raoul Schrott, wie auch andere jüngere Autoren, vom Krieg fasziniert ist – hier, in *Tropen*, vom Ersten Weltkrieg. Nicht ohne Grund ist »Gebirgsfront 1916-18« das poetische Schlußstück. Es ist ein Stück Dokumentarlyrik, es beruht auf bereits publizierten Augenzeugenberichten italienischer und österreichischer Soldaten.

Dort in einer Landschaft der Zerstörung, in der nur die Wolken unberührt bleiben oder sagen wir lieber: in der Textlandschaft, die Krieg und Zerstörung sprachlich abbildet, heißt es gegen Ende: »*dann steh ich auf / und küß dich auf den zerschossenen mund.*« Da, in der Koinzidenz von Liebe und Tod, rührt Raoul Schrott an das Erhabene. Die Kursivierung hebt die Zeilen hervor, sie verweist aber zugleich darauf, daß wir ein Zitat lesen. Das Erhabene sei eine ästhetische Kategorie, sagt Schrott an anderer Stelle. Auch das lernen wir aus seinem Lehrgedicht; aber ein leiser Schmerz bleibt zurück. Er spricht für den Dichter Raoul Schrott.

Raoul Schrott: Tropen. Über das Erhabene. Hanser: München und Wien 1998.

Was wiederholt geschehen ist
Elisabeth Borchers: Was ist die Antwort

Lang, lang vorbei sind die Zeiten, in denen ein märchenhaft-surreales Gedicht einen Sturm in den Leserbrief-Spalten erregen konnte. Das war 1960. »eia wasser regnet schlaf« begann dieses Gedicht und stammte von Elisabeth Borchers, die damals Mitte dreißig war. Es war eine Provokation – Provokation durch eine fremde Lautlosigkeit. Die Dichterin ist ihr treu geblieben all die Jahre. Nur daß die surrealen Volten nach und nach aus ihren Gedichten verschwanden und anderen, wirklichkeitsnäheren Erfahrungen Platz machten.

»Ein Gedicht ist nicht diktierbar. Es setzt nicht Kenntnisse voraus, sondern Erfahrung«, lautet ein entscheidender Satz in der schönen Selbstinterpretation, die als Zugabe den neuen Gedichtband *Was ist die Antwort* abschließt. Was aber sind die Erfahrungen dieser vierzig neuen Gedichte? Und gibt es eine Antwort auf die Titelfrage des Buches? Es sind Erfahrungen eines Lebens, das nicht ohne langen und intimen Umgang mit Kunst und Poesie zu denken ist. Elisabeth Borchers verleugnet das nicht in ihren Gedichten, und das ist gut so.

Sie schreibt Verse zum Tag von Wolfgang Koeppens Beerdigung, schreibt über ihre Lektüre des Koreaners Ko Un, über den virtuos reimenden Poeten K., in dem wir unseren hochgeschätzten Karl Krolow wiedererkennen. Sie macht das Gedicht eines anderen Kollegen im Nach-Schreiben zu einem eigenen, was schon der Titel anzeigt: » Am 10. Oktober 1997 las Tadeusz Różewicz in Schiltigheim das Gedicht ›Alte Frauen‹«. Solche Aneignung ist nicht bloß Hommage, sondern Selbst-Vergewisserung, Selbst-Rettung. Auf der Höhe der

Kunst gilt alles gleich, braucht es keinen besonderen Anlaß. Noch eine lustlos absolvierte »Ferienlektüre« – ein Roman und »ein bißchen Hotelrechnung« – transzendiert die Situation, und die lesende Poetin liest in alldem »das bald zu schreibende Gedicht«.

Dieses eigene Gedicht, das seinem Text gewissermaßen immer voraus ist, zielt weder auf Weltsynthesen, noch bleibt es im Verhau der Alltagstrivialität hängen. Es kann auf einen Vorrat an Wissen und Erfahrung zurückgreifen und sagen: »Alles kehrt wieder / und ist schon zu Ende.« Das ist Weisheit, nicht Philosophie. Und wenn die Eule der Minerva wieder erscheint, ist das keine bloße Hegel-Reminiszenz, sondern Bild gewordene historische Erfahrung: »Als die Eule / zur Welt geflogen kam / sah sie die Schrecken.«

Von diesen Schrecken ist gar nicht besonders oft die Rede. Die Dichterin setzt einen Leser voraus, dem die Andeutung und ein bitteres Etcetera alles sagt: »Wende den Blick ab / von den Feuern zwischen / den Schneehügeln in Bosnien etc. / Das ist Sodom / Wir sind gegen das Schlimmste gefeit.« Sie weiß, daß fünf poetische Zeilen dieses »Schlimmste« nicht aus der Welt schaffen.

»Ich habe Gedichte gelesen, / die reimten sich wunderbar«, sagt Elisabeth Borchers einmal bewundernd und leise bezweifelnd. Sie selbst verzichtet zumeist auf den Reim. Wo sie ihn dennoch verwendet, ja gelegentlich häuft, pointiert er eigentlich nur das Desperate der Bilanz: »Welche Böen werden kommen / unter vielen auch die frommen / und auch dieses wird genommen.«

Umso erstaunlicher aber, daß es in diesen neuen Gedichten eine Bastion gibt, die unbezweifelt vorausgesetzt und angerufen wird. Sie erscheint in der Wiederkehr der Wörter »heilig« und das »Heilige«. Die Dichterin setzt diesen starken Akzent gleich beim zweiten Gedicht, in einer Evokation der Provence und der Zuwendung zu einer Freundin. »Heiliger Januar« heißt das Gedicht, das eine Apotheose der Heiligen Sainte-Victoire und der Heiligen Rhône ist und noch den Tod in diese Heiligsprechung hineinnimmt: »Orkus in den wir hinabschauen / Heiliges Hinab.« Diese Apotheose ist nicht bloß religiös zu begreifen. Sie hat durchaus etwas mit der orphischen Preisung der Welt zu tun, mit dem Werk des Dichtens und der Sprache; denn auch die Buchstaben werden dringlich angerufen: »und bitte die Heiligen Buchstaben, / mein Leben zu verlängern« – und wie schön ist der dankbare lebensfreudige Zusatz: »Was wiederholt geschehen ist.«

Was ist die Antwort lautet der Titel des schmalen und gehaltvollen Bandes. Er wirkt wie hingesagt, und sein emphatisches Understatement ist wie eine eigentümlich trostvolle Bilanz. Wer die Gedichte der Elisabeth Borchers liest, begreift, daß die Verlängerung des Lebens durch Lektüre kein Paradox ist, sondern Erfahrung: »Was wiederholt geschehen ist.«

Elisabeth Borchers: Was ist die Antwort. Suhrkamp: Frankfurt am Main 1998.

Die pfälzische Sappho
Martha Saalfeld: Die Gedichte

Nicht alle Tage schreibt ein Bundeskanzler das Grußwort für einen Gedichtband. Hier tat es der Pfälzer Helmut Kohl für die pfälzische Dichterin Martha Saalfeld und den ersten Band ihrer Werkausgabe, die aus Anlaß ihres hundertsten Geburtstags erscheint. Wer Martha Saalfeld nicht kennt und in dem mit freundlichen Zeichnungen und Holzschnitten bestückten Band blättert, möchte die Sache für ein regionales Ereignis halten. Darin könnten ihn auch die reichlich hundert Seiten »Leben mit einer Dichterin« bestärken – recht betuliche Erinnerungen ihres Mannes, des Graphikers Werner vom Scheidt.

Aber Martha Saalfeld ist keine Provinzautorin gewesen, sondern eine sehr bemerkenswerte, ja bedeutende Lyrikerin von Landschaft und Natur. In ihren besten Gedichten muß sie den Vergleich mit Elisabeth Langgässer oder Georg Britting nicht scheuen. Autoren wie Hesse, Krolow oder die Langgässer haben sie gelobt. Die Langgässer nannte sie »diese scheue pfälzische Sappho«. Aber diese Sappho hat es in Leben und Nachleben nicht zum großen, ja nicht einmal zu einem kleinen Ruhm gebracht.

Martha Saalfeld wurde 1898 im pfälzischen Landau geboren, studierte Philosophie bei Karl Jaspers und veröffentlichte ihre ersten Gedichte durch Vermittlung Rudolf G. Bindings in der *Neuen Rundschau*. Sie heiratete den Graphiker Werner vom Scheidt, machte Anfang der dreißiger Jahre eine Apothekerlehre und arbeitete während der Nazizeit in Apotheken. Texte, die die Frankfurter Zeitung schon angenommen hatte, wurden zurückgewiesen. 1937 wurde ihr der Schriftstellerausweis entzogen und noch Anfang '45 sollte sie zur Arbeit in einer Munitionsfabrik dienstverpflichtet werden. Es kam nicht mehr dazu: ein Bombenangriff hatte die Fabrik zerstört.

Eine literarische Karriere war unter solchen Umständen nicht möglich. Immerhin war eines ihrer Stücke 1932 am Schiffbauerdamm gespielt worden, doch ihre Lyrik erschien in den Folgejahren bloß in kleinen Verlagen oder, von ihrem Mann in Holz geschnitten, in bibliophilen Ausgaben. Nach dem Krieg wurde endlich gedruckt, was Martha Saalfeld in all den Jahren geschrieben hatte, und Neues kam hinzu. Zwei ihrer Romane wurden zum »Buch des Monats« gewählt. *Herbstmond*, ein Sammelband der Gedichte, erschien 1958. Es gab ein paar Preise, aber keinen Durchbruch in die größere Publizität.

Warum das so war, läßt sich immerhin vermuten. Diese pfälzische Sappho war nicht bloß »scheu«, ihre spröden Verse machten keine Konzession an gängige Erwartungen. Sie besang nicht den »grünen Gott« wie Wilhelm Lehmann. Sie bot keine heidnisch-katholische Synthese wie die Langgässer. Nicht einmal das damals übliche Label »Frauenlyrik« bot sich an – die Verse der Saalfeld sind präzise Anschauung von Landschaft und Natur, nicht mehr und nicht weniger.

Die kleinen Zyklen, zu denen Martha Saalfeld ihre Gedichte zusammenfügt, heißen etwa »Pfälzische Landschaft« oder einfach »Emsland«. Sie beginnen gern als veristische Beschreibungen – wie Bilder der Neuen Sachlichkeit: »Tomaten – wie poliert an welken Ranken« oder »Blau angelaufen ist das Kraut; es hebt sich / Von Zucker steif die Rübe aus dem Sand.« Und was dann zumeist über gereimte Vierzeiler oder die Strekke eines Sonetts sich an genauen Deskriptionen aneinanderreiht, läuft nur selten auf Emphase oder Sinnstiftung hinaus.

Zwar gibt es schon einmal einen ausschwingenden Vers: »Der Acker öffnet sich. O sanfter Ton!« Aber man kann auch sehr bittere Schlüsse lesen: »Gott selbst vergißt sich so zu brüsten daß / Er Dank verwaltet – er genießt den Haß.«

Martha Saalfeld liefert nichts Gefühliges und nichts Erbauliches. Sie spürt in den Naturphänomenen die Instabilität, das untergründig Bedrohliche der Welt. In dem Gedicht »Die Hasen« werden die Tiere zu Zeichen der gesellschaftlichen Gewalt. Ihr Balg ist gewissermaßen schon im voraus verkauft – »und der Wahn // Ist so verderblich, daß die magern Bäuche / Sich blähn und platzen wie gefüllte Schläuche«. Ein Schluß von enormer Härte. Er erinnert an Georg Britting, für den die Natur ein darwinistischer Kampfplatz war. Martha Saalfeld aber läßt auf diesem Platz auch die Menschen figurieren.

Der Zyklus »Emsland« (1938) bringt, scheinbar zeitabgewandt, Motive der Droste: »Schwarz ist die Heide, es knistert das Kraut / Wie heimliches Feuer.« Doch die Idylle trügt. Auch herrschen Tod und Verderbnis. »Vom Tod der Tiere ist die Heide voll«, heißt es oder: »Süße brennt wie Gift.« Man liest die Zeitsituation gewissermaßen mit.

Nach dem Krieg schrieb Martha Saalfeld noch den Zyklus »O sieh Ophelia« und widmete ihn der Langgässer. In der Beschwörung der »goldenen Rose« entstehen noch ein paar schöne Gedichte, doch fällt die Spannung sichtlich ab. Die Dichterin hat dann auch, selbstkritisch wie sie war, die nach 1951 entstandenen Gedichte nicht mehr zu einem Zyklus zusammengefaßt. Einige dieser späten Gedichte versuchen sich in der Angstabwehr (»O großer Tod, geh noch einmal vorbei«) oder haben den hohlen Klang gewollter Harmonie: »Die Sterne tönen. Stille wird Gesang.«

Das lyrische Werk der pfälzischen Sappho war damit abgeschlossen. Es liegt nun vor uns, eingesperrt in einen etwas zu üppigen Band. Aber mit diesen knapp 160 Seiten Lyrik gehört Martha Saalfeld in die Geschichte der deutschen Poesie. Ihre Gedichte, unverdorben durch Mode oder Sentimentalität, haben sich erstaunlich frisch gehalten, sie wirken überaus reell und auf kühle Weise faszinierend. Ob die sechs oder acht vollkommenen Gedichte darunter sind, die Benn den großen Lyrikern zutraute, wage ich nicht zu sagen. Ich werde in Martha

Saalfelds Gedichten – von denen ich einige seit über vierzig Jahren kenne – immer wieder lesen.

Martha Saalfeld: Die Gedichte. Mit einem biographischen Anhang von Werner vom Scheidt. Hg. von Bertholt Roland. Gollenstein Verlag: Blieskastel 1998.

Der Klumpen Hoffnung
Helga M. Novak: solange noch Liebesbriefe eintreffen

Wenn ich ein Gegenstück zu Hans im Glück nennen sollte, so wüßte ich jetzt eins. Die Schlußzeilen eines Gedichts, das Anfang der sechziger Jahre geschrieben wurde, entwerfen das Bild einer einprägsamen Figur: »Ich bin ostdeutsch und ziehe / einen Klumpen Hoffnung hinter mir her.« Verfasserin der Zeilen war eine junge Ostberlinerin, die nach Island geheiratet hatte und dort in Fischfabriken und Webereien arbeitete. 1963 veröffentlichte sie in Reykjavik einen Gedichtband. Er trug einen ebenso knappen wie merkwürdigen Titel: *Ostdeutsch*.

Man darf annehmen, daß dieser im Selbstverlag erschienene Band kaum Leser fand. Doch als ihn zwei Jahre später ein westdeutscher Verlag, wenig verändert, unter dem Titel *Ballade von der reisenden Anna* publizierte, machte er die Verfasserin mit einem Schlag bekannt. Seitdem gehört Helga M. Novak zu den wichtigen Namen der deutschen Literatur.

Heute, fast vier Jahrzehnte später, liest man die bitter-stolzen Zeilen »ich bin ostdeutsch und ziehe / einen Klumpen Hoffnung hinter mir her« in einem opulenten Band mit 800 Seiten Lyrik. Er präsentiert uns unter dem Titel *solange noch Liebesbriefe eintreffen* Helga M. Novaks Gesammelte Gedichte wie ein Vermächtnis. Denn die Dichterin faßt nicht bloß ihre Einzelbände zusammen, sie gibt jetzt in Druck, was sie lange in ihren Mappen verwahrt hat. Es sind immerhin 140 Gedichte, die hier zum ersten Mal erscheinen. Unter ihnen auch das schon erwähnte Gedicht. Übrigens das einzige, über das die Autorin den Titel »Bekenntnis« setzte.

Also der Klumpen Hoffnung. Man läßt ihn fahren oder man zieht ihn lebenslang hinter sich her. Helga M. Novak entschied sich für das Ziehen. Für die Hoffnung wider alle Hoffnung. Das Bild vom Klumpen hat es in sich. Denn er, der sich mit der Materie von Leben und Erfahrung anreichert, kann nur immer schwerer werden und den Ziehenden erschöpfen. Es ist eine Mutter Courage, die da zieht, ein weiblicher Sisyphus, der sich seinen Stein nicht aussuchen konnte. »Ich bin ostdeutsch«, heißt es in diesem frühen »Bekenntnis«, »solange Mißtrauen und Spitzel / die hausgemachten Soßen würzen.«

Heute, nach dem Kollaps der Utopien, sieht man leicht, daß Hoffnung nicht bloß Prinzip, sondern auch Pech, Schwefel und Dreck bedeutete. Umso erstaunlicher, wie umstandslos offen und selbstkritisch die junge Novak sein konnte. Wer ihre Lyrik ernstnahm, den konnte der Offene Brief nicht überraschen, den die Autorin im Oktober 1991 an Sarah Kirsch, Wolf Biermann und Jürgen Fuchs richtete, und in dem sie sich dazu bekannte, 1957 zu einer Verpflichtungserklärung für die Stasi gepreßt worden zu sein. Es stand alles schon in ihren frühen Gedichten.

1965, in ihrer *Ballade von der reisenden Anna*, handelt eine Abteilung vom »Kehricht im Lande Sta«, in der stalinistischen DDR. Gleich das erste Gedicht zählt unter dem Titel »Lernjahre sind keine Herrnjahre« all die Dinge auf, die sie das »Vaterland« gelehrt habe, etwa: »zwanzigjährig / mit der Maschinenpistole gut zu treffen / dreiundzwanzigjährig / meine Mitmenschen zu denunzieren.« Da diese Erkenntnis, einmal gefaßt, etwas Niederschmetterndes haben mochte, rettete die Dichterin sich in den Moritatenton. Ihre »Tragoballade vom Spitzel Winfried Schütze in platten Reimen« setzt auf die alte Weisheit vom Denunzianten als dem »schlechtsten Mann im ganzen Land« die geschärfte Einsicht: »der schlechtste Staat auf dieser Welt / ist der der sich die Spitzel hält.«

Die Dichterin zog die Konsequenz: »Dahin will ich gehen / wo es trostlos ist.« In ihrem Nachwort entwirft Eva Demski ein sympathetisches Porträt Helga M. Novaks. Sie spricht von einer »Biographie voller Schürfwunden«. Das ist womöglich noch milde ausgedrückt. Es ist eine Biographie der unwirtlichen Exile und der immer wieder enttäuschten Hoffnungen. Der Staat, der sich die Spitzel hielt, hatte der Dichterin 1966 die Staatsbürgerschaft aberkannt. Eine Rubrik mit Island-

Gedichten ist »unwirtliches Exil« überschrieben. Eine Zeitlang mochte es ihr scheinen, als ließe sich die bundesdeutsche Realität durch linke *Balladen vom kurzen Prozeß* erfassen. Anders als die Genossen, die die Leiche Literatur zu Grabe zu tragen glaubten, hielt Helga M. Novak in den siebziger Jahren an der Poesie fest. Auch darin war sie in ihrem spezifischen Sinn »ostdeutsch«. Etwas wie Heimweh kam in ihre Verse. Ihre »Bittschrift an Sarah« forderte die Adressatin auf: »geh los und such meine Freunde / sag ihnen – ich lebe ich sterbe ich lebe«. Und die Verse nannten Orte wie Friedrichshagen, Erkner, Grünau, Buckow, aber auch die Chaussee von Weimar zum Ettersberg hinauf.

All das sammelt der opulente Band, auch die späten Gedichtzyklen auf die sibirische Eisenbahn und die märkische Landschaft. Dazu den jüngsten hochpoetischen Zyklus »Silvatica«, darin die im ländlichen Polen lebende Dichterin Jäger und Gejagte im Netz ihrer mythisch-märchenhaften Walderfahrung zappeln läßt.

Schön, daß den Leser, der all dies kennt und schätzt, noch eine Überraschung erwartet. Denn auch aus jüngerer Zeit gibt es einige unbekannte Gedichte; und das schönste gibt dem Sammelband seinen Titel. Wie die Metapher vom geschleiften Klumpen spricht es von Hoffnung, aber nun in Bildern von Sehnsucht und Liebe. Man muß es ganz zitieren:

> solange noch Liebesbriefe eintreffen
> ist nicht alles verloren
> solange noch Umarmungen und Küsse
> ankommen und sei es in Briefen
> ist nicht alles verloren
> solange ihr noch in Gedanken
> nach meinem Verbleib fahndet
> ist nicht alles verloren.

Die Dichterin, die Trost sucht, ist in Wahrheit diejenige, die ihn spendet. Solange noch solche Gedichte abgeschickt werden, Briefe an uns, die es angeht, ist nicht alles verloren.

Helga M. Novak: solange noch Liebesbriefe eintreffen. Gesammelte Gedichte. Hg. von Rita Jorek. Mit einem Nachwort von Eva Demski. Schöffling: Frankfurt am Main 1999.

Flimmernde Muster
Oswald Egger: Herde der Rede

Von Klopstocks *Messias* überdauern die drei ersten Gesänge. Und wer heute noch Arno Holz liest, ist mit einem Reclam-Heft bestens bedient: Eine späte Fassung seines *Phantasus* nannte man boshaft »Elephantasus«. Also tut man Oswald Egger und seinem 300-Seiten-Poem *Herde der Rede* kaum einen Tort, wenn man sagt, es sei um gute zweihundert Seiten zu lang.

Auch solche Leser werden das finden, die mit des Autors Intention und Schreibart sympathisieren: Die Faszination, die sich einstellt, verbraucht sich schnell. Egger dreht sein Kaleidoskop unermüdlich um und um, und dem Leser, der ihm noch folgt, flimmert's vor Augen.

Dieser Effekt ist offenbar Absicht. Denn einer der Begriffe, mit denen Egger sein Schreiben charakterisiert, ist das Wort »Moiré«. Der Leser darf dabei an das gemusterte Gewebe denken, an das Moiré-Papier, an die durch fehlerhafte Passung erzeugten Muster beim Mehrfarbendruck oder auch an den unerwünschten Moiré-Effekt auf Fernsehbildschirmen. Eggers Text bedient – je nach Optik des Lesers – alle diese Effekte: die schmeichelnden aber auch zunehmend die irritierenden oder bloß ärgerlichen.

Der sechsunddreißigjährige Wiener Autor, der mit *Herde der Rede* seine erste Arbeit in einem großen Verlag vorlegt, ist alles andere als ein Dilettant. Er ist Herr seiner Mittel, seiner gewählten Effekte – Herr der »Herde der Rede Moiré«. Er sieht sich als »Poemander« und Hirte seiner »Hermetika«. Er operiert mit Homonymen und Doppelsinnigkeiten, gleitet flink assoziierend anagrammatisch von der »Herde« zur »Erde« und zur »Rede« und zurück. Sprache changiert, nichts Festes ist erkennbar. Eggers Ehrgeiz war offenbar, aus möglichst wenig Grundworten möglichst viel Text zu produzieren, nämlich ca. 8000 freirhythmische Zeilen, die er zu neunzeiligen Stanzen bündelt.

Was dabei herauskam, kann man modisch »selbstreferenziell« oder altmodisch narzisstisch nennen. Sein poetologisches Glaubensbekenntnis ist der Satz »Es genügt mir, wenn ich denke, daß ich spreche.« Wie er das anstellt, sagt er ziemlich zu Anfang: »Jede Nacht, wenn ich Einschlaf suche (und mein Herz / wacht), pocht ein Bild an mein Kauern, in dem Wand- / entlang erscheinte ein Geraum, und ich denke bei mir / Bewandtnisse aus, Zustände, worin ich, mit anderen / Worten, sein kann.« Verschmockter kann man es kaum sagen. Und mancher Leser, der so weit gelangt ist, wird seinen »Einschlaf« woanders suchen und das (oder den?) »Geraum« des Textes fliehen.

Er sollte sich gedulden. Denn etwas später findet er ein poetologisches Statement, das durchaus klar und schön ist: »Ich schlafe, drehe mich zur Rede, aber horch, meine Wörter wachten.« Sie wachen, ja erwachen immer dann, wenn Egger sich an ein Stück Natur hält, oder doch an die Halluzination von Naturszenen: »Aber der Schnee blieb nicht liegen. Es wurde wärmer, / aper, bald. Die Reiser bindseln, die Schober und den / Kiesel von der Straße, Rebscheren, das Laub im glatt- / gedrückten Gras, die Gewege Feldmaus und Aufhäufen / der Wühler, ein erster Sonnenschlaf«. Doch schon wenige Zeilen weiter ist der Text beim »Makramee«, also bei arabischer Knüpftechnik, und beim »Schnurstich einer Tüllarbeit«.

Will sagen: der Autor langweilt uns mit der altbekannten etymologischen Herleitung, wonach »Text« von Gewebe kommt. Er liefert uns immer neue Sprach-Textilien, aber sein Kunst-Gewebe hat trotz aller Moiré-Effekte einen unübersehbaren Stich ins Kunstgewerbe.

Oswald Egger: Herde der Rede. Poem. Suhrkamp: Frankfurt am Main 1999.

Mag Metaphysik
Armin Senser: Großes Erwachen

Selbsternannte Genies haben es leicht – leichter noch die Mitläufer im Nachtrab der jeweils angesagten Avantgarde. Armin Senser, Schweizer vom Jahrgang 1964, hat sich für sein bemerkenswertes Debüt *Großes Erwachen* eine viel schwierigere

Rolle ausgesucht: Er erscheint in der Maske des Kenners, verkleidet als Musterschüler der Moderne. Ist er also – zur Freude der Anthologisten – der Connaisseur im Museum? Der Atlas, der schwer am poetischen Himmelsgewölbe trägt? Der Luftikus, der lyrische Luftfracht importiert?

Wie immer: Senser deklariert seine Waren. Während viele Autoren ihre Vorbilder gern kaschieren, stellt Senser sie ostentativ und ungeniert zur Schau: Es sind die besten und größten Namen, mit denen er das Eingangskapitel seines ersten Gedichtbandes bestückt. Er nennt dieses Pantheon vielsagend »Bibliothèque Nationale« und widmet das gleichnamige Gedicht Konstantinos Kavafis. Er schreibt ein Gedenkgedicht für Joseph Brodsky, eines »In memoriam Eugenio Montale« oder einen siebenseitigen »Brief an W.H. Auden«, ja er riskiert sogar eine »Notiz für eine Biographie« für einen gewissen Rainer, dem er – weil er ihn duzt? – gleich einiges Kritische ins Stammbuch schreibt: »Was Poesie nicht nur dir vormachte: / ihre Hand berühre die Nacktheit, läßt uns / heute anstatt Erotik eher Methodik spüren / von Eurydike bis zu den Elegien.«

Auch Sensers Gedichte, könnte man kontern, lassen eher Methodik als Erotik spüren. Aber genau das gehört zu seiner Absicht. Armin Senser ist der Essayist unter den Lyrikern. Er verschmäht Melodie und geregelten Rhythmus und meint vom Reim: »Im Leben sind Reime ebenso fehl am Platz / wie in jedem Derivat des deutschen Sprachschatzes.« Dennoch reimt er gelegentlich, vor allem in einigen Liebesgedichten, doch eher spröde und mit gespieltem Ungeschick. Was seinen Reiz hat: »Ich werde mit dir aufwachen / im Paradies / und mit Akzent lachen / als sei es Paris.«

Lyrischer Essayismus also, oder essayistische Lyrik. Das ist von Fall zu Fall zu entscheiden. Manches ist bloß Flattersatz, zu Zeile und Strophe abgetrennt, anderes hat gerade im Prosaduktus einen speziellen Charme. Senser schreibt eine Poesie, die ihre Reflexion mäandernd fortbewegt, somit auch die laufende Selbstreferenz. Welt und Wirklichkeit kommen – weniger vorbehaltlich und vermittelt – am ehesten in den Gedichten über Städte und Landschaften vor. In Versen über den Staub in Istanbul oder in der Metapher von den Inseln, die dem Meer auf den Grund gehen.

Was unser Poet unter der Maske des Kenners und Poetologen aber eigentlich anstrebt, ist etwas anderes. Armin Senser ist ein *metaphysical poet* im Sinne der englischen Tradition eines John Donne – freilich unter den Bedingungen der zeitgenössischen Realität. Einmal läßt er es, im lässigen Understatement, heraus: »Mag Metaphysik.« Und spielt es schnell wieder herunter. Im selben Gedicht heißt es: »Mich dürstet nach Sophistik.« Und da wird einem klar, warum Senser vor allem auf Metaphysiker und Manieristen wie W.H. Auden und Joseph Brodsky zurückkommt und warum das Titelgedicht als krönender Abschluß des Bandes fungiert.

»Großes Erwachen« ist eine Kontrafaktur zu Brodskys berühmtem Gedicht »Große Elegie für John Donne«, darin die Seele Donnes zum schlafenden Dichter spricht. Bei Senser ist das Thema, metaphysisch-sophistisch, exakt umgewendet: Was hier erwacht, ist von keiner Seele behütet; es ist, mit der überraschenden Schlußpointe, das Erwachen zum Jüngsten Tag. Sensers Gedicht ist – um das doch zu sagen – seines Vorbilds nicht unwürdig. Ist mehr als ein Gesellen-, fast schon ein Meisterstück. Der junge Autor hat seine Chance genutzt und einen Entwurf geschaffen »in der eigenen und / auch in einer anderen Haut.«

Armin Senser: Großes Erwachen. Hanser: München und Wien 1999.

Im neuen Jahrhundert

Das Gedicht, die Daten und die Schöne Zunge
Sieben Dichter in ihren Gesamtausgaben

Wenn Gesamtausgaben Zeichen für die Kanonisierung von Autoren sind, dann haben die Lyriker – vor den Erzählern! – die größere Chance. Sie sind die Igel, die am Ende der Ackerzeile den japsenden Hasen ihr »Ick bün all hier« entgegenrufen. Sie sind, bei aller Langsamkeit, die Wendigeren; Vers kommt von *vertere*, Wenden. Kluge Prosaschreiber, verdammt, alle zwei Jahre mit einem Roman zur Stelle zu sein, bewundern gelegentlich die Lyriker, weil sie sich Zeit lassen können. Martin Walser ging sogar so weit zu sagen: »Ich glaube, es gibt keinen Schriftsteller, der nicht am liebsten Lyriker wäre.« Und die lächerlichen acht Mark fünfzig, die der Poet laut Benn monatlich verdient? Da könnte man sich auf Baudelaire berufen, der behauptete, gute Gedichte hätten noch nie einen Verleger ruiniert; die Poesie sei die Art Anlage, die am meisten einbringe; freilich heimse man erst spät die Zinsen ein. Diese Aussicht *post mortem* dürfte nicht alle Lyriker trösten; und so mag ihnen die Gesamtausgabe immerhin als Kompensation vorkommen: als schmucker Sarkophag oder als Kühltruhe potentieller Auferstehung. Faktum ist: Es gibt sie jedenfalls, die lyrischen Gesamtausgaben, und die Erzähler schauen in die Röhre.

Auf meinem Tisch liegt ein gutes halbes Dutzend solcher Sammelbände. Keiner älter als zwei Jahre. Keiner unter 400 Seiten, einer immerhin über 800 Seiten. Ein Klassiker der Moderne ist dabei (Paul Celan, 1920-1970), dann ein Autor mit verspäteter Gesamtausgabe (Nicolas Born, 1937-1979); aber auch rüstige Dichter und Dichterinnen zwischen sechzig und achtzig: Friederike Mayröcker (*1924), Wulf Kirsten (*1934), Robert Schindel (*1944). Dazu bringt Oskar Pastior (*1927) mit zwei Bänden eine Werkausgabe in Schwung, die den »Zustand einer relativen Vorläufigkeit« anstrebt und noch weitere Bände erwarten läßt; und Günter Grass (*1927), der schon alles hat sammeln lassen, erjagt auf dem weiten Feld seiner Poesie noch einmal eine *Lyrische Beute:* nämlich zu 100 beigegebenen Zeichnungen 140 seiner, man möchte sagen *schönsten* Gedichte.

Die Ökonomie kriselt; der Überbau erzittert; und die Avantgarde ist *vieux jeu*. Spielmarken wie Moderne Lyrik oder Lyrik der Postmoderne ziehen nicht mehr. Krisenfestes ist angesagt. Ist das die Stunde der Lyrik? Sie rechnet, immer noch, in langsameren Perioden. Auch sie, als lyrische Moderne, selbst als Nachmoderne ist sie sich inzwischen historisch geworden. Aber sie bietet Solides, Gereiftes, abseits der Slogans, der Etikettierungen.

Paul Celan

Paul Celan, den man nicht ohne Pathos zur klassischen Moderne rechnet, hat sich gegen begriffliche Einvernahmen früh und vergeblich gewehrt. Für seine Büchner-Preis-Rede »Der Meridian« hatte er notiert: »Ich spreche, dies zunächst, nicht von ›moderner Lyrik‹, ich spreche vom Gedicht *heute*.« Zuvor aber benutzte er, nicht ohne Hintersinn, die Wendung: »La poésie, elle aussi, brûle nos étapes« – was etwa heißt, eine Etappe überspringen, kein Marschquartier aufschlagen. Das ist ein Begriff aus dem Militärischen wie – nicht zufällig – der Begriff *Avantgarde*.

Daß Celan seine Etappen überspringen wollte, hing auch damit zusammen, daß er – menschlich wie poetisch – auf der Flucht war; auf der Flucht nach vorn. Auf der Flucht vor Gut- oder Böswilligen, die ihm die »Todesfuge« »lesebuchreif gedroschen« hatten; aber auch vor jenen, die seiner Lyrik jeden Wirklichkeitsgehalt absprachen und anläßlich der »Todesfuge« von »kontrapunktischen Exerzitien auf dem Notenpapier« sprachen. Vergessen wir nicht die Megäre, die Celan mit einem unqualifizierten Plagiatsvorwurf verfolgte, der für kurze Zeit auch in deutschen Feuilletons Gehör fand.

Die Furie der Verfolgung erscheint, in anderer Gestalt, noch zuletzt, zwei Monate vor Celans Tod, als in der Bukarester Zeitschrift Immanuel Weißglas' auf 1944 datiertes Gedicht »Er« erschien. In ihm fanden sich Motive der »Todesfuge«, und Celan muß befürchtet haben, daß eine neue Plagiatskampagne auf ihn zukam. Mehr noch: Giuseppe Bevilacqua, der in seinen Celan-Studien den »Wegspuren zum Nichts«, d.h. in den Suizid nachgegangen ist, zeigt, wie sich »der Gedanke an eine endgültige, freiwillig bewirkte ›Endlösung‹ im Gemüt des Dichters einnistete.« Celan habe schon sehr früh ein Gefühl seiner Aufgabe und seines Schicksals gehabt: »Zuletzt erlebte er das sicherlich als eine Parabel, eine Parabel, der es galt im richtigen Moment ein Ende zu setzen, anstatt dies den äußeren Umständen zu überlassen.«

Ich erwähne diese biographischen Dinge, weil sie den Blick auf ein zentrales Motiv von Celans Arbeit lenken: auf das Gedicht, das seiner Daten eingedenk ist. Der Plagiatsvorwurf Claire Golls ließ es Celan geraten scheinen, die Entstehung seiner Gedichte zu dokumentieren, also Entwürfe, Fassungen, Reinschriften und Satzvorlagen zu datieren und aufzubewahren. Die beiden konkurrierenden kritischen Ausgaben, die Bonner und die Tübinger, dokumentieren das entsprechend. Doch solche Sicherung war für Celan mehr; sie gehörte zum Selbstverständnis seiner Poesie. Die Meridian-Rede setzt den Akut des Heutigen; setzt gegen Benns Monologismus das Dialogische, das Sprechen wider alle Hoffnung: »Aber das Gedicht spricht ja! Es bleibt seiner Daten eingedenk, aber – es spricht.« Welcher Daten eingedenk? Der »20. Jänner« datiert nicht bloß Lenz' Weg durchs Gebirg, er meint auch die Wannsee-Konferenz und die sogenannte »Endlösung der Judenfrage«. »Vielleicht darf man sagen, daß jedem Gedicht sein 20. Jänner eingeschrieben bleibt?«, heißt es in der Büchner-Rede. Celan gab diesen Wink 1960; die Forschung hat nach und nach verstanden.

Besonders genau vielleicht in der Kommentierung der einbändigen Gesamtausgabe von Celans Lyrik. Hier – in dem Band *Die Gedichte* – hat man nicht bloß sämtliche Gedichte beisammen, die der Dichter publiziert oder nachgelassen hat, sondern auch einen von Barbara Wiedemann erstellten hochinformativen Kommentar. Er bringt nicht bloß Entstehungs- und Publikationsdaten; er geht vor allem Celans Lesespuren nach – überraschenderweise vielen aus der Fachliteratur, aber auch aus Wochen- und Tagespresse, etwa der FAZ. Der Band ist selbst ein *Datum,* ein Datum der Celan-Rezeption, vielleicht Anfang einer heilsamen Ernüchterung. Er beendet, so hofft man, den frömmelnden Ton, den viele Auslassungen über den Dichter immer noch anschlagen. Er läßt zudem auch jene Parabel erkennen, die Celans Werk beschreibt, erlaubt damit auch die Frage, wie sich diese in die Enge geführte Kunst zu ihrer auch zahlenmäßig enormen Ausfaltung verhält.

Friederike Mayröcker

Ich habe bei Celan nicht nachgezählt. Doch im Fall der nun achtzigjährigen Friederike Mayröcker und der 855 Seiten des Bandes *Gesammelte Gedichte* sind es rund 1000 Gedichte aus 65 Jahren. Das erste hier gedruckte stammt aus dem August 1939; das Gedicht einer Vierzehnjährigen hat ein zartes Nachsommeraroma: »ein frühkusz stürzt nachsommersüsz / wie eine Sonn' herab / ein reifer Blütenleib den blies / der Wind ins Grab.«

Aber nicht Stifter oder Hofmannsthal waren die entscheidenden Erfahrungen, sondern die in den fünfziger Jahren in Wien rezipierte internationale Avantgarde, vor allem Surrealismus und Konkrete Poesie. *Tod durch Musen* (1966) hieß Mayröckers erster Sammelband mit Gedichten 1945-1965; er trug den changierenden Gattungstitel »Poetische Texte«. Eugen Gomringer rechnete die Autorin im Nachwort dem »wachsenden Feld der experimentellen Literatur« zu, war aber auch bereit, sie trotzdem gern eine »Dichterin« zu nennen. Mayröcker wiederum zeigte sich bereit, auch mit modisch-versnobten Begriffen wie »Random« und »Entropie« zu kokettieren, sprach aber auch, simpler und bescheidener, von »Reiztexten«.

Die genaueste Beschreibung ihrer Methode gab sie 1983 in *Magische Blätter,* einem Bändchen Kommentare und Statements. Dort spricht sie von der »kalkulierten Jagd nach der fruchtbringenden Irritation von außen« und beschreibt das Ineinander von Leben und Kunst: »einziger Lebensreiz: allerhand dunkle Gefühle, Gedanken heraufziehen ins überblickbare Bewußtseinsfeld um sie dann bis zum äußersten zu entdecken und auszuzählen.« In Versalien fährt sie fort: »ICH SCHREIBE FÜR NERVENMENSCHEN.«

Seit fast sechzig Jahren führt Friederike Mayröcker ihr Schreibleben: Aus dem Hieronymusgehäus ihrer von Papieren zugewachsenen Wiener Wohnung sind über siebzig Bücher hervorgegangen, eine ununterbrochene Poesie. Altern als Problem für Künstler – so Benns berühmte Formulierung – scheint für die Mayröcker nicht zu existieren. Lassen wir die vielen Prosabücher beiseite, bleiben wir bei der Lyrik. Ihr Gedichtband von 1992 besingt *Das besessene Alter*. Rüstigkeit der Phantasie bezeugen sowohl die *Notizen auf einem Kamel* (1996) wie – geradezu augenzwinkernd – *Mein Arbeitstirol* (2003); und eben jetzt die Gesamtausgabe, die etwa zweihundert weitere Gedichte nachträgt. Wer das alles liest oder gelesen hat, ahnt den Preis, den diese strömende Poesie kostet. Wo Schreiben Leben ist und Leben Schreiben, herrscht »Biographielosigkeit«. Die Dichterin hat das mit mehr Verwunderung als Bedauern konstatiert. In einem der späten Gedichte lesen wir die wohl radikalste Formulierung ihres Lebensprogramms: »mich interessiert das nicht was in meinem / Körper vorgeht was mit meinem / Körper geschieht, solange er noch / sitzen kann und Wörter schreiben auf der Maschine.«

Mayröckers Wort- und Nervenkunst ist erstaunlich geschichtslos. Etwas wie die furiose Schilderung einer aufgeputschten Menge wie in Jandls »Heldenplatz« sucht man bei ihr vergebens. Immerhin kommen ein paar Stichworte vor, überwiegend in den früheren Gedichten: Katyn, Kirkenes, Budapest, Führerhauptquartier, oder die Reminiszenz: »September 44; am zehnten; vormittag; drei einarmige / machen noch keinen frieden.« Was Mayröcker an Lebensstoff aus einer »hermetischen Kindheit« herübergerettet, ist von Geschichte unverletzt – immerhin beim Jahrgang '24 erstaunlich. Biographielosigkeit heißt freilich nicht Abwesenheit von Schmerz. Davon spricht auf anrührende Weise das Requiem auf den Tod ihres Lebensgefährten. Aber dies *Requiem für Ernst Jandl* (2001) enthält auch die tröstende Überlegung, »daß man weiter mit diesem HERZ- und LIEBESGEFÄHRTEN sprechen kann nämlich weiter Gespräche führen kann.«

Jandl ist auch in den zwischen 1996 und 2001 geschriebenen Gedichten die Zentralgestalt; über zwanzig sind ihm ausdrücklich gewidmet. Mayröckers späte Lyrik insgesamt wird zum lyrischen Tagebuch, zur Mitschrift seelischer Prozesse als Sprachbewegungen. Einmal heißt eine Überschrift »Melancholie, oder das dritte Gedicht dieses Tages« – nämlich des 20.3.99. Ein anderes Gedicht bezeichnet noch genauer seine Entstehung: »5. Juni 98, zwischen 4-5 Uhr früh.« Nach Jandls Tod wandelt sich der oft spielerisch-zärtliche Tonfall zum Ausdruck von Schmerz und Verlust. Ein volksliedhafter Ton klingt auf: »bin jetzt hier bist noch dort / dort war Blume Schmerz und Wort / kann dir nicht sagen wie es hier ist – / *oh dasz du mir verloren bist.*«

In diesen späten Gedichten öffnet Mayröcker ihre Schreibweise. Die einst behauptete Biographielosigkeit verbarg einen Fond an erlebtem Leben, der nun im Alter zu Tage tritt. Immer noch ist ihr die Kunst enorm wichtig, hat sie »Sehnsucht nach meinen (noch) nicht geschriebenen Werken«. Aber nun geht es ihr um wichtigeres, um das Ineinander von Leben und Kunst.

Die prägnanteste Formulierung dafür findet sich in einem titellosen Gedicht. Man möchte es einen Hymnus an das Leben nennen. Er beginnt mit einem Stammeln: »dies dies dies dieses Entzücken ich *klebe* an dieser Erde.« Die Dichterin rühmt die Wollust der Augen und die »Flitzerei« eines plötzlichen Engels, um in einem Ach zu enden: »ach ich KLEBE an diesem / Leben an diesem LEBENDGEDICHT.«

Oskar Pastior

Zu solcher Emphase zeigt sich Oskar Pastior nicht bereit. Was Pastior vom Leben hält, läßt sich weder seinen Gedichten abziehen, noch dem Dichter als Meinung abfragen. Seine Biographie – die eines Siebenbürgen-Deutschen vom Jahrgang 1927 – bringt ihn in die Nähe Celans; seine Poetologie eher in die Nachbarschaft Mayröckers, der experimentellen und konkreten Poesie. Aber nichts von Wiener Impressionabilität. Pastiors Poetik läuft mit enormer Konsequenz auf eine eigene, früh angelegte Weise von Engführung hinaus. Pastior benutzt diesen Ausdruck selbst in der »Nachbemerkung« zu Band 2, mit dem er seine Werkausgabe beginnt. Da spricht er von der Konsequenz, die die »Spielregeln haben«, die er seinen Texten früh auferlegte. Es seien Spielregeln, »die immer wieder, wie sich rückblickend herausstellt, in beklemmendem Tempo die noch verbleibenden offenen Möglichkeiten besetzen, dies und jenes zunehmend ausschließen und als Engführung, wenn es gutgeht, etwas, was mehr als ein Ausweg ist, virulent, also fruchtbar halten und machen«.

Präziser läßt sich die poetologische Konsequenz nicht formulieren. Eine Frage freilich ist damit nicht berührt: die nach dem existentiellen Impuls, der Pastiors Œuvre zugrundeliegt. Die Frage nach dem Leben, der Biographie. Der gelernte Pastior-Leser kennt natürlich die Daten und weiß sie zu deuten. Es ist die Geschichte eines Angehörigen der rumäniendeutschen Minderheit, der fünf Jahre (1945-49) in Arbeitslagern in der Ukraine und im Donbas verbringen mußte. Anschließend war Pastior Kistennagler und Bautechniker in Hermannstadt, Student in Bukarest und dort auch Redakteur des deutschen Programms beim Rumänischen Rundfunk. Zwei Gedichtbände erschienen noch; und 1968 brach Pastior alle Brücken zu seiner rumänischen Existenz ab und ging über Wien nach Berlin – *Vom Sichersten ins Tausendste*, um mit dem Titel seines ersten im Westen erschienenen Bandes (1969) zu reden. Pastior fand Halt in der Muttersprache: »Geduld Geduld am Krempelbach / klappert es stief in der Mütterchensprach / da will sich ein Findelröselein fein / die Diasporen verdienen.«

Eben das sei sein Trauma, hat Pastior einmal im Gespräch bemerkt: der Zusammenhang von Ursache und Wirkung. Also auch, bei scheinbarer Zufälligkeit, die unerbittliche Konsequenz im Leben. Offenbar kann nur das Spiel, die Spiel-Regel dieses Trauma neutralisieren und womöglich aufheben. Daher die manchmal groteske Heiterkeit, die seine Kunstmaschinen verbreiten. Daher seine Umwortung aller Worte; daher die Auffächerung realer oder erfundener Sprachen in einem *Krimgotischen Fächer* (1978); daher die Sprachgeistzeugungen in den *33 Gedichten* seiner Petrarca-Paraphrasen (1983) – ein Ohrenschmaus, manchmal auch ein Ohrensausen wie die *Lesungen mit Tinnitus* (1986). Alle Gedichte Oskar Pastiors sind *Gedichtgedichte* (1973), nämlich auch Texte *über* Gedichte.

Einiges von Pastiors zentralen Arbeiten steht in den beiden vorliegenden Bänden der Werkausgabe. Manches davon ist schon klassisch; wie etwa die »Ballade vom defekten Kabel«, darin das »Kabel« nicht so defekt ist, daß es nicht die Passion des »Kalbs« rudimentär passieren läßt. Anderes, vieles in Pastiors Werk steht noch aus: Veröffentlichtes und Neues, vor allem aber Pastiors Frühwerk; so der Debüt-Band *Offne Worte* von 1964, der sich an den Bedingungen einer zensurierten und restringierten Literatur abarbeitet. *Jetzt kann man schreiben was man will,* hat der Autor als Titel über seinen Eröffnungsband 2 geschrieben. Man wird das erst dann ganz verstehen (und nicht nur als Formulierung seiner Experimentierlust), wenn dieses Frühwerk zugänglich wird.

Vorerst halte man sich an einen Text, der im Anhang von *Jetzt kann man schreiben was man will* steht. Es ist ein titelloser Text von 1973, der in keines der Bücher aufgenommen wurde; wahrhaft ein Schlüsseltext. Er beginnt: »Der Exiltext kann 2-3 Sätze (Handschrift) füllen er möge aus sich heraus gehen er wolle sich doch nicht vor der hausaufgabe drücken.« Dann heißt es: »im folgenden weigert sich der weigerer entschieden den exilstern zu tragen mit welchem recht einerseits so argumentiert er und andererseits mit welcher schuld unvernünftig verschließt er die augen diese vaterlandslosen gesellen diese heimwehlosen melancholisten diese scham- und maßlos nüchternen.« Was Pastior scheinbar launig als »Hausaufgabe« bezeichnet, ist die Reflexion seines zentralen Problems: der Situation des von der Geschichte geschlagenen Autors in der Diaspora seiner Condition humaine, im Exil seiner Sprache.

Günter Grass

Ein geheimes *Ecce historia* ist dem Sprachexperiment Oskar Pastiors eingeschrieben; aber die Geschichte experimentiert mit ihren Subjekten auf die unterschiedlichste Weise. Davon weiß der Flakhelfer und Panzerschütze Günter Grass zu singen und zu erzählen. Im gleichen Oktober 1927 geboren, wenngleich vier Tage älter als Pastior, hat er, wie jeder weiß, seine Sporen nicht gerade in der Diaspora verdient.

Und doch: Wenn Ruhm eine besondere Weise des Verkanntseins ist, dann ist Grass ein verkannter Autor. Zumindest als Lyriker. Dabei reichte allein seine Lyrik für ein Lebenswerk aus. Doch da ist, seit der *Blechtrommel,* der lange Schatten des Erzählers. Da ist die Reserve gegen den Romancier, der auch Lyrik schreibt, der *Motive* sucht, weil ihm das *Wort* nicht genügt.

Genau das tut aber Grass seit seinen frühen Lyrikbüchern *Die Vorzüge der Windhühner* (1956) und *Gleisdreieck* (1960). In allem was er macht, ist er jemand, den gegenständliche Motive inspirieren: Vögel, Puppen, Nonnen, Aale, Köche, Pilze, Schnecken etc. – ein schier unerschöpflicher Vorrat an dinglicher Welt. Ihn findet er, paraphrasiert ihn, wertet ihn aus mit dem Eigenrecht des Sammlers oder Jägers, der Beute macht. Solange sie etwas hergeben, erscheinen seine Motive in Zeichnung, Erzählung, Roman – und eben im empfindlichen Medium des Gedichts. Bei jedem ginge solche Mehrfachverwertung schief. Nicht so bei Grass. Erstaunlich, wie seine Gedichte sich gegen die eindringenden Gegenstände behaupten: sie schließen den Fremdkörper ein. So entstehen Perlen.

»Am meisten liegt mir die Lyrik«, hat Grass einmal – beinah entschuldigend – gesagt. Doch die Experimentellen der sechziger Jahre vermißten die Reflexion auf das Sprachmaterial, die nachfolgenden Linken das richtige, also linke Bewußtsein. Grass wiederum ließ sich nicht einschüchtern. Er hielt 1961 den »Labordichtern« das Gelegenheitsgedicht entgegen. Seine Phantasie, erklärte er, erprobe sich an der Realität, zumeist an festen Gegenständen. Allem, was mit Idee behangen ist, stehe er von vornherein mißtrauisch gegenüber. Das war vielleicht etwas unvorsichtig formuliert. Denn als Grass 1967 mit den Gedichten von *Ausgefragt* in die politische Debatte eingriff und gegen die radikale Linke den realistischen Kompromiß setzte (»Ich rat Euch, Es-Pe-De zu wählen«), wurde ihm die Verachtung des intellektuellen Überbaus vorgeworfen.

In den Jahren danach versteckte Grass die Gedichte, die er noch schrieb, in seinen Prosabüchern: *Aus dem Tagebuch einer Schnecke* (1972), *Der Butt* (1977) und *Die Rättin* (1986). Schwer zu sagen, wie dankbar Romanleser auf Gedichte in Romanen reagieren. Für passionierte Lyrikleser waren das nicht die richtigen Aufbewahrungsorte. Kaum erstaunlich, daß der Lyriker Grass im Leserbewußtsein in den Hintergrund trat. Auch *Zunge zeigen* (1988) und *Novemberland* (1993) änderten daran nichts. Die Gedichtsequenz am Schluß des Kalkutta-Buchs war der schwächste Part unter den Zeichnungen und Aufzeichnungen. Noch mehr Kritik fand *Novemberland*, das unter dem Seufzer »Ach, Treuhand hat uns abgeschöpft« mehr schlecht als recht Probleme der Wiedervereinigung in die Sonett-Form brachte.

Mehr Beachtung dagegen hätte die Melange *Fundsachen für Nichtleser* (1997) verdient. Denn merkwürdig: manche epigramm- und haikuhaften Petitessen zeigten die altbekannte Klaue des Löwen. »Zum Abschied« erklärte der Poet, »habe ich meine Tinte umgestürzt. / Soll doch jemand, / der mir nachkleckert, / das Fäßchen auffüllen / und sich die Finger schmutzig machen; / Schreiben färbt ab.« Eben diese freundliche Aufforderung zeigt, wie einzig und einzigartig der Lyriker Grass ist: Er hat – anders als Celan, Mayröcker oder Pastior – keine Schüler, keine Epigonen. Niemand kleckert ihm nach. Alle seine Gedichte sind erkennbar von ihm, alle sind Einzelstücke: *Lyrische Beute*.

Das zeigt fast überdeutlich dieser Sammelband mit Gedichten und Zeichnungen aus fünfzig Jahren. Was die Gedichte angeht, hat Grass alle Privatspäße, alle Gelegenheitsnörgelei fortgelassen, vor allem alle versifizierte Politik. Der Lyrik-Liebhaber vermißt kaum etwas aus einem lyrischen Werk, das in dieser Konzentration immer noch fasziniert. Doch nein, ich vermisse doch etwas, und zwar etwas überaus wichtiges. Nämlich das 1965 in den Akzenten publizierte Gedicht »Adornos Zunge« – ein Poem, das den immanenten Ästhetizismus von Adornos Theorie zur grotesken, ja makabren Ballade macht: »Er saß in dem geheizten Zimmer / Adorno mit der schönen Zunge / und spielte mit der schönen Zunge.« Das Gedicht nimmt dann eine Wendung, die seinem Verfasser nach Adornos Tod problematisch erscheinen mochte: »Als Metzger über Treppenstufen / das Haus verließen, trugen sie / die schöne Zunge in ihr Haus.« Grass hat sich offenbar mit denen, die Adorno an seinem Institut unter Druck gesetzt hatten, nicht noch post festum gemein machen wollen. Das ist zu respektieren. Aber natürlich markiert dieses Gedicht ein »Datum« im Sinne Celans; gehört es in die Geschichte der Kritischen Theorie; und in die des Gedichts nach Auschwitz.

Wulf Kirsten

In diese Geschichte gehört nicht bloß Adornos bis zum Überdruß und gern falsch zitiertes Gedichte-nach-Auschwitz-Dictum, sondern auch, was sich um einen ebenso verbrauchten Brecht-Vers angesammelt hat. Will sagen: seit den siebziger Jahren ist das Gespräch über Bäume wieder erlaubt, wenn auch vieles, was da einschlägig gedichtet wurde, sich – jedenfalls in der Bundesrepublik – ideologisch zur »Öko-Lyrik« verkürzte. In der DDR überwinterte nicht bloß der Vorrat traditioneller Formen, sondern auch die Tradition der Naturlyrik. Huchel und Bobrowski, die aus dieser Schule kamen, wurden für einige Jüngere zum Vorbild. Der wichtigste unter ihnen ist Wulf Kirsten, der seine Gedichte aus fünfzig Jahren als *erdlebenbilder* gesammelt hat.

Kirsten, ein Mann des Jahrgangs '34, kam schwer, langsam, doch umso gründlicher in diese Tradition. Er sieht sich selbst als »armer karsthänse nachfahr«. Der Steinmetzsohn aus dem meißnischen Klipphausen, nach kaufmännischer Lehre und Bauarbeiterzeit spät, nämlich mit sechsundzwanzig, zum Studium gelangt und vor allem durch autodidaktische Lektüre zu einer immensen Literaturkenntnis, ist – neben Volker Braun – der wichtigste Lyriker aus dem Nachlaß der DDR. Seine Selbstfindung gelang, als er seine Landschaft entdeckte, *die erde bei Meißen* (1986) und das halbverschollene Idiom ihrer Bewohner. 1987, in einem Gespräch, sagte er: »Mir war von Anfang an klar, ich wollte nicht ein traditioneller Naturdichter sein (...), ich wollte Landschaftsgedichte schreiben, angeregt also von der Droste, auch von Peter Huchel, von Bobrowski, von Theodor Kramer, von Erich Jansen.«

Kirstens Landschaftsgedicht schließt die ökologische Thematik mit ein, aber ebenso die Sprache der Randständigen, der Flickschuster, Hausierer, Ziegelbrenner und Landstreicher. Er ist mit dem Fahrrad aufs Land gefahren und hat alte Bauern nach Worten abgefragt für das *Wörterbuch der obersächsischen Mundarten*. Seine Gedichte haben etwas Körniges, manchmal sogar Sperriges, die Zeilen sind prall von Dingen, die bei ihren oft seltenen oder vergessenen Namen gerufen werden: »dein gereut ist mit worten / umzirkt, die längst keiner mehr kennt.«

Die Anmerkungen zu den gesammelten Gedichten erläutern etwa Worte wie blauschimmel (eine Tabakkrankheit), quendel (wilder Thymian), rajohlen (tief pflügen), mondwölfe (Maulwürfe), zaukenweiber (Maiglöckenpflückerinnen), lehde (Brache) oder missingsch (meißnisch).

Kirstens spröde Kunst bringt ihre schönsten Resultate, wenn Geschichte und persönliche Erfahrung in Bildern und Metaphern zusammen finden. So in dem 1988 geschriebenen Gedicht »die ackerwalze«, in dem er seinen Eltern ein Denkmal setzt. Die Eltern – so erzählt das Gedicht – spannen sich vor eine gestürzte marmorne Grabsäule und ziehen sie als Ackerwalze über das Feld, »steinzeitlich / am eisengestänge über eignen grund / und reformierten boden / bergunter, bergauf, / (...) immer mit letzter kraft in den sielen.« Zu dem offenbaren Realgehalt des Gedichts tritt seine erstaunliche historische Symbolik. Die Ackerwalze erscheint geradezu als das Dingsymbol einer ganzen Geschichtsepoche, eben der DDR.

Wulf Kirsten, weder Mitläufer noch ausdrücklich Dissident, hat diesem Staat, anders als andere, keine Träne nachgeweint. Sein lapidarer Befund »stiefvater staat hat sich / aus dem staube gemacht«, wird durch das Eingeständnis »ein fremdling bin ich / mir selbst« nicht aufgehoben. Die Fremde liegt vor der Haustür, also in Weimar, und das lyrische Ich schöpft aus ihr eine ebenso desperate wie robuste Energie, indem es sich vornimmt, »das leben zu bestehn / am hauseck, an das die hunde pissen.« Für diese poetische Widerständigkeit spricht auch, daß die lyrische Produktion seit 1989 gestiegen ist. Die drei neueren Abteilungen »stimmenschotter«, »wettersturz« und »standort« bringen 170 weitere Gedichte. Kirsten, ein Kenner der Weltpoesie, ist einer der Stillen im Lande; er ist es auch als regionalistischer Verist, als Meister einer poetischen Landschaftsmalerei.

Den Bauernmaler Kurt Querner, den er noch selbst gekannt hat, charakterisiert Kirsten in einem Gedicht von 1968: »ein entschlossener landgänger / geht die welt an mit dem pinselstrich / am herben gebirgsrand auf kargem geviert. / ein mensch behauptet sich und hat bestand.« Darin steckt ein Selbstporträt.

Nicolas Born

Nicolas Born, der vor einem Vierteljahrhundert, im Dezember 1979 an Lungenkrebs starb, wäre heute ein Mann von 67 Jahren. Was nun, mit reichlich 600 Seiten unter dem schlichten Titel *Gedichte* vor mir liegt, ist das lyrische Werk eines fast noch jungen Mannes – auf den das Klischee vom Frühvollendeten nicht passen will. Es ist ein Torso, den er hinterließ. Die Ärzte, die dem Todkranken nur noch wenig Zeit gaben, rieten ihm, nur noch Gedichte zu schreiben, anstatt einen weiteren, den vierten Roman zu beginnen. Born bestand auf dem Roman; vielleicht deshalb, weil er im Jahr zuvor einen Sammelband seiner Lyrik vorgelegt hatte, *Gedichte 1967-1978*, einen Band, der seine früheren Arbeiten zusammenfaßte, vermehrt um eine neue Sequenz »Keiner für sich, alle für niemand« und reduziert um einige Etüden und Agitprop-Texte.

Seine Entwicklung war eigentümlich rapid. Born, am letzten Dezembertag 1937 in Duisburg geboren, begann in Essen eine Lehre als Chemigraph und arbeitete dort zehn Jahre für eine Großdruckerei. Er kam zum Schreiben und lernte Ernst Meister kennen, der für einige Jahre sein Mentor und lyrisches Vorbild wurde. Else Meister war es übrigens, die dem jungen Klaus Born zum Künstlernamen Nicolas Born riet. Der Ruhrpott-Provinz entriß ihn Walter Höllerers »Lehrgang Prosaschreiben« im Literarischen Colloquium, und überhaupt das Berlin der aufkommenden Studentenrevolte. Borns zweiter Roman *Die erdabgewandte Seite der Geschichte* (1976) erhielt den Bremer Literaturpreis, der dritte, *Die Fälschung* (1979), erschien schon im Herbst seines Todes.

Als Lyriker begann Born mit einem den Amerikanern, Charles Olson vor allem abgelauschten Programm: »Weg von der alten Poetik, die nur noch Anleitung zum Poetisieren ist; weg von Symbol, Metapher, von allen Bedeutungsträgern (…) Die Gedichte sollen roh sein, jedenfalls nicht geglättet; und die rohe, unartifizielle Formulierung, so glaube ich, wird wieder Poesie.« Born hat diese »unartifizielle« Formulierung ausdifferenziert und zu beträchtlicher Kunst geführt; er hat aber immer an seiner Intention festgehalten, die Umwelt direkt anzugehen, das heißt Poesie nicht mit Worten zu erfinden. Sie bestimmt alle Gedichtsammlungen. *Marktlage* (1967) brachte vor allem sozialkritische Skizzen aus dem Ruhrgebiet. *Wo mir der Kopf steht* (1970) unternahm, auf dem Höhepunkt der APO-Zeit, die Analyse von gesellschaftlichen und politischen Ritualen. *Das Auge des Entdeckers* (1972) war der Versuch, in der täglichen Erfahrung, im Alltagsdetail oder der Liebesbeziehung Utopisches sichtbar zu machen, »das Erscheinen eines jeden in der Menge«.

Der folgende Titel klingt da schon wie ein Widerruf. Die zwanzig Gedichte von *Keiner für sich, alle für niemand* komplettierten den Sammelband von 1978. Sie wirkten schon damals wie ein Abgesang auf die politischen Hoffnungen, auch auf die ökologische. Das schloß die persönliche Erfahrung, das Scheitern mit ein. Den Abschluß machte ein langes Gedicht, wie es damals gefordert wurde, die aus Snapshots und Reflexionsfragmenten komponierten »Notizen aus dem Elbholz«. Darin gibt es Passagen von reiner Schönheit: »das Gras, gefroren und funkelnd / von Reif, quietscht, der alte Wald / ächzt, und Dampf, rosafarben, steigt auf / wie von lagernden Herden.« Aber es gibt auch resignative Wendungen, die wie letzte Worte wirken; etwa: »Ich will nicht immer wüten und abgehn. / Gesagt hab ich mal, daß einer zum Krüppel wird / wenn er seiner Zeit böse bleibt / und jetzt bin ich Krüppel, böse nicht genug.«

Man mag in dieser Konfession auch die Ahnung der aufkommenden Krankheit erkennen, doch das Gefühl des Verkrüppeltseins hatte bei Born – wie immer – wohl auch ein gesellschaftliches Moment. Er sah die Welt »am Tropf der Systeme«. »Kein Gedicht, höchstens das Ende davon«, heißt es in »Entsorgt«. Im Juni 1979, beim Petrarca-Preis in Verona, erreichte ihn noch die Nachricht vom Tod Ernst Meisters, die ihn sehr traf. Heute kann man im Anhang der von Katharina Born besorgten Gesamtausgabe jene Gedichte lesen, die der junge Born unter Meisters Einfluß schrieb. Eines davon, »Haltend die Standarte«, hat Meister 1961 in einer Tageszeitung publiziert und kommentiert. Ein anderes, »Bei Mondschein«, das 1965 im »Essener Lesebuch« stand, schlägt nicht bloß den Ton Ernst Meisters an, es wirkt auch wie die Projektion seiner Gestalt: »Es ging / der Körper eines Schattens / aufrecht. / Sein Gesicht, sehr weiß, / war helleres Licht, / sein Mund / formte Kiesel, / sein Schatten / kam zählend die Wege // nicht weit.«

Vielleicht streifte Born eine Ahnung, daß er im Schatten Ernst Meisters »nicht weit« gekommen wäre. »Echolandschaft« war eine Mappe mit Gedichten überschrieben, die sich in Borns Nachlaß fand. Ein sprechender Titel! Eines dieser ungedruckten Gedichte ist Ernst Meister gewidmet. Es fragt: »war es wer / der mich fragte / ob ich wolle / den traum / oder lieber / das licht.« Born wählte das Licht. Seine veröffentlichte Lyrik läßt sich als Absage an den Hermetismus lesen, wie ihn Ernst Meister vertrat und wie er Celan, zu recht oder unrecht, zugeschrieben wurde.

Robert Schindel

Der Kreis will sich schließen. In Robert Schindels Sammelband *Fremd bei mir selbst* findet sich das Gedicht *Nachthalm (Pour Celan)*. Darin heißt es: »Ich bin mit dem Nachthalm großgezogen worden. / Aufgewachsen bin ich mit einem / Von Pauls Halmen.« Die Passage bezieht sich auf ein Celan-Gedicht aus *Mohn und Gedächtnis*; und dessen Anfangszeilen stehen vor Schindels Gedicht als Motto: »Aus Herzen und Hirnen / sprießen die Halme der Nacht, / und ein Wort, von Sensen gesprochen, / neigt sie ins Leben.« Nicht unwichtig auch, daß der Schlußteil von *Mohn und Gedächtnis* den Titel »Halme der Nacht« trägt.

Schindel sieht sich in der intimen Zuwendung dieser Hommage als einen von »Pauls Halmen« – also als jemand, den der Tod ins Leben *geneigt* hat anstatt zur Seite des Todes. Er sieht sich als einen Überlebenden, als einen Übriggebliebenen; die biographischen Parallelen sind deutlich genug. Wie Celans Eltern wurden die seinen deportiert. Sie hatten, als elsässische Fremdarbeiter getarnt, einer kommunistischen Widerstandsgruppe angehört. Der Vater wurde in Dachau hingerichtet, die Mutter überlebte Auschwitz und Ravensbrück und konnte nach Wien zurückkehren. Das 1944 geborene Kind Robert überlebte, da es »als Waise asozialer Eltern unbekannter Herkunft« in einem NS-Kinderheim versteckt wurde.

Einer von »Pauls Halmen« ist Schindel aber in einem weiteren und tieferen Sinne, nämlich als Dichter, der sich als Schüler, fast als Geschöpf des toten Kollegen sieht, mit dem Nachthalm großgeworden und aufgezogen. Dieses Bekenntnis muß man ernst nehmen, obwohl die dominierenden Einflüsse auf Schindels Poesie ganz andere zu sein scheinen. Der Erotiker Schindel, der Verfasser von »Lieb-« und »Sehn-Liedern, gibt sich gern als Troubadour in der Tradition Villons, Heines und Brechts; nicht minder der politische Lyriker. Politische und poetische Motivationen kommen in den vielen Huldigungen Hölderlins zusammen; mit Ergänzungen wie »So ohne Genossen zu sein«, »Bleierne Zeit« oder »Abschied von D« – es gibt 14 solcher Hommagen *Pour Hölderlin*.

Fremd bei mir selbst – diesen Titel hat Robert Schindel im Jahr seines 60. Geburtstags über seine Gedichte 1965-2003 gesetzt – eine vieldeutige, fast verstörende Formulierung. »Ich bin ein Jud aus Wien«, beginnt *Vineta I*, eines der zentralen Gedichte. Wien erscheint dort als »die schönste Stadt der Welt am Lethefluß«, als »Hauptstadt des Antisemitismus«, aber auch als »Vergessenshauptstadt«. Lethe und Memoria, Vergessen und Erinnern – für Schindel ist beides wichtig. Zeitgeschichte und persönliche Biographie sind für einen Autor, der sich sein Lebensthema nicht aussuchen konnte, unlösbar miteinander verbunden. Das zeigen schon die frühen Gedichte (1965-1978), die jetzt zum ersten Mal in Buchform erscheinen. Unter dem Titel *Im Herzen die Krätze* reflektieren sie Schindels Jahre der Revolte, die Zeit in der Wiener Kommune mit dem poetischen Namen »Hundsblume« und die Ablösung von den Dogmatismen und Utopismen der Genossen. »Schwer ists ohne Genossen« schreibt der »Ohngenoß«, doch die Ablösung muß sein. Der Blick auf Realität und Geschichte wird zugleich freier und präziser. Ein Titel wie *Immernie* (1999) bewahrt das utopische Moment. Manchmal genügt ein Schnappschuß, eine knappe Beobachtung: »Um einen Tisch / Deutsche Soldaten im Tarnanzug / Mittags Mitte Mai neunzehn / Siebenundneunzig. Sie / trinken Cola.« Das Schindelsche Gedicht ist – mit Celan – seiner Daten eingedenk. Der Sohn jüdischer Widerstandskämpfer muß dieses Bild Cola trinkender deutscher Soldaten nicht kommentieren. Die beiläufige Notiz wird zur Chiffre eines säkularen Welttags. Das bedeutet nicht, daß die geschichtliche Perspektive ihn nicht interessierte. Brecht und Benjamin sind ihm immer noch für Anspielungen gut. »Ich bin so zugeneigt den Ebenen«, heißt es einmal. Auf die Mühen dieser Ebenen zielt die Einsicht: »Heute müssen die Deserteure / In den Ebenen sich verbergen.«

Vergessen wir aber nicht, daß Robert Schindel – *sit venia verbo* – der zivilistischste Dichter ist, der sich denken läßt – ein Dichter der Liebe, der Erotik, eben ein Troubadour. In seinem »Lieblied 19« warnt er die Geliebte: »Wir müssen vorsichtig sein mein Lieb / Das verlangt unser Realitätsprinzip.« Aber natürlich dient die Warnung nur dazu, sich mit der Geliebten über das Realitätsprinzip hinwegzusetzen. Offenbar auch über die Geschichte.

In einem Gedicht aus den achtziger Jahren besucht der Dichter mit einer deutschen Freundin das KZ Belsen. Danach heißt es: »Ich liege bei der Deutschen da in Deutschland. / Und stehe auf, besteige frei den Zug. Komme / Zurück, ein Feuerchen von Hintennach, / In meine Wortheimat, mein Wien am Donaufluss.« Wer das liest, begreift, daß es um keine falsche Versöhnung geht. Der das Gedicht schreibt, ist, erstaunlich genug, einer von »Pauls Halmen«. Was er schreibt, ist umso erstaunlicher, wenn wir wissen oder lesen, daß Paul Celan nach der »Todesfuge« das Wort »Deutschland« in einem Gedicht nur ein einziges weiteres Mal benutzt hat, 1959 in *Wolfsbohne*, das er nicht zur Veröffentlichung freigab. Da heißt es: »Mutter. / Mutter, wessen Hand hab ich gedrückt, / da ich mit deinen / Worten ging nach / Deutschland?«

Der Dichter Robert Schindel warnt uns vor voreiligen Harmonisierungen. Die letzten Zeilen in *Fremd bei mir selbst* lauten, mit einer diskreten Celan-Anspielung: »Einer legt an / Einer legt aus / Still die Tage nervös / der Meridian.« Seien wir glücklich, wenn wir zu den Auslegern und nicht den Anlegern gehören.

Giuseppe Bevilacqua: Auf der Suche nach dem Atemkristall. Celan-Studien. Hanser: München und Wien 2004.
Paul Celan: Die Gedichte. Kommentierte Gesamtausgabe in einem Band. Hg. Barbara Wiedemann. Suhrkamp: Frankfurt am Main 2003.

Friederike Mayröcker: Gesammelte Gedichte (1939-2003). Hg. Marcel Beyer. Suhrkamp: Frankfurt am Main 2004.
Oskar Pastior: Jetzt kann man schreiben was man will. – Minze Minze flaumiran Schpectrum. Oskar Pastior Werkausgabe Bd. 2 und 3. Hg. Ernest Wichner. Hanser: München und Wien 2003, 2004.
Günter Grass: Lyrische Beute. Gedichte und Zeichnungen aus fünfzig Jahren. Steidl: Göttingen 2004.
Wulf Kirsten: erdlebenbilder. Gedichte aus fünfzig Jahren (1954-2004). Ammann: Zürich 2004.
Nicolas Born: Gedichte. Hg. Katharina Born. Wallstein: Göttingen. 2004.
Robert Schindel: Fremd bei mir selbst. Die Gedichte. (1965-2003). Suhrkamp: Frankfurt am Main 2004.

Trüffel und Pferdeäpfel
Hugo Claus: Gedichte

Der nun über siebzigjährige Hugo Claus ist ein Autor von mehr als hundert Büchern. Aber eines davon hängt ihm an wie Günter Grass die *Blechtrommel*. Womöglich zu seinem eigenen Verdruß und Kummer. Es ist dies *Het verdriet van Belgie* oder, mit dem deutschen Titel, *Der Kummer von Flandern* – ein deftiger Schelmenroman über die Jahre der deutschen Okkupation. An dieser Fixierung auf den einen Geniestreich haben einige weitere erfolgreiche Romane – zuletzt *Bella Donna* und *Das Stillschweigen* – nichts Entscheidendes zu ändern vermocht. Was freilich nicht heißen muß, daß Claus, der ewige Nobelpreiskandidat, in Stockholm nicht doch noch zum Zuge kommt.

An Impetus und Fülle mangelt es ihm wahrlich nicht. Das einstige Wunderkind und Enfant terrible zeigt Stehvermögen über die Jahrzehnte hinweg. Seit seinem Debüt mit achtzehn Jahren wirft Hugo Claus fast ununterbrochen vulkanisch Feuer, Lava und Asche aus. Er tut das als ein furioses Multitalent auf allen erdenklichen Gebieten: als Autor von Romanen, Erzählungen, Gedichten, Theaterstücken, als Übersetzer von Seneca und Shakespeare, von Georg Büchner und Noël Coward. Claus ließ sich durch Artaud faszinieren und gehörte der Künstlergruppe Cobra an. Also malt und zeichnet er auch. Er macht Filme und inszeniert seine eigenen Stücke. Und das alles in einem beständigen Wechsel der Stile und Möglichkeiten und mit dem Vorsatz, das nächste Mal genau das Gegenteil des eben Gemachten zu versuchen. Ein Experimentator aus Temperament, nicht aus System oder Philosophie. Die Register, die er zieht, scheinen unendlich, aber oft auch verwirrend.

Registreren – so lautet 1947 der Titel von Claus' Erstling, einem Bändchen mit Gedichten. Wie bei dem Mehrfachtalent Grass ist auch bei Claus die Lyrik der Quellpunkt seiner Inspiration. Dort erprobt er ruhelos seine Themen und Motive. Dem Poeten ist dabei der Selbstausdruck seiner Vitalität wichtiger als die Vollendung der Form. Er ist Experimentierer, Selbstsucher und Selbstversucher, und nicht Artist. Der Schub der Einfälle muß es bringen, nicht die Arbeit an Strophe und Vers. Wenn Claus auch seine Register von Mal zu Mal wechselte und 1988 mit Sonetten überraschte – man darf das Bekenntnis ernstnehmen, das er in einem seiner späten Gedichte macht: »Zu stark zittert meine Hand. Ich will meine Literatur / nicht vervollkommnen.«

Das Zittern der Hand ist natürlich Koketterie, aber die Perhorreszierung der Perfektion ist mehr als bloß die Bedingung einer rastlosen Produktion. Hinter ihr stehen tiefere Motive. Am schlüssigsten kommen sie in einem Text aus seinen *Unfrommen Gebeten* zum Ausdruck. Dort läßt der Dichter Hekate sprechen, die hilfreiche und zugleich unheimliche Göttin, die Herrin von Zauberei und nächtlichem Unwesen: »Allein im Unvollkommenen / werde ich voll und dick. / Schönheit ist kein Gleichgewicht.«

Diese chthonische Komponente grundiert alles, was Hugo Claus an oft sehr heterogenen Materialien zusammenbringt, ja zusammenrührt. Das reicht von Vegetationsmythen zu sexuellen Kraftausdrücken, von Rekursen auf Volksromane zu Anspielungen auf populäre Seifenopern. Claus porträtiert Rubens und Rembrandt ebenso wie Lumumba, Italo Calvino oder eine anonyme Rundfunksprecherin. Er schreibt »Randgedichte« zu Dantes Inferno und liefert »Fünf Polaroidaufnahmen von Jesus Christus«. Er möchte »Philosophen in ihrem philosophischen Hemd« in Brand stecken, doch wenn er sich in dem Zyklus, aus dem ich zitiere, als »Affe in Ephesus« geriert, dann ist er selber Philosoph, einer aus der Schule Epikurs. Ob Claus, der Büchner übersetzt hat und ihm in einem seiner Gedichte huldigt, in Dantons Sinn als gröberer oder feinerer Epikureer gelten soll, ist Sache des Lesers. Ist Sache auch der Auswahl.

Der zweisprachige Sammelband *Gedichte*, mit Übertragungen von Maria Csollàny und Waltraud Hüsmert, ist immerhin der zweite Versuch, den Lyriker Claus im deutschsprachigen Raum bekannt zu machen. Vorauf ging *Die Spuren*, ein schmaler bibliophiler Band mit Gedichten und Zeichnungen (Kleinheinrich, Münster 1994). Dort lernte man einen harmonischen, fast klassisch beruhigten Hugo Claus kennen: Sei es, weil die Auswahl auf den Dichter selbst zurückging. Sei es, weil man eine Handvoll Sonette las, was für den späten Claus nicht ohne Bedeutung ist.

Auf diese Sonette, die sehr freie Transformationen von Sonetten Shakespeares sind, bezieht sich Hugo Brems in seinem informativen Nachwort zur neuen Sammelausgabe. Er belegt etwa, daß das vierzehnte der Claus'schen Sonette eine Montage zweier Shakespeare-Sonette ist und zugleich die trivialisierende Umkehrung ihrer Tendenz. Freilich findet sich das hier angesprochene und partiell zitierte Gedicht nicht im Textteil, wohl aber in der Auswahl bei Kleinheinrich. Auch zitiert Brems gelegentlich aus Gedichten, die deutsch überhaupt noch nicht in Buchform erschienen sind. Was man, wenn man will, als Bereicherung des Bandes auffassen kann.

Die beiden Übersetzerinnen, die ja nur durch Auswahl und Qualität des Übersetzten argumentieren können, setzen offenbar auf ein Gesamtbild, das auch den frühen, den ungebärdigen, kraftgenialen, den von Cobra beeinflußten Claus angemessen berücksichtigt. Von den Sonetten nehmen sie nur ein einziges auf. Brems wiederum zitiert, gleichsam gegenläufig, die Revokationen des alten Poeten, die selbstironisch mit dem Kult des Infantilen und Spontanen abrechnen. Das Gedicht »Cobra« endet mit den Zeilen: »Man malte weiter Vogelscheuchen / auf dem ansonsten verlassenen Spielplatz.«

Das lyrische Œuvre von Hugo Claus ist also facettenreich genug, um solche Akzentuierungen nahelegen. Die Übersetzerinnen waren klug beraten, formal anspruchsvolle oder wegen des Reimzwangs heiklen Stücke auszuschließen. Hugo Claus, der selbst eher lässig ist, gibt ihnen ein gewisses Recht dazu.

Schade dennoch, daß mancher wunderbare Reim doch verlorengeht. So wird in »Genesis 1, 1.« aus »en zocht in zijn hoorbare rede / naar een constructie voor roede en schede« das blass-korrekte: »und suchte in seiner hörbaren Rede / nach einer Konstruktion für Rute und Scheide.« Hier, im Schöpfungsakt, müßten sich auch die Dinge reimen.

Auch gibt es Stellen, die sich allzu nah ans Wörtliche halten, was wegen der vexierenden Nähe der beiden Sprachen problematisch ist. Warum heißt es: »fragmentäres Gewicht«, oder »Papier ist duldsam«, statt geduldig? Derlei Ausstellungen sollen das Verdienst dieser ersten umfassenden Präsentation des Dichters nicht schmälern. Sie ist ein interessantes Mischgericht, eine Satura im klassischen Sinn. Etwas drastisch hat das ein jüngerer Dichterkollege von Hugo Claus ausgedrückt: Herman de Coninck schrieb, Claus bereite uns ein köstliches Gericht aus Trüffeln und Pferdeäpfeln. Guten Appetit. Freilich wird nicht alles so heiß gegessen, wie es gekocht wird. Auf dem Teller lassen sich die einzelnen Bestandteile trennen. Anders als einem Restaurantbesucher sieht dem Leser dabei niemand zu.

Hugo Claus: Gedichte. Ausgewählt und übertragen von Maria Csollàny und Waltraud Hüsmert. Klett-Cotta: Stuttgart 2000.

Das Geschlecht des Klanges
Anne Carson: Glas, Ironie und Gott

Die Kanadierin Anne Carson ist seit einigen Jahren der *shooting star* der nordamerikanischen Lyrikszene. Susan Sontag nannte sie »waghalsig, gelehrt, beunruhigend«, und Michael Ondaatje erklärte sie schlicht zur aufregendsten englischsprachigen Dichterin unserer Zeit. Ihr Ruhm wächst von Buch zu Buch, und ihre Auflagen sind beträchtlich. Die Gefeierte selbst behält in allem Rummel offenbar einen kühlen Kopf und gibt sich ostentativ bescheiden. Ja, sie möchte das ganze System von Werbung, Verkaufsstatistik und Eitelkeiten eigentlich ganz unterlaufen. Ihre Bücher enthalten sehr knappe biographische Angaben, vor allem aber keine Fotos der Autorin. Wir wüßten ja auch nicht, wie Homer ausgesehen hat, sagt Anne Carson in einem Interview, und die einzige antike Nachricht über Sappho besage nur, sie sei kurz, dunkel und häßlich gewesen.

Anne Carson muß es wissen, denn sie lehrt klassische griechische und römische Literatur an der McGill Universität in Montreal. Was aber die Fotos angeht, die von ihr in Umlauf sind, dürfen sich die Liebhaber ihrer Poesie beruhigen: sie sieht der Sappho nicht ähnlich. Die Fans sind ohnehin gebeten, sich an die Texte zu halten, denn Carsons Ideal ist, wie sie selbst sagt, »a blank book«, bloß Titel, Autor, Verlag. Solche Rigidität gegenüber dem Outfit könnte eine besondere Strenge in Form und Genre erwarten lassen – vor allem bei einer klassischen Philologin.

Das Gegenteil ist der Fall. Anne Carson betreibt eine ungenierte synkretistische Vermischung der Stile und Genres. Sie komponiert ihre Bücher aus Gedichten und Essays – wobei die Gedichte sich eher prosaisch geben, die Essays aber poetisch brillieren. Das erklärt einiges von der Faszination ihrer Bücher, hat aber auch Kritik hervorgerufen. Da in den USA der Essay weniger gilt als die Lyrik, mochte es scheinen, als sei die Poesie das Vehikel für schwerverkäufliche Essays. Einer ihrer Kritiker meint, so habe sich das häßliche essayistische Entlein in einen schönen poetischen Schwan verwandeln wollen. Das kann Anne Carson nicht kränken, denn die Lust an Metamorphose ist ein Hauptimpuls ihres Schreibens.

Ob Schwan oder Ente: Der deutsche Leser hat endlich Gelegenheit, Bekanntschaft mit Anne Carson und ihrem interessanten und faszinierenden Werk zu machen. Alissa Walser und Gerhard Falkner haben den 1995 erschienenen Band *Glass, Irony and God* weitgehend glücklich ins Deutsche gebracht und dieser Komposition aus Lyrik und Essay einen erklärenden Untertitel beigefügt: »Fünf epische Gedichte und ein Essay über das Geschlecht des Klanges.«

Den Anfang macht der »Versuch über das Glas« – vom Titel her ein Essay, dem Druckbild nach ein langes Gedicht. Der Originaltitel »The Glass Essay« freilich macht das Paradox noch etwas deutlicher. Es ist der längste und eindrucksvollste

Text des Bandes. Es ist – in abgerissenen Vers-Notizen und ausladenden reflexiven Passagen – eine Art poetisches Tagebuch. Das lyrische Ich in der Persona der Tochter berichtet von einem Besuch der Mutter auf dem Land. Die ohnehin prekäre Beziehung der beiden Frauen wird noch dadurch belastet, daß die Tochter die Beziehung zu einem Mann nicht vergessen kann. Er heißt – etwas sehr symbolisch – *Law*, Gesetz. Da auch die Mutter, befangen in ihren Lebensregeln und Ritualen, »Gesetz« ist, flüchtet die Tochter in eine Metamorphose.

Denn am Küchentisch ist noch eine andere Frau gegenwärtig, wenn auch nur imaginär, in ihren Büchern: Emily Brontë. Im Lauf ihrer Lektüre identifiziert sich die Tochter mit der Autorin, »die ihr ganzes Leben Mädchen blieb trotz dem Körper einer Frau«. Sie versucht, ein »Whacher« zu werden wie Emily (die so statt »whatcher« schrieb); ein »*Obachter*« also, wie Falkner übersetzt. Emily »obachtete, wie das erbärmliche Kerngehäuse der Welt / sich weit öffnete«. Emilys nächtliche Zwiesprache mit dem Mann, den sie »Thou« nannte, wird der Tochter zum religiösen Exempel; freilich zu einem, dem sie nicht ohne Skepsis begegnet. Das lyrische Ich reagiert skeptisch: »Mir ist etwas mulmig bei diesem Kompensationsmodell weiblicher religiöser Erfahrung, / und doch, / es wäre zweifellos schön, einen Freund zu haben, dem man in der Nacht Dinge erzählen kann, / ohne dafür den schrecklichen Preis der Sexualität zahlen zu müssen.«

Erstaunlich nun, wie es Anne Carson gelingt, das Gedicht aus der Desillusion heraus ins Visionäre zu erheben, ohne ihre poetische Redlichkeit aufzugeben. Sie läßt ihre lyrische Protagonistin dreizehn »Akte« sehen, Visionen von leidenden Frauen, etwa »Akt Nr. 10«: »Grüner Dorn der Welt, der sich lebend / durch das Herz einer Frau hinaufbohrt.« Der letzte dieser Akte ist eine Passion, zugleich eine Apotheose, die als Aufhebung des Geschlechterproblems erscheint: »Es war nicht mein Körper, nicht der Körper einer Frau, es war unser aller Körper. / Er trat aus dem Licht.«

Im »Versuch über Glas« gelingt Anne Carson eine großartige Synthese: die Vereinigung von Erlebnis und Analyse, von Sachlichkeit und Ekstase, von Ironie und Pathos. In den subjektiven Passagen erinnert das an die Confessional poetry von

Robert Lowell und Anne Sexton, in den analysierenden und zitierenden an Ezra Pound und Marianne Moore. Aber das Ganze ist durchaus eigen und unverwechselbar. Wer diese Synthese rühmt, darf auch hinzufügen, daß die poetischen Fähigkeiten in den anderen Gedichten eher wieder auseinanderdriften.

Von der leichten Art, wenn auch witzig und unterhaltsam ist »Der Fall von Rom: Ein Reiseführer«. Es sind Reminiszenzen an eine Rom-Reise, die neben allerlei Bildungsaperçus vor allem die Einsicht bieten, daß man die Fremden haßt und daß dahinter eine Vorstellung vom Tod steckt. Schärfer und tieferreichend ist die Zivilisationskritik in dem Zyklus »TV-Männer«; vor allem, wenn man in Rechnung stellt, daß zu diesen TV-Männern die Rollen von Hektor, Sokrates, Sappho, aber auch von Artaud gehören. Zu Sappho als TV-Mann fällt Carson nicht viel ein. Die längste ist die beste Pièce. Da begleiten wir Hektor zu einem Death-Valley-Drehtermin: »Hektor war zum Prinzen von Troja bestimmt, nicht zum TV-Mann, / daher sein Erfolg.« Man stutzt freilich, wenn man liest: »Hektors Name kommt vom antiken Verb ›halten‹«. Ein Fehler der Übersetzung. Es gibt römische und griechische, aber keine *antiken* Verben. Das Original spricht von »the ancient verb ›to hold‹«.

Ist die Antike das Vorratshaus für Metamorphosen, so das Alte Testament der Schauplatz des religiösen Disputs, der Auseinandersetzung mit dem Mann Gott. Da wird der Ton der Gedichte hart und sarkastisch, die Ironie böse. »Die Wahrheit über Gott« – so der Titel des einen Gedichts – ist eben auch die der »Gnade, die aus der Gewalt kommt«. Und im »Buch Jesaja«, einem psalmodierenden Gegen-Gesang zum biblischen Original, läßt Carson ihren Jesaja auf Gottes Frage, was er über die Frauen wisse, so reagieren: »Jesajas Nasenflügel stießen Frauenausdrücke hervor. / Schamröte. Gestank. Weib. Vulva. Hexe.« Eine Reaktion von *Aischrologia*. Was es damit auf sich hat, erfahren wir im folgenden Text, dem Schluß-Essay.

»Das Geschlecht des Klanges« handelt von den seit alters geübten Versuchen der Männer, den Frauen den Mund zu schließen – aus Angst vor dem Unaussprechlichen, das ihm

entfahren könnte. Ob Alkaios oder Hemingway, die Männer
– so Carson – kultivieren ihre ideologischen Assoziationen
zwischen weiblicher Stimme und Monstrosität, Chaos und
Tod. Sie fordern von den Frauen *Sophrosyne*, Umsicht, Mäßigung, Selbstbeherrschung. Denn sie fürchten die *Aischrologia*,
»das Aussprechen von häßlichen Dingen«. Anne Carsons Jesaja tat dies offenbar nicht; und so ist die Schlußfrage ihres Buches, ob es eine andere Vorstellung von Tugend geben könnte
als die Selbstbeherrschung: »Oder sogar etwas anderes, was
das Wesen des Menschen ausmacht, als das Selbst.«

Es ist auch eine Frage an den Leser. Doch da es auf solche
Fragen keine Antwort gibt, halte man sich an Hofmannsthals
schönen Satz: Die Gestalt erledigt das Problem. Oder im Fall
von *Glas, Ironie und Gott*: Die praktische Poesie besiegt den
theoretischen Essay. Gott ist ohne Glas und Ironie nicht zu
haben.

Anne Carson: Glas, Ironie und Gott. Fünf epische Gedichte und ein Essay
über das Geschlecht des Klanges. Aus dem Amerikanischen von Alissa
Walser und Gerhard Falkner. Piper: München Zürich 2000.

Die Unwirklichkeit des Innersten
Michael Hamburger: In einer kalten Jahreszeit

Als seine Familie im November 1933 Berlin verließ, hatte der
neunjährige Michael Hamburger gerade begriffen, daß er sich
beim Völkerball in die »jüdische« Gruppe einzureihen hatte.
Die Emigration nach England zerstörte ihm die frühe Einheit
der Dinge und Worte. Vielleicht war es aber dieser Riß, der
Hamburger zum Dichter machte – zu einem englischen Dichter. Aber sein erstes veröffentlichtes Gedicht schrieb er über
Hölderlin; und das im Kriegsjahr 1941. Es eröffnet noch heute
seine *Collected Poems*.

Zwanzig Jahre später, als Eichmann in Jerusalem der Prozeß
gemacht wurde, muß dieses Ereignis bei Michael Hamburger
das Gefühl erneuert haben, der Vernichtung entronnen zu
sein. Er schrieb in der Folge drei Gedichte zum Thema des

Holocaust. Das erste und längste, das fünfteilige »In a Cold Season« formuliert bereits in seiner Eingangszeile das Problem der literarischen Darstellung des Schreibtischtäters Eichmann: »Words cannot reach him in his prison of words.« Oder in der deutschen Fassung von Peter Waterhouse: »Mit Worten unerreichbar in seinem Wortgefängnis.«

Das Gedicht arbeitet sich an diesem Paradox ab, indem es die Stilebenen trennt. Deportation und Mord erscheinen im Blankvers, der dem Leid einen Rest von Würde bewahrt. Die Figur des mörderischen Bürokraten wird ironisch-sachlich im Freivers dargestellt: »›Eichmann Adolf, Staatsbeamter (im Ruhestand): / Ein milder Mann, gewissenhaft auf seine Weise, / Gegner von Gewalt / Und anderer Verstöße / In seinem Beisein ausgeführt (...)«.

Hamburger weiß, daß solche Mimesis des Banalen den Kern des Problems nicht berührt. Er begreift, daß die »Schale«, die ihn von der Wahrheit trennt, mit Worten nicht zu zerbrechen ist. Das einzige Reimpaar im sonst reimlosen Gedicht zieht die Summe dieser Erkenntnis: »Und bin für seine ganze Wahrheit nicht bereit: / Vielleicht sein Innerstes ist die Unwirklichkeit.«

Aber wo der Gedanke scheitert, ist die Poesie noch nicht verloren. Gegen Eichmanns innerste Unwirklichkeit setzt sie die lebendige Erfahrung. Sie verbürgt eine Wahrheit, die dem Menschen zugänglich ist. Hier ist es die Biographie des Emigranten, aus dessen Familie viele ermordet wurden. So hat der Dichter dem Poem von der kalten Jahreszeit etwas sehr Persönliches eingefügt, nämlich die Erinnerung an seine von den Nazis deportierte Großmutter. Sie hatte die Gefahr unterschätzt, war in Berlin geblieben und bezahlte so ihre Arglosigkeit mit dem Leben. Zweimal nennt der Dichter sie »guileless«, also *arglos*. Wenn Waterhouse formuliert: »Nur daß die Liebende starb«, geht diese historische Pointe verloren.

Die beiden später entstandenen Gedichte, »Treblinka« (1967) und »Between the Lines« (1968), sind Rollengedichte. Die lyrische Persona tritt für die fehlende direkte Erfahrung ein. Hamburger schrieb »Treblinka« nach dem Bericht eines Überlebenden, den das englische Fernsehen gesendet hatte. »Zwischen den Linien« folgt einem Gefängnistagebuch. Hier triumphiert das Opfer über seine Peiniger, indem es den Moment seines Todes als Befreiung antizipiert. So lebt die Poesie von dem Paradox, daß die Toten fähig sind, »Licht zu geben« – zwischen den Linien, aber auch zwischen den Zeilen; wie es der Doppelsinn des englischen Titels nahelegt.

Wichtig also, daß diese drei Gedichte nun in einem kleinen Band zusammengefaßt sind. Peter Waterhouse setzt damit die verdienstvolle Folge seiner Hamburger-Editionen fort. An den Schluß hat er – quasi als nachgereichten Schlüssel – einen Essay des Dichters gesetzt, der unter dem Titel »Entdämonisierung: Realisierung« die Darstellbarkeit des Bösen in der Literatur reflektiert. »Eichmanns Wahnsinn war kein Fall von Besessenheit, sondern von Leere«, diese Quintessenz, die Hamburger aus der Lektüre von Hannah Arendts berühmtem Buch gezogen hat, steht bereits in seinen Gedichten.

Michael Hamburger: In einer kalten Jahreszeit, Gedichte. Übersetzt von Peter Waterhouse. Zweisprachige Ausgabe. Folio: Wien und Bozen 2000.

Versuchung durch den Dämon
Tadeusz Różewicz: Zweite ernste Verwarnung

Es gibt einen Dämon, der dem Dichter das Königreich der Avantgarde vor die Füße legt und mit ihm das Versprechen des Ruhms. Nun dürfen Dichter zwar der Versuchung absagen, aber Heilige werden dürfen sie nicht, wenn sie Dichter bleiben wollen. Der polnische Autor Tadeusz Różewicz hat es geschafft, dieses Paradox ein Leben lang auszuhalten, ohne zu verdorren und in Rechthaberei zu erstarren. Der Ruhm, der ihn dennoch ereilte, findet ihn heute gelassen, vor allem aber skeptisch wie eh und je.

Als Różewicz seinerzeit seine Warnung vor der poetischen Hybris formulierte – nämlich im Winter 1966/67 in Berlin –, galt der Autor vom Jahrgang 1921 bereits als prominenter Vertreter einer Antipoesie, die aus dem Erlebnis von Widerstand und Partisanentum kam. Der Dichter, der als junger Mensch in der polnischen Untergrundarmee gekämpft hatte, formulierte als seine entscheidende Erfahrung: »Die Lyrik mußte, um wiederauferstehen zu können, sterben.«

Das Werk des Tadeusz Różewicz demonstriert diese Wiederauferstehung. Aber nicht als glanzvollen Triumph, sondern als Anfang eines neuen Sprechens, einer ernüchterten poetischen Sprache. Die wiederauferstandene Poesie behält die Stigmen des Todes, und dies auf immer. Was Różewicz in den späten vierziger Jahren zu schreiben begann, war – nach seinem eigenen Ausdruck – eine Poesie für Entsetzte, für Überlebende. Für solche, die gleich ihm »davongekommen« waren. Ein frühes Gedicht beginnt: »Ich bin vierundzwanzig / unterwegs zur schlachtbank / bin ich davongekommen.«

Dieses Gedicht steht prononciert am Anfang des Bandes *Zweite ernste Verwarnung*, einer Auswahl, die der Dichter zusammen mit dem Übersetzer Henryk Bereska getroffen hat. Sie bringt eine Reihe älterer Stücke, die noch nicht deutsch erschienen sind, aber auch einige neue Versionen von Gedichten, die wir bereits durch Übertragungen von Karl Dedecius oder Peter Lachmann kennen. Der Hauptakzent des Bandes aber liegt auf Gedichten, die seit den neunziger Jahren entstanden sind. Es sind die Gedichte eines Mannes, der dieses Jahr achtzig wird.

Unruhe, der Titel seines ersten Bandes, könnte auch über diesen späten Versen von Różewicz stehen. Der Dichter überprüft seine Bestände. Er tut es am illusionslosesten mit Blick auf berühmte tote Kollegen wie Beckett, Celan und Pound. Mit der Hölderlin-Frage nach den Dichtern in dürftiger Zeit eröffnet er ein langes Gedicht in memoriam Paul Celan. Dort heißt es bündig: »die götter verließen die welt / und ließen die dichter zurück.« Dieser lapidare Befund eröffnet ihm eine Welt von Ambivalenzen, die nicht mehr auf Formeln und Schlüsse zu bringen sind. Das lyrische Denken gerät in die Strudel von Bedenklichkeiten, die auch am Ende der Gedichte nicht aufgelöst werden. Je länger die Gedichte sind, umso deutlicher artikuliert sich diese Unruhe. Sie wird durch Respekt eher noch gesteigert. So wagt Różewicz keine Vermutung, welche Fragen »Anczel der Jude« Heidegger gestellt hat. Auch im völlig anders gelagerten Fall Pound maßt er sich kein Richteramt an. »Ich bin Niemand«, das Gedicht über den Dichter im Pisaner Strafcamp, bewegt sich im Kreis wie Pound in seinem Gorillakäfig. Aus dem Zirkel von Mitleid und Abscheu rettet sich das Gedicht in Gesang – in den »Gesang aus dem Käfig«.

Doch dieser Gesang – wohin führt er, was wird von ihm bleiben? Vor allem, was bleibt von dem eigenen Gesang? Różewicz, der die Hybris und Eitelkeit der Dichter verdammt hat, ist uneitel und demütig geblieben. Vielleicht erhielt ihm das die schöne Fähigkeit zur Bewunderung. Die Verse, die er dem Freunde Czesław Miłosz widmet, zeigen das. Sie zeigen auch, wie Różewicz seine eigene Poesie einschätzt.

Er sieht sich – mit dem Titel dieses Gedichts – als »Poeta emeritus«, als alten Mann auf einer Bank, dem ein Rabe geflogen kommt und mit schwarzer Feder den Mund verschließt. Natürlich kann dieser Rabe seine Abkunft nicht ganz verleugnen. Er ist der letzte Bote des Traumes, den Edgar Allan Poe vom vollkommenen Gedicht träumte. Mehr noch. Über all dem ist auch jener Traum ausgeträumt, dem Horaz die klassische Prägung gab – das »Non omnis moriar« (Nicht gänzlich werde ich sterben). Auch Różewicz erweist ihm noch einmal Reverenz. Nämlich durch seine Umkehrung: »Ich weiß ich sterbe ganz.«

Różewicz wäre nicht der Weise, zu dem ihn sein Zweifel macht, zöge er aus seiner Skepsis nicht Trost. Er besteht für ihn in der Kraft, »außerhalb der poesie fortzudauern«. Wer dennoch weiterschreibt, schreibt »an den Rändern der Poesie«: »nach fünfzig jahren / des schreibens / kann sich die poesie / dem dichter offenbaren / in form eines baumes« – vielleicht also allen, die Augen haben zu sehen.

Wem aber diese Befunde, diese »ernsten Verwarnungen« zu streng und defätistisch sind, der halte sich an einige wie improvisiert wirkende kürzere Texte. Sie zeigen den Charme, zu dem Różewiz fähig ist. Man findet dort die Antwort auf die Frage, warum die Dichter Wodka trinken. Aber auch versteckt als »Hausaufgabe« eine Frage, die jeder Różewicz-Leser beantworten kann: »in der polnischen lyrik / habe ich bisher kein gutes / selbstporträt gelesen.« Der vorliegende Band ist dieses Selbstporträt.

Bleibt noch das längste Gedicht, das Satyrspiel in Form eines fiktiven Interviews. Wie hält der alte Róż ewicz es mit dem Ruhm? Unter dem Titel »Ruhm« heißt es: »Stets im oktober (an meinem geburtstag) / fragen die mich ob ich mich freue / daß ein anderer den nobelpreis bekam (...)« Da lese man weiter, wenn man wissen will, ob Tadeusz Różewicz die Versuchung des Dämons erlebt hat, wie er sich ihrer erwehrt und wie er damit lebt.

Tadeusz Różewicz: Zweite ernste Verwarnung. Ausgewählte Gedichte. Aus dem Polnischen von Henryk Bereska. Hanser: München und Wien 2000.

Gottes Videospiel
Charles Simic: Grübelei im Rinnstein

Lyriker müssen schon ziemlich populär sein, um von berühmten Karikaturisten beehrt zu werden. Bei Charles Simic ist das der Fall. Saul Steinberg hat ihn porträtiert, und so blickt uns ein ziemlich verfremdeter Simic vom Titel seiner *Grübelei im Rinnstein* an. In den USA ist der Dichter schon lange populär, spätestens seit seinen *Selected Early Poems*. Für sie erhielt Simic 1992 den Pulitzer-Preis. Hans Magnus Enzensberger hat ihn daraufhin mit einer ersten deutschen Auswahl vorgestellt: *Ein Buch von Göttern und Teufeln* (1993). »Seine Poesie«, so schrieb er, »ist durch und durch vom amerikanischen Alltag getränkt, von der Tristesse und der Glorie der Straße.«

Ein Satz, dessen Wahrheit durch das Faktum nicht widerlegt wird, daß Simic erst 1954, sechzehnjährig, in die USA gelangte – eine Belgrader Kriegskindheit im Rücken und die Neue Welt vor sich: »Nichts war wie in Europa. Es war schrecklich häßlich und schön auf einmal! Ich mochte Amerika sofort.« Dieser Eindruck muß überaus mächtig gewesen sein, eine Initiation. Er wurde zum Impuls eines Schreibens, der für sechzehn Lyrikbände gut war. Dazu für einige weitere Bücher. Zwei dieser anderen Bücher sind auch auf Deutsch erschienen. Zunächst die sardonisch-humoristische Autobiographie *Die Fliege in der Suppe* (1997). Dann, für Simic fast noch bezeichnender, ein Buch über den amerikanischen Künstler Joseph Cornell. Sein Titel *Medici Groschengrab* bezieht sich auf Cornells Schaukästen und Installationen, die die

Fundstücke des Alltags mit den Symbolen der Hochkultur zusammenbringen.

Diese Verschränkung von Alltag und Symbol, die Kunst, das Gewöhnliche als geheimnisvoll erscheinen zu lassen, ist auch das Gesetz von Simic' Poesie. Die neue Auswahl *Grübelei im Rinnstein* macht das besonders deutlich. Von den frühen Stücken bis zu den neuesten »Unpublished Poems« gibt es immer wieder diese Epiphanien, in denen – nach James Joyce – die Seele des gewöhnlichsten Objekts zu strahlen scheint.

Dieser epiphanische Glanz kommt in einem der frühen Gedichte aus einer nächtens geschlossenen Metzgerei: »Da ist ein einziges Licht im Laden, / Wie das Licht, in dem der Sträfling seinen Tunnel gräbt.« In den Gedichten aus jüngster Zeit gibt es solch profane Orte, etwa eine Küche oder eine Bäckerei. Simic schafft in seinen Szenen gerade soviel Dunkelheit, daß auch eine kleine Plötzlichkeit dem gewöhnlichen Moment einen geheimnisvollen Sinn gibt. »Eine Unbekannte löste sich aus dem Hintergrund«, heißt es in dem Bäckerei-Gedicht: »Ihr Gesicht wirkte ernst, die Augen verschleiert, / Als sie mir eine Semmel in die Hand drückte, / So als hätte sie immer gewußt, an was ich dachte.«

Die Bilder, die Simic für das Geheimnis findet, sind keine Allegorien, die in gängige Symbolik zu übersetzen wären. Dem Skeptiker ist es verwehrt, seine profanen Erleuchtungen als Brot und Wein auszugeben. Sie erscheinen ungerufen; und sie erscheinen nur, wenn sie nicht herbeigezwungen werden. Simic ist viel zu sehr vom dunklen Gewimmel der Alltagswelt fasziniert, um ihr nicht den größten Anteil an seinen Gedichten einzuräumen. Alltag ist ihm eine Welt latenter Gewalt, in der man auf der Hut sein muß: »An den Straßenecken standen junge Schläger herum / mit Kreuzen und Nieten an ihren Lederjacken«, heißt es in einem Gedicht; und es endet: »Gleich würden sie uns um Feuer bitten.«

Auch das Böse hat seine Epiphanien, und Simic weicht ihnen nicht aus. Der Schurz des Metzgers ist eine Karte der großen Kontinente des Blutes. Der Junge, dem die Blätter eines zerlesenen Geschichtsbuchs in den Fluß fallen, sieht von der Eisenbahnbrücke auf einen Schleppkahn, von dem ein Krüppel winkt. Und von der Geschichte heißt es, daß sie ihre

Schere im Dunkeln ausprobiert, »so daß am Ende allem und jedem / ein Arm fehlt oder ein Bein«. Ecce historia! hätte Benn gesagt; doch für Simic ist die Zeit der pathetischen Seufzer längst vorbei. Er rechnet mit seinen Beständen und weiß zugleich, daß dieses Rechnen nie aufgeht und das Rätsel bleibt.

So maßt der Lyriker sich keine Rolle an; am wenigsten die eines Sinngebers oder Heilbringers. Er sieht sich als Mann auf der Straße, der in den Taschen nach Kleingeld wühlt und feststellt, daß jede ein Loch hat. Trotzdem wird er verfolgt; und die ihm folgen sind »blind, taub, wahnsinnig, obdachlos«. Immerhin halten sie respektvoll Abstand: »Du bist unser König! schrieen sie. / Unser Häuptling! / Der Welt größter Löwenbändiger!« So sieht sich Simic als Ritter von der traurigen Gestalt. Eben nur Narr, nur Dichter.

Am liebsten würde er sich ganz in die Schrift zurückziehen, als ein bißchen Gekritzel an der Wand eines x-beliebigen Schuppens. Er weiß solche Demutsbekundung auch sprachphilosophisch, linguistisch zu wenden. Übrigens das einzige Mal, daß das lyrische Ich seinen Klarnamen nennt: »Charles Simic ist ein Satz« lautet der Eingang dieser eigentümlichen Beweisführung, die sich – wie könnte es anders sein – selber ad absurdum führt. Auf die Frage, was das Subjekt dieses Satzes sei, kommt die munter-ironische Antwort: »Das Subjekt ist unser heißgeliebter Charles Simic.« Auf die Frage nach dem Objekt heißt es ironisch: »Das Objekt, meine Kleinen, / Ist noch nicht in Sicht.«

Wäre es anders, hätten wir einen Poeten vor uns, der, im Besitz glänzender, doch falscher Münzen uns das Heil verspräche. Wir lieben die leeren Taschen, aus denen Charles Simic uns eine Semmel hervorzaubert. Wir lieben den »Vertreter für Feuerwerksknaller«, der im Motelbett rauchend sich das Zeitungsbild eines Typen anschaut, »der wie Jesus aussah / Und ein Pastetenwettessen in Texas gewonnen hatte«. Und wenn Simic sich schon einmal zur Rolle des Predigers aufrafft, dann ist auch das eine Maske für den frommen Skeptiker, der er ist. Dann läßt er den Prediger sagen: »Ich wäre gern das Videospiel Gottes / In einer geschlossenen Automatenhalle // In einer dunklen Straße. // Die orangenen Lichter blinken ganz von selbst // Die ganze Nacht.« Mehr Licht ist nicht. Aber auch künstliches Licht ist irgendwie echt. Jedenfalls hier, bei Charles Simic.

Charles Simic: Grübelei im Rinnstein. Ausgewählte Gedichte. Aus dem Amerikanischen von Hans Magnus Enzensberger, Michael Krüger, Rainer G. Schmidt und Jan Wagner. Edition Akzente. Hanser: München und Wien 2000.

Der Kampfplatz ist die Poesie
Michael Hofmann: Feineinstellungen

Franz Kafka hat seinen Brief an den Vater weder abgeschickt, noch gar dem Adressaten selbst in die Hand gedrückt. Aber er hat dieses private Zeugnis auf der Schreibmaschine geschrieben und handschriftlich korrigiert, als wäre es ein literarischer Text. Natürlich kam Kafka nie auf die Idee, seinen Vater-Brief drucken zu lassen.

Wäre das anders, wenn er heute lebte und sein Vaterproblem in Gedichtform traktierte? Ein Auswahlband des englischen Lyrikers Michael Hofmann bringt mich auf diese Frage. Er trägt den Titel *Feineinstellungen*, und das gleichnamige Gedicht evoziert als eine der vielen Vater-Szenen die folgende: »Eine Flüchtlingskindheit war das. Mit vier wurde ich um den / Tisch gejagt, rundherum, von meinem Vater, er fiel / hin und brach sich den Arm, den er wider mich hatte erheben wollen.« Man beachte, wie in der ödipalen Revolte das Crimen verkehrt wird. Nicht der Sohn hebt den Arm wider den Vater, sondern umgekehrt. Doch das Malheur, das wie eine Strafe der Tat auf dem Fuß folgt, verschafft dem Opfer keine Beruhigung, sondern schwärt nur weiter in der Erinnerung.

Jeder Dichter hat eine Obsession, eine geheime oder eine offenbare. Die des englischen Dichters Michael Hofmann ist sein Vater, der 1993 gestorbene deutsche Schriftsteller Gert Hofmann. Dieser war ein ausgezeichneter Erzähler, und sein Sohn, 1957 in Freiburg geboren und seit seinem vierten Lebensjahr in England lebend, wurde ein anerkannter, mehrfach mit Preisen ausgezeichneter englischer Lyriker. Literatur lag also in der Familie; und offenbar nicht ohne Erfolg. Dennoch mag die Schreibkonkurrenz mit dem erfolgreichen Vater als Zwang und unbefriedigende Kompensation erscheinen. Das zeitigt Rivalität, nicht unbedingt Rache. Andererseits hat Michael Hofmann als Übersetzer der deutschen Literatur seinen Tribut entrichtet und Brecht, Kafka, Joseph Roth, Koeppen, Süskind und andere ins Englische gebracht – nicht zuletzt auch seinen Vater.

Vor allem aber zeigt die Entwicklung seiner Lyrik, daß das Vaterproblem nicht von Anfang an sein Dichten bestimmte. Michael Hofmanns erster Gedichtband *Nights in the Iron Hotel* (1984) handelt primär von den Lebens- und Liebesproblemen seiner eigenen Generation. »Wir sind fasziniert von unserer Betäubung, / unserer Unfähigkeit zu funktionieren«, heißt es im Titelgedicht, nachzulesen in einer kleinen Auswahl in den Akzenten (4/1995).

Erst mit dem Band *Acrimony* (1986) wird der Vater zum zentralen Thema, und die Schärfe oder Bissigkeit, die der Titel »Acrimony« evoziert, bestimmt auch den Ton des nachfolgenden Bandes *Corona, Corona* (1993). An der Dominanz der Vaterfigur änderte auch der Tod Gert Hofmanns nichts. *Aproximately Nowhere* (1999) umkreist – obsessiv wie eh und je, wenn auch im Ton deutlich verändert – die Gestalt des Toten. Der deutsche Auswahlband, der das Frühwerk ostentativ ausspart, wird somit zur Vater-Trilogie, zu einem aus Gedichten kompilierten Brief an den Vater.

Zwar wird Kafka in den Gedichten nicht erwähnt, aber der Sohn läßt ein paar Zeilen Joseph Roths auf des Vaters Tisch »bluten«: »Ich habe meinen Vater nie gekannt – Zipper aber besaß einen.« Michael nimmt den Prozeß gegen den Vater auf. »Legs auf den Nachttisch!«, sagte Hermann Kafka, wenn der schriftstellernde Sohn ihm eines seiner Bücher überreichen wollte. »Michael, noch etwas zum Lesen für Dich«, schreibt Gert Hofmann – freundlich und wohl etwas gedankenlos – dem Sohn in ein Buch, und dieser fühlt sich fortan zum »unbedingten Ungehorsam« angestachelt. Er hat sich entschlossen, die Rollen umzukehren, den Vater auf seinem ureigenen Feld zu schlagen.

Daher die enorme Bedeutung, die Literatur für Michael Hofmann gewinnt; und das schon durch die Wahl der Gattung. Seine erzählende Lyrik ist eine Reaktion auf des Vaters Erzählprosa – eine Reaktion aus dem Doppelgefühl von Superiorität und Schwäche, aus Liebe und Haß. Der Kampfplatz ist die Poesie. Der verlorene Sohn, der dennoch triumphiert, doch seines Triumphes nicht recht froh wird – das ist die Rolle, die Michael Hofmann variiert. Diese Rolle ist nicht denkbar ohne eine Wunde, ohne voraufgegangene Verletzung. Doch muß man die Texte von *Feineinstellungen* bei all ihrer Fülle biographischer Details als ästhetische Gebilde lesen, sonst verfehlt man ihre tiefe Ambivalenz.

Aber die Verletzung – woher kam sie? Aus der Schwäche oder der Übermacht des schreibenden Vaters? Vielleicht schlicht aus dem Gefühl des Kindes, »ausgebootet« worden zu sein, als die Eltern nach Deutschland zurückgingen. Hofmanns Gedichte – und das ist ihre Stärke – geben keine abschließende Antwort, sondern führen ihren Prozeß von Fall zu Fall. Am ausführlichsten in dem langen Gedicht, dessen Titel »Autor, Autor« zwischen Klage und Verhöhnung oszilliert. Das Motto »verba volant, scripta manent« zielt jedoch auf die Unerbittlichkeit der literarischen Darstellung. Schonungslos wird der altgewordene Vater in seiner Hinfälligkeit ausgestellt, »beim lauten Kauen mit offenem Mund, lustlos, / hemmungslos, hemmend, und falls er spricht, spricht er vom Essen?« Doch auch der Sohn schont sich selbst nicht, gerade weil er sich die überlegene Position verschafft hat, um zu »beobachten, wie ich ihn beobachte, übergenau, falschherzig, / die Muskeln unter dem Hemd gespannt – ein offenes Messer!«

So wird der Vatermord ins Schreiben verschoben und metaphorisiert: das offene Messer ist ein Bild für die Muskelspannung, die sich im Schreiben löst. Wie etliche andere Gedichte endet »Autor, Autor« mit Fragen: »Zu welchem Ende könnte das führen, frage ich mich. / Kämpfen; Räsonieren über Literatur und Politik; gemeinsame Besäufnisse? // Ihm einen Gutenachtkuß geben, als wäre mein halbes Leben ungeschehen?«

Der Tod des Vaters entwindet dem potentiellen Parricida vollends das Messer, ohne ihn nachträglich kompromißbereit und sentimental zu machen. Jetzt strömen die Erinnerungen, und auch die Mutter wird einbezogen und mit ihr die siebenunddreißig Jahre einer Ehe. Immer noch gibt es Reflexe erfahrener oder vermuteter Kränkungen. Auch Michael Hofmann könnte sich, wie Kafka, als einen »in Wahrheit enterbten Sohn« begreifen. Zwar deutet er eine »cholerisch hingeworfene Notiz« als Enterbung, aber er liest sie (so im englischen Original) als »part of your *Krankheitsbild*«, ja er entschließt sich zu einem positiven Gefühl, das sich seiner Ambivalenz bewußt bleibt: »Ein Koller, dachte ich, sanftmütig, mitfühlend, *kleiner Papa*.«

Der Dichter, inzwischen selbst in den Vierzigern, entdeckt nun, wie viel ihn mit seinem Vater verbindet, und registriert das nicht ohne Selbstbezichtigung: »Ich lasse das Radio laufen, häufiger noch als mein Vater.« Er findet aber auch die Freiheit, sich neuen Themen zuzuwenden; und in einem Gedicht in memoriam Joseph Brodsky stellt er sich die Frage: »Wie viele Leben stehen einem Mann zu?«

Das ist ein neuer Ton bei Michael Hofmann. Der »Tag der Abrechnung«, wie eines der frühen Gedichte heißt, liegt lange zurück. Er schreibt nun Zeilen der Trauer und nimmt ihnen den Anflug von Solipsismus: »Ich trage Trauer um mein Leben – unser Leben; unser Leben?« Auch wieder eine Frage, wie sie dieser Dichter liebt, aber nicht aus Aggression, sondern aus Reife. Das letzte Gedicht dieses faszinierenden Bandes, den Marcel Beyer kongenial, aber auch mit manch schöner Freiheit übersetzt hat, ist »Litanei«, ein Gebet um die Gabe der Erinnerung – und Mnemosyne ist bekanntlich die Mutter der Musen.

Michael Hofmann: Feineinstellungen. Englisch-Deutsch. Übertragen von Marcel Beyer. DuMont: Köln 2001.

Wo ein Vater ist, ist auch ein Erbrecht
Bei Dao: Post bellum

Als im Juni 1989 das Massaker auf dem Platz des Himmlischen Friedens geschah, saß der Dichter Bei Dao als Gast des DAAD in der Berliner Güntzelstraße vor dem Fernseher. Er mochte ahnen, daß ein Exil begann, dessen Ende nicht abzusehen war.

Denn er vor allem war es, dessen Verse Chinas rebellierende Jugend während des Ersten wie des Zweiten Frühlings, also in den Jahren 1978-1980 und 1989 rezitiert und auf ihre Transparente geschrieben hatte – Verse wie diese: »Erbärmlichkeit ist das Paßwort der Erbärmlichen, / Redlichkeit ist der Grabspruch der Redlichen.«

Bei Dao, der redlich bleiben wollte, forderte Februar 1989 in einem Offenen Brief die Freilassung des inhaftierten Wei Jingsheng. Dieser von vierzig Intellektuellen unterzeichnete Brief löste eine breite Kampagne für Menschenrechte aus. Seitdem ist der Dichter in China persona non grata. In seiner Heimat von Verhaftung bedroht, lebt er seither im Exil, zurzeit in Davis, Kalifornien.

Die Jahre im Exil haben dem Ruhm des Dichters keinen Abbruch getan. Im Gegenteil: Bei Dao ist in gut zwei Dutzend Sprachen übersetzt und gilt gegenwärtig als der repräsentative chinesische Poet und als Nobelpreiskandidat. Aber kein Exil ist folgenlos. Nicht daß der Dichter seine moralische Unbeugsamkeit aufgegeben und sein Leiden am Vaterland vergessen hätte, aber sein Ton hat sich geändert, ist persönlicher, gedämpfter geworden. Kürzlich, beim Berliner Literaturfestival, fragte er mit sarkastischer Ironie: »Wer kennt die Kniffe von Niederlagen?«

Ist die Hoffnung aufgebraucht? In der vor zehn Jahren erschienenen Auswahl *Notizen vom Sonnenstaat* gab es sie noch. In dem nach der Niederschlagung der Tiananmen-Revolte geschriebenen Gedicht »Tage des Frosts« hieß es: »Die alten Wünsche sind weiter wach.« Der neue Band trägt den hintersinnigen Titel *Post bellum* – Nach dem Krieg. Was ja auch heißt, daß ein Frieden noch nicht sichtbar ist. Am Anfang dieser Gedichte steht die Einsicht: »Begonnen hat das Exil der Worte.« Weiterschreiben heißt für den Dichter zunächst einmal, sich gegen Melancholie und Resignation zu behaupten. Er weiß, daß er seinen »Posten« nicht verlassen darf: »Nur einen Schritt / Nein, ganze zehn Jahre / Mein Zeitalter hinter mir / rührt plötzlich die Trommel.«

Nicht alle Gedichte sind von solcher Eindeutigkeit. Im Titelgedicht »Post Bellum« muß offenbleiben, worauf die Eingangsverse deuten: »Gestalten, destilliert im Traum / werfen am Horizont die Fahnen fort.« Ist es Freund oder Feind, der da kapituliert? Und welche Art Traum hat diese Gestalten »destilliert«? Der Übersetzer Wolfgang Kubin verweist darauf, daß im Chinesischen manches grammatisch offenbleiben kann, was in einer westlichen Sprache Präzisierung verlangt. Hier wäre solche Präzisierung angezeigt. Andererseits weiß der Leser die Knappheit und den poetischen Charme vieler Prägungen zu schätzen. So den enigmatischen Schluß des erwähnten Gedichts. Man liest ihn als Chiffre des Überstehens: »Unser Schweigen / wird Strohbrei, wird / Papier, ein Winter / zur Heilung von Schreibwunden.«

Solche Dunkelheiten und Verschweigungen gehören zu Bei Daos Kunst der poetischen Subversion. Die Regierung wußte wohl, warum sie den Dichter seinerzeit als obskur und hermetisch verfemte. Stärker als Anklagen sind Klagen, stärker als die Agitation der Trostgesang. Eines der schönsten Gedichte von *Post bellum* ist der bei einem Rettungsversuch ertrunkenen Schwester gewidmet. Dieser »Trostgesang« ruft Hoffnung gegen alle Hoffnung auf, nämlich: »aber Gedichte korrigieren das Leben / korrigieren das Echo der Gedichte.«

Wolfgang Kubin führt Bei Daos primären Schreibimpuls auf die Rebellion gegen einen angepaßten Vater zurück. Unter diesem Aspekt liest sich das um 1989/90 entstandene Gedicht »Prag« als Parabel. In ihr wird ein anderer Sohn beschworen: »Der junge Kafka streicht am Altstädter Ring vorbei / Er träumt vom Schuleschwänzen, der Traum / ist ein strenger Vater hoch in den Wolken.« Bei Dao will nicht Kafka denunzieren. Ihm geht es um den strahlenden Kontrast, um einen nie aufzugebenden Anspruch: »Wo ein Vater ist, ist auch ein Erbrecht.« Der Leser kann nicht umhin, das als Anspruch eines verloren-unverlorenen Sohnes aufzufassen. Vielleicht begreift man das bald auch in Bei Daos Vaterland.

Bei Dao: Post Bellum. Gedichte. Aus dem Chinesischen und mit einer Nachbemerkung von Wolfgang Kubin. Hanser: München und Wien 2001.

Die Fahnen von einst sind weggepackt
Jannis Ritsos: Die Umkehrbilder des Schweigens

Als Kind, so erzählt der Dichter, sei er auf dem täglichen Schulweg am Schlachthaus vorübergerannt, um dem Geschrei der verendenden Tiere zu entkommen. Dann aber habe er sich zum langsamen Gehen gezwungen und schließlich das Gebäude betreten, um das Gemetzel auf sich wirken zu lassen: »Ich wollte mich nicht mehr an den Tod gewöhnen, mich mit ihm aussöhnen – ihn bekämpfen wollte ich.« Wie Elias Canetti, der große Verneiner des Todes, hat auch der 1990 gestorbene Dichter Jannis Ritsos sein Leben als Revolte gegen den Tod verstanden, als »eine endlose Schlacht gegen den Tod«.

Diese Schlacht hat der junge Ritsos zunächst ganz unmetaphorisch gegen die Tuberkulose geführt. Die Jahre 1927 bis 1931 verbrachte er in verschiedenen Sanatorien. In der Armenabteilung einer solchen Klinik hatte er, angeregt durch die Lektüre von Gorkis *Mutter*, angefangen, sich mit sozialistischen Ideen zu beschäftigen. Kommunistische Freunde führten ihn 1934 in die Partei und 1941 in den Widerstand. Aber Ritsos' politische Wirkung basierte von Anfang an auf seiner Arbeit als Dichter. *Epitaphios*, ein Zyklus, der die Toten einer vom General Metaxas niedergeschlagenen Demonstration beklagte, hatte ihn 1936 berühmt gemacht. Für die folgenden Jahrzehnte wurde Ritsos zur Symbolfigur des gewaltlosen Widerstands. In den Jahren, als der Dichter immer wieder in Straf- und Umerziehungslagern interniert war, schrieb er, ein Holzbrett auf den Knien, seine Verse, die heimlich von Hand zu Hand gingen. Erst 1974, nach dem Sturz der Junta und der Aufhebung der Zensur, kam er endgültig frei; ungebrochen und eine internationale Berühmtheit.

Natürlich war Jannis Ritsos auch eine Symbolfigur der westeuropäischen Linken – zumal der deutschen. Er mußte schon deshalb faszinieren, weil für diesen linken Archaiker Volkstümlichkeit und Engagement keine Gegensätze waren. Ritsos wollte »ein Dichter des letzten Jahrhunderts vor dem Menschen« sein. Ein Wunsch, den der Dichter 1942 formuliert hatte, als der spätere Kollaps der sozialistischen Utopie nicht abzusehen war. Auch Ritsos ist von der Desillusionierung eingeholt worden. Doch hat er auch abgeschworen?

Klaus-Peter Wedekind hat sich schon vor Jahren gegen die linke Inanspruchnahme des Dichters gewandt. In seiner soeben wieder aufgelegten Auswahl *Gedichte* (1991) stellte er einen anderen Ritsos vor: einen Dichter, der Gewalt und Verführbarkeit auch in den Opfern der Unterdrückung erkennt. Jetzt, im Nachwort zu dem späten Zyklus *Die Umkehrbilder des Schweigens*, setzt Wedekind eine Argumentation fort, die Ritsos' Parteinahme relativieren soll. Ritsos ist ihm der Dichter des emphatischen Sehens, das zur Aufforderung zum Leben wird. Exempel dafür ist der letzte große Gedichtkreis, den der Dichter, unheilbar an Krebs erkrankt, in wenigen Sommerwochen 1987 geschrieben und als sein Vermächtnis angesehen hat.

Der Ort, in dem die *Umkehrbilder des Schweigens* geschrieben wurden, ist nicht zufällig. Karlóvassi, ein Städtchen an der Nordküste von Samos, wo Ritsos' Frau als Ärztin praktizierte, war seit Mitte der fünfziger Jahre des Dichters zweiter Wohnsitz – vor allem im Sommer, wenn Athen zu stickig wurde. Das Haus dort war freilich auch der Ort, darin der Dichter seit Ende 1968 für zwei Jahre unter Arrest stand. Karlóvassi, ein Ort der Erinnerung wie der Gegenwart, führt in das Zentrum von Ritsos' Werk.

Die 68 Gedichte dieses späten Zyklus bilden ein lyrisches Tagebuch, das ein merkwürdig stabiles Gleichgewicht zwischen Welt und Subjekt bewahrt. Ritsos beginnt zumeist mit Wahrnehmungen, die ihm die kleine Hafenstadt zuträgt, um daran seine Reflexion und Chiffren zu schließen. Er malt Genrebilder, die ins Bedrohliche umkippen. Selbst »Müßige Tage« erinnern ihn an Traumata der Vergangenheit, etwa die Ankunft der »drei Motorisierten«: Sie »setzten ihre Motorradhelme ab, / streckten den rechten Arm aus und wiesen genau auf mich.«.

Was aber ist mit den politischen Hoffnungen, mit der sozialistischen Utopie? Es ist offenbar eine »Zeit nach Troja«. »Die Fahnen von einst sind weggepackt«, heißt es dort, »zusammen mit den Faschingskostümen, ohne Mottenpulver.« Ritsos liebt solche ironischen Brechungen. Sie erlauben ihm, seine

Gedichte pathetisch zu schließen, ohne plakativ zu werden. Das kommt vor allem den parabolischen Texten zugute. »Nach ihrem gescheiterten Aufstieg begegneten wir den Bergsteigern. / Sie hatten noch eine zerrissene Decke und eine rote Mütze«, beginnt das Gedicht *Schluß*. Auf Bilder der Desillusionierung und Entfremdung folgt abrupt dieser Schlußvers: »Dann stieg der gewaltige Stier aufs Dach und verschlang die Fahne.« Picassos Guernica-Stier verschlingt die Rote Fahne – ein Triumph des Lebens oder letzte Destruktion?

Einen Wink erwarten wir vom abschließenden, ausdrücklich als »Epilog« deklarierten Text. Dort spricht eine Persona – wohl das Alter ego des Dichters – und beteuert: »Die Schönheit / – niemals verriet ich sie.« Sie verweist mit pathetischem Gestus auf einen anderen, auf »Ihn, der den Hügel hinaufsteigt im Sonnenuntergang ganz von Gold. Seht: / Am linken Ärmel hat er einen tiefroten viereckigen Flicken. Der / ist nicht sehr deutlich zu erkennen.« – Nicht eben deutlich ist auch die Symbolik. Schwer zu entscheiden, wer – außer dem Dichter selbst – in dieser Figur gemeint ist. Von der Fahne der Revolution bleibt ein Flicken, wenn auch »tiefrot«. Das ist, immer noch, Apotheose, zugleich aber Verabschiedung. Der Dichter verlangt nichts als Memoria, ein Angedenken: »Vielleicht deshalb vor allem lohnte es sich, daß ihr an mich zurückdenkt.«

Kein Zweifel, daß es sich lohnt, an den Dichter Jannis Ritsos zurückzudenken. An den Verfasser des *Epitaphios* ebenso wie an den Dichter dieser späten *Umkehrbilder des Schweigens*. Man darf ihren Titel nicht bloß aus der Dialektik von Reden und Schweigen begreifen, sondern auch aus der alten Tradition der Vexierbilder. In ihnen ist der späte Ritsos ein Meister.

Jannis Ritsos: Die Umkehrbilder des Schweigens. Gedichte. Griechisch und deutsch. Aus dem Griechischen und mit einem Nachwort von Klaus-Peter Wedekind. Suhrkamp: Frankfurt am Main 2001.

Tiefe Stimme
Olga Orozco: Die letzten Splitter des Lichts

»Ich schreibe Tangos, aber mit Kategorie« – soll die Grande Dame der argentinischen Lyrik nach ihrem Auftritt beim Poesie-Festival in Rosario Juni 1995 beim Tee geäußert haben. Was Olga Orozco mit »Kategorie« gemeint haben mag, läßt die beiläufige selbstironische Bemerkung offen. Das mit dem Tango nimmt man ihr gern ab; vielleicht ein bißchen schnell sogar. Aber wenn es um die erste deutschsprachige Ausgabe ihrer Lyrik geht, mag das Anekdotische uns den Blick auf einen so hochpoetischen Titel wie *Die letzten Splitter des Lichts* freigeben. Und auf die Bedingungen einer weiblichen Karriere im Argentinien der Zeit nach 1945.

Olga Orozco, als Olga Gugliota 1920 in Toay, einem Ort in der Provinz La Pampa geboren, kam mit sechzehn Jahren nach Buenos Aires. Aber mehr als das dort begonnene Literaturstudium interessierte sie die Gruppe um die Poesiezeitschrift *Canto*, in der sie ihre ersten Gedichte unter dem Nachnamen ihrer Mutter publizierte. Der große Rafael Alberti, der damals in Argentinien im Exil lebte, empfahl sie einem Verleger, und so erschien 1946 ihr Debütband *Desde lejos* (Von weit). Inzwischen hatte Olga mit dem Schreiben von Theaterkritiken fürs Radio begonnen, und wegen ihrer tiefen Stimme erhielt die junge Poetin das Angebot, Rundfunksprecherin zu werden.

In den sechziger Jahren schrieb Olga Orozco Kolumnen für eine Frauenzeitschrift: über neue Bücher, Wissenschaft, Mode, Künstlerbiographien, Okkultismus, ja sogar Leserbriefe über Liebe und (davon getrennt) Frivoles. Das alles anonym und – Tucholskys »5 PS« übertreffend – unter sieben Pseudonymen. Zum Alltag der Dichterin gehörte auch die Arbeit als Sekretärin, Lektorin und Herausgeberin. Zudem übersetzte Olga Orozco Stücke von Adamov, Anouilh, Ionesco und Pirandello.

Vor diesem Lebenshintergrund ist das Werk der Autorin zu sehen, das im folgenden halben Jahrhundert bis zu ihrem Tod 1999 entstand: acht weitere Gedichtbücher, dazu zwei Bände mit Erzählungen. Ihr letzter zu Lebzeiten publizierter Gedichtband ist *Con esta boca, en este mundo* (Mit diesem Mund, in dieser Welt) überschrieben. Da heißt es: »Poesie, unser langer Kampf war ein Kampf auf den Tod mit dem Tod. / Wir haben gewonnen. Wir haben verloren, / denn wie benennen mit diesem Mund, / wie benennen in dieser Welt, mit diesem einzigen Mund in dieser Welt, mit diesem einzigen Mund?«

Eine Frage von großer vitaler Insistenz. Eine Frage auch nach der Sprache als Problem der poetischen Moderne. Es ist der hymnisch-elegische Part dieser Moderne, mit dem Olga Orozco – auch verstechnisch – sympathisiert. Sie liebt und spottet zugleich über ihre »unvermeidlich« breiten Langverse, die – jedenfalls in den deutschen Versionen – den Satzspiegel zu sprengen scheinen. Zu ihren Vorbildern gehörten Rimbaud, Baudelaire und der Rilke der *Duineser Elegien*. Ihr Gedicht »Maldoror« trägt ein Motto von Lautréamont. »Im April oder Oktober« ist ein Tribut an T. S. Eliot. Das Poem überträgt die Gefühlsproblematik des europäischen April auf die jahreszeitliche Entsprechung der südlichen Erdhalbkugel – und so ist April, »the cruellest month«, wie wir seit Eliot zu fühlen haben, der argentinische Oktober: »¿Que el más cruel de los meses es abril, es decir nuestro octubre?« – »Der Schrecklichste aller Monate ist April, heißt das unser Oktober?«

In einem entscheidenden Punkt unterscheidet sich Olga Orozco vom Spiel mit den Masken und Stimmen der europäischen Poesie. Ihr ist Rimbauds »Ich ist ein anderer« wohlbekannt, aber gerade deshalb trotzt sie dem Ich-Problem ein Gedicht ab, das trotzig und selbstbewußt mit ihrem Namen überschrieben ist. Es ist das Gedicht einer Frau Anfang Dreißig, doch es steht in dem Buch, das *Las muertes* (Die Tode) heißt: »Ich, Olga Orozco, sage allen aus deinem Herzen, daß ich sterbe.« Der Fortgang klingt wie ein Vermächtnis: »Von meinem Aufenthalt bleiben die magischen Rituale zurück, / manche vom Hauch einer schonungslosen Liebe verbrauchte Daten, / die ferne Rauchwolke des Hauses, in dem wir nie waren, / und einige verstreute Gesten zwischen den Gesten anderer, die mich nicht kannten.«

Bei diesem schönen und schwermütigen Gestus darf man an die nun weniger befremdenden Bemerkung der Poetin denken, sie schreibe Tangos, »aber mit Kategorie«. Pathos und Ironie gehörten für Olga Orozco zusammen. Ein Zeichen ihrer

Größe. Der kategorische Tangoklang ihrer raumgreifenden und zugleich disziplinierten Gedichte ist auch im Deutschen zu spüren. So ist den beiden Übersetzern Juana und Tobias Burghardt zu danken. Rühmenswert ist auch die Zweisprachigkeit dieser mit nützlichen Informationen und einem Fototeil versehenen Ausgabe.

Olga Orozco: Die letzten Splitter des Lichts / Las últimas astillas del reflejo. Gedichte / Poemas. Aus dem argentinischen Spanisch von Juana und Tobias Burghardt. teamart Verlag: Zürich 2001.

Was ist eigentlich das Glück
Rolf Haufs: Aufgehobene Briefe

Vor fast vierzig Jahren, im Jahr nach der Mauer, erschien *Straße nach Kohlhasenbrück*, der erste Gedichtband eines siebenundzwanzigjährigen Rheinländers, der seinen Job als Exportkaufmann aufgegeben und beschlossen hatte, in Berlin als freier Schriftsteller zu leben. Der junge Rolf Haufs war nicht nach Berlin gekommen, um in die Kneipenträume der damaligen Kreuzberger Boheme einzutauchen. Ihn interessierten die Wundränder der geteilten Stadt, darunter eben jene Straße nach Kohlhasenbrück, von der aus Steinstücken erreicht werden konnte. In dem Gedicht »Steinstücken« heißt es: »Wir sind nicht viele. Doch berühmt. / Willy Brandt braucht einen Passierschein. / Die Pappeln sind spitz. Die Schranke / sieht aus wie eine Kanone.« Unter dem Text steht heute die notwendige Anmerkung: »Steinstücken: ehem. Westberliner Exklave.« Haufs hat übrigens eine Zeitlang in Steinstücken gewohnt.

In seinem dritten Gedichtband *Vorstadtbeichte* (1967) stehen die Zeilen: »Über der schwarzen Havel / gehorchen auch die Wälder.« Dieses Wissen hat Haufs davor bewahrt, in den Aufgeregtheiten der außerparlamentarischen Bewegung auf Schlagworte zu setzen und das Gerede vom Ende der Literatur mitzumachen. Aber wenn es ein Gedicht gibt, das den Beginn des politischen Aufbruchs anschaulich und plausibel macht, dann ist es Haufs »Ein Augenblick im Juni«. Es beginnt: »Sie gab mir eine rote Tomate / Ich aß sie statt sie zu werfen / Ich sagte jetzt schießen sie / Aber sie lachte weil sie nicht wußte / Wie leise Pistolenschüsse sind / In einem Hof.« Mit der Erschießung des Studenten Benno Ohnesorg verbanden viele junge Leute ihre politische Initiation.

Haufs widerstand der Versuchung zur ideologischen Radikalisierung. Was er in den siebziger Jahren schrieb, demonstrierte eher die sukzessive Distanzierung des Autors von Freunden, die sich in dogmatischen Positionen eingeigelt hatten und verbissen schwiegen. Es war für den Dichter eine *Größer werdende Entfernung*. Unter diesem Titel faßte Haufs drei Jahre später seine »Gedichte 1962-1979« zusammen. Ein sprechender Titel für Sichtung und Abschied, die erste große Bilanz des Lyrikers. Aber sie enthielt auch Verse, die die Zukunft offenhielten und ein Weitermachen des Lyrikers ermöglichten: »komm wir reden, sagst du. / Aber jetzt.«

Heute, gut zwei Jahrzehnte später, haben wir mit dem Band *Aufgehobene Briefe* die Bilanz eines Mannes Mitte sechzig. Etwas wie ein Lebenswerk. Oder doch dessen Extrakt aus dreizehn Bänden Lyrik und lyrischer Prosa. Dazu ein knappes Dutzend neuer Gedichte. Nicht der Autor selbst hat ausgewählt, sondern ein befreundeter Lektor, Christoph Buchwald. Er hat dem Band ein gutgelauntes Nachwort beigegeben, die Nachzeichnung eines Kneipengesprächs. Da versucht er, bei fünf Bardolino Riserva, dem auskunftsscheuen Poeten das eine oder andere Bekenntnis zu entlocken. Er bringt »Malte« ins Spiel, ein scherzhaft so genanntes Alter ego des Dichters: Was der strenge Haufs nicht aussprechen mag, darüber ist von Malte durchaus etwas zu hören – etwa: »Anders als in seinen lyrischen Anfängen, sagt Malte und tut, als sei er der Dichter persönlich, geht Haufs heute eher von Sprache und Sprachklang aus als von einem Inhalt.« Malte behauptet sogar, »daß die Geschichte per se den Haufs immer nur vordergründig interessiert hat. Aber da sie nun mal ›parallel‹ zum Leben, zur Biographie verläuft, kann man sie nicht ausklammern, ohne im Esoterischen oder Belanglosen zu landen.«

Ob Malte, ob Haufs – dem kann sich der gegenwärtige Leser durchaus anschließen. Er möchte auch nicht den »Œuvrephasenfetischisten« herauskehren und darauf insistieren, daß sich nach dem Sammelband von 1979 ein anderer, ein gelösterer, souveränerer Haufs zeigt. Denn er muß zugleich einräumen, daß es einen unverwechselbaren Ton gibt, der von Anfang an da ist. Das zeigt sich in der Komposition des Bandes. *Aufgehobene Briefe* ist nämlich nicht chronologisch sondern thematisch geordnet.

Interessant aber sind die Mischungen und Übergänge. Nicht erst seit *Kinderjuni* (1984) gibt es die lyrischen Stenogramme einer durch den Krieg traumatisierten Kindheit: »Brandroter Himmel über den Steinen / Schrie daß die Seele / Beschädigt lebenslang.« Es gibt wenige Lyriker, die so unsentimental und genau über Kindheit im Nazireich geschrieben haben wie Haufs. Etwa über die Verschüttung nach einem Bombenangriff, über einen autoritären Vater oder die Erziehung in Kinderheimen: »Ich trat / In eine Scherbe mein Fuß / Blutete Hitler / Sah weg.«

Biographie hat immer mit Geschichte zu tun. Auch in den Gedichten, in denen das Berliner Lokalkolorit der Hintergrund ist, vor dem sich das bekannte lyrische Ich mit den Problemen von Liebe und Sex, Ehe und Partnerschaft herumschlägt. Der flotte Titel »Rote Stiefel«, der über der einschlägigen Abteilung lockt, sollte uns nicht täuschen. Haufs ist ein Meister in der Darstellung von Frust und Resignation. Etwa in jenem Gedicht, in dem das frisch miteinander bekannte Paar eine Ausstellung aufsucht (»Salon Imaginaire«), miteinander zu Abend ißt und zu diesem Schluß kommt: »Als es dann endlich soweit war / Sagte sie wir könnten doch / Auch eine Platte anhören / Bob Dylan auf CBS S 62739.«

Die schönsten und wichtigsten Gedichte des Bandes finden sich in dem Kapitel »Galerie«. Es sind Hommagen auf Kollegen wie Franz Schonauer, Günter Grass, Erich Arendt, Günter Bruno Fuchs, Johannes Bobrowski und Peter Huchel. Aber auch auf die rheinische Großmutter oder den legendären »Peppino Portiere » aus der Villa Massimo. »Galerie« beginnt mit einem Gedicht, das »Was ist eigentlich das Glück« überschrieben ist. Ohne Fragezeichen, denn es gibt ja keine Antwort. Auch das Ich des Gedichts, das Probleme mit einer Frau hat, findet sie nicht.

Das ist das »Haufsche Paradox«. Malte erklärt es so: »Du kannst in deinem Leben so viele Erfahrungen machen wie du willst, letzten Endes weißt du gar nichts, nothing, null, nada.« Letzten Endes, meint Buchwald, ist es *der* Antrieb für alle Kunst. Um aber auf »Was ist eigentlich das Glück« zurückzukommen – das erwähnte lyrische Ich, das im Café »unauffällig« ein wenig verzweifelt, macht am Ende des Gedichts eine Erfahrung, die das Nihil transzendiert: *»Dann kommt sie zurück«,* die Frau nämlich. Ob in Wirklichkeit, ob in der Phantasie? Auf jeden Fall aber im Gedicht von Rolf Haufs.

Rolf Haufs: Aufgehobene Briefe. Ausgewählte und neue Gedichte. Zusammengestellt und mit einem Nachwort von Christoph Buchwald. Hanser: München und Wien 2001.

Odysseus in der Unterwelt
Odysseas Elytis: To Axion Esti / Gepriesen Sei – Oxópetra Elegien / Westlich der Trauer

Sich einen Namen machen – diese oft gedankenlos gebrauchte Redewendung hat bei dem großen Lyriker Odysseas Elytis (1911-1996) einen schönen Doppelsinn. Seine Eltern, die aus Lesbos stammten, hatten ihm einen Vornamen gegeben, an dem der Dichter nur wenig zu ändern fand: Odyssefs. Der junge Herr Alepoudelis, wie er von Haus aus hieß, debütierte nach einem abgebrochenen Jurastudium als Maler und Dichter. Die Poesie sollte siegen, zumal er nach Erprobung verschiedener Pseudonyme ein besonders sprechendes fand. Seit 1935 signierte Odyssefs Alepoudelis als *Odysseas Elytis*.

Vom alten Familiennamen Alepoud-elis behielt er das Suffix; wobei »eli« (»ely«) auf »lyo« (lösen, auflösen) verweist. Elytis, der »Löser« – Kein schlechtes Omen für Dichter-Beruf und -Berufung. Mehr noch. Die Anfangsbuchstaben des neuen Namens brachten gewichtige Assoziationen ins Spiel: Griechenland, Hoffnung, Freiheit und Helena (El-las, El-pis, El-ephtheria, El-eni). Wo soviel Sinn konzentriert scheint, haben die Liebhaber des Dichters in »Elytis« weitere Anklänge gefunden. Nämlich an El-uard, El-iot, Hölder-lin. Der Surrealist Eluard, bekannte Elytis, habe ihm geholfen, alte lyrische Formen aufzulösen. T.S. Eliot hat ihn so beeindruckt, daß sein frühes Gedicht »Marina der Felsen« (1940) auf dessen »Marina« (1930) anspielt. Hölderlin schließlich erschien Elytis als »unser ferner Bruder« und wird von ihm mehrfach deutsch zitiert.

Als die Schwedische Akademie 1979 dem Achtundsechzigjährigen den Nobelpreis zuerkannte, konsakrierte sie des Dichters Pseudonym, indem sie es als »komprimierte Programmerklärung« verstand. Aber natürlich pries sie nicht bloß ein Programm, sondern ein Werk, das die Vielstelligkeit des Namens entfaltet hatte. Elytis hatte etwas Überpersönliches geschaffen, nämlich einen neuen griechischen Mythos.

Nicht daß um 1930, als Elytis anfing, nicht genügend Mythologeme zur Hand gewesen wären. Nach der Befreiung aus türkischer Oberhoheit bestand ein enormer Bedarf an nationaler Rechtfertigung. Das Europa des neunzehnten Jahrhunderts hatte den Neugriechen ihre »Gräzität« abgesprochen. Es waren die Dichter, welche diese »Gräzität« wiedergewannen, ohne die nationale Illusion von einem Großgriechenland zu bedienen. 1975 bekannte Elytis in einem Interview: »Ich und meine Generation – und hierzu zähle ich auch Seferis – haben dafür gekämpft, das wahre Gesicht Griechenlands zu finden.«

Worin Elytis' Anteil an diesem Kampf besteht, zeigt immer noch am besten sein 1959 erschienenes Hauptwerk *To Axion Esti* (Würdig ist), das 1969 als *Gepriesen sei* in einer Übersetzung von Günter Dietz erschien und nun in einer überarbeiteten und vorzüglich kommentierten Neuausgabe vorliegt. Mit »Axion esti« beginnt die orthodoxe Meßliturgie, beginnt der Eingang der Lobpreisungen in der Grabesklage am Karfreitag, beginnt das kirchliche Preislied zu Ehren der Gottesmutter. »Axion esti« heißt die Marien-Ikone, die zu Ostern auf Athos verehrt wird, zum Zeichen, daß Griechenland unter dem Schutz der Gottesmutter steht. Begreiflich, daß bei so weitreichenden Symbolbezügen das Gedicht des Odysseas Elytis zu einer nationalen Ikone wurde. Mikis Theodorakis, der Teile davon 1964 als Volksoratorium vertonte, nannte das Poem »die Bibel der griechischen Nation«.

Die erneute Lektüre zeigt, daß *To Axion Esti* immer noch zu beeindrucken vermag. Zwar hat die auf Zahlensymbolik fußende Struktur etwas Hieratisches, einen gewissen Überschuß an Organisation und Gestaltungswillen. Aber viele lyrische Details haben ihre Frische behalten, und auch das zeithistorische Moment ist immer noch nachvollziehbar. Die Dreizahl (Genesis, Passion, Lobgesang) bestimmt übers Religiöse hinaus auch die säkularen Aspekte des Gedichts. Der Mythos integriert die Befreiung des griechischen Volkes von der türkischen Herrschaft. Aber auch seine Passion während der deutschen Besatzung, so die Schilderung einer Vergeltungsaktion der SS in einem griechischen Dorf.

Auch für Elytis ist der Tod ein »Meister aus Deutschland«. Doch von Celan wie von einem Großteil der modernen Lyrik überhaupt trennt ihn das Vertrauen in die Existenz einer letztlich heilen Welt. Stark, ja triumphierend tönt es aus dem *Lobgesang* des Schlusses. Eine ungemein aktuelle Strophe lautet: »Gepriesen die Hand, die endlich zurückkehrt / vom gräßlichen Mord, die für immer begreift / die Welt in Wahrheit, die übermächtige / das Jetzt der Welt und die Ewigkeit.«

Elytis ist ein Dichter der Liebe und der Hoffnung. Das zeigt sich selbst in der Zivilisationskritik des szenischen Gedichts *Maria Nepheli* und findet seinen reinsten Ausdruck in dem Band *Lieder der Liebe* (beide deutsch 1981). Die Titel der Originale bezeugen des Dichters Lust am mehrfachen Schriftsinn. *Maria Nepheli* verweist auf die Wolkengöttin Nephele, die Tod und Trübsal bringt, aber auch auf die Gottesmutter Maria. Und was im Deutschen recht konventionell als *Lieder der Liebe* daherkommt, heißt im Original heiter und spielerisch *Ta Rho tu Erota*, was vielleicht mit »Das L in Liebe« zu übersetzen wäre.

Die Verleihung des Nobelpreises hatte die deutsche Elytis-Rezeption in Gang gebracht. 1984 erschien noch ein Auswahlband *Neue Gedichte*, dann aber wurde es still. Sollte der schon erwähnte Eliot mit seiner bissigen Formulierung recht haben: »Der Nobelpreis ist die Eintrittskarte zum eigenen Begräbnis. Niemand hat je danach noch etwas geschaffen.«

Eliot blieben nach dem Nobelpreis keine sieben Jahre, Elytis dagegen gut anderthalb Jahrzehnte. Er hat sie genutzt. Als er den Preis erhielt, gab er nicht einmal seine kleine Wohnung im Kolonaki-Distrikt auf und äußerte: »Ich will mich auf das Wesentliche beschränken.« Er schrieb weiter an seinem Werk. Nach zwei Lyrikbänden, deren Übersetzung noch aussteht, veröffentliche Elytis die beiden größeren Zyklen *Oxópetra Elegien* (1991) und *Westlich der Trauer* (1995).

Beide erscheinen jetzt zusammen in einem Band. Barbara Vierneisel-Schlörb, der wir – außer *To Axion Esti* – die meisten deutschen Übertragungen verdanken, hat auch diese späten Gedichte übersetzt und mit hilfreichen, wenn auch knappen Anmerkungen versehen. Einiges, das man vermißt, findet sich bei Günter Dietz. So die Erläuterung des Titels *Oxópetra*, der, wie immer bei Elytis, ein weites Bedeutungsspektrum abdeckt. Oxópetra bezieht sich zunächst auf das Kap der Insel Antipaläa, dann aber auch (über die Bedeutung »Grabstein«) auf den Hadesstein, zu dem Odysseus auf dem Weg in die Unterwelt gelangt. Für den Dichter ist die Oxópetra »der vorgeschobenste Punkt der Erde im Meer, unserer Epoche in einer anderen Epoche, meines Lebens im Tod«. Der neue Odysseus passiert den Hadesstein, wo er sein poetisches Opfer darbringt, um die Helden seiner persönlichen Hadeswelt zu beschwören: Friedrich Hölderlin, Friedrich von Hardenberg und Dionysios Solomos.

Die Elegie »Eros und Psyche« zeigt Hölderlin als die Kraft, der es »durch geistigen Gesang« gelang, »Den Verstand des Menschen und den Lauf von Schwabens Wassern zu ändern / Auf daß Liebende hier seien und dort.« Die »Grüninger Elegie« bezieht sich auf Novalis' Besuch des Grabes seiner Braut Sophie von Kühn. Ins griechische Original eingelassen ist ein Zitat aus den *Hymnen an die Nacht*, ergänzt es um den Kosenamen der Braut: »Es war der erste einzige Traum / Söfchen.« Dionysios Solomos (1798-1857), der Begründer der neugriechischen Dichtung, ist in diesem Raum von Klage und Rühmung der nationale Dichterheros. Sein Name verbindet sich mit den Bewohnern von Messolongi, die im April 1826 beim Ausbruch aus der von den Türken belagerten Stadt den Tod fanden.

Die *Oxópetra Elegien* zeigen des Dichters ungebrochene Fähigkeit zur Synthese von Antike und Modernität, von Pathos und Alltagston. In »Juliwort« intoniert er einen Hölderlinischen Gesang: »Bemessenen Raum haben die Menschen / Und den Vögeln gegeben ist derselbe aber / Undendlich!« In »Zeichenlos« tritt neben das Pathos die Groteske, aber auch eine nüchterne Beschreibung von Alltagsdetails, die sich zu einem aktuellen Zeitbild zusammenfinden: »Später viel schwarzes Militär / Sirenen. Krankenwagen. Und rechts in der Tiefe / Ein großer Tanker mit einem Wald von Kränen / Der nach Westen fährt und sich entfernt.«

Hier fällt auch das Stichwort für den zweiten Zyklus, der ein Jahr vor Elytis' Tod erschien. *Westlich der Trauer* zeigt, daß noch der über Achtzigjährige für Überraschungen gut war. Das Eingangsgedicht zitiert Heraklits Vorstellung von der Zeit als dem Kind beim Spiel, und der alte Dichter wird nicht müde, in seinen Versen dem Spiel der Zeit zu folgen und die vergänglichen Dinge immer wieder neu und uranfänglich zu sehen: »So / wie auch morgen die Brise weht / Hat der kleine Frühling des Frühlings kein Ende.«

Nicht minder fasziniert ihn das altneue Spiel der Sprache. Im Gedicht »Der Marmortisch« gibt es Ansätze zu einem fast makkaronischen Sprachenmix mit Einspengseln von Englisch, Französisch und Italienisch: »All around die vier später / Die drei die zwei und der eine l'unique le solitaire / Le marié à vie a sa cigarette vor einem Balkon über dem Mittelmeer / Und mit einem Becher sorgenschwer und schmackhaft come i fichi la mattina.« Doch es ist nicht die Lust an Manierismen, die den späten Elytis umtreibt, sondern das Wissen, wie wenig Sprache und Sprachspiel gegen die Schrecken der Welt ausrichtet, wie wenig gegen das »Weinen des Mädchens dessen Los nicht das ersehnte war«. Er zieht daraus die Einsicht: »In allen Sprachen währt das Unmögliche fort.«

Wenn man sich aber von dem großen Dichter des Lösens eine Formel wünscht, die sich als Summe seiner Arbeit an der Sprache lesen läßt, gehe man noch einmal zu den *Oxópetra Elegien* zurück. Dort spricht der Dichter mit wahrhaft objektiver Ironie von der Dichtersprache als einer Sprache, »zu günstigem Preis erworben aus den Speichern des Hades«. Und der Löser-Dichter Elytis, der, seinem Namen getreu, als Odysseus bei den Toten war, zieht das Resümee: »Soviel in meiner

Sprache. Mehr von anderen in anderen. Aber / Die Wahrheit gibt es nur gegen Tod.«

Odysseas Elytis: To Axion Esti / Gepriesen Sei. Zweisprachig. Aus dem Griechischen und mit Nachworten. Neu durchgesehen und bearbeitet von Günter Dietz. Elfenbein: Heidelberg 2001. – Odysseas Elytis: Oxópetra Elegien / Westlich der Trauer. Späte Gedichte. Griechisch und Deutsch. Übertragen von Barbara Vierneisel-Schlörb unter Mitwirkung von Antigone Kasolea. Suhrkamp: Frankfurt am Main 2001.

Endspiel, Spielende
Karl Krolow: Im Diesseits verschwinden –
Die Handvoll Sand

Karl Krolow, der beweglichste und wandlungsfähigste unserer Lyriker, war zugleich ein langsamer, ja ein zäher Mensch. In einem Interview hat er von seiner »Hartnäckigkeit« gesprochen: »Ich bin ein zäher Mensch, bleibe gern bei dem, was ich angefangen habe.« Das hieß für ihn: beim Gedicht, beim Schreiben von Versen. Vor sechzig Jahren, mitten im Krieg, gab er sein Debüt mit dem Gedichtheftchen *Hochgelobtes gutes Leben.* Heute, im Sammelband *Im Diesseits verschwinden* und der kleinen Auswahl *Die Handvoll Sand*, tönt noch einmal die Stimme des toten Dichters. Dazwischen ein Werk, das belegt, daß es in der zweiten Hälfte des abgelaufenen Jahrhunderts – außer Paul Celan – keinen Autor gegeben hat, der sein Schreiben und seine Existenz so sehr auf das Gedicht konzentriert hätte.

Dennoch war Krolow kein Dichter, den Apoll geschlagen hat. Er war ein Proteus der Poesie, wach und neugierig, immer auf dem Sprung, eine neue Möglichkeit der Lyrik zu probieren und einen Stoff, ein eben gefundenes Motiv an das nächste Gedicht weiterzugeben. Das erst machte eine umfangreiche Produktion möglich, führte aber auch zu gewissen Niveauschwankungen, zu wahrhaft faszinierenden Funden, aber auch zu den »glitzernden Perlen aus der Gablonzer Ecke seines Repertoires«, wie Peter Härtling einmal angemerkt hat. Krolow kam aus der Tradition der deutschen Naturlyrik, von

Oskar Loerke und Wilhelm Lehmann. Doch er hat sich schon früh von internationalen Strömungen anregen lassen, vor allem aus der Romania. Er hat Apollinaire übersetzt und die modernen Spanier, und die diversen Einflüsse laufen manchmal wie Schatten über die Projektionswand seiner Verse. Erkennbar aber blieb das Temperament dessen, der sich gern als Zauberer und Artist, ja als ein Maître de plaisir verstand. Verse sollten so genießbar sein wie eine gute Mahlzeit, ein trinkbarer Wein.

Karl Krolow, der Epikureer und Melancholiker, der die »Siebensachen der Liebe« liebte, hat lange Abschied genommen. Schwer, genau zu sagen, wann er damit begann. Schon 1984 titelt er *Schönen Dank und vorüber*, und 1988 klingt es bedrohlich *Als es soweit war*. Vollends geisterhaft ein Titel von 1992 *Ich hörte mich sagen*. Da heißt es: »Wer fragt: Was ist geblieben? / Ich sage: Die Reise ging schnell. / Und was ich aufgeschrieben, / ist zwischen den Fingern zerrieben.« Es war wohl Krolows Zähigkeit, seine eiserne Labilität, die immer wieder das Ende hinausschob. Dieser Dichter, darf man sagen, schrieb wohl schon seit den achtziger Jahren um sein Leben.

Er tat es dann – ganz real und unmetaphorisch – in seinen letzten Jahren. Genauer: zwischen dem August 1996 und Juni 1999. Das letzte Gedicht, das wir lesen, ist auf den 13. Juni datiert – acht Tage vor Krolows Tod. 400 Gedichte sind in den letzten fünf, etwa 150 in den letzten beiden Lebensmonaten entstanden. Oft mehrere Stücke an einem Tag. 776 Seiten umfaßt das Konvolut der handschriftlich fixierten und datierten Gedichte, die Krolow hinterlassen hat. Nicht alle davon erscheinen nun im Druck. 50 von ihnen bringt das Insel-Büchlein *Die Handvoll Sand*, immerhin 206 der Suhrkamp-Band *Im Diesseits verschwinden*. Es gibt Überschneidungen. Wenn ich recht gezählt habe, findet sich nur die Hälfte der Insel-Auswahl auch in dem größeren Sammelband. Dort wiederum fehlen die allerletzten Gedichte aus dem Sterbemonat Juni. *Die Handvoll Sand* bringt immerhin sieben daraus; darunter »Reste des Lebens«, mit dem bedeutungsvollen Zusatz: »11.VI.99 – 84 Jahre, 3 Monate.« Die Schlußstrophe lautet: »Was von mir übrig geblieben, / erbärmlich genug, was ich treibe. / Oder ist's übertrieben? / Die Zeit vergeht mir: ich schreibe.« Krolow schreibt bis zum 13. des Monats Juni. Das letzte Gedicht fragt: »Was kann man dem Tod erwidern.«

Für Krolow ist das eine rhetorische Frage. Schreiben ist das dominierende Thema fast all dieser Gedichte. »Weiterschreiben als Zwang? / Es ist wie am Leben bleiben, / das noch einmal im Schreiben gelang« – man kann es nicht bündiger sagen als der Autor selbst. Er weiß um seine Obsession und hat auch die Gegenargumente parat, den Spott, und gegen ihn die Selbstironie: »Was bleibt uns? Etwas zu kritzeln. / Am Ende hat man genug. / Ich höre die Anderen witzeln: / Schreiben ist Selbstbetrug.« Er selber fürchtet, die Laune derer zu trüben, »derer, die um mich sind.« Zu lange hat er den Zauberer gegeben, der Singvögel unter seinem Hut hielt, um sie in einen eingebildeten Äther entweichen zu lassen, um nicht mit dem Mißmut jener Leser zu rechnen, die sich nicht unterhalten fühlen. Die Sonderrolle des Dichters betrachtet er mit Mißtrauen, nicht zuletzt Rilkes Vorstellung vom »eigenen Tod«. Da werden Krolows gelenke Vierzeiler auf einmal ganz prosaisch-nüchtern: »Der eigene Tod, den ein Dichter / sich wünschte und den er bekam, / ist zuweilen doch wohl schlichter, / als man ihn als Geschichte vernahm.«

Und doch ist eines der schönsten dieser nachgelassenen Gedichte ein Selbstporträt. »Eine Büste« ist es überschrieben, und nur der Untertitel verrät, daß es sich um die »Büste K.K.« handelt: »Fliehendes Kinn, der Hinterkopf / schmal, musikalisch geprägt.« Fern von Selbstgefälligkeit, nimmt es die Distanz eines anonymen Betrachters ein, der sich mit Vermutungen begnügt, wer und wie der Dargestellte sei. Am Schluß steht die schöne zusammenfassende Prägung: »ein Mann der Empfindlichkeit.« Es ist das letzte einer Reihe von Selbstporträts, deren erstes ein »Selbstbildnis 1945« war, das Porträt eines Dreißigjährigen. Krolow hat über seine Selbstporträts auch geschrieben, quasi ein Autoporträt in Potenz. Dieses letzte ist in seiner raffinierten Schlichtheit das eindrücklichste.

Über der existentiellen Problematik dessen, der um sein Leben schreibt, sollte man nicht vergessen, daß es nicht bloß um Lebensbilanz und Konfession geht, sondern immer noch und vor allem um Kunst. Was Krolow als »Gekritzel« denunziert, »das manchmal noch gelingt«, ist Produkt von Artistik. Oder sagen wir vorsichtiger: Handwerk. Manchmal schlägt dieser Stolz auf das Gutgemachte kräftig durch: »Worte mit leichten Silben, / aus Buchstaben gemacht, / wie von der Luft erdacht, / betroffen von keinem Vergilben.« So variert der dem Tod nahe Dichter noch einmal das Horazische »Dauerhafter als Erz«. Er tut es immer noch mit »intellektueller Heiterkeit«, dem Stichwort seiner Rede zum Büchner-Preis, darin es nicht um Lenz oder Woyzeck, sondern um Leonce und Lena ging: »Das Wort hatte sich gelockert. Es hatte Grazie.«

Diese Grazie findet Krolow, der über viele Jahre die Muster der Moderne ausprobiert hatte, in der alten Form des dreistrophigen Reimgedichts, das sich auf das Volkslied, gerade auch das zersungene, zurückbezieht. Es ist für den alten Dichter eine Form, die sich seinen Bedürfnissen anbequemt, den gefühligen, ironischen, selbst den prosaischen. Diese Form hat Platz für das »Liebeslied (im alten Ton)«, für die Volksliedart eines Ratschlags »Hast du etwas auf dem Herzen, / behalts für dich«, für Anklänge an Eichendorff (»Päonienweiß und Holunder«), aber auch für eine Gottfried-Benn-Pastiche: »Allein mit den Worten: allein.« Und das ist, mit Benn fortzufahren »wirklich allein«. Krolow verschärft Benns »Altern als Problem für Künster« zur Frage des Verschwindens im Diesseits. Sub specie mortis werden die Avantgarden eitel, kommen die alten Bestände noch einmal herauf. Sie retten nicht, aber sie machen manches leichter.

»Alles wird jetzt leichter mir vor Augen«, heißt es in »Luft«, vom 7./8. Juni 1999, »Kann es sein, daß ich mich darin täusche?« Das ist fern aller Verführung zur Regression. Krolow, der Liebhaber des Leichten, Luftigen, ist sich treu geblieben. Wer mit den Worten allein ist, kann mit ihnen immer noch spielen, eine Melodie machen. Jedenfalls lädt uns der Dichter ein, auf seine Melodie zu hören. Und diese »Melodie« von Liebe, Tod und Wiedersehen, nicht mehr artistisch, aber immer noch verführend, verdient es, ganz gehört zu werden: »Wie es ihr winkte, wie / man sich dann wiedersah: – / du kennst die Melodie, / ein Kinderlied beinah, // von Lippen hingesummt, / ist sie so kinderleicht, / wie sie zu Kopfe steigt, / im Kopf nicht mehr verstummt // als Lied so liebesnah, / die rechte Melodie, / eh man sich wiedersah. / Komm nur und höre sie.«

Karl Krolow: Im Diesseits verschwinden. Gedichte aus dem Nachlaß. Hg. von Peter Härtling und Rainer Weiss. Mit einem Nachwort von Peter Härtling. Suhrkamp: Frankfurt am Main 2002. – Karl Krolow: Die Handvoll Sand. Gedichte aus dem Nachlaß. Auswahl und Nachwort von Charitas Jenny-Ebeling. Insel: Frankfurt am Main 2001.

Dichter des Auges, Dichter des Nennens
Paul Auster entdeckt Charles Reznikoff

Prominente Autoren entdecken vergessene oder unterschätzte Dichter – ich weiß nicht, ob diese Idee für eine ganze Buchreihe reicht, wie sie Axel Marquardt im Europa Verlag ediert. Aber wenn dabei eine wirkliche Entdeckung herauskommt, muß man sie preisen. *Paul Auster entdeckt Charles Reznikoff* – unter diesem Titel wird dem deutschen Leser ein wahrhaft bedeutender Dichter bekanntgemacht: nämlich der 1976 gestorbene amerikanisch-jüdische Lyriker Charles Reznikoff, der übrigens auch in den USA noch immer nicht nach Verdienst gewürdigt wird. Um den Glücksfall vollzumachen: sein »Entdecker«, der auch bei uns populäre Erzähler Paul Auster, ist als Guide und Interpret ein Muster von Einfühlung und Präzision, das nur zu loben ist.

Reznikoffs Vita ist alles andere als eine Erfolgsgeschichte. 1894 in Brooklyn geboren, besuchte er ein Jahr lang eine Journalistenschule, schloß daran ein Jurastudium an und wurde 1915 als Rechtsanwalt zugelassen. Als die Klienten ausblieben, versuchte Reznikoff sich als Handlungsreisender und später – nach der großen Depression – als Redakteur in juristischen Verlagen. Beruf und Schreiben miteinander zu verbinden erwies sich als schwierig. Aber Reznikoff ließ sich nicht entmutigen. Er setzte er auf die »Flut«, die zweimal am Tag kommt; nämlich als Poesie nach der ersten Flut von Tagesarbeit für den Lebensunterhalt. Auch W.C. Williams und Wallace Stevens haben ja solche Doppelleben geführt; der eine als Landarzt, der andere als Anwalt und Angestellter in einer Versicherung.

Beide sind trotzdem erfolgreiche Autoren geworden; Reznikoff hingegen nicht.

Das war durchaus kein Erfolgsstreik, denn Reznikoff publizierte seit 1918, seit seinem Debüt mit Vierundzwanzig, kontinuierlich bis ins Alter. Doch ein gewisser störrischer Eigensinn scheint bei ihm im Spiel gewesen zu sein, eine Unlust, sich Zeitschriften oder Verlegern aufzudrängen. Vielleicht gar der Wunsch, sich als Figur unsichtbar zu machen. Mit Louis Zukofsky und George Oppen gründete Reznikoff »The Objectivist Press«, um gemeinsam die eigenen Bücher herauszubringen. Immer wieder war er auf kleine Pressen oder den Selbstverlag angewiesen.

Auster spricht von der lebenslangen Mißachtung des Dichters, die skandalös gewesen sei. Als Reznikoff fast siebzig war, publizierte der angesehene Verlag New Directions einen Band ausgewählter Gedichte und ließ ein zweites Buch folgen. Dann aber und trotz der Resonanz der beiden Ausgaben strich ihn der Verlag von der Liste seiner Autoren. Die kleine Black Sparrow Press übernahm 1974 sein Werk. Am 22. Januar 1976, während der Drucklegung seiner *Complete Poems*, starb der Dichter in New York.

Auster nennt Reznikoff einen Dichter des Auges, wenig später aber einen Dichter des Nennens. Das ist nur scheinbar ein Widerspruch. Man könnte – gewissermaßen schulmäßig – von einem Imagisten sprechen, der seine Bildfindungen am Wirklichen überprüft. Insofern könnte man ihn zu den Objektivisten rechnen. Aber Reznikoff war, anders als Pound oder Williams, weder an Schulen noch an Theorien interessiert. »Ich sehe etwas«, hat er 1968 in einem Interview geäußert, »und schreibe es auf, wie ich es sehe. Dabei enthalte ich mich kommentierender Worte. Wenn ich nun etwas vollbracht habe, das mich bewegt – wenn ich das Objekt gut porträtiert habe – wird jemand anders auch davon bewegt sein, und der nächste wird sagen, ›Was zum Teufel ist denn das?‹ Und vielleicht haben beide Recht.«

Den Dichter – vielleicht wurde er ja deshalb nicht Anwalt – interessiert nicht, wer Recht hat oder bekommt, sondern die Evidenz der geschauten Dinge. Er liebt den Snapshot aus dem alltäglichen Leben – umso besser, wenn daraus eine Epiphanie wird. Als Imagist reicht Reznikoff durchaus an Williams und Pound heran. Dessen berühmten Zweizeiler »In a Station of the Metro« überbietet er an Konzentration durch seinen Einzeiler »Die Brücke«: »In einer Wolke Knochen aus Stahl.« Ein Mini-Haiku, das man als mythologische Figur lesen kann. Von Baudelaires Wald der Symbole bleibt bei diesem Dichter der City die U-Bahn-Station als Hain stählerner Säulen, und selbst den Schmutz, das fortgeworfene Kaugummi, holt er in die Natur zurück, wenn er in ihm einen »flachen schwarzen Pilz« sieht.

Reznikoff ist nicht der Flaneur, der auf Exquisites aus ist. Er kennt die Stadt, wie Paul Auster sagt, wie ein Holzfäller den Wald. In seinen mittleren Jahren sei der Dichter jeden Tag zwischen zehn und zwanzig Meilen, von Brooklyn nach Riverdale und zurück gewandert. Was er von diesen Erkundungen heimbrachte, waren nicht bloß *shnapshots* und *glimpses*, sondern wurde – mit dem Titel eines seiner Bücher – *Testimony*, Zeugnis. Dieses Zeugnis gewann Reznikoff auch aus Büchern, aus Dokumenten. So etwa aus Gerichtsprotokollen und Urteilssammlungen. Da ist Reznikoff wahrhaft ein Dichter des Nennens. Der deutsche Auswahlband gibt ein Beispiel: die Geschichte eines Waisenmädchens, dessen Haar in eine Maschinenwelle gerät. Das Gedicht ist mehr als das Protokoll eines tödlichen Arbeitsunfalls, es hat eine unausgesprochene moralische, ja eine religiöse Dimension.

Sie kommt in einigen Gedichten voll zum Ausdruck, die man Lieder nennen könnte, würden sie von Reim und Metrum Gebrauch machen. Aus ihnen spricht der Sohn eingewanderter Juden, der sich seiner Identität nicht mehr gewiß ist. »Wie schwierig Hebräisch für mich ist«, beginnt ein titelloses Gedicht, um mit einem Bekenntnis der Liebe zu enden: »Wie Salomon / habe ich die Sprache von Fremden / geheiratet und geheiratet; / keine ist wie du, Sulamit.«

Als Dichter – berichtet Paul Auster – habe Charles Reznikoff davon geträumt, zu Fuß durch das Land zu gehen und an Synagogen entlang des Wegs anzuhalten und dort aus seinen Werken vorzulesen, als Gegenleistung für Essen und Unterkunft. Reznikoff wußte Traum und Realität zu trennen. Aber wir verstehen besser, warum dieser Dichter, der von den Dingen Zeugnis ablegte, ohne ein Richter werden zu wollen, sich so unsichtbar gemacht hat. Ein Glück also, ihn jetzt entdecken zu können; in einer Übersetzung, die keinen anderen Ehrgeiz hat, als dem Dichter zu dienen. Ein Glück, daß es einen Dichter gibt, aus dessen Werk der deutsche Leser noch viel erwarten darf. Ein Anfang ist jedenfalls gemacht.

Paul Auster entdeckt Charles Reznikoff. Aus dem Amerikanischen von Andrea Paluch und Robert Habeck. Europa Verlag: Hamburg, Wien 2001.

Das Gedicht bist du
John Ashbery: Mädchen auf der Flucht

Immer wieder wird auch sein Name genannt, wenn von Kandidaten für den Literatur-Nobelpreis die Rede ist. Dennoch geht John Ashberys Ruhm auf Taubenfüßen. Es ist ein Ruhm für Liebhaber und passionierte Hermeneuten der Lyrik. Ashbery bedient durchaus nicht das seit Walt Whitman grassierende Vorurteil, wonach amerikanische Poeten besonders hemdsärmelig und kommunikativ sind. Seiner Wirkung auf Lyrik-Fans tat das keinen Abbruch. Nach sechs eher erfolglosen Bänden gelang Ashbery der Coup: Für den Band *Self-Portrait in a Convex Mirror* (1975) erhielt er gleich drei bedeutende Literaturpreise, darunter den Pulitzer Prize for Poetry.

Schon Mitte der siebziger Jahre verzeichnete eine amerikanische Bibliographie einige hundert Arbeiten über den Dichter. Inzwischen gibt es in den englischsprechenden Ländern regelrechte Ashbery-Schulen. Auch in der gegenwärtigen deutschen Lyrik ist sein Einfluß spürbar. Freilich eher subkutan wie bei Jürgen Becker. Die offene, ungenierte Nachahmung geht fast immer schief. Das elegante Spiel mit dem Risiko beherrscht nur der Meister selbst.

Er tut es seit fast fünfzig Jahren und, wie es scheint, ohne zu ermüden. Der heute fünfundsiebzigjährige Ashbery ist ein sanfter Provokateur, der auch widerstrebende Leser fasziniert. Eine Fähigkeit, die schon der Debütant bewies. Beim Yale Younger Poets Prize 1956 waren im ersten Durchgang alle eingesandten Manuskripte abgelehnt worden. Als Ashbery dann seine Texte noch einmal vorlegte, sprach ihm W.H. Auden den Preis zu. Ja, er steuerte zu dem Debütband *Some Trees* sogar ein Nachwort bei. Einem Freund soll Auden freilich gesagt haben, er habe nie ein einziges Wort von Ashbery verstanden. Ein sehr ernster Scherz. Nicht ganz so ernst ist die Ironie eines ansonsten sehr respektablen Kollegen zu nehmen. Philip Larkin, freilich ein enragierter Verächter des Modernismus, hat einmal gegen den Ashbery-Enthusiasmus gekalauert: »What about Ashbery, I'd prefer strawberry.«

Ashbery selbst will das Schwierige seiner Poesie gar nicht so recht einsehen. In einem Interview hat er geäußert: »Und was das Verstehen angeht, gibt es da wirklich etwas zu verstehen? ... Was das Gedicht *ist*, wird vom Leser bestimmt werden.« Schöner noch formulieren einige Verse die Vorstellung vom souveränen Leser. »Paradoxa und Oxymora« beginnt: »Dieses Gedicht befaßt sich mit Sprache auf einer sehr einfachen Ebene. / Schau, wie es zu dir spricht.« Und so spricht das Gedicht weiter bis zur schließlichen Pointe: »Das Gedicht bist du.«

Das ist doch sehr ermutigend. Der Leser, wie ihn Ashbery sich wünscht, ist nun am Zuge. Es ist ein Leser, der sich zutraut, jene Dinge zu ergänzen, die der Dichter nach eigenem Bekunden ausgelassen hat, nämlich die »Beschreibung von Schmerz, und Sex, und wie unberechenbar die Leute unter einander sind«. Das ist viel – aber nicht zu viel verlangt. Diese ostentative Zurückhaltung kann man Diskretion nennen: Diskretion im Thematischen. Oder auch Peinlichkeitsvermeidung, nämlich im Ton. Es gibt keine Zeile bei Ashbery, wo er ein Zuviel an Emotion, zuviel Pedal gibt. Wer länger bei seinen Gedichten verweilt, wird übrigens bemerken, wie »Schmerz« und »Sex«, freilich in ihrer sublimiertesten Art, ins Bewußtsein zurückkehren.

Der deutsche Leser, vor allem derjenige, der Ashbery kennenlernen möchte, kann die Probe aufs Exempel einer schöpferischen Lektüre machen. Joachim Sartorius, der vor zwei Jahrzehnten die deutsche Ashbery-Rezeption eröffnete, legt eine Auswahl aus dem Gesamtwerk vor. *Mädchen auf der Flucht* umfaßt Proben aus allen Produktionsphasen des Autors und bringt verdienstvollerweise auch die amerikanischen Originale. Und siehe da: die Lektüre dieser Gedichte zeigt, daß Ashbery auf überraschende Weise einleuchtend sein kann. Vorausgesetzt, man überläßt sich dem Fluß seiner Bilder und Assoziationen.

Das Eingangsgedicht der Auswahl stammt aus Ashberys Erstling *Some Trees* (1956). Es gibt beinahe so etwas wie eine Leseanweisung, den Entwurf einer Poetik: »Alles, Schönheit, Widerhall, Unversehrtes, / Ist durch Beraubung so oder durch Logik / Seltsamer Anordnung.« Wenn der Dichter die Sprache ihrer stabilen Weltsicht beraubt und die Dinge neu mischt, erzeugt er eine schöne befremdende Schönheit, eine surreale Qualität. Ashbery hat später die Sprünge zwischen den Bildwelten gemindert. Aber er blieb ein Meister überraschender Eröffnungen und taktischer Finten.

Seine reife Lyrik zeigt seine stupenden Fähigkeiten zur Integration. In langen Meditationen über Illusion und Realität, Alltag und Artefakt sind die Echos von Walt Whitman und Wallace Stevens hörbar. Aber auch Themen und Motive der Malerei werden zu Ausgangspunkten poetischer Erkundungen. Ashberys entscheidender Impuls war anfang der fünfziger Jahre die Begegnung mit den Malern der New York School, den abstrakten Expressionisten wie Kline, de Kooning, Pollock und Rothko. Wichtig vor allem wurden ihm Kitaj und Larry Rivers. Sie ermöglichten ihm, sich von Bedeutung abzusetzen und seine Gedichte gleichsam *opak* zu machen. Freilich war Ashbery nicht an bloßen Analogien zu abstrakten Bildern interessiert. Im Gegenteil: er läßt sich eher von gegenständlicher Kunst inspirieren und schiebt in den Texten Schichten von Interpretationen übereinander, um die Bedeutung endgültig einzudunkeln.

Eines der faszinierendsten Stücke dieses Genres ist das Titelgedicht des Bandes *Self-Portrait in a Convex Mirror*, das seinen Ausgang bei Parmigianinos rätselvollem Bild im Wiener Kunsthistorischen Museum nimmt.

> Wie Parmigianino es tat, die rechte Hand
> Größer als der Kopf, dem Betrachter entgegengestreckt
> Und leicht im Rückzug, wie um das, von dem
> Sie kündet, zu schützen. Ein paar Bleischeiben, alte Balken,
> Pelz, plissiertes Musselin, ein Korallenring laufen

Zu einer Bewegung zusammen, die das Gesicht trägt,
Das vor- und zurückschwimmt wie die Hand,
Nur daß es ruht. Es ist das,
Was zurückgezogen ist. (...)

Hier, wo das Sujet gewissermaßen vor Augen steht, kann man des Dichters ingeniöse Technik studieren. Ashbery beherrscht meisterhaft die zwei Strategien der Moderne: das Spiel mit der Originalität und das Unterlaufen der Publikumserwartung.

Die späteren Gedichte zeigen einen entspannten, gelassenen Autor, dessen spöttischer Witz in einen schalkhaften Humor übergehen kann. Ashbery, der eine alte Villa in Hudson-upon-Hudson bewohnt, ist zum Liebhaber des Bukolischen geworden. Er mischt noch einmal seine Karten, seine Themen. Schon 1979 hatte er in »Spätes Echo« gemutmaßt: »Allein mit unserer Verrücktheit und unserer Lieblingsblume / wissen wir, daß nichts wirklich bleibt, über das man noch schreiben könnte.« Doch der fintenreiche Poet setzt diese resignative Eröffnung nur, um sie sogleich zu korrigieren: »Oder vielmehr ist es nötig, über die gleichen alten Dinge zu schreiben, / in der gleichen Weise, die gleichen Dinge immer wiederholend.« Das klingt fast wie ein Bekenntnis – aber ist es auch schon der Klartext?

Wie auch immer. Unverkennbar ist die Wiederaufnahme von Themen. Rückwendung zu »alten« Themen. An Parmigianinos Stelle tritt Caravaggio. Doch das Gedicht handelt nicht vom Meister, sondern von seinen Schülern. »Die Zeit, sich zurückzuziehen, ist jetzt / nah, sehr nah«, heißt es am Schluß. »Meister« Ashbery zieht sich zurück und entwirft Miniaturen. »Dieses Zimmer« etwa führt uns in ein geträumtes Zimmer und zeigt im Porträt eines Hundes das lyrische Ich, »als ich noch klein war«. Der Schluß ist eine Kindheitsreminiszenz:

Jeden Mittag aßen wir Makkaroni
außer am Sonntag, wenn eine kleine Wachtel überredet
                                                                        wurde,
uns aufgetragen zu werden. Warum erzähl ich dir das alles?
Du bist nicht einmal da.

Was man das absolute Gedicht nannte, das Gedicht ohne Adressaten, ist hier zu einer Vignette geworden, die alle Prätention fallen ließ und einen heiteren Schmerz, eine kleine schmerzliche Heiterkeit zeigt. Der implizierte Leser – wie man das wohl nennt – bekommt geradezu ein schlechtes Gewissen, daß er sich nicht zu erkennen gab. Ja, möchte er rufen: Ich bin ja da, lieber J. A. (wie sich der Dichter manchmal nennt). Bin da in diesem wunderbaren Gedicht.

John Ashbery, dieser urbane, diskrete Mann verabscheut den pathetischen Ton und pflegt das Ostküsten-Understatement. Joachim Sartorius erwähnt im Nachwort eine Nebenbeibemerkung seines Freundes: Das Gedicht könne wie eine »Stretchsocke« sein. Ja, Ashberys Gedichte mögen solche Sokken sein. Dehnbar. Natürlich von bester Qualität. Sie passen sich den Füßen des Lesers an. Schlüpfen wir also hinein.

John Ashbery: Mädchen auf der Flucht. Ausgewählte Gedichte. Hg. von Joachim Sartorius. Übersetzt von Erwin Einziger, Matthias Göritz, Durs Grünbein, Michael Krüger, Klaus Reichert und Joachim Sartorius. Hanser: München und Wien 2002.

Meilen zu gehen
Robert Frost: Promises to keep / Poems – Gedichte

Als Robert Frost 1915 nach drei Jahren England in die USA zurückkehrte, bemerkte er, daß er dort inzwischen berühmt geworden war. Ihm fiel die Zeitung *The New Republic* in die Hand: »Mein Name starrte mich von der Titelseite an. Zwei Spalten waren über mich.« Die vorübergehende Auswanderung des gescheiterten Farmers und erfolglosen Poeten hatte sich gelohnt. In England hatte der fast Vierzigjährige 1913 für sein erstes Gedichtbuch einen Verleger gefunden. Frosts zweites Buch, *North of Boston*, das ein Jahr später erschien, erhielt sogleich glänzende Rezensionen. Die Lyrikerin Amy Lowell sorgte dafür, daß Frost auch in Amerika bekannt wurde. Ezra Pound, damals das Londoner Haupt der amerikanischen Avantgarde, schrieb hellsichtig: »Was er zu sagen hat, bleibt im Gedächtnis haften – nicht der Wortlaut, nicht der Tonfall, aber die Sache.« Es war der Anfang einer glänzenden und, wie es schien, ungetrübten Karriere.

Zehn Jahre nach seinem Debüt erhielt Frost für den Band *New Hampshire* den Pulitzer-Preis. Drei weitere Pulitzer-Preise sollten folgen. Dazu, 1963, im Jahr seines Todes, der ebenso renommierte Bollingen-Preis. Hinzu kamen die Ehrendoktorate verschiedener Universitäten, der Titel des Poeta laureatus oder die Ehre, bei Kennedys Amtsübernahme 1961 eines seiner Gedichte zu sprechen. Dabei war Frost alles andere als ein akademischer Dichter, seine Lesungen waren überfüllt, er war wirklich populär, ein Dichter für alle. Es mußte der Kritiker Lionel Trilling kommen, der an Frosts 85. Geburtstag auf die versteckte Problematik, die dunklere Seite der scheinbar schlichten und eingängigen Gedichte aufmerksam machte.

Frosts Leben liefert zu dieser Deutung mehr als genug Material. Schlimmer: Es erweist sich als eine kaum unterbrochene Folge privater Tragödien. Ein erster Sohn stirbt vierjährig an der Cholera, Frosts Frau Elinor fällt in Depression, seine Mutter stirbt an Krebs. 1907 verlieren die Frosts ein Töchterchen, drei Tage nach der Geburt. Frosts Schwester Jeanie stirbt 1929 in der Irrenanstalt, seine Tochter Marjorie, lange tuberkulosekrank, 1934 an Kindbettfieber. 1938 stirbt seine Frau an Herzversagen, zwei Jahre später erschießt sich der Sohn Carol, der schon lange unter Depressionen litt. 1947 schließlich muß Frost auch seine erstgeborene Tochter Irma in eine Anstalt einweisen lassen. »Was ich über das Leben gelernt habe«, schreibt Frost stoisch, »kann ich in drei Wörter fassen: Es geht weiter.«

Frost, oft als bukolischer Dichter, als Nachfolger Theokrits und Vergils, Wordsworths und Thoreau gefeiert, hat die Tragödien seines privaten Lebens zu objektivieren vermocht. »Heimbegräbnis« schildert den Hader zwischen zwei Eheleuten, die mit dem Tod ihres Kindes nicht zurande kommen. Das Gedicht »Im Dienst der Arbeiter« zeigt Frosts Angst vor dem Erbe einer Geisteskrankheit. Er legt sie einem weiblichen Ich in den Mund: »Ich habe Macken – nun, das liegt in der Familie.«

Wo es um Schmerz oder Destruktion geht, spricht der Dichter durch Masken. Das Leben, wie es viele dieser Gedichte zeigen, ist schwer, aber es ist das Beste, das seine Figuren sich vorstellen können. »Er hat ihre Tragik für Tragik und ihren

Eigensinn für Eigensinn genommen«, schrieb Pound, der das Extravagante dem Alltäglichen vorzog. Mit leichtem Degout, aber untrüglicher Sensibilität kommentierte er: »Frosts Personen sind unverkennbar echt. Ihre Sprache ist echt, er hat sie alle gekannt. Ich verspüre keine große Lust, ihnen zu begegnen.«

Frosts Leser dürften von seiner biographischen Tragik wenig gewußt oder erfahren haben. Sie mögen sich an des Dichters Satz gehalten haben, wonach ein Gedicht »Fröhlich beginnen und in Weisheit enden« solle. Sie schätzten Frost als Sänger des Landlebens, als puritanischen Konservativen, auch als Antipoden zur lyrischen Moderne. Frost ist kein Dichter der Pastorale, sentimentale Verklärung der Natur ist ihm fremd. Er war schließlich Farmer, mehrfach und für längere Zeit, auch wenn er sich selbst als schlechten Farmer sah. Er sieht mit etwas Neid auf Existenzen, die freier scheinen, etwa den Harzsammler, der ihm die »Klumpen voller Duft wie rohe Edelsteine« vorzeigt: »Da rühmte ich sein schönes Leben.«

Der Farmer Frost aber weiß, daß er vom Markt abhängt, und auch von der Erschließung der Landschaft. Er besingt nicht, wie Wilhelm Lehmann, den Grünen Gott. Er besingt »The Line-Gang«, den Kabeltrupp, der in die Wildnis den Lebensfaden einer Telefonleitung bringt. Aber er akzeptiert auch die Wildnis, wenn sie das Zivilisatorische zurücknimmt, etwa eine aufgelassene Farm.

Frosts Stärke liegt in seinen Langgedichten, in ihrer präzisen Deskription, der Einfühlung in die Figuren. Anthologie-mäßigen Ruhm genießen einige seiner kürzeren Stücke, wie »The Road Not Taken« oder »Stopping by Woods on an Snowy Evening«. Auch diese Gedichte, die reine Lyrik scheinen, verweisen in ihrem Anspielungsreichtum auf die existentiellen Probleme ihres Verfassers. »Der Weg, den ich nicht nahm« gibt dem alten Motiv vom Scheideweg einen neuen Akzent: »Ich nahm dann den, der kaum begangen war.« »Rast am Wald an einem verschneiten Abend« endet mit den berühmt gewordenen Zeilen:

> The woods are lovely, dark, and deep,
> But I have promises to keep,
> And miles to go before I sleep,
> And miles to go before I sleep.

Wir sind gebannt von der Musik der Verse, auch wenn wir nicht erfahren, was den Sprecher an dem verschneiten Wald fasziniert, noch um welche Versprechen es sich handelt. Frost ist alles andere als ein naiver Poet. Er ist ein Kenner der Tradition, ein Meister der verborgenen Bezüge, ein Meister auch von Versbau und Reim, deren scheinbare Simplizität er raffiniert behandelt. Frost verstand es, seine Modernität in tradierten Mustern zu verstecken. Pound hätte ihn aber trotzdem gern zum *vers libre* überredet. Frost hielt dagegen: »Da könnte ich ebensogut Tennis ohne Netz spielen.« Diese nicht aufgesetzte Modernität, die sich am alltäglichen Sprechen orientiert (»all folk speech is musical«) wirkt immer noch aktuell. Nicht umsonst hat Joseph Brodsky einen großen Essay über Frost geschrieben.

Bei uns hat es seit den fünfziger Jahren Versuche gegeben, Frost bekanntzumachen, ja einzubürgern. Unter anderem haben Wilhelm Lehmann und Paul Celan einzelne Gedichte übertragen. Der neue Versuch, den Lars Vollert mit seiner Auswahl unternimmt, kommt zur rechten Zeit und verdient es, weite Beachtung zu finden. Vollert bringt Frosts schönste und wichtigste Gedichte und läßt das blasse, weitgehend meditative Spätwerk beiseite. Er hält sich weitgehend ans Metrum, etwa an den Blankvers, verzichtet aber fast durchweg auf den Reim. Eine richtige Entscheidung, doch auch ein schmerzlicher Verlust. Und so hat es den Übersetzer wohl gejuckt, auch ein paar gereimte Versionen zu versuchen. Fünf Texte erscheinen in beiderlei Gestalt. Der Leser hat das Vergnügen des Vergleichens. Etwa beim Schluß von «Stopping by Woods on an Snowy Evening«:

> Der Wald ist lieblich, schwarz und tief,
> doch ich muss tun, was ich versprach,
> und Meilen gehn, bevor ich schlaf,
> und Meilen gehn, bevor ich schlaf.

Wem das zu nüchtern und bar jeder Magie scheint, lese die gereimte Version:

> Der Wald ist schwarz und lieblich nun.
> Was ich versprochen, muss ich tun,

und Meilen gehn, dann kann ich ruhn,
und Meilen gehn, dann kann ich ruhn.

Ist das nun die Quadratur des Kreises? Wird der Reimklang nicht durch einen recht konventionellen Duktus erkauft? Wie auch immer. Der Leser hat ja zum Vergleich die Originale in dieser sorgfältig und schön gemachten Ausgabe. Frost hatte gehofft, manche seiner Gedichte würde der Leser nicht so bald los werden. Hier gibt es sie.

Robert Frost: Promises to keep / Poems – Gedichte. Übersetzung und Nachwort von Lars Vollert. Langewiesche-Brandt: Ebenhausen bei München 2002.

Ein arabischer Hölderlin
Fuad Rifka: Das Tal der Rituale

Die Lyrik ist immer noch die angesehenste Gattung der arabischen Literatur. Dichter – wie Adonis – werden als säkulare Propheten verehrt. Oder – wie der Palästinenser Mahmud Darwish – als Symbolfiguren im politischen Kampf. Den im Libanon aufgewachsenen Syrer Fuad Rifka kann man mit solchen Kategorisierungen nicht fassen. Er ist weder Prophet noch Rebell. Rifka, der arabische Christ, hat Teile der Bibel in eine modernisierte arabische Fassung gebracht, und die Dichtung, die er schreibt, ist ohne sein religiöses Erbe nicht denkbar.

Entscheidend für seine Entwicklung ist seine Beziehung zu Deutschland geworden. In Tübingen hat der heute zweiundsiebzigjährige Rifka Philosophie studiert und 1965 über Heidegger promoviert. Er hat Hölderlin, Goethe, Novalis, Rilke und Trakl übersetzt und in der Beiruter Avantgardezeitschrift *Shi'r* (Dichtung) moderne deutsche Lyrik vorgestellt. Diese Vermittlertätigkeit wurde 2001 mit dem Gundolf-Preis gewürdigt. Rifkas eigene Lyrik ist in Deutschland bisher in zwei kleinen, inzwischen vergriffenen Publikationen erschienen. Der schön gemachte Band *Das Tal der Rituale*, eine Auswahl aus den letzten 15 Jahren seines Schaffens, könnte den Dichter in Deutschland endlich bekannter machen.

Die deutsche Lyrik ist nach Rifkas Bekenntnis ein Freund, »mit dem ich ruhig im selben Haus wohnen kann«. Ein Satz, der das Fremde seiner Poesie mildert, aber auch dazu verführt, über Verwandtschaften zu spekulieren. Wer Rifka im Original liest, glaube Hölderlin auf arabisch zu lesen, schreibt Stefan Weidner in seinem Nachwort. Um dann aber – aus der Erfahrung des Übersetzers – entschieden zu modifizieren: »Was läge ferner als Hölderlin? Nichts von der langen, gewundenen, griechischen Syntax. Nichts von den Odenmaßen. Nichts von der Mythentrunkenheit. Nichts Ausschweifendes. Gut so, sonst wäre es Parodie. Hölderlin kommt am Anfang des 21. Jahrhunderts völlig verwandelt nach Deutschland zurück und, gewiß auch das, reduziert.«

Halten wir uns zunächst an die Reduktionen. Fuad Rifka ist ein Dichter der Konzentration und des Konzentrats, des knappen Bildes und der schönen Nüchternheit. Er ist nie geschwätzig, nie hybrid. Er kehrt nicht den Propheten heraus, nicht das große Subjekt. Er gibt sich bescheiden, fast demütig und liebt es, durch lyrische Masken zu sprechen.

So vor allem in dem Zyklus »Tagebuch eines Holzsammlers«. Unser Holzsammler ist nicht bloß in Wäldern zu finden: »In Manhattan bettet sich / der Holzsammler / in die Falten seiner Hände. / Er schläft / ohne zu schlafen.« Ein Mystiker in New York. Der durchaus weltläufige Autor ist zugleich ein dezidiert unzeitgemäßer Poet. Er verschmäht die aktuellen Diskurse und lädt uns in seine Hütte: »und die Freunde werden sich freuen / über das Brot und den Wein / und über den Ofen.« Dieser Ofen gemahnt von fern – oder gar nicht so fern – an den Ofen in einer Schwarzwälder Hütte. Auch der Hölderlin, den man hier evoziert findet, dürfte einiges mit Heideggers Hölderlin zu tun haben.

Seine Liebe zur deutschen Kultur hindert Rifka nicht, seiner Dichtung auch andere mythische und mythologische Bezüge zu implantieren. Mit andern Worten: der Dichter ist Synkretist. In den »Gedichten eines Indianers« ist die Maske offenbar nur noch Vorwand, um »Tübingen«, einen »Derwisch« oder den »Neuen Hiob« zueinanderzubringen. Im »Krug des Samariters« beschwört Rifka die Gestalt des barmherzigen Samariters als Figur einer Epiphanie: »ein Krug auf seiner Schulter /

ein Brotlaib in seiner Hand, / und in seiner Stimme / ein Kissen, ein Verband.« Der Zyklus »Die Ruine des Sufis« rekurriert auf die altpersische Sufi-Mystik. Das Titelgedicht spricht von einem Sufi-Poeten, der die Dichtung mit Askese und Einsamkeit vertauscht: »als er die Dichtung vergaß, / war er ein Dichter.« Rifka kommt diesem Paradox so nah wie möglich. Er kann (und will) die Dichtung nicht vergessen, aber er verlangt ihr asketische Einfachheit ab. Er ist ein Dichter, der an die Worte glaubt, weil er in ihnen die Wahrheit repräsentiert sieht.

Der letzte Zyklus des Bandes formuliert diesen Anspruch in einer Präambel, in der es heißt: »Das Tal der Rituale besteht aus mehreren Hymnen in einer Hymne auf vielen Saiten. Die Saiten dieser Hymne sind ›alt‹, fremdartig für den ›modernen‹ Leser, für die ›Moderne‹ und was danach kommt. Deshalb wird sie wie ein Stern hinter Wolken sein.« Ein fast romantisches Programm, aus dem man das Echo von Novalis' *Hymnen* hören mag.

Religiöses Erfüllungsverlangen verbindet sich mit apokalyptischen Vorstellungen. So endet eine Sequenz mit der Ölbergszene: sehnsuchtsvoll dringlich: »Gib und ein Zeichen / O Herr, / Ein einziges Zeichen, / Nichts sonst, / Und wir kommen.« Am Schluß dieses großgedachten Zyklus hört man die Stimmen von einem Begräbnis. Nachgetragen wird eine Art Regiebemerkung: »Das Echo entfernt sich, in den Nischen des Tempels verlöschen die Kerzen, ein leichter, unruhiger Wind wird vernehmbar, ein Säuseln wie das Röcheln der Sterbenden.« Hier ist Fuad Rifka bei Beckett und Celan angekommen. Er nimmt den Hymnenton zurück. Er bedarf keiner Maske mehr. Er wartet auf ein Zeichen, das die Zeit endet, die Moderne endet. Der Dichter spricht mit gedämpfter Stimme, fast anonym, aber unverkennbar er selbst.

Fuad Rifka: Das Tal der Rituale. Ausgewählte Gedichte. Arabisch-deutsch. Hg. von Stefan Weidner. Aus dem Arabischen von Ursula und Simon Yussuf Assaf sowie von Stefan Weidner. Straelener Manuskripte: Straelen 2002.

Die Form des Leidens, Vers um Vers
Catherine Pozzi: Sechs Gedichte

Zwei außerordentliche Ereignisse hat Paul Valéry als entscheidend für sein »geheimes Leben« verzeichnet: die sogenannte Nacht von Genua und seine Begegnung mit Catherine Pozzi. In jener Genueser Sturmnacht 1892 schleuderte Valéry den Blitzstrahl auf alles, was er damals war und sagte der Dichtung für lange Jahre ab, um zum »maître de sa pensée« zu werden und das Funktionieren des Denkens zu ergründen. Achtundzwanzig Jahre später fand er sich getroffen von einem anderen Strahl – er kam von den Lippen einer Frau, eben jener Catherine Pozzi.

Sie, die Tochter jenes erfolgreichen Arztes, der das Vorbild für Prousts Doktor Cottard lieferte, war dabei, sich von ihrem Mann Edouard Bourdet, einem erfolgreichen Bühnenautor und Leiter der Comédie-Française zu trennen, als sie am 17. Juni 1920 Paul Valéry bei einem Abendessen kennenlernte. Es war der Beginn eines geistigen und erotischen Abenteuers, in dem beide Partner mit hohem Einsatz spielten. Catherine vor allem; und sie tat es ohne Rückhalt und Kompromiß. Die distinguierte, sportliche, intellektuell trainierte Enddreißigerin, sensibilisiert durch die Anfälle einer Tuberkulose, war bereit und fähig, an Valérys Denken und Arbeit teilzunehmen. Etwa indem sie die morgendlichen Niederschriften seiner *Cahiers* sichtete, ordnete und mit ihm diskutierte.

In ihrem eigenen Tagebuch beteuert sie einmal, sie wolle ein »Kind guten Willens« sein und »gleichsam ewig durchsichtig für wer weiß welche Sonne«. Aber das ist nicht der Gestus von Unterwerfung, sondern Ausdruck einer Unbedingtheit, die über den Freund als direkten Adressaten weit hinauszielt: »Durch dich hindurch gehe ich zu Gott«, schreibt sie und rühmt eine Liebe, »die nicht kennt und, dennoch, findet.«

Ihrem Partner konnte sie mehr als ihren leidenschaftlichen Charakter entgegenhalten, mehr auch als ihre metaphysische Liebesidee. Nämlich ein Œuvre, das in seiner Vielfalt Ausdruck einer emphatischen Einheit ist. Catherine Pozzi hat neben ihren Tagebüchern und der Erzählung *Agnès* einen großen Traktat über die Einheit von Körper und Seele verfaßt – und eben *Die sechs Gedichte*, deren lapidarer Titel fast überdeutlich den hohen Anspruch der Autorin markiert.

Diese Gedichte sind nicht nur groß gedacht und hoch stilisiert. Sie enthalten auch, wie Einschlüsse in Bernstein, Spuren von Erdenresten – Spuren von Leid, Liebesleid. Catherine begann sie zu schreiben, nachdem sie Valérys Frau das Geständnis ihrer Liaison gemacht und ihr Gewissen ins Reine gebracht hatte. Die Gedichte entstanden zwischen 1926 und 1934, das letzte im November 1934, vier Wochen vor ihrem Tod.

Das erste Gedicht, *Vale*, entstand im Schlafwagen Vence-Paris und unter dem Einfluß einer Morphiumspritze. Im Rhythmus des Zuges, schreibt sie, «sang ich vor mich hin und erfand langsam die Form des Leidens, Vers um Vers». *Vale* ist der Abschied von »La grande amour«: »Die große Liebe, die du mir gegeben hattest / Zerbrochen sind im Wind der Tage ihre Strahlen«. Die Klage eröffnet einen Disput zweier Liebesauffassungen. Mehr noch: sie ist eine Absage an die Version des Mannes. Ihm wird für die Zukunft eine mindere Gegenwart prophezeit: »Was du auch trinkst, dein einziger Rausch / Bleibt der verlorene Wein.« Hier spielt – in Versen, die den artistischen Standard der Lyrik Valérys halten – Catherine auf »Le vin perdu«, ein Sonett aus *Charmes* an. Dagegen setzt das lyrische Ich das stolze Bekenntnis: »Ich fand das Himmlische und Wilde wieder / Das Paradies wo Angst Verlangen ist.« So rettet die Dichterin ihre Schmerzens-Liebe in eine Zukunft nach dem Tod.

Diese Vorstellung von der Vollendung der Liebe bestimmt auch »Ave«. Es ist ein Lobgesang auf die »Sehr hohe Liebe« (Très haut amour), die aus tausend Körpern einst neu erschaffen wird. Ein Gedanke, den Catherine Pozzi der *Erhebung zu Jesus Christus* des Kardinals Bérulle entnimmt: »O reine, himmlische und göttliche Liebe! Liebe, die keines Unterhalts und keines Gefühls bedarf.« Man mag auch an Rilkes Idee einer den Partner transzendierenden Liebe denken – mit Rilke hat Catherine übrigens korrespondiert.

Friedhelm Kemp gibt für die Deutung der oft hermetischen Gedichte wichtige Hinweise. Aber auch er muß es bei Andeutungen belassen und spricht von Pozzis »sinnschwer aufgeladenen Abbreviaturen«. Eine Ausnahme an Luzidität macht das kurz vor Catherines Tod entstandene Gedicht »Nyx« (Nacht), gerichtet »An Louise auch aus Lyon und Italien«. Gemeint ist die Lyoneserin Louise Labé, deren Sonette Rilke übersetzt hat. Catherine Pozzis Hommage an die Liebes- und Leidensgenossin läßt in den O-Anrufen die Reime ihrer Vorgängerin anklingen und endet in einem wunderbaren »Je ne sais pas«: »Weiß nicht warum ich sterbe und ertrinke / Eh ich den ewgen Aufenthalt betrete. / Weiß nicht wer mich als seine Beute griff. / Weiß nicht wer mich als seine Liebe liebt.«

Catherine Pozzi: Die sechs Gedichte / Les six poèmes / The six poems. Ins Deutsche übertragen von Friedhelm Kemp, ins Englische von Howard Fine. Mit einem Essay von Friedhelm Kemp. Steidl: Göttingen 2002.

Herr Sade und das gefesselte Mädchen
Inger Christensen: det / das

Einige Leute, die etwas von Poesie verstehen, halten Inger Christensen für eine veritable Nobelpreis-Kandidatin. Vielleicht steht sie ja auch schon in Stockholm auf der Liste. Daß sie die größte Poetin ist, die Dänisch schreibt, weiß man in ihrer Heimat seit über drei Jahrzehnten, spätestens seit ihrem Großgedicht *det* (das) von 1969. Endlich – gut drei Jahrzehnte später – liegt dieses Hauptwerk der europäischen Poesie auf Deutsch vor. Daß Inger Christensen bei uns überhaupt bekannt wurde, ist das Verdienst eines kleinen Verlages und eines engagierten Übersetzers.

Hanns Grössel hat für den Münsteraner Verlag Kleinheinrich sukzessive die wichtigsten Arbeiten der Christensen übersetzt. Den Bann dürfte 1988 *Das gemalte Zimmer* gebrochen haben, eine ingeniös-phantastische Erzählung, angeregt durch die Mantegna-Fresken im Palazzo Ducale in Mantua. Die größte Suggestion aber ging von *alphabet* (deutsch 1988) aus, einem Langgedicht, das mathematische und linguistische Bauprinzipien faszinierend kombinierte. Mit *alphabet* kam ein Impuls zur Vollendung, den Christensens Begegnung mit Chomskys Sprachtheorie ausgelöst hatte. Sie hatte den Charakter einer Initiation und gab der Poetin die »unbeweisbare Gewißheit, daß die Sprache die unmittelbare Verlängerung der Natur ist. Daß ich dasselbe *Recht* hatte zu sprechen, wie der Baum, Blätter zu treiben.« Dieses Glücksgefühl war der Antrieb zu ihren Großgedichten.

Gleich das erste dieser Poeme wurde ein außerordentlicher Erfolg. Die 15 000 Stück der Erstauflage von *det* wurden schnell verkauft. *det* gilt als ein Hauptwerk der dänischen »Systemdichtung«. Der Begriff allein könnte auf Kulinarik erpichten Leser abschrecken. Das dänische Publikum aber muß dieses Gedicht als bedeutend und unmittelbar aktuell empfunden haben. Kurz: hier war jenes lange Gedicht, um das damals die Wünsche und Reflexionen von Dichtern und Theoretikern kreisten. Lars Gustafsson suchte nach Kategorien, mit deren Hilfe das Gedicht den Kampf gegen die eigene Länge gewinnt. Walter Höllerer forderte das lange Gedicht, das die Republik erkennbar macht, die sich befreit. Man weiß, was aus dieser Hoffnung wurde. Als 1978 Enzensbergers *Untergang der Titanic* erschien, war das ein melancholischer Abgesang auf die politische Utopie.

Anders Inger Christensens *det*. Es ist vor allem strukturell ein großgedachter Entwurf, ein Weltgedicht mit Allusionen zu Dantes *Divina Commedia*. Auch die Dichterin empfindet sich »Nel mezzo del cammin« und spielt mit Prologos, Logos und Epilogos auf Dantes Dreizahl an. Ihre heilig-magische Zahl ist die 8, die Zahl der Urzeichen im *I Ging*, im Buch der Wandlungen. 8 mal 8 Felder ergeben das Schachspiel. Nicht zu vergessen die liegende 8, der Begriff für unendlich. Das Gesetz der Zahlen gibt der Dichterin die Freiheit zu immer neuen Einfällen, Assoziationen, Motiven. Die Form will Transgression. Das Zählen wird Aufzählen und Erzählen. »Ich habe versucht von einer Welt zu erzählen, die es nicht gibt, / damit es sie gebe«, heißt es im Kapitel *Die Bühne*.

Eine imaginierte Welt also, ein Kosmos aus Sprache. Aber diese Welt ist alles andere als zeitlos. Die Themen und Hoffnungen der sechziger Jahre sind unübersehbar anwesend. Angefangen von Pop music und Flower Power bis zum Vietnamkrieg und den damals florierenden theoretischen Diskursen. Wir sehen mit Christensen: »Sie tanzen auf den Straßen. Sie haben blumen im mund« und sind »nackt wie John und Yoko Ono.«

Ja, die zumeist eher kühl analysierende Autorin war sich mit der aufsässigen Jugend einig in ihrem Vietnam-Engagement: »Aber niemand mag ein politisches beispiel sehen / das sich in die haut des jungen mädchens brennt / Denn napalm ist bloß der stempel Amerikas: / Du gehörst dem lande das Gott gehört.« Längst vergangen oder wieder erstaunlich aktuell? Doch geht Inger Christensens Vorstellung von Befreiung über das Politische hinaus. Sie hat damals – wie viele ihrer Zeitgenossen – mit R.D. Laings Vorstellung sympathisiert, wonach die Schizophrenie geeignet sei, die gesellschaftlichen Strukturen aufzubrechen. Einige Passagen zeigen die Bilder aus einem Hospital für Geisteskranke als Modell für das bürgerliche Klassensystem. Sie erinnern an den *Marat / Sade* von Peter Weiss. »Im innern der gesellschaft sitzt herr Sade mit dem gefesselten mädchen / er liebkost langsam eine schulter eine brust / er flüstert das ganze dürfe gerne der eher zerteilten / lust der teile weichen.«

Wo so das Ganze lustvoll unterminiert wird, scheint auch die Axt an das Ganze des Gedichts gelegt. Inger Christensen ist keine ängstlich-enge Klassizistin. Sie liebt das Risiko. Sie teilt mit dem Marquis de Sade die Lust an der Subversion. Sie spielt mit der Dialektik von Chaos und Gestalt. Was sie vor der Ideologisierung bewahrt, ist das musikalisch-mathematische Prinzip ihres Schreibens. Unter ihren Motti findet sich der Satz des Novalis »Jede Krankheit ist ein musikalisches Problem«. Umgekehrt vermag die Krankheit der Gesellschaft der Musik und also ihrer Poesie letztlich nichts anzuhaben.

Bleibt der Faktor Zeit. Er macht das Gedicht datierbar, macht es historisch. Die Dichterin selbst hat das in einem Interview betont: »*det* ist ein Produkt der sechziger Jahre, mit dem allmächtigen Autor, der *det* schreibt, weil es ein Wort ist, das stellvertretend steht für alles auf der Welt, das solche langen, seltsamen Mobiles in die Luft wirft und sich dann wieder in sich selbst kehrt.«

Inger Christensen ist zu streng mit sich. Mobiles sind nicht gerade aktuelle Kunstformen. Der kunstvolle Bau von *det* aber hat etwas Solides, ja Monumentales. Er faßt eine enorme Fülle von Sprache, eine Fülle von Welt. Die Dichterin ist ihr eigener Vergil. Sie ist der verläßliche Begleiter des Lesers, auch wenn der Weg labyrinthisch und der Ausgang dunkel ist. Wenn auch manche Passage allzu komplett wirkt, so überzeugt uns ihr emphatisch gesetzter Impuls: »Meine leidenschaft: weiterzugehen.« Inger Christensen ist ja weitergegangen, weitergekommen – zu *alphabet* und darüber hinaus: bis in die Leichtigkeit der Sonette vom *Schmetterlingstal* (1991), wo sie den schönsten, den dunkelsten Falter evoziert, den schwarzen »Apollo mnemosyne«.

Inger Christensen: det / das. Aus dem Dänischen von Hanns Grössel. Kleinheinrich: Münster 2002.

Entfaltung, Blüte, oder Nichts
Philippe Jaccottet: Der Unwissende

Es gibt Buchtitel, die ihrem Autor einigen Mut abverlangen. Etwa den Mut zum Unpopulären und zur Bescheidenheit. *L'ignorant* (Der Unwissende), so nannte 1958 der damals dreiunddreißigjährige Welschschweizer Philippe Jaccottet seinen zweiten Gedichtband. Wer ist dieser Unwissende und was ist der Charakter seiner Unwissenheit? »Je älter ich werde, je mehr nehme ich zu an Unwissenheit«, lautet die erste Zeile des Titelgedichts in der Übersetzung Friedhelm Kemps. Keinem aufmerksamen Leser kann die diskrete Paradoxie dieser Aussage entgehen. Fraglich scheint nur, ob man ihren Sinn eher beim aufklärerischen Nichtwissen oder dem durch Gnade belehrten Nichtwissen suchen möchte. Bei Sokrates oder Augustinus.

Doch der Fortgang des Gedichts zielt weder ins Philosophische noch ins Theologische. »Je länger ich lebe, je weniger habe ich, herrsche ich«, heißt es da, »All mein Besitz ist, abwechselnd, ein Land / im Flockenfall oder im Licht, doch niemals bewohnt.« Der hier wie ein König spricht, ist ein Johann-ohne-Land – eben ein Dichter. Nur ein Dichter kann seinen Stolz in den Besitz imaginärer Reiche setzen. Oder gar in den Verzicht selbst auf diese Herrschaft. Jaccottets entschiedene Bescheidenheit erinnert mich an Fernando Pessoas »Ästhetik der Abdankung«: »Es siegt nur, wer niemals sein Ziel erreicht. Es ist nur stark, wer immer den Mut verliert. Das beste und purpurnste ist es abzudanken.«

Was Pessoa immer noch stark instrumentiert, ja pathetisch auflädt, ist bei Jaccottet *sotto voce* gesagt. Die Diskretion seines Sprechens hat dieser Autor im Lauf eines langen Schreiblebens eher noch gesteigert. Zeugnis dafür ist das Vorwort zu einer eben erschienenen Werkauswahl. »Was habe ich gewollt? Ich habe nie wirklich etwas *gewollt*«, lautet dort der erste, für sich abgesetzte Satz. Die Auswahl selbst, ein Jaccottet-Lesebuch, wenn man von dem Begriff alles Didaktische und Kanonsüchtige abstreicht, trägt eben jenen Titel wie das eingangs erwähnte Gedicht: *Der Unwissende*.

»Ich habe nie wirklich etwas *gewollt*« – dem Leser, der das kursivierte »*gewollt*« überlas, gibt der Dichter am Schluß seines Vorworts einen Wink: »Wenn ich doch etwas *gewollt* habe in diesem Leben, in dieser Arbeit, dann dies: So wenig wie möglich zu mogeln; weder der Versuchung der Eloquenz nachzugeben noch den Verführungen des Traums oder den Reizen des Ornaments; genausowenig den gebieterischen Vereinfachungen des Intellekts oder dem falschen Glanz der Okkultismen, ganz gleich welchen Schlages.«

Man darf dies ein poetologisches Bekenntnis nennen. Sein Ernst, aber auch sein Stolz sind unverkennbar. Jaccottet ist von der französischen Moderne, aber auch von Hölderlin und Nietzsche geprägt. Doch nicht minder deutlich ist seine Absage an die demiurgische Verführung der Avantgarde. Hier spricht ein Autor, der sich nicht als Schöpfergott, sondern – mit einer Formulierung Peter Handkes – als »Diener des Sichtbaren« versteht. Aber auch als Diener der poetischen Sprache. Für Jaccottet existiert durchaus eine Hierarchie der poetischen Formen und das Vertrauen darauf, daß sie tragen.

Entzieht sich ihm das Gedicht, so schreibt er Prosa oder begnügt sich mit Aufzeichnungen. Das Paradox einer armen Kunst will, daß die geringste Notiz überraschend als Epiphanie aufleuchten kann. Vollendetes und Improvisiertes darf nebeneinander erscheinen. Dem folgt auch die Komposition dieses Lesebuchs, die der Autor selbst vorgenommen hat. Neben bereits übersetzten Texten steht Neues aus Jaccottets frühester wie jüngster Zeit. Die Anordnung in sechs Abteilungen ist chronologisch. Am Ende eines jeden Kapitels stehen jeweils Aufzeichnugnen aus Jaccottets *Carnets*. Sie figurieren unter dem schönen Titel *Fliegende Saat*.

In diesem Titel drückt sich das Irenische, ja *Fromme* des Dichters aus. Heidnisch-bukolisch ist sein Begriff von Schönheit. Schönheit ist ihm »verloren wie ein Samenkorn, den Winden ausgeliefert, den Gewittern, geräuschlos, oft verloren, stets zerstört; aber beharrlich von neuem blühend, wie es der Zufall will.« Diesen Zufall darf man nicht mit surrealistischen Praktiken oder Zufallsgeneratoren verwechseln. Immer ist es ein Zufall, den der Geist des Dichters lenkt, sobald er seinem eigenen Imperativ folgt: »So muß man weitermachen, in den Wind säen.« Er vertraut darauf, daß er ernten wird.

Eben die *Fliegende Saat* ist es, die dem neu hinzutretenden Leser den Zugang zu einem Dichter erleichtert, der als spröde und schwierig gilt. Manchmal sind es flüchtige Blicke, die er notiert. Oder tastende Bewegungen, ein zögerndes Herantreten an Dinge, probeweise Formulierungen. Aber dann leuchtet plötzlich jene Epiphanie auf, in der die gewöhnlichen Objekte strahlen: »Die Ziegen im Gras / sind fromm vergossene Milch.«

Solche Weltfrömmigkeit läßt sich nicht begrifflich festlegen. Jaccottet wartet nicht mit Denkresultaten auf. Was Rilke »lyrische Summen« genannt hat, sind bei ihm verstreute Keime, fliegende Samen. Der Leser soll vergessen, wer sie ausstreut. Dennoch ist dem Dichter die Sehnsucht nicht fremd, das Ausgestreute möge ein Erdreich finden. Manchmal erscheint die Hoffnung, es gebe in den Phänomenen von Welt und Natur tiefere Ordnungen. Jaccottet spricht davon im Ton der zartesten Vermutung: »Es scheint uns, als gäbe es, überall verstreut, noch Stellen, noch Spuren von Tempeln.« Da riskiert der Dichter die kleine Sentenz: »Diese Orte helfen uns.«

Die Weisheit des Dichters mißt uns Hoffnung in homöopathischen Dosen zu. Sie kommt nicht aus dem immer neu erfrischten Blick eines Dichters, dem wir abnehmen, daß nicht im Schreiben die Schwierigkeit liegt, sondern in einem Leben, in dem das zu Schreibende ganz natürlich entsteht. »Etwas heute beinahe Unmögliches«, sagt Jaccottet: »aber ich kann mir keinen anderen Weg vorstellen. Dichtung als Entfaltung, Blüte, oder nichts.«

Philippe Jaccottet: Der Unwissende. Gedichte und Prosa 1946-1998. Deutsch von Friedhelm Kemp, Sander Ort, Elisabeth Edl und Wolfgang Matz. Hanser: München und Wien 2003.

Der ältere Bruder des Philosophen
Adam Zagajewski: Die Wiesen von Burgund

Im Hochsommer 2000 endete ein selbstgewähltes Exil: Der Dichter Adam Zagajewski, der 1982 Polen verlassen hatte, um in Paris zu leben, kehrte in seine Heimat zurück. Nicht in die an Rußland verlorene Geburtsstadt Lemberg. Nicht nach Gleiwitz, wo er den größten Teil seiner Kindheit verbracht hatte. Sondern nach Krakau, in die Stadt seiner Studienzeit, die »Stadt der Einbildungskraft«, wie er sie einmal genannt hat.

In Polen hatte man Zagajewskis Weggang seinerzeit als »Flucht in die europäische Einsamkeit« kritisiert. Karl Dedecius, sein Übersetzer, vergleicht Zagajewskis Rückkehr mit der »Heimkehr des Prokonsuls«, wie sie ein berühmtes Gedicht Zbigniew Herberts einst, 1961, imaginiert hatte. Freilich haben sich die polnischen Verhältnisse so grundlegend und glücklich verändert, daß der Vergleich mit dem Römischen Imperium obsolet geworden ist. Die Rückkehr eines Dichters ist kein Politikum mehr. Im Fall Zagajewskis aber Anlaß für ein Resümee seines bisherigen Lebens, für eine umfassende Auswahl aus seinem lyrischen Werk.

Sie führt den Leser vom engagierten Poeten der sechziger Jahre zum »weltlichen Mystiker«, wie ihn Derek Walcott genannt hat. Und zumindest ihr Titel – *Die Wiesen von Burgund* – läßt sich als Reverenz an das Gastland lesen, als Zeichen dafür, wie fruchtbar für den Dichter die »europäische Eisamkeit«, Paris vor allem, gewesen ist.

Zagajewskis Weg war weit und nicht ohne Umwege. Er führte in die Politik und mehr und mehr über sie hinaus. Eines der Gedichte, das Zagajewski in Deutschland bekannt machte, ist »Niederlage« von 1982. Es beginnt:

> Wirklich leben können wir nur in der Niederlage.
> Die Freundschaften werden tiefer,
> die Liebe erhebt ihr wachsames Haupt.
> Sogar die Dinge werden rein.

Es endet mit der Warnung: »Daß uns nur ja nicht / der Sieg überrascht.«

Dabei war Zagajewskis Generation – die »Generation 68«, wie er sie nannte – nicht zur Niederlage angetreten. *Kommunikat* (Bekanntmachung) war 1972 der beinah plakative Titel von Zagajewskis erstem Gedichtband. Der Siebenundzwanzigjährige ging von der äsopischen Parabolik seiner Vorgänger zu einer nüchternen, oft ironischen Diktion über. Gegen einen monolithischen Kommunismus, der ihm als ein »Weltentwurf aus dem Schmierheft« erschien, schrieb er seine »Ode an die Vielheit«, einen Preis der philosophischen Ironie.

Zagajewski nennt den Dichter den »älteren Bruder« des Philosophen. Doch kaum ein Dichter ist so von Philosophie fasziniert wie er. Niemand schreibt so genaue wie schöne Gedichte über Philosophen. Etwa »Kierkegaard über Hegel«, »Schopenhauer weint«, »Gespräch mit Friedrich Nietzsche«. Zagajewski ist ein denkender Dichter im genauesten Sinne des Wortes. Aber seine Poesie ist keine Gedankenlyrik, die nach Bücherstaub riecht; sie gibt dem Gedanken den Duft und die Farbe der Wirklichkeit. Sie beschwört das »Feuer Descartes', das Feuer Pascals«, »das ewige / Feuer Heraklits«, aber auch den Jungen mit den »schwarzen, von Blaubeeren beschmierten Lippen«, der ein Sendbote dieses Feuers ist.

Zagajewski hat einen tiefen, fast kindlichen Respekt vor den geliebten Meistern. Zu ihnen gehören auch Musiker und Dichter, Er weiß, ja besteht darauf, daß seine Meister nicht unfehlbar sind. Er weiß, daß alles, was er von ihnen erwartet, als seine eigene Antwort, seine eigenen Produktivität kommen muß: »Meine Meister / fragen mich um Rat (…) Ich höre ihre Stimme beben.« Ihre Stimmen beben vor Erwartung, daß der Jüngere erfüllt, was sie von ihm erhoffen.

So redet kein Epigone, keiner, der sich in der Nachfolge

bequem einrichtet. Im Gegenteil. Zagajewski ist nirgendwo originärer als dort, wo er selbst aus den Stimmen der Meister spricht. Am schönsten vielleicht in einem Gedicht über den späten Beethoven. Dort preist er »die Freude, die wilde / Freude der Form, die lachende Schwester des Todes«. Das ist große, pathetische Gedanken-Musik. Das ist aber auch das Risiko des hohen Stils, zu dem sich Zagajewski kürzlich in einem Essay bekannt hat.

Die neueren Gedichte, vor allem jene, die Zagajewski nach *Mystik für Anfänger* (1997) geschrieben hat, nehmen den Ton deutlich zurück. Ein Mann in den Fünfzigern spricht, den im selbstgewählten Exil immer wieder die Tristesse überfällt, das Fremdsein in der Fremde. Der Dichter, der die langen Spaziergänge durch die Straßen von Paris liebt, ertappt sich dabei, wie er im Park Saint-Cloud »immer schneller« im Kreis geht. Oder sich wieder als armen Reisenden vor der Gare du Nord sieht. Dieser Mann in seinen späteren Jahren fürchtet das Verschwinden der Poesie und ermahnt sich: »Sprich gelassener; du bist nicht mehr jung.« Trotzig – verräterisch trotzig – setzt er gegen die Versuchung zur Resignation noch einmal den großen poetischen Anspruch: »Versuch's die verstümmelte Welt zu besingen.«

Wir Leser, immer bereit, vom Leben und Lieben der Dichter zu hören, sind gern ein wenig herzlos gegen ihre Schreibprobleme. Wir wollen Leistung, Genuß. Zagajewski entschädigt uns völlig. Er ist nicht bloß ein weltläufiger Autor. Er ist – gerade in seinen neuen Gedichten – ein Meister der großen Tableaus, ein virtuoser Maler von Porträts und Reisebildern. Er nimmt anrührend und respektvoll »Abschied von Zbigniew Herbert« und schildert geradezu fromm, aber nicht ohne Ironie »Die Kirchen Frankreichs, gastlicher als seine Herbergen und seine Gedichte«. Ihm gelingt sogar der große Panoramablick. So in »Houston, sechs Uhr nachmittags« der Blick auf das schlafende Europa, auf seine Geschichte und Kultur, aber auch auf die Menschen: »In Krakau und in Paris waten meine Freunde / in demselben Fluß des Vergessens.« Sollte so etwas wie globale Poesie möglich sein, dann mit solchen Einsprengseln des Konkreten, mit dem Ton der Empathie.

Kein Zweifel aber auch, daß wir unserem Dichter besonders

gern dort folgen, wo er sich an das Nächste, Intimste hält. Etwa an die Schilderung des »Square d'Orléans«, eines stillen Platzes, wo Chopin einst wohnte. Da ist etwas von Trauermusik in den fallenden Zeilen. Vollkommen darf man auch eines der wenigen kurzen Gedichte nennen, das von einer nicht weiter benannten rätselvollen Figur spricht. »Sie steht auf der Bühne einsam«, heißt es von ihr, »und hat kein Instrument.« Und der Schluß lautet: »Nicht die Hände / und nicht die Brust singen, // Es singt, was schweigt.«

Könnte das nicht die Poesie selbst sein? Wir erwarten keine Antwort, sind jenseits von Frage und Antwort, jenseits auch aller Allegorien. Der denkende Dichter hat sich ganz zurückgenommen in der Beschwörung der reinen Gestalt.

Adam Zagajewski: Die Wiesen von Burgund. Hg. und aus dem Polnischen von Karl Dedecius. Hanser: München und Wien 2003.

Der Cartesianische Taucher
Lutz Seiler: vierzig kilometer nacht

Seinem zweiten Gedichtband *pech & blende* gab Lutz Seiler seinerzeit ein Motto von Paul Bowles mit: »Jeder hat nur ein Lied.« Darin steckte ebensoviel Bescheidung wie Selbstgefühl. Denn nicht jeder, der Gedichte schreibt, *hat* dieses eine Lied. Lutz Seiler, ein Mann vom Jahrgang 1963, der zu DDR-Zeiten als Zimmermann und Maurer arbeitete, hat sein Thema nicht suchen müssen: die Geschichte hat es ihm aufgedrängt. Mit der Lyrik, dem einen Lied, befreit er sich von einem Trauma, das nicht bloß subjektiv ist.

pech & blende, dieses zweite, besser: erste *gültige* Gedichtbuch, das Seiler vor drei Jahren bekannt machte, sprach von der Erlebniswelt einer in der DDR aufgewachsenen Generation. Der Austronaut Gagarin erschien ihr als Idol, begeisternd und verhexend. »Wir hatten gagarin, aber gagarin hatte auch uns«, heißt es in dem Gedicht »mein jahrgang, dreiundsechzig, jene«. Die Gedichte zeichneten eine Sozialisation unter dem Zwang von schulischem und militärischem Drill.

Tiefer noch reicht das Titelgedicht »pech & blende«. Es spielt nicht bloß auf einen historischen Verblendungszusammenhang an, sondern sehr konkret auf Unrecht, ja Verbrechen. Die Kontraktion der Titelbegriffe verweist auf die *Pechblende*, das strahlende Uranerz, das in der DDR für die Sowjetunion abgebaut wurde. Dem jungen Seiler strahlte es buchstäblich in die Familie hinein, als Kontaminierung der Knochen des im Uranbergbau schuftenden Vaters. Man begreift, daß dieser Lebensstoff für mehr als eine Handvoll Gedichte ausreicht. Man begreift auch, daß ein Dichter, der es auf sich nimmt, ihn zu bearbeiten, ihn am kleinen Licht seiner Poesie zu erhellen, ihn als eine lange, nachtschwarze Strecke sehen muß.

Nichts anderes meint der Titel des neuen Bandes *vierzig kilometer nacht*. Vordergründig geht es im Titelgedicht um die Strecke, die den Großraum Berlin umschreibt. Um die Distanz auch, die den an der Peripherie, in Huchels Wilhelmshorst wohnenden Poeten vom Zentrum trennt. Doch Seilers allusive und zugleich spröde Technik verfremdet eine lyrische Reportage, die in den topographischen Daten wie den Namen von Autobahnzubringern einen Geschichtsraum evoziert. Es sind die vier Jahrzehnte DDR, die sich so ziemlich mit dem Erfahrungsraum des schreibenden Ich decken. Seilers stenogrammhafte Kurzzeilen evozieren »nervenbilder«, darin die »wachtürme« und »transitplanken« ebenso vorkommen wie »provinzmoränen« und der »westbesuch«. Bei der zum Straßenbau aufgeschütteten Erde wittert das archäologisch gestimmte Ich »die neue spur ... den schredder, zitternd aus / dem erdreich aufgestürzte kronen, stümpfe / fassten fuss, ein dünner flüchtlingsstrom durchzog die luft«.

Diese Witterung, die Fähigkeit zur Aufnahme feinster Nuancen und historischer Details macht Seiler zum Dichter, entrückt ihn aller Rhetorik, die doch nur Partei sein kann. Einst wünschte man sich, in Ost und West, eine operative Poesie. Seiler zeigt, was bei solchen Operationen herauskommt: Tod und Moder von Geschichte. Der Dichter hat diesen Geschmack auf der Zunge und spricht ihn aus, seine Madeleine hat den Nachgeschmack einer verfehlten Geschichte.

Das Ich ist Zeuge. Auch in den neuen Gedichten holt Seiler seine Erfahrungen aus dem Schul- und Volksarmeedrill zurück – am prägnantesten in »dioptrien«, das aus der Perspektive eines Brillenträgers eine Schießübung schildert: »auf / zuruf war man tot, fiel um & musste / liegen bleiben.« Der Gedichtschluß trifft das existentielle Moment einer plötzlichen Erkenntnis: »›aber / die toten am waldrand‹ rief ich *das / sind doch unsere leute.*«

Ein anderes Gedicht – »porträt« – zeigt den Schreibenden immer noch mit der »hand an der naht« als ein anonym gemachtes Subjekt: »ich oder jemand // grüsst am spind«. Doch im erzwungenen Ich-Verlust richtet das Subjekt sich wieder auf: »am ende senkst du / deinen kopf & denkst herunter zu / den füssen, kurze, schnelle schritte um / das unsichtbare ICH.« Noch ist nicht sicher, ob diese kurzen Schritte in die Freiheit führen. Daß *Ich ein anderer* ist, mußte Seiler nicht bei Rimbaud lesen – die totalitäre Vergewaltigung hat es ihn gelehrt. Umso unbedingter die Wiederaufrichtung des Ich im Gedicht. Seiler, der sonst alles kleinschreibt, hebt das ICH hier und in einem weiteren Gedicht durch emphatische Versalien hervor. »siehst du die welt von osten: wie«, beginnt es; und in diesem Blick erscheint »das rohe ICH, das böse« als ein Relikt aus dieser »kreidezeit«.

Seiler läßt offen, welche Chancen es hat. Er ist Dichter, nicht Prophet. Er operiert mit der analytischen Kraft seiner Bilder. Er gewinnt sie durch eine gewisse Hermetik, die direkte oder gar plumpe Deutungen verhindert. Manchmal gibt einzig der Titel eine Deutungshilfe. So in einem Gedicht, das offenbar aus der Erinnerung an die Aufmärsche in der DDR gespeist ist. Das offenbar noch juvenile oder gar infantile Ich empfindet sich als Wesen in unbedingter Abhängigkeit, quasi embryonal: »ich tauchte & / mein atem hing heraus zu einem gott am /schlauch.« Der Leser mag sich fragen, was das Verhalten der Massen und das des fötalen Ich miteinander zu tun haben. Der Titel gibt den entscheidenden Wink. »der cartesianische taucher« – das ist jenes in einem Glasgefäß eingeschlossene Figürchen, das durch den Druck auf die Membrane beliebig zum Steigen und Sinken oder gar zu possierlichen Bewegungen gebracht werden kann. Der Gott diese Welt läßt das cartesianische Teufelchen nach Belieben tanzen.

Ecce historia! hätte Gottfried Benn dazu gesagt. Lutz Seiler ist ein Poet, der gegen dieses dumpfe Spiel andichtet. Er findet einmal die wunderbare Formulierung: »deine von innen beschlagenen augen« – aber diese Augen haben den tieferen Blick. Man liest diese schönen und wichtigen Gedichte nicht so bald aus.

Lutz Seiler: vierzig kilometer nacht. Gedichte. Suhrkamp: Frankfurt am Main 2003.

GB – Groteske Bellezza
Richard Dove: Aus einem früheren Leben

Ein Mann von demnächst fünfzig Jahren veröffentlicht Gedichte aus einem »früheren« Leben: aus seiner Zeit, da er ein englischer Dichter war. Richard Dove, 1954 in England geboren und aufgewachsen, ist 1987 nach München übergesiedelt und schreibt seitdem überwiegend Deutsch. Was er in seinen Dreißigern auf Englisch geschrieben hat, läßt er nun – von zwei Dutzend deutschen Kollegen und ihm selbst übersetzt – als die Summe »abgelebter Zeiten« erscheinen. Die Goethe-Allusion kommt nicht von ungefähr. Dove hat sich schon früh mit deutscher Literatur beschäftigt und manches an deutscher Lyrik – etwa Ernst Meister und Michael Krüger – übersetzt. Seine Muse – wenn man so sagen darf – hatte von Anfang an antike und deutsche Züge.

So ist es ungewöhnlich, aber nicht eigentlich verwunderlich, daß Richard Dove nicht im prosahaften Parlando seiner deutschen Generationsgenossen dichtet, sondern eine Fülle tradierter Formen benutzt. Darunter auch die antiken Maße unserer klassisch-romantischen Tradition. In seinem ersten deutsch geschriebenen Band *Farbfleck auf einem Mondrian-Bild* (2002) finden sich odische und elegische Formen, wie sie der englischen Lyrik weitgehend fremd sind. Doves Wahlheimat München erscheint in der sapphischen Strophe: »klassizistisch / Aufrecht im Stehimbiß des Alpenvorlands, / Heiter im blau-weiß.«

Diese Tendenz zu Artistik und Formstrenge datiert nicht erst von heute. Wie sehr sie schon in Doves früheren Gedichten angelegt ist, zeigt der Band *Aus einem früheren Leben.* Hier spricht ein *poeta doctus,* der Lord Byron oder Thom Gunn ebenso kennt wie Petrarca und Gaspara Stampa. Aber nur der deutsche Leser wird es völlig würdigen, wenn er nicht bloß Celan, Krolow oder Ernst Meister erwähnt findet, sondern auch diese Namen aus der Tradition: eine Widmung an Eugen Gottlob Winkler, die Übersetzung eines Trakl-Gedichts oder ein Ghasel im Stile Platens. Ganz zu schweigen von sonst kaum gewürdigten Namen wie der des Psychologen Arthur Kronfeld, der in jungen Jahren expressionistische Gedichte schrieb und sich 1941 in Moskau das Leben nahm.

Dove bezieht sich nicht auf Tradition, um mit ihr zu prunken: Anspielung ist ihm vor allem *Spiel.* Er ist ein Liebhaber der Formen und Vernetzungen. Natürlich drehen sich viele Gedichte um das Schicksal von Kunst und Künstlern: »Beim Öffnen von Byrons Gruft«, »Sappho«, »Nietzsche« oder »In memoriam Ernst Meister«. Aber es gibt auch eine Menge Zeitgeschichte und Zivilisationskritik in seinen Versen. Etwa eine satirische Invektive auf den nationalen Pomp des Falklandkrieges von 1982 – formuliert als quasi historischer Fund, als »Bruchstück einer alkäischen Ode«. Oder ein Gedicht über die Massenpanik 1985 beim Brüsseler Spiel Liverpool-Juventus Turin, die 39 Menschen das Leben kostete. Auch hier – wie im Falkland-Gedicht – finden sich englandkritische Töne, die womöglich etwas mit Doves Außerlandsein zu tun haben. Das Rollen-Ich des Gedichts rät seinen Landleuten, das G in GB den Belgiern abzutreten – »weil ›Großbritannien‹ inzwischen / Etwa so oxomorisch klingt wie ›Groteske Bellezza‹«.

Dove verfügt also nicht bloß über ironische, sondern auch über morose, ja bittere Töne. Sie mögen mit enttäuschter Heimatliebe zusammenhängen, werden aber durch die durchgehende Munterkeit, ja Unterhaltsamkeit der Texte kompensiert. Dove präsentiert sein englisches Erbe, die Tiefe abgelebter Zeiten, als Kompliment an die deutsche Poesie.

Richard Dove: Aus einem früheren Leben. Gedichte Englisch/Deutsch. Lyrikedition 2000: München 2003.

Kleines, doch auch Großes Blech
Michael Lentz: Aller Ding

Kein Zweifel: der Bachmann-Preisträger Michael Lentz, der mit der rasanten Prosa von *Muttersterben* beeindruckte, ist ein *shooting star* unter den jungen Autoren. Ob sein Glanz am Literaturhimmel sich weiter entfalten wird, mag *Liebeserklärung* zeigen, ein für den Herbst angekündigter Roman. Bei der Lyrik von Lentz sind Zweifel angebracht.

Sein Gedichtband *Aller Ding* kommt mit fast zweihundert Seiten üppig daher, ist aber ein mageres Buch – ein Fake der Fülle. Mager ist es, weil ein Drittel des Buches nur mit ein, zwei Zeilen bedruckt ist. Mager, weil der Autor die Spiele der konkreten Poesie noch einmal nachspielt. Mager, weil er den Leser daran hindern möchte, die Leere seiner Texte leer zu nennen. Der Autor zwinkert uns zu, möchte uns durch Ironie korrumpieren. Er selber gibt den Kaiser, der nackt ist. Und wer möchte schon für ironielos gelten, gar für humorlos?

Zum Glück sind die Fallen so aufgestellt, daß vermutlich kaum ein Leser hineintappt. Er liest auf Seite 144 ganze zwei Zeilen: »etwas / wenig«. Das denkt er schon die ganze Zeit. Doch wenn er jetzt nickt, weiß er: er hat etwas falsch gemacht. Die Frage auf Seite 165 »was soll ich daran sagen«, bleibt ihm im Halse stecken – denn natürlich hat er sich verlesen: was soll ich dazu sagen? So akklamiert er womöglich übereilt der Einzelzeile auf der letzten Seite: »so! jetzt reicht es nicht.«

Aber reicht es denn wirklich? Es sind ja geläufige Übungen der Einschüchterung, die der auch nur halb gewitzte Leser sofort pariert. Sie gehören zur bekannten Modernitätsfalle. Das Publikum – ohnehin gesättigt und oberflächenfixiert – ist bereit, jede kokette ästhetische Ambition unbeeindruckt zu konzedieren. Die Kritik übrigens nicht minder. Sie nimmt die Frechheit für Könnerschaft.

Aber zumindest Kennerschaft darf man Lentz zubilligen. Er kennt die Tradition der Experimentellen und Konkreten, er hat sie studiert. Vielleicht bis zum Überdruß. Er weiß, was sie gemacht haben. Und macht es noch mal, wenn es ihm paßt. Er ist dekorativ wie Gomringer, verbissen wie Heißenbüttel, anagrammatisch wie Pastior, verjuxt wie Jandl. Das heißt: er ist alles und nichts. Er verläßt im nächsten Text, was der vorige noch demonstriert hat. Er ist so frei. Aber nicht mehr. Er nimmt sich Pounds Losung zum Motto: »Hier graben«. Aber was er ausgräbt, sind alte Hüte. Die schwenkt er lustig in der Luft. Und fragt: Kennt ihr den?

Kennt Ihr die Sache mit dem Sonett, das nur aus seinem Reimschema besteht – abba und so? Oder aus der Wiederholung des Wortes Sonett? Vierzehnmal »sonett« – Kennen wir, sagen wir. Haben wir schon bei Jandl gesehen. – Aber ich habe das Wort »sonett« durchgestrichen! Also ~~sonett~~. Und außerdem eine Anmerkung geschrieben: Siehe Jandl. Da staunt ihr, was?

Ja, da staunen wir. Aber wir staunen nicht so oft und so sehr, wie es für den Genuß der meisten Texte nötig wäre. In der ersten Abteilung »Reim und Schlamm« finden wir vom Versprochenen immerhin einiges, nämlich Reim und Schlamm in zuträglicher Mischung. Hier gibt Lentz sich als Bruder Lustig, der ein Lachprogramm aufstellt. Er macht sich 'ne Liste: »mit was einfällt und doch standhält / denn das biste.« Und was *ist* Lentz, der Poet? »ein lachsack tränenreich / ein blech so butterweich / eine bunte lampe / und auch mal bitterpampe (…).« Man könnte es durchaus weiterzitieren – dieses heiterwitzige Selbstbild, das sich freilich in den meisten Stücken des Bandes nicht herstellt.

Was ihm sonst einfällt, ist ein Mix bekannter Zutaten, darin Mörikes »Tännlein« zu »zündholz und mayröcker« kommt: Dazwischen »klirrts« wie bei Hölderlin – aber nicht zu sehr, denn winterlich ist durchgestrichen. Einiges eignet sich fürs Kinderbuch: »ohne ›b‹ wird aus der beule / eine wunderschöne eule.« Aber ohne ›t‹ wird aus Lentz kein Frühling. Wie auch immer. Hier gilt Brechts Ansicht, Lyriker sollten keine Ärmel tragen, damit sie keine Verse aus ihnen schütteln können.

Einmal zumindest hat Michael Lentz die Ärmel enorm aufgekrempelt. Nämlich in seinem über neun Seiten reichenden Anagrammgedicht auf Dieter Schnebel. Diesen Text hat keiner der bisherigen Rezensenten loben wollen. Ich tue es. Zwar heißt es dort: »Redest ein Blech, / bricht es Elende / beeilend rechts, / berieselnd echt, / reitendes Blech, / Blech redest nie.« Doch hier ist die Selbstdenunziation mehr als ein ironischer

Gag. Hier hat das Anagramm etwas von seiner ursprünglichen religiösen Potenz, die zu dem Werk des angesprochenen Komponisten paßt. Der Schluß wird zu einem furiosen apokalyptisch rauschenden Sprachkonzert, in dem das große Blech – sit venia verbo – den Ton angibt. Ein Sprechstück, das man vom Sprechkünstler Lentz wohl gern hören würde.

Michael Lentz: Aller Ding. Gedichte. S. Fischer: Frankfurt am Main 2003.

Der Name eines Virus
Thomas Krüger: Michelangelo rising

Die Dichter dürfen wieder intelligent sein, anspielungsreich, ja sogar gebildet. Das Epitheton »kopflastig« hat sich aus dem Vokabular der Kritiker verabschiedet. Der Begriff »poeta doctus« ist nicht mehr Schimpfwort, sondern fast schon wieder Ehrentitel. Andererseits ist dafür gesorgt, daß es nicht zu einer modischen Inflation von intellektueller Poesie kommt. Denn Intelligenz, die leichtfüßig daherkommt, Anspielungsreichtum, der nicht auftrumpft, Bildung, die in ästhetischen Formen aufgehoben wird – das sind Elemente, die sich in der Lyrik nicht alle Tage finden.

Aber doch in Thomas Krügers Debüt *Michelangelo rising*. Krüger, 1962 im westfälischen Löhne geboren, hat u.a. Anglistik studiert und seit 1990 als freier Autor und Journalist gearbeitet. Gegenwärtig verlegt er in Köln Hörbücher. Für seinen ersten Band hat der Einundvierzigjährige sich Zeit genommen. Von seinen Versen sagt er in einer kurzen Vorbemerkung: »Sie haben sich heftig herumgetrieben, wie noch viele andere, die nicht mehr dabei sind. Die auf der Strecke gebliebenen haben sich übernommen. Von den hier versammelten bin ich guter Hoffnung, daß nur noch wenigen die Puste ausgehen wird.« Das klingt ebenso bescheiden wie selbstsicher. Gute Auspizien für die Lektüre.

Der *Michelangelo* im Titel ist nicht unbedingt jener aus der Sixtinischen Kapelle, sondern ein Computervirus aus dem Internet – Beispiel für des Autors Vernetzung der Bezüge von

Hoch- und Medienkultur. Krüger liebt solche Übergriffe und Interferenzen. Er liebt sie auch als Beziehungssysteme von Ich und Welt, von Subjekt und Geschichte, von Alltag und Poesie. Die Welt ist ihm ein »Megastore« – so der Titel des 15 Stücke umfassenden einleitenden Zyklus. »Ich lief, und ich lief in einen Spiegel / in diesem Megastore, kurz vor Ladenschluß« – lautet die Exposition der Anfangszeilen. Dieser Zyklus ist aber nicht eine postmoderne anything-goes-Etüde, sondern geschrieben in der alten Form des Sonettzyklus, das heißt als Variation eines sogenannten Meistersonetts, dessen Anfangs- und Schlußzeilen weitere 14 Sonette ergeben. Da lauert am Weg die Gefahr der Erstarrung, des Abgleitens in einen sterilen Klassizismus. Krüger entgeht dem durch bestimmte Freiheiten, ja Lässigkeiten, die er sich erlaubt. Er verweigert manchmal den obligaten Reim, und der Leser bemerkt es womöglich nicht einmal – so prägnant ist der angeschlagene Ton, die suggerierte Gestalt des Sonetts. Der Megastore wird zum Spiegelkabinett, darin das moderne Subjekt in tausend Facetten zerspringt, aber doch durch etwas gehalten wird, das man ganz altmodisch die Form, die Kunst nennen muß.

Kunstverstand, Kunstfertigkeit bestimmen überhaupt den Band. Anders lassen sich längere Gedichte, lassen sich ganze Zyklen gar nicht bilden. »5-Tage Ticket« z.B. ist oberflächlich gesehen das Tagebuch einer Reise nach England; und man wird auch mit Realien und Impressionen tüchtig überschüttet. Krüger liebt die Filmtechnik, die Schwenks; und wenn es der folgende ist: »der Schwenk vom Ausstellungskatalog zur Kotztüte.« Aber mit dem gegenwärtigen Passagier reist noch mehr mit als der sensible und aufnahmefähige Zeitgenosse. »Bei Pythea konnte Cäsar lesen, daß es feucht war in England« – In »5-Tage Ticket« spiegelt sich Julius Cäsars Zug gen Britannien, wird auf T.S. Eliot angespielt, sitzt Karl Marx am Arbeitspult, erscheint das Wachsgesicht bei Madame Tussaud.

Manchmal fühlt sich auch der beweglichere Leser überfordert, weiß er nicht alle Anspielungen aufzulösen, sieht er den Poeten in Gefahr, daß die Anspielungen als buntes Konfetti erscheinen, oder als weißes Rauschen. Da freut der Leser sich, wenn er auch mal auf scheinbar banale Alltagselemente stößt: »Halluzinationen lassen auch Orte wie Oelde nicht / flachgeregnet zurück.« Von dem banal Flachgeregneten der armen Umwelt möchte man mehr lesen, wohl auch einfacher, schlichter im Ton. Ansätze dazu finden sich in der Gruppe »Gelegenheiten für Sonette« – so etwa in »Mont Ventoux«, wo nach dem obligaten Francesco Petrarca ein Stand für Süßigkeiten dem Touristen ins Auge fällt: »und wo sich mein Genick / verrenkte, weil es Schokotaler sah // auf einem Naschwerktisch am Fahrbahnrand, / und wo der einzige mit Sachverstand / der Mann vom Stand war: der stand vor uns da.«

Der Lyriker Thomas Krüger ist so ein Mann mit Sachverstand, auch wenn er keine Schokotaler feilbietet, sondern Gedichte. Die Synthese von Form und Inhalt, von Ambition und Schlichtheit, von Symbolik und Realität – sie gelingt ihm am schönsten in vier Gedichten, die er dem Andenken des Dichters Ludwig Greve gewidmet hat. Vielleicht hätte Krüger gar nicht verraten sollen, daß es da um alkäische Oden geht. Wer diese Gedichte einfach nachliest, sie so nachspricht, wie ihr Zeilenfall läuft, wird über ihren natürlichen Tonfall und ihre schöne Präzision erstaunt sein. Eine Strophe aus »24 Stilleben / Sekunde« als Beispiel: »Der Vogel knurpst. Na wenigstens krächzt er nicht; / im Vorgefühl des abschüssig frühen Tags, / der verschoben in der Stirn steht, / pocht es von gestern und meint was Neues.«

In der »Ode an die Bachforelle« spricht Krüger seine Ästhetik und vielleicht auch das Gesetz kommender Gedichte aus: »Ein schlichter Satz kann übersetzen. / Klarheit bleibt übrig. Der Fisch entschlüpfte.«

Thomas Krüger: Michelangelo rising. Gedichte. Pendragon: Bielefeld 2003.

Leg dein Genom auf mein Genom
Ulla Hahn: So offen die Welt

Seit Ulla Hahn 1981 mit *Herz über Kopf* die poetische Szene betrat, gibt es diese Trennung in Verehrer und Verächter ihrer Kunst. Daran hat sich in dem verflossenen Vierteljahrhundert kaum etwas geändert. Den einen gilt sie immer noch als eine unserer wichtigsten Dichterinnen, den andern unverändert als Verfasserin kunstgewerblicher Gebrauchslyrik. Die Debatten darüber haben sich gelegt. Ulla Hahn ist sich und ihrer Schreibart treu geblieben. Treu blieben ihr auch die Leser, blieb ihr eine Gemeinde, die nun selber in die Jahre gekommen ist.

Der neue Gedichtband Ulla Hahns führt viele ihrer Motive fort, vor allem aber ihren optimistischen Grundton. *So offen die Welt* lautet seine Verheißung. Neu in ihm ist der Versuch der Autorin, sich ihrer literarischen Situation zu vergewissern. Im Gedicht »Dichterlesung« gibt sie ein Stück Rezeptionsästhetik. Da ist die kichernde Schulklasse und die obligate Frage, was uns der Dichter sagen will. Da sieht die Dichterin sich selbst, »ziemlich klein / und schon grau und die Schuhe!« Und da ist das Publikum, wie immer ein überwiegend weibliches. Sie charakterisiert diese Frauen mit Empathie: »Kinder ausm Haus und jetzt musenverliebt leib- / und seelenvergnügt, fühlen sich viel zu jung / für ihr Alter und gehen in erdnahen Schuhen wie ich.«

Die »erdnahen Schuhe« sind das Schibboleth eines quasi pietistischen Programms. Sie stehen für die Demut eines lebensfrommen Zirkels, der keine eleganten Schuhe benötigt, um an der himmlischen Wahrheit der Musen teilzuhaben. Das scheint nicht ohne Ironie, auch Selbstironie gesehen, wäre da nicht der Herr mit dem allzu sprechenden Namen E. Litère. Muskelschwach und bebrillt, fuchtelt er mit Fachbegriffen herum. Woher das Ressentiment? Wozu dieser Popanz des Elitären, wenn doch die Lesergemeinde zuverlässig ist und die Poesie nicht auf dem Spiel steht?

Kein Zweifel: Die Poesie – die tradierte wie die eigene – ist für Ulla Hahn Sendung im Doppelsinn des Wortes, Medium und Botschaft zugleich. Zweifel daran scheint es nicht zu geben. Wenn ihr eigener Pegasus scharrt, ist sich die Poetin auch sicher, daß er »heute abend« fliegt. Als Vorbilder sind ihr die Größten gerade gut genug. In zwölf Zeilen »Danksagung« bringt sie immerhin Goethe, Claudius, Eichendorff und die Sappho unter. Und wenn sie auf den von der NASA okkupierten Mond schaut, tut sie es mit den Augen »der heidnischen Sappho / und des frommen Claudius«.

Wo so schnell Nähe hergestellt wird, kommt die Distanz zur eigenen poetischen Praxis zu kurz. Da fehlt es an Skepsis gegen das, was heute sagbar ist. »Sei fröhlich, Geliebter« hebt ein Gedicht an, das uns umweglos den Kosmos nahebringen möchte: »Venus am Rand des Siebengestirns / liebäugelt mit dir«, heißt es. Oder »Mann, hol den Mond aus der Tasche«. Selbst der Weltuntergang verliert seine Schrecken, wenn zwei Liebende miteinander einen Apfel teilen und anschließend herumtanzen. Und wenn uns die Wissenschaft Hirn und Individualität suspekt macht, rät das lyrische Ich unverwüstlich lebenspraktisch: »Leg dein Genom auf mein Genom.«

Sind das Stilblüten, geschmackliche Unsicherheiten? Oder ist das gekaufter Mut, der kühn und ungeniert die Lyrik aus ihrer verzweifelten Defensive herauszuholen möchte? Man möchte gern das Donquichotteske sehen, wäre es bloß prägnanter formuliert. Man möchte auch den Glauben teilen, das Zitieren des Alten Wahren hebe die Problematik heutigen Dichtens auf. Manchmal klappt auch bei Ulla Hahn der Beschwörungszauber zusammen und endet in Desillusionierung. So in dem Gedicht »Für RMR«, das Rilke bloß die Initialen läßt. Da fallen nicht bloß die herbstlichen Blätter, sondern auch Rilkes Engel »wie Laub vom Baum der längst geschrieben ist«.

Was bleibt aber, wenn die Dichter nichts mehr stiften? Wenn der Baum tatsächlich »geschrieben«, das Beste längst gesagt ist? *So offen die Welt* lautet das Versprechen des Buchtitels. Nicht immer vermag Ulla Hahn ihr Optimismusprogramm durchzuhalten. Je weniger sie es vermag, umso besser sind ihre Gedichte. Ein Paradox der Poesie. Es gilt auch hier. In dem erwähnten Gedicht »Dichterlesung« gibt es gegen Schluß noch »das alte Paar: so ähnlich einander so innig verschmolzen«. Es sitzt nah der Tür, »damit sie's wenn's sein muß, aufs Klo schafft«.

Philemon und Baucis – dieses Motiv ist noch das tragfähigste des ganzen Bandes. Eine Handvoll über das Buch verstreuter Gedichte findet die einfachen Worte, die zu dem alten Paar passen. Etwa »Ruhig« mit den Anfangszeilen: »Du bist nicht da aber ich / bin ganz ruhig.« Oder das folgende titellose Gedicht. Da es schön ist, muß man es ganz zitieren:

Dein Haar
wird weniger
und meines weiß

Du siehst mich immer öfter an
wie eine Rarität

Du faßt nach meiner Hand
als wüßte ich den Ausweg.

Ein nüchterner Befund, an dem kein Wort zu viel ist. Darin ist mehr Trost, aber auch mehr Poesie als in den vielen poesiegläubigen Gedichten sonst.

Ulla Hahn: So offen die Welt. Gedichte. Deutsche Verlags-Anstalt: München 2004.

Der Flaneur als Luftgeist
Czesław Miłosz: DAS und andere Gedichte

DAS – welch ein merkwürdiger Titel für ein Gedichtbuch! Er ist zugleich kryptisch wie demonstrativ. Worauf aber zeigt er, und was ist sein Geheimnis? Czesław Miłosz, der große polnische Dichter und Essayist, spannt uns nicht lange auf die Folter. Das Gedicht gleichen Titels steht am Eingang seiner Lyrikauswahl aus sechs Jahrzehnten. Dort steht es wahrhaft wie eine Eröffnung, die uns der Dichter machen will. Geständnis oder Eröffnung eines Spiels? Der Ton ist der einer lange aufgesparten Konfession: »Könnte ich doch endlich sagen, was in mir sitzt! / Herausschreien: Ich habe euch belogen, Leute, / Als ich euch immer wieder sagte, DAS sei nicht in mir, / Wo es doch ständig da ist, Tag und Nacht.«

Diese Eröffnung ist anrührend und rhetorisch zugleich. Ein Meister der Poesie liefert eine vehemente Selbstdenunziation des Dichtens: »Das Schreiben war für mich Schutzstrategie, / Damit verwischte ich die Spuren. (…) Auch wenn ich ekstatisch das Dasein pries, / So war es nichts als eine Übung höheren Stils.« Miłosz bringt uns listig in die Bredouille. Sollen wir an seiner Moral zweifeln oder lieber an seiner Meisterschaft?

Lesen wir ein Geständnis oder ein Exerzitium der Kunst? Und was ist dieses ominöse »DAS« überhaupt?

Die Versalien von DAS sind ein Indiz. Der Dichter wäre ein schlechter Künstler, wenn er es benennte. Er gibt uns Winke, liefert Vergleiche. Er vergleicht es mit den Gedanken eines Obdachlosen, der eine fremde Stadt durchstreift. Mit den Gefühlen eines umzingelten Juden, der die Helme deutscher Militärpolizei näherrücken sieht. Mit den Gefühlen eines Königssohns, der die wahre Welt erblickt: »Elend und Krankheit, das Altern und den Tod.« Weitere Vergleiche münden in den Schluß: »Denn DAS heißt gegen eine Wand aus Stein zu laufen, um dann / die Einsicht zu gewinnen, daß diese Steinwand keinem Flehen weicht.«

Sagen wir nicht, das Rätsel sei gelöst. »DAS« ist nicht in Begriffe zu übersetzen. Dichtung ist nicht Philosophie. So bleibt das Bild der Wand, und die Absurdität, gegen sie anzurennen. Bleibt – wenn man schon Begriffe will – das *Quia absurdum* der Poesie. Sie ist »DAS« und zugleich gegen »DAS«. Die Revokation ist zugleich Evokation. Die »Übung höheren Stils«, das Heraufrufen des früher Geleisteten ist die pathetische Beschwörung eines Lebenswerks. »DAS« benennt das zentrale Motiv von Miłosz' Poesie: den ekstatischen Preis des Daseins.

Dieser Preisgesang ertönt in allen Perioden seines Schaffens, in den verschiedensten Formen und Stimmlagen, immer wieder kommt Miłosz in Konfessionen und Selbstporträts auf seine Weltlust und Weltfrömmigkeit zurück. »Voyeur« ist der lapidare Titel eines Gedichts. »Ich habe als Voyeur die Welt durchwandert« beginnt es, und der Voyeur frönt vor allem der Augenlust an Frauen – ein sublimierter Don Juan: »Ich hatte bestimmt nicht die Absicht, sie alle zu lieben. Es begehrten sie nur meine gierigen Augen, meine überaus gierigen Augen.«

Die Skala seiner Sinnlichkeit ist beträchtlich und schließt durchaus auch die Erfüllung ein: »Herrgott, ich liebte Erdbeermarmelade / Und die dunkle Süße des weiblichen Körpers«, beginnt ein »Geständnis«. Noch zu seinem achtundachtzigsten Geburtstag gesteht er, in die »Jugend und Schönheit, / in Körperlichkeit und Flüchtigkeit« vernarrt zu sein. Und in einem anderen Gedicht »bei einem Glas Whisky auf dem Flughafen von, / sagen wir Minneapolis« apostrophiert er sich so selbstironisch wie lapidar: »Du alter Lustmolch, du solltest schon langsam ans Sterben denken.«

Natürlich gibt es in diesem Katalog der Weltlust auch die Töne von Alterspessimismus und *Taedium vitae*. Der Dichter fühlt das Alter wie Teer an seinen Beinen kleben. Er sieht sich als alte, widerliche Kröte, die ihre dicken Lider halb öffnet, und ein Gedicht weiter als demnächst ausgestopften Bär: »Was kümmert es den ausgestopften Bär, / Ob jemand Fotos von ihm macht, und wer?«

Czesław Miłosz selbst hat die beste Formel für seine Ambivalenzen gefunden: Er nennt sich einen ekstatischen Pessimisten. Zwar akzentuiert das Titelgedicht »DAS« seinen Pessimismus, doch die meisten Gedichte des Bandes zeigen eher die Balance von Glück und Verzweiflung. Der Dichter hat die Fähigkeit zu staunen nie verloren. Sie kommt am schönsten in vier kurzen Gedichten zum Ausdruck. Sie sind alle mit »Oh!« betitelt, dem dringlichsten Ausruf des Staunens. Das erste beginnt: »Oh, welch ein Glück! Eine Lilie zu sehen.« Die drei anderen Gedichte handeln von Malerei, von Bildern Gustav Klimts, Salvator Rosas und Edward Hoppers. Sie sprechen vom reinen Glück des Schauens. Einzig die »Karrierefrau« in Hoppers »Hotelzimmer« evoziert so etwas wie Tristesse. Doch selbst diese verdient ein Oh! »Oh, welche Tristesse, die nicht weiß, daß sie Tristesse ist!«

Miłosz – der inzwischen Zweiundneunzigjährige – ist kein Freund von Tristesse; man darf ruhig sagen: kein Freund von Traurigkeit. Am wenigsten dort, wo sie programmatisch in der Kunst auftritt. Er möchte am liebsten seine traurigen Kollegen bekehren – etwa den englischen Lyriker Philip Larkin:

> Du trauriger Larkin, auch ich weiß vom Tod,
> Der ständig allen Lebendigen droht,
> Doch passend ist dieses Thema nie –
> In keiner Ode und in keiner Elegie.

Das ist hübsch. Doch es wirkt – wohl durch den Reimzwang, dem hier geopfert wird – eher handfest als subtil. An einer Stelle verrät Miłosz uns auch das Motiv seiner Abneigung: nämlich die Angst, in seiner geistigen Stabilität erschreckt zu werden: Er habe gelernt, mit seiner Verzweiflung zu leben. Wer ihn mit dem Tod erschrecke, stoße ihn auf ein tieferes Niveau herab. Miłosz hätte auch von Würde reden können.

Dichten als Stabilisieren der Existenz – diese Erfahrung teilt der große Czesław Miłosz mit den Kleinsten seiner Zunft. Aber natürlich ist es nicht gleichgültig, was da stabilisiert wird und von wem. Wie sehr der Dichter auch sein Schreiben als »Schutzstrategie« und »Übung höheren Stils« denunziert: Das Resultat ist große Poesie. Von dem, was die Dichter etwa stiften könnten, erwartet Miłosz nicht allzuviel, er setzt seine Hoffnung auf eine Gabe, die allen Menschen gegeben ist: auf ihr »ewiges, göttliche Staunen«.

Von diesem Staunen ist in einem Gedicht über Genua die Rede, datiert auf den 30. Juni 1999. Der achtundachzigjährige Flaneur zeigt er sich immer noch fasziniert von Jugend und Schönheit, und der vitale »Ritus der Wiederkehr« erfreut ihn. Die Sehenswürdigkeiten freilich lassen ihn kalt: »Die Kathedralen und Festungstürme / besichtige ich längst nicht mehr.« Aber dann läßt der große alte Mann durchblicken, was es wirklich mit dem Sehen und dem Sehenden auf sich hat: »Ich bin wie ein Sehender, doch selbst nicht vergänglich, / ein Luftgeist, trotz grauen Hauptes und Altersgebrechen.« Auch dies ist ein Geständnis, das Bruchstück einer großen Konfession. Miłosz ist – wie Goethe – ein Dichter der glücklichen Augen.

Czesław Miłosz: DAS und andere Gedichte. Aus dem Polnischen von Doreen Daume. Hanser: München und Wien 2004.

Zurück zu Eichendorff und Rheinprovinz
Norbert Hummelt: Stille Quellen

Wer seinen Gedichtband *Stille Quellen* betitelt, scheint Trostsurrogate, Sentimentales, ja Kitsch zu bieten. Norbert Hummelt riskiert solchen Verdacht, doch zum Glück ist nichts daran. Er operiert auch nicht mit der bloßen Ironisierung des Titels, obwohl ihm Ironie nicht fremd ist. Hummelt ist ein Poet auf dem Rückweg. Er sucht buchstäblich nach seinen

Quellen, nach Herkunft und Kindheit, aber auch nach jenen Dichtern, zu denen das Bild von den stillen Quellen paßt.

Hummelt, 1962 in Neuß geboren und in Köln lebend, begann in der rheinischen Szene der Wortinstallationen und Sprechkonzerte zu schreiben. In *Knackige Codes* faßte er 1993 seine Versuche zusammen, Schrift und Oralität in der Lyrik zu verbinden. Deutlicher noch machte das der Band *Singtrieb* (1997), mit dem CD-Mitschnitt einer Lesung mit Saxophon-Begleitung. Die Gedichte von *Zeichen im Schnee* (2001) dagegen dimmen den Ton herunter, wenden sich eher an den stillen Leser. Sie zeichnen zarte, manchmal etwas preziöse Liebesszenen, auch Idyllen aus Kindheit und Jugend. Und wenn ein Titel »selbstbildnis als jüngling mit kirschen« heißt, ist das ohne Ironie formuliert – als wär's ein Fin-de-Siècle-Gedicht, freilich aus dem 20. Jahrhundert.

Die neuen Gedichte machen Ernst mit der Rückkehr zur Stille und zu den Quellen. Die Stille scheint vor allem in den Erinnerung an eine rheinische Kindheit auf: in den Namen von kleinen Orten und Dörfern, in der Erinnerung an Wohnungen, an Details wie das »brandloch im wachstuch, die tapetentönung«, in Erinnerungen an eine Zeit, zu der Worte wie »kubakrise« und »gummitwist« gehören. Das ist alles mit dem Verwundern geschildert, woher man später »die genauen bilder / den blick fürs dunkle u. das schweigen« nimmt.

Vielleicht ist in Hummelts Gedichten ein bißchen viel von diesem nachempfindenden Genuß enthalten. Aber sie haben durchweg etwas Reelles, das Bemühen um die Wiederbelebung einer verlorenen Zeit. Wenn auch der »sammeltassen, nach fünfzig jahren« allzu nostalgisch gedacht wird, und der Vers »das erste bild, das ich konkret entsinne« durchaus ohne den Fetisch des Konkreten auskäme. Lassen wir also dem Dichter seine Entschuldigung durchgehen: »ich hänge nur so an den einzelnen dingen.« Hummelt ist im Vertrauten am besten. Als Regionalist des Kölner Raums ist er ein gefühlvoller Nachfahre Jürgen Beckers.

Beinah noch zuverlässiger als der Halt im Persönlichen und Regionalen ist Hummelts Vertrauen in die Tradition der Poesie, vor allem die Romantik. Sie hat manchmal den Anschein glatter Affirmation. Wer erwartet in einem modernen Gedichtbuch den Titel »das glück bei eichendorff« oder – in einem anderen Gedicht – die Zeile: »ein vers von eichendorff hat mich noch nie betrogen«? Das scheint schlicht kulturkonservativ. Doch es wird konterkariert durch das Bewußtsein, daß das Alte Gute nicht einfach zu haben ist. Affirmation geschieht im Sinne eines Defizits, eines Verlustes.

Dieses Gefühl überfällt den Poeten auch angesichts der Natur. Selbst sie ist quasi nur noch als Zitat zu haben. So beginnt ein Naturgedicht mit: »bereits die schwüle wirkt wie ein zitat aus / einer andernorts genannten quelle.« Hier sehen wir, was es mit den »stillen Quellen« auf sich hat: Sie sprudeln reichlich, aber auch reichlich virtuell. Dies zu zeigen ist kein geringes Verdienst Norbert Hummelts. Er liebt die Mimikry. Das hebt seine traditionell stilisierten Gedichte über die bloße Konvention hinaus und macht sie interessant und lesenwert.

Norbert Hummelt: Stille Quellen. Gedichte. Luchterhand: München 2004.

Die Stimme und der Stein
*Yves Bonnefoy: Beschriebener Stein
und andere Gedichte – Gebogene Planken*

Der Surrealismus blieb in der deutschen Lyrik ohne produktive Wirkung. In Frankreich dagegen hat er bedeutende Lyriker wie Paul Eluard und Robert Desnos hervorgebracht. Er inspirierte vor allem eine spätere Generation von Dichtern, die in der Auseinandersetzung mit ihm ihren eigenen Weg fanden. Der bedeutendste unter ihnen ist der heute über achtzigjährige Yves Bonnefoy.

Er wuchs gewissermaßen ins surrealistische Klima hinein. Als 1924 das *Manifest des Surrealismus* erschien, war er gerade ein Jahr alt. Dem Vierzehnjährigen schenkte sein Philosophielehrer eine surrealistische Anthologie – ein folgenreiches Geschenk. Poesie weckt Poesie. Bonnefoy schloß sich 1944 den Surrealisten an, studierte Mathematik, schrieb ein Diplom über Baudelaire und Kierkegaard und trennte sich bereits 1947 wieder vom Surrealismus – ziemlich genau zehn Jahre nach seiner poetischen Erweckung. Er hatte als Dichter seinen eigenen Weg gefunden. Er forschte nicht bloß im Unbewußten, er grub in anderen, in tieferen Schichten. Er wurde ein Archäologe des Wortes.

Es waren Steine, die er zutage förderte. Steine, die Inschriften tragen: Grabsteine, Epitaphe. Antike Grabschriften – etwa der *Anthologia graeca* – inspirierten Bonnefoy zu seinen frühen Texten. Das Motiv des Steins erscheint bereits in der Prosa seines *Anti-Platon* von 1947. Es dominiert seinen dritten Gedichtband *Pierre écrite* (1965), wo ein gutes Dutzend Gedichte den Titel »Une pierre« (Ein Stein) trägt. Und mit großem Recht hat Friedhelm Kemp, der seit den sechziger Jahren den Dichter übersetzend und kommentierend begleitet, die Zusammenfassung von Bonnefoys früher Lyrik *Beschriebener Stein* betitelt.

Natürlich reden diese Epitaphe vom Tod, seiner lastenden dunklen Endgültigkeit, die auch die Gabe einer »finstren Milch« nicht sänftigt. Doch das vielleicht schönste dieser Stein-Gedichte kennt auch hellere Töne: »Er sagt mir, Du bist ein Wasser, das dunkelste, / Das frischeste, die unteilbare Liebe dort zu kosten. / Ich habe seinen Schritt zurückgehalten, doch zwischen anderen Steinen, / Ewigen Tag zu trinken unter Tag.«

Wo ein beschriebener Stein ist, eine Grabschrift, ist auch jemand mitgedacht, der liest und spricht, gibt es den Hauch einer Stimme, die das Dunkle benennt, die das Dunkle aufhebt. So antworten den wahrhaft lapidaren Stein-Gedichten jene Texte, die man als den Anhauch einer Stimme empfängt. Der Titel »Une voix« (Eine Stimme) erscheint kaum weniger oft. Eine dieser Stimmen fleht den Stein an: »O grauer Stein, / wenn es wahr ist, daß du des Blutes Farbe hast, / erschaudre doch von diesem Blut, das in dir fließt, / eröffne mir den Hafen deines Schreis.«

Hatte Bonnefoy mit »Stein« und »Stimme« sein Thema gefunden? Er desavouiert diese Vorstellung, wenn er sagt: »Ein Dichter hat keine Themen, sondern Wörter.« Sie helfen ihm aber, sein Thema zu finden, es zu umkreisen. So ist Bonnefoys Lyrik eine ununterbrochene Poesie, sind seine Gedichte nach eigenem Bekunden keine abgeschlossenen, selbständigen Gebilde: »Was ich schreibe, sind vielmehr Gesamtheiten, Versammlungen, Zusammenhänge, innerhalb derer jeder einzelne Text nur ein Fragment ist.«

Dieses Bekenntnis wird völlig plausibel, wenn man Bonnefoys Spätwerk neben die Produktion der fünfziger und sechziger Jahre hält. *Les planches courbes* (2001) ist das Werk eines Mannes von 78 Jahren. Der Titel – *Die gebogenen Planken* – spielt auf ein Charon- und Christophorus-Motiv an. Das Kind, das sich von einem riesenhaften Fährmann übersetzen läßt, gerät mit ihm in Bedrängnis. Die Planken des Bootes verweigern den Halt, und beide schwimmen in einen unendlichen Raum der Strömungen und Sternenabgründe. Dem Kind, das den Fährmann bittet, sein Vater und sein Haus zu sein, antwortet der Riese: »Diese Worte mußt du vergessen. Vergiß die Worte.«

Das kann und will der Dichter natürlich nicht tun. Dem Wortevergessen folgt das Wortefinden. Seine späten Gedichte greifen auf das Früheste zurück, auf die Kindheit. Es *gab* einen Vater, und es *gab* ein Haus. Der schönste Zyklus des Bandes ist »Wo ich geboren wurde« (La maison natale), und eine besonders anrührende Passage zeigt den Vater, »wie er langsam / daherkommt auf dem Boulevard, schwerfällig / unter der Last der Müdigkeit sich fortbewegend«. Ein anderes Gedicht sieht die Eltern miteinander sprechen. Das Kind, das sie aus der Tiefe des Gartens betrachtet, weiß: »aus diesen Worten kann man geboren werden.«

Diese frühe ist zugleich die späte Einsicht des Dichters. Sie erleichtert dem Leser den Zugang zu einem Werk, dessen strenge innere Korrespondenz besondere Anforderungen an den Leser stellt. Friedhelm Kemp meint sogar, man müßte sozusagen »dieses Gesamtwerk im Kopf, im Herzen haben, um jede Zeile angemessen zu verstehen.« Umso erstaunlicher, daß dieser hermetisch-symbolistische Dichter mit autobiographischen Konfessionen kommt. Sie plaudern nichts aus, sondern sind von großer Diskretion, großer Wahrheit. Bonnefoy zeigt eine wunderbare Spröde, wenn er bekennt, er habe manche seiner Worte hundertmal durchgestrichen in Versen und in Prosa: »Doch unabweisbar / kehren sie wieder, wenn ich spreche.«

Unabweisbar kehren in diesem späten Buch von den gebogenen, aber offenbar doch nicht brechenden Planken auch

Gedichte wieder, die »Ein Stein« oder »Eine Stimme« sein wollen. Vom Stein heißt es einmal, er werde ein »Wort«, und die Stimme beschwört »unser Glück: / schwerfällig im Gestein / der Aufflug des Wiedehopfes«.

Glück ist etwas schwer erreichtes. Der späte Bonnefoy hat zu einer strengen Heiterkeit gefunden. Sie ist nicht ohne dämonischen Hintersinn. Im letzten Gedicht des Bandes geht es ums »Steine werfen«. Die Steinewerfer, die lachend in den Mond blicken, haben zerschundene, blutige Hände, doch ihre Augen heben sich andern Augen zu: »und wieder war da dieses Lachen.« Friedhelm Kemp, der kongeniale Übersetzer auch dieser späten Poesie, ermahnt uns, dieses Stichwort nicht zu überhören.

So ist es mit der Heiterkeit der Kunst bestellt. Ohne die Steine, ohne die blutigen Hände verstünden wir das Serene der Kunst nicht; verstünden nicht die Preisgedichte, mit denen uns der alte Dichter beschenkt. »Que ce monde demeure« hat er sie genannt: »Sie bleibe, diese Welt!« Der emphatische Ausruf kehrt in dem Zyklus mehrfach wieder. Nur ein so erfahrener, unsentimentaler Poet kann sich den Hymnenton erlauben und das Carpe diem des Horaz noch einmal aufnehmen, nicht als hedonistische Lebensmaxime, sondern als metaphysischen Segensspruch: »Sie bleibe, diese Welt, / dem Tod zum Trotz! / Grau die Olive / hart an ihrem Ast.« Pflücken wir die Oliven des Yves Bonnefoy!

Yves Bonnefoy: Beschriebener Stein und andere Gedichte. Zweisprachige Ausgabe. Deutsch von Friedhelm Kemp. Hanser: München und Wien 2004. – Yves Bonnefoy: Die gebogenen Planken. Zweisprachige Ausgabe. Deutsch und mit einem Nachwort von Friedhelm Kemp. Klett-Cotta: Stuttgart 2004.

Die Piste ragt ins All
Christian Lehnert: Ich werde sehen, schweigen und hören

Plötzlich, Mitte der neunziger Jahre, als ein für seine Skepsis bekannter Autor vom Blatt aufsieht, steht ein Engel im Zimmer: »Ein ganz gemeiner Engel, vermutlich unterste Charge.«

Er erscheint in Enzensbergers Gedicht »Die Visite« und belehrt uns, daß der Mensch nicht weiß, wie entbehrlich er ist. Der Dichter, unvorbereitet auf den überraschenden Besuch, scheint unfähig zu reagieren: »Ich rührte mich nicht. Ich wartete, / bis er verschwunden war, schweigend.« Er gehört einer Generation an, die sich an Gottfried Benns Satz hielt, wonach Gott ein »schlechtes Stilprinzip« sei.

Solche thematischen Vorbehalte gelten für die jungen Autoren nicht mehr. Religiöse Motive erscheinen manchem von ihnen wieder interessant, ja dringlich. So dem Lyriker Christian Lehnert, Jahrgang 1969. Er hat Religionswissenschaft, Orientalistik und Theologie studiert und lebt heute als Pfarrer in einem kleinen Ort bei Dresden.

Die drei Gedichtbände, die er bisher vorgelegt hat, bezeichnen eine entschiedene Bewegung seiner Themen. *Der gefesselte Sänger* (1997) handelt von den Altlasten der deutsch-deutschen Geschichte, den historischen »Bruchzonen« zwischen Auschwitz und Dresden. *Der Augen Aufgang* (2000) befragt im Bild der Wüste die Möglichkeit eines neuen Glaubens. *Finisterre* (2002) versteht sich im Sinne des alten Jakobswegs als Beginn einer Pilgerschaft.

Das neue Gedichtbuch schlägt in seinem Titel das Motiv der Verheißung an: *Ich werde sehen, schweigen und hören*. Doch der emphatische Ton dieses Satzes relativiert sich, wenn man den gleichnamigen Zyklus nachliest. Er steht im vierten und letzten Teil des Buches und bringt Gedichte aus einem Garten. Wir lesen Verse über Tomatenpflanzen, über Salbei, Giersch und einen kranken Pfirsichbaum, über Sonnenblumen, Knoblauch, die Zaunwinde und den Nußbaum.

Ist das ein Pfarrersgarten? Ist da wer tätig, munterer als Mörike? Angesichts der Tomatenpflanzen übt das lyrische Ich sich in Beschwörung: »Der Klang deiner Stimme düngt sie.« Immerhin hat es zuvor die Pflanzen an Pfähle gebunden und das Unkraut um sie herum weggehackt. Der Dichter ist ein Sorgender. Er kümmert sich um den kranken Pfirsichbaum: »Ich lege meine Hand // in die Wunde am Stamm.« Diese Geste läßt an die des ungläubigen Thomas denken, ohne daß der Autor diesen Bezug weiter ausdeutet. Lehnert sieht in der Natur die Zeichen des Leidens. Doch er spielt die sich anbietende Symbolik nicht aus und begnügt sich mit dem Vergleich. Die massigen Äste des Nußbaums erscheinen ihm wie »die Balken eines Kreuzes«.

Die naturfromme Gartenidylle ist ein Ruhepunkt in Lehnerts Band. Ihr gehen Gedichte voraus, die das religiöse Motiv existentieller fassen. Sie beschwören »Nacht eines Gottes der nie war« und sehen das Licht als »Schrift- und Hinrichtungszug« Richtung Golgatha. Dennoch scheint in Lehnerts neuen Gedichten die religiöse Problematik weniger zugespitzt als in seinen früheren Gedichten. Dafür gewinnen sie an Welthaltigkeit.

Der Zyklus »Warten aller Augen« schildert Gestalten in ihren persönlichen Problemen: den Soldaten oder den »Physiker in der Chipfabrik«, aber auch den Autor, der gehetzt schreibt, und den Pfarrer, der nicht mehr weiß, was wird. Das anrührendste Gedicht ist »Patientin im Mehrbettzimmer eines Pflegeheims«. Es endet mit den Zeilen: »Wieder versuche ich, / weil es sich so gehört, / eine der schneeweißen Kartoffeln zu essen.« Im Dingsymbol der »weißen Kartoffeln« ist alles an Verzweiflung und Todesnähe enthalten.

Bleibt noch, das Schönste und Merkwürdigste dieses Bandes zu erwähnen. Christian Lehnert hat vier Paraphrasen auf protestantische Kirchenlieder geschrieben. Das sind nicht etwa freie thematische Variationen, sondern Kontrafakturen, die dem strophischen Maß der Choräle und also auch den Melodien folgen. Eines beginnt: »Die Landschaft kippt, wird grauer, / ein nasser Wind, ein Schauer, / die Piste ragt ins All. / Verschüttet sind die Stollen, / die Erde treibt in Schollen: / du bist ihr warmer Widerhall.« Wir lesen hier die skeptisch-tröstliche Variante von Paul Gerhardts Abendlied »Nun ruhen alle Wälder.« Sage also niemand, Gott sei ein schlechtes Stilprinzip. Der Pfarrerssohn Benn war übrigens ein Liebhaber Paul Gerhardts. Pfarrer Lehnert erneuert ihn.

Christian Lehnert: Ich werde sehen, schweigen und hören. Gedichte. Suhrkamp: Frankfurt am Main 2004.

Schwingen in Schonhaltung
Marion Poschmann: Grund zu Schafen

Das Gespräch über Bäume ist längst wieder erlaubt, dementiert das Ende der Landschaftsmalerei. Der Grüne Gott aber, den Wilhelm Lehmann einst beschwor, will nicht mehr erscheinen. Die Öko-Lyrik der achtziger Jahre blieb so dürr und dürftig wie ihr Begriff. Doch scheint es in der jüngeren Poesie ein Bedürfnis zu geben, Landschaft und Natur wieder ins Gedicht zu nehmen – quasi einen *Grund zu Schafen* zu finden. Das ist womöglich der Sinn des etwas verqueren Titels, den Marion Poschmann ihrem zweiten Gedichtband gegeben hat.

Sie hat sonst durchaus Glück mit Titeln – und auch mit den Büchern selbst. Ihr Debüt, der Roman *Baden bei Gewitter* (2002), brachte ihr Beifall ein. Und auch ihr im gleichen Jahr erschienener erster Gedichtband *Verschlossene Kammern*. Er folgte seinem Titel in der Entschlossenheit zu einem gewissen Hermetismus, brachte aber auch die Einsicht: »ohne einander / sind wir verschlossene Kammern / in denen es finster ist.« Vor allem aber zeigte der Band, daß wir es mit einer Autorin zu tun haben, die methodisch arbeitet und in Serien denkt. Eine Gedichtgruppe hieß ausdrücklich »Barocke Serie« und handelte von Madonnendarstellungen.

Marion Poschmann liebt, was man neudeutsch *Projekte* nennt. Also thematische Sequenzen, die ihr konstruktives Vermögen und ihre sprachliche Sensibilität affizieren. So auch in dem neuen Band *Grund zu Schafen*. Sein Titel gibt ihr im Doppelsinn des Wortes den »Grund«, das Thema Natur in fünf Abteilungen zu umspielen: »Oden nach der Natur«, »Et in Arcadia ego«, »Idyllen«, »Waldinneres«, »Wiese sein«. Der letztgenannte Titel erhellt sich durch ein Gryphius-Motto: »Wo itzund Städte stehn, wird eine Wiesen sein.« Doch der apokalyptische Aspekt, den das Motto suggeriert, wird keineswegs sehr ernst genommen. Denn in dem Gedicht »Linien ziehen bei heftigem Wind« finden wir die luxurierende Zeile »Schiesser-Wäsche mit prächtigem Muschelbesatz unter perligem Wasser«.

Der Poetin kommt es offenbar mehr auf solche Linien an, die ihre Sprache zieht, als auf die Schwere eines bestimmten

Gehalts. Das schließt nicht aus, daß in den Gedichten auch substanziellere Motive erscheinen, Aktuelles, Politisches sogar. So etwa ein Titel wie »Umspannwerk Ost« mit dem recht plakativen Anfang »abgehalftertes Land«. Politisierend scheint auch der Titel »vom Osten träumt man, aber dorthin fährt man nicht« – eher eine witzige Pointe als eine politische Äußerung. Doch schon ein Titel wie »Sfumato, Industrieflächen« zeigt, daß es der Autorin mindestens so sehr um den malerischen Terminus wie um die Gegenständlichkeit geht.

Dominanz also der Darstellung über das Dargestellte. Mit dieser Eigenart steht Marion Poschmann in der jungen Lyrik nicht allein. Sie verkörpert diese Tendenz nur besonders deutlich, weil ihre Kunstfertigkeit beträchtlich, ja stupend ist. Weil sie mit einer Intelligenz und Sensibilität operiert, die manchmal etwas Einschüchterndes hat. Dazu gehört freilich, daß auch dem willigen Leser manches Gedicht dunkel bleibt. Oder zumindest die eine oder andere Passage. Etwa der Schluß des Titelgedichts: »man wuchs / unter Blitzen auf dunkelte nach war / das Auftragen alter Bekleidung kein Grund / zu Schafen.« Vielleicht ist manche Dunkelheit auch Vermeidung von Banalität. Denn wir möchten ja nicht bloß verstanden haben, daß man mit dem Auftragen alter Sachen den Einsatz von Schafen spart.

Lassen wir die Schafe, kehren wir zur Kunst zurück. Die Kunst Marion Poschmanns ist mehr als jene Artistik, die Benn als »Nichts mit Glasur darüber« pries. Sie ist – glücklicherweise – immer auch unreine Kunst. In ihr gibt es den Schmutz des Kohlenpotts und seiner Bergarbeiterküchen – Marion Poschmann wurde 1969 im Ruhrgebiet geboren. In ihr gibt es unfreiwillige Komik (»ich beginne schon wieder / zu schimmeln«) und gesuchte Preziositäten (»Lustspiele noch originalversiegelt«). In ihr gibt es gänzlich Unmodernes, als käme es aus dem 18. Jahrhundert, nämlich alkäische, sapphische, ja sogar asklepiadeische Strophen – fünf »Oden nach der Natur«.

Diese nämlich möchte ich loben und hoffe, mit diesem Lob der Autorin nicht zu schaden. Die nach antikem Muster geregelten Zeilen dieser Oden gehen überhaupt nicht schulmäßig steif. Sie sind von schöner Fluktuation. Oder wie es in »Steine im Gleichgewicht« heißt: »Sie pendeln leise, hängen in Raum und Zeit / wie abgestürzte Engel, ihre / Schwingen in Schonhaltung eingefaltet.« Die Engel werden, so hoffe ich, in kommenden Gedichten ihre Schwingen öffnen. Schon diese fünf Oden machen die Frage obsolet: »Waren Bäume erlaubt, waren sie unerlaubt?« Erlaubt ist was gefällt. Wußten ja schon die Klassiker.

Marion Poschmann: Grund zu Schafen. Gedichte. Frankfurter Verlagsanstalt: Frankfurt am Main 2004.

Wunderlandnahme
Silke Scheuermann: Der zärtlichste Punkt im All

»Belästigen Sie andere nicht mit schlechten Träumen« – das klingt wie der Rat eines alten Dichters, langer Erfahrung abgewonnen. Steht aber im Titel eines Gedichts, mit dem vor drei Jahren Silke Scheuermann ihren ersten Gedichtband beschloß. Sie widerlegte die Ansicht, daß dichtende junge Leute uns gern mit ihren schlechten Träumen traktieren. Unsere Poetin ließ lieber die Dinge träumen und traf das Zauberwort. Sie rettete die Ehre der krächzenden Möwen und ließ sie singen, und – o Wunder – sogar zweistimmig. Ihr Debütband *Der Tag an dem die Möwen zweistimmig sangen* fand Beifall, ja Bewunderung.

Der makellose Start ließ auf Reserven hoffen. Auf ein zweites Buch, das weder zu Hätschelei noch Häme Anlaß gibt. Und tatsächlich hat *Der zärtlichste Punkt im All* alle Vorzüge des Debüts und ein paar neue dazu. Silke Scheuermann liebt es kurz und bündig. Ihr neues Buch ist mit seinen 37 Gedichten noch etwas kürzer als das erste. Lang sind wiederum manche ihrer Überschriften, zudem witzig und phantasievoll. Die längste geht so: »Reisen im Cyberspace oder Wenn eine der fünf Theorien unser Universum beschreibt Wer lebt dann in den vier anderen.« Das ist eine Preisfrage, die das Gedicht selbst um keinen Preis beantworten darf. Ein anderer Titel lautet: »Das kaum verständliche Kapitel eines fremden Lebens das mir mein Anrufbeantworter erzählt hat.«

Die Autorin animiert uns, aber sie foppt uns ebenso gern. Das schon im Buchtitel. Was es mit dem »zärtlichsten Punkt im All« auf sich hat, sagt uns das Gedicht »Flüsternde Dörfer«. Er ist »eine übergroße Murmel mit blauem Zentrum«. Die Erde also als Spielzeug – eine womöglich nostalgische und sentimentale Metapher. Liest man das Gedicht genauer, rutscht die zitierbare Gewißheit ins Zweideutige. Es sind die Städte, die das behaupten und uns falsche Sicherheiten zeigen: der »zärtlichste« ist nur der »womöglich« zärtlichste Punkt. Silke Scheuermann spielt mit dem Möglichkeitssinn. Sie liebt es, die Dinge zu miniaturisieren. In dem Moment aber, wo wir sie zu besitzen glauben, desillusioniert sie unsere sentimentale Sicherheit. So hält sie ihr Material kalt.

Aber die Lyrik kann nicht bloß eine kalte Kunst sein. Das Erstaunen darüber, daß es überhaupt etwas sei und nicht nichts, ist eine alte Sache der Poesie; und ohne die Themen von Liebe und Tod läßt sich schwerlich dichten. Und wenn auch die Erde – wie es in Scheuermanns erstem Buch heißt – ein durchgesessenes Sofa ist, durchgesessen auch durch die Dichter, so lädt sie immer noch zu Expeditionen der Phantasie ein. »Wohin mit diesen Erinnerungen an Gelesenes und / Ungelesenes«, fragt die Autorin einmal und: »was war eigentlich mit der Realität.«

Beide Fragen erledigt sie mit einem Streich in ihren Alice-Gedichten. Sie wünscht sich eine Zeitmaschine und besteigt die gewünschte sogleich in einer geliehenen Gestalt – Silke alias Alice. Sie hat nicht bloß eine Verabredung mit Rembrandt, dem jungen freilich, einem »weichgesichtigen Jüngling«. Sie begibt sich – in Kapitel III – auf »Schatzsuche« und risikofreudig, wie sie ist, sogar ins »Herz der Finsternis«. Ein Phantasie-Trip, der ihr die Einsicht bringt: »Die Differenz zwischen / Rausch und Natur beträgt Null.« Aber auch den Alptraum, daß das Haus sich in ein Einmachglas verwandelt, »in dem sich Erinnerung frisch hält« – was zumindest ein ambivalenter Effekt ist.

Der Alice-Trip bringt die gewünschten Abenteuer im traum-erzeugten Wunderland mit sich, doch er ist nicht ohne Risiko und Gefahr. »Schatzsuche oder Alice im Herzen der Finsternis« fordert den Vergleich mit Lewis Carroll und

Joseph Conrad heraus. Ihn besteht die Poetin mit einigem Anstand. Klug wählt die neue Alice nicht das Größerwerden, sondern lediglich das Kleinerwerden. Nicht zuletzt die Kritik. »Die Schatzsucher«, die sie in den Dschungel schickt, haben Gesichter, in denen die Sicherheit »ein komfortables Lager« aufgeschlagen hat – sie werden das Herz der Finsternis nicht erkennen, und nicht den Horror.

Im Verzicht aufs große tragische Thema liegt weise Begrenzung. Silke Scheuermann ist eine kluge Weberin. Aus ihrem Wunderland legt sie uns ein paar ausgewählte Stücke vor. Sie kennt das Schicksal der Teppichweberin Arachne, die Pallas Athene zum Wettstreit in ihrer Kunst herausforderte und zur Strafe in eine Spinne verwandelt wurde. Sie verwandelt das Problem in Form und erledigt es so. »Arachne kommt in die Wohnglocke« heißt das entsprechende Gedicht. Hier geht es um ein Paar, das – womöglich aus Langeweile – eine Spinne beobachtet. Man kann die Seele als ein Netz betrachten und den Partner als darin verstricktes Opfer. Und natürlich ist auch das Gedicht solch ein Netz. Womit auch die alte Frage nach Kunst und Liebe gestellt ist.

Das ist normalerweise die Stunde der autobiographischen Bekenntnisse, die allzuoft leicht zu haben sind. Silke Scheuermann hält wohl nicht viel davon, doch sie beschreibt das Problem. In »Curriculum Vitae oder Das Problem der biografischen Ängstlichkeit« spricht sie ein Urmißtrauen aus. Schon im Uterus – heißt es – »begann ich / den Silhouetten der Liebe zu mißtrauen / weil sie den Horizont / komplett verdeckten«. Diese Absage läßt das lyrische Ich als Pallas Athene erscheinen, als Jupiter-Kopfgeburt, und rückt dieses »Curriculum Vitae« in die Nähe des gleichnamigen Bachmann-Gedichtes, wo das Ich als Mann erscheint. Kein Zweifel auch, daß Scheuermanns »Wunderlandnahme« als ironisches Echo auf das Pathos von Ingeborg Bachmanns »Landnahme« gelesen werden kann.

Wo diese ins Horn stößt, um »dieses Land mit Klängen ganz zu erfüllen«, setzt die im Todesjahr der Bachmann geborene Autorin auf den diskreten und ironischen Ton, nicht minder aber auf eine zutiefst skeptische Intellektualität. Wo sie etwas mitzuteilen hat, das vor fünf Jahrzehnten in einem dreißigsten

Jahr pathetisch formuliert werden konnte, wählt sie, die heutige Dreißigjährige, die unterkühlte technoide Botschaft, »Das kaum verständliche Kapitel eines fremden Lebens das mir mein Anrufbeantworter erzählt hat«.

Am Ende dieses Schlußgedichts aber geht es um ein altes Thema: um das Glück und sein brennendes Ende, um das Schicksal der Motte: »Angst zu verbrennen habe er nicht / noch nicht obwohl er schon brenne.« Ein altes Thema, auch ein altes Schicksal der Dichter und Dichterinnen. Silke Scheuermann legt es einem Mann in den Mund – Poesie als Abwehrzauber.

Silke Scheuermann: Der zärtlichste Punkt im All. Gedichte. Suhrkamp: Frankfurt am Main 2004.

In Winterzungen
Dorothea Grünzweig: Glasstimmen

Für einen Dichter, eine Dichterin gibt es keine Zufälle. Wo der Zufall endet, setzt das Werk an. Bei Dorothea Grünzweig endete er, als sie – fünfundvierzigjährig – nach Finnland ging. Dort arbeitete sie – nach Aufenthalten in England und Schottland – an der deutschen Schule in Helsinki. Dort, in Finnland, ist sie geblieben. Von dort kommen auch ihre Gedichtbücher: *Mittsommerschnitt* (1997), *Vom Eisgebreit* (2000) und nun *Glasstimmen lasinäänet*. Man bemerkt, wie sich die Titel sukzessive vom Lokalkolorit, vom allenfalls noch Gefälligen verabschieden. Sie sind auf dem Weg in ein poetisches Exil.

Man sollte mit dem Begriff »Exil« vorsichtig sein. Auch dann, wenn das Adjektiv »selbstgewählt« die Sache modifiziert. Grünzweigs um eine Generation älterer Kollege Manfred Peter Hein hat seinerzeit seine Übersiedlung nach Finnland mit einer poetischen Formel beschrieben: »Ich habe den Winter gewählt.« Auch Dorothea Grünzweig hat so gewählt. »Ich sprech in Winterzungen«, bekennt sie in ihrem neuen Band. Aber sie hat auch nicht unterschlagen, was solche Wahl bedeutet.

In ihrem Debut *Mittsommerschnitt* spricht sie von ihrem Assimilationsproblem im »Freizeitpark Finnland«, der ihr »zusagt« und sie zugleich »kalt läßt«. Sie hat anfangs auch das Problem der persönlichen Akzeptanz: »Deutschland wie aus dem Gesicht / geschnitten / heißt es von mir / seitdem verhäng ich die Spiegel.« Der Band *Vom Eisgebreit* bringt dann die schmerzhafte Distanzierung zu »D«: »In Nacht und Schnee gepackt / ist meine Sprache / mein Was ich bin und / Post aus D.«

Aus diesem »Eisgebreit« tönt Grünzweigs Stimme von Buch zu Buch eigener und deutlicher; und die Autorin weiß sehr wohl, was sie Finnland zu verdanken hat: die Initiation ihrer Poesie: »Und da wo ich jetzt bin / im Ankommland / sind meine Worte leicht / sind aufgehoben / begann das Schauen.« Schauen – nicht Sehen! Der emphatische Begriff ist mit Bedacht gewählt. Die Gedichte suchen nicht das präzise Bild, sondern die Evokation. Sie vertrauen weniger dem Auge als der Stimme. Sie suchen nicht die geschmeidige Melodie, sondern den gestauten körnigen Sprechgesang.

Dorothea Grünzweig liebt die raffenden eigenwilligen Komposita. Sie schwelgt in originellen, manchmal auch gewollten Fügungen, in Adjektiven wie »schlafschnurrgeschwisterlich«, »augenblicklieb« oder »immerfremd«, in Substantiven wie »Schneehoffnung«, »Sturzackerzeit«, »Kindsentsinnen« oder »Greisbettliegen«. Zunehmend wirkt das »Ankommland« auch in die Texte hinein. In vielen Gedichten gibt es finnische Einsprengsel, die im Anhang erläutert werden, aber auch ganze Sequenzen, die unübersetzt bleiben. Auf den des Finnischen unkundigen Leser wirken sie wie Zaubersprüche: »kellojenkieli kilisee helisee / kilkatus kimallus / Glas lasi lasienäänet.«

Das sind die Glasstimmen, die der Titel des Bandes meint. Sie sind aber nicht auf bloßen Klang aus, auf keine Artistik oder absolute Poesie. Im Gegenteil. Dorothea Grünzweig hat einen fast religiösen Begriff von Sprache und Namengebung und glaubt: »die wahrhaften Namen stammen aus der Dingmitte / ja sie waren vor den Dingen da / die um sie wuchsen.« Das ist ein Stück Erbe, das Erbe des schwäbischen Pfarr-
‚hauses, dem sie entstammt. Zu ihm gehört auch die Erinne-

rung an den Vater. Er erscheint als jemand, der erkannte, »was geschehen war / mit dem Volk seines Gotts« und der darum »Verbrennungen im Innern« erlitten habe. Daher scheint die »Schneebedürftigkeit« der Tochter zu rühren, also wohl auch die Wahl ihres Exils.

Grünzweigs finnische Existenz ist nicht ohne ein Element von Zeitkritik, das den biographischen Bezug transzendiert. In einigen ihrer Gedichte erreicht das eine apokalyptische Dimension: die Zeitangst wird zur Weltangst. »Es ist ein Sterben angebrochen«, beginnt eines der Gedichte, das immer wieder zu der Vorstellung zurückkehrt, der klein gewordene Erdball könne dem »Druck der / Menschenschwere« nicht mehr stand-halten. Nicht von ungefähr erinnert dieser Ton an das wundersam-traurige Gedicht der Else Lasker-Schüler, das anhebt: »Es ist ein Weinen in der Welt, / als ob der liebe Gott gestorben wär.« Es spricht sehr für Dorothea Grünzweigs Gedichte, daß man sie in einen solchen Zusammenhang stellen darf.

Dorothea Grünzweig: Glasstimmen lasinäänet. Gedichte. Wallstein: Göttingen 2004.

Der Welt abhandengekommen
Walter Gross: Werke und Briefe

Damals, in den sechziger Jahren, war der Schweizer Walter Gross eine der Hoffnungen der deutschsprachigen Lyrik. Mit dem Band *Botschaften noch im Staub* (1957) hatte er auf sich aufmerksam gemacht, Werner Weber druckte ihn regelmäßig in der *Neuen Zürcher Zeitung*, die *Akzente* publizierten seine Gedichte, und Ingeborg Bachmann – sein »Schutzengel«, wie er sie nannte – brachte ihn zu ihrem damaligen Verlag, zu Piper in München. Dort erschien denn auch 1964 – in seinem dreißigsten Jahr – der Band *Antworten*. Es war ein schmaler Band von knapp 60 Seiten, und das Statement auf dem Umschlag schloß mit dem Bekenntnis des Autors: »Sohn eines Arbeiters, eines Kesselschmiedes, möchte ich immer so schreiben, daß mein Vater mich versteht und jeder, den ich mit dem Werkzeug in der Hand antreffe.« Der Verlag vermeldete: »Gross arbeitet zur Zeit an einem größeren Prosawerk.«

Das klang nach solider, verläßlicher, zukunftsträchtiger Arbeit. Doch in der Folge erschien weder die annoncierte Prosa noch ein weiterer Gedichtband. Es erschien überhaupt kein Buch mehr. Der Dichter Walter Gross, der doch mit einiger Fortune begonnen hatte, verfiel in ein über dreißig Jahre währendes Schweigen. Es war durchaus vorsätzlich und währte bis zu des Autors Tod im September 1999. Gross hatte es bereits 1963 in einem Brief an seinen Freund Hans Boesch angekündigt. Er habe beschlossen, nichts mehr zu schreiben, hieß es, »und was Papier anlangt, nur noch dünnes in Rollen zu gebrauchen«. Das mochte als bloßer Anfall von Sarkasmus gelten, denn die *Antworten* waren noch nicht erschienen. Auch setzte Gross seine literarischen Bemühungen noch einige Jahre fort. Freunden gegenüber sprach er weiter von seiner »Schwerstarbeit« an der Prosa, vor allem von der »Lerche«, einem autobiographisch grundierten Projekt, das zwischen 1930 und 1945 im Thurgau spielen sollte. Was davon realisiert oder auch nur versucht wurde, läßt sich schwer sagen. Im Nachlaß fand sich keine unpublizierte Prosa, und von einem stattgehabten Autodafé ist in den Briefen nirgends die Rede.

Ist Walter Gross also an seiner Prosa gescheitert? Er wäre nicht der erste Lyriker, dem das passiert. Dieses Scheitern kann sogar eine Chance bedeuten. Philip Larkin etwa betrachtete sich als Romancier manqué, für den das Gedichteschreiben nur die zweitbeste Lösung sein konnte – man weiß aber, mit welchem Erfolg. Gross dagegen gab auch die Lyrik auf. Obwohl er gegen Kurt Marti noch im Dezember 1971 davon sprach, eine größere Zahl neuer Gedichte zu haben, die beinahe für einen Gedichtband reiche, haben sich Gedichte aus dieser Zeit nicht gefunden. Und noch spät, im Dezember 1980, schreibt er an Marti: »Ich bin an Gedichten, einem Tagebuch und an Prosastücken, die durch die darin auftretenden Personen zusammenhängen.« Ob diese summarische Auskunft reell war oder bloß noch Fiktion, läßt sich kaum sagen.

Faktum ist, daß Walter Gross alles aufgab, was mit Literatur und Literaturbetrieb zu tun hatte; auch die Brieffreundschaften und zuletzt die Freundschaften selbst. Die meisten Briefwechsel brechen Ende der sechziger Jahre ab. Gross wurde – mit dem Titel von Peter Hamms Nachwort – »ein Abhandengekommener«. Doch nicht das Scheitern an der Prosa war der eigentliche Grund für diesen Rückzug. Und auch nicht die schwere Tuberkulose, die um 1960 ausbrach und an deren Spätfolgen der Dichter bis in seine letzten Jahre litt. Das Entscheidende war etwas anderes: ein »terremoto« nennt Gross es in einem Brief an seinen Münchner Lektor. Dieses Erdbeben war der jähe Verlust einer Frau, mit der ihn ein langes, vom Ehemann und Freund toleriertes Liebesverhältnis verbunden hatte. Kurz: Diese Frau ließ sich von ihrem Mann scheiden, aber eben nicht um nun, wie von diesem erwartet, den langjährigen Liebhaber zu heiraten, sondern um einem andern Mann, einem damals sehr bekannten Literaturkritiker, zu folgen.

Das alles ist, mehr oder minder deutlich, in den Briefen nachzulesen, die unter dem Titel *Antworten* einen der beiden Bände der schönen Gesamtausgabe ausmachen. Leider ist manches verschollen; so der Briefwechsel mit Hans Carossa, Rudolf Kassner und der mit seinem Schutzengel Ingeborg Bachmann. Doch der Leser wird reich entschädigt. Ehe er das Schweigen wählte, war Gross ein passionierter und vielseitiger Briefschreiber, ein guter Freund seinen Freuden, und so offen wie geschickt gegenüber den Celebritäten von Kultur und Literatur.

An Carl Jacob Burckhardt beispielsweise schreibt er mit Freimut und Ehrerbietung zugleich. Burckhardt bescheinigt ihm »Ihr Wesen tendiert zur strengen Form«, hält ihm aber auch die Frage entgegen, »warum die heutigen Lyriker Prosa, anstatt fortlaufend, übereinander schreiben«, also die freien Rhythmen. Mit Johannes Bobrowski verband Gross eine Freundschaft, die bis zu Bobrowskis frühem Tod reichte. »Ich denk, wir sind auf eine Weise zusammengekommen, die eine Trennung nicht mehr erlaubt«, schreibt Bobrowski schon in einem der ersten Briefe; und Widmungsgedichte gehen hin und her.

Es sind besonders diese Briefe, die Walter Gross auf dem Höhepunkt seiner literarischen Aktivitäten zeigen und den Abbruch seines Œuvres schmerzlich machen. Es sind die

Gedichte des Bandes *Botschaften*, die Bobrowski hoch geschätzt hat und die noch heute standhalten. Das Gedicht »Für Johannes Bobrowski« evoziert nicht bloß die Figur des »breiten Menschen«, wie man ihn genannt hat, sondern auch das Zeitklima nach dem Mauerbau. Und das Gedicht »Nach Jahren« liest sich heute als Absage des Dichters an alle Verfügbarkeit, ja als frühes Vermächtnis: »Was ich verschweige, / kommt nicht über meine Lippen, / niemandem wird meine Zunge gefügig sein, / zu keinem Tag, zu keiner Stunde.«

Walter Gross: Werke und Briefe. Hg. von Peter Hamm. 2 Bde. Limmat Verlag: Zürich 2005.

Der Droste reicht sie das Wasser
Sarah Kirsch: Sämtliche Gedichte

Selten hat man ein so heiteres Titelbild gesehen: leuchtende Farbflecken, die man als Blumen nehmen kann, als Pflanzlich-Blühendes jedenfalls, von kleinen Spritzern übersät, wie sie ein rasch geführter Aquarellpinsel hinterläßt. Es ist der Pinsel der Dichterin, die in einem frühen Gedicht bekennt, ich »lernte Geduld als ich klein war / bei Wasserfarben«. Hier nun regiert der reine Übermut, die ungebremste Farbenlust.

»Glücksblättchen« heißt das dekorative Malwerk, das Sarah Kirschs *Sämtliche Gedichte* ziert, die aus Anlaß ihres Siebzigsten erschienen sind. Es ist der Talisman für eine volkstümliche Leseausgabe, die ihre zehn Einzelbände zusammenfaßt. Anders als die fünfbändige Werkausgabe von 2000 hat sie keinerlei editorischen Ehrgeiz. Sogar auf die Erscheinungsdaten der Einzelbände wird verzichtet – als wolle man signalisieren, ihre Poesie sei fern von Zeit und Geschichte.

Natürlich ist das Gegenteil der Fall. So frisch die Gedichte der Sarah Kirsch auch wirken, sie sind – mit einem Ausdruck Paul Celans – »ihrer Daten eingedenk«. Die Lyrikbände von *Landaufenthalt* (1967) bis *Schwanenliebe* (2001) hängen mit deutscher Geschichte zusammen – die frühen direkt, die späteren immer noch unterschwellig. Einige ihrer schönsten Liebesgedichte behandeln die deutsch-deutsche Trennung als Romeo-und-Julia-Thema.

Man darf nicht vergessen, daß Sarah Kirsch ihre prägenden Jahre in der DDR verbrachte. In Halle studierte sie Biologie, in Leipzig besuchte sie zwischen 1963 und 1965 das Literaturinstitut, die Ziehstätte der gesamten Sächsischen Dichterschule. Einige Zeit war sie mit dem Lyriker Rainer Kirsch verheiratet, mit ihm zusammen veröffentlichte sie auch ein Bändchen Lyrik. Dann aber folgte sie ihrem eigenen Traum und nahm das Schreiben selbst in die Hand.

Sarah Kirsch hat 1996, in ihrer Dankrede zum Büchner-Preis, die prägnanteste Formulierung für ihren dichterischen Traum gefunden. Sie sieht sich als poetische Landschafterin. Doch ihre Wortmalerei möchte nicht bloß schöne Wortbilder erzeugen, sie möchte selbst Natur sein: »Die Lettern, die Wörter sind Bäume und Landschaften nun. Den Gebilden, welche die Dichter erschaffen, wohnt deren eigene Körperlichkeit inne.« Und dann fügt sie einen Satz hinzu, der Impuls und Resultat ihres Schreibens atemhaft ineins bringt: »Mein Herzschlag, die Ungeduld, atemlos bin ich, und alles ist auffindbar in meinen Spuren.«

Dieser Herzschlag, diese schöne Ungeduld findet sich bereits 1967 in ihrem Debütband *Landaufenthalt*. Er zeigt die Poetin, gleich Pallas Athene dem Haupt des Zeus entsprungen. Ihre Stimme hat sogleich ihren eigenen Ton. Man hat das – mit der Patronage männlichen Wohlwollens – den »Sarah-Sound« genannt. Ob ihr das gefallen hat? »Sound« verfehlt die Dezenz ihres Tons, verfehlt ihre Sprödigkeit gegen jede falsche Intimität, gegen jede Einvernahme. »Ich bin ein Tiger im Regen / (…) (Ich knurre: man tut was man kann)« – so selbstbewußt und aufsässig beginnt eines dieser frühen Gedichte, um noch einen kleinen Prankenschlag loszuwerden: »ich meine es müßte hier / Noch andere Tiger geben.« Gab es aber nicht.

Sarah Kirsch wußte früh um ihre Einzigartigkeit. Sie entzog sich nach Kräften allem, was sie für etwas einspannen wollte. Nicht zuletzt der Literaturbürokratie der DDR, die mit Zuckerbrot und Peitsche arbeitete. Sie hielt dagegen mit ihrem »einfältigen Schweigen« und sah sich als »Maultier, das störrisch ist«. Ihre listige Dialektik schlug Funken aus scheinbar freundlichen Beteuerungen:

> Keiner hat mich verlassen
> Keiner ein Haus mir gezeigt
> Keiner einen Stein aufgehoben
> Erschlagen wollte mich keiner
> Alle reden mir zu

Freilich kam auch die Zeit, als solche *Zaubersprüche* – Titel ihres zweiten Bandes von 1972 – nicht mehr wirkten. Da wurde ihr nicht bloß zugeredet, es wurden auch Steine aufgehoben. Verbal zumindest. Da wurden auf Schriftstellerkongressen der »nackte, vergnatzte Individualismus« und die »spätbürgerliche Position der Aussichtslosigkeit« angeprangert. Da gab es die groteske Posse um das Gedicht »Schwarze Bohnen«, das massive politische Verdikte auf sich zog. Solche Zeilen provozierten damals die Funktionäre:

> Nachmittags fällt mir ein es gibt Krieg
> Nachmittags vergesse ich jedweden Krieg
> Nachmittags mahle ich Kaffee
> Nachmittags setze ich den zermahlenen Kaffee
> Rückwärts zusammen schöne
> Schwarze Bohnen

Einige Jahre später – nach dem Wechsel von Ulbricht zu Honecker – wurde das inkriminierte Gedicht auf einem DDR-Schriftstellerkongreß als Beispiel für die begrüßenswerte »Vielfalt unserer Poesie« gerühmt.

Aber soll man an so dunkle Zeiten erinnern, wenn doch die »schwarzen Bohnen« uns geblieben sind, dank der Magie, die selbst zermahlenen Kaffee rückwärts zusammensetzt?

Dennoch: Für die Dichterin waren die siebziger Jahre alles andere als eine leichte Zeit. Sarah Kirsch fühlte sich durchaus nicht zur Dissidentin berufen, sie war eher geneigt, dem »kleinen wärmenden Land« Solidarität, besser altmodisch Treue zu beweisen. Später hat sie fast schnoddrig davon gesprochen: »Es war mir früher in meinem Land / Soviel eingeblasen und vorgeschrieben / Daß ich die Scheißarbeit aufgenommen / Ein bißchen davon zu glauben.«

Aber diese Arbeit fruchtete nicht. Im Gefolge des Biermann-Protests, den sie, wie viele andere Kollegen, mit unterschrieben hatte, verließ die Dichterin mit ihrem kleinen Sohn Moritz im August 1977 die DDR.

Was heute zählt, ist: Sarah Kirsch schrieb in diesen Jahren einige ihrer bedeutendsten Gedichte, die in vielen Anthologien stehen. »Legende über Lilja« erzählt von dem polnischen Mädchen, das sich weigert, die anderen KZ-Insassen zu verraten. »Nachricht aus Lesbos« läßt eine Lesbierin bekennen: »Nachts ruht ein Bärtiger auf meinem Bett«, – das offene Bekenntnis einer *Abweichung*, deren politische Bedeutung nicht zu übersehen war. Politisch zumindest ambivalent ist eine Passage in dem wunderbaren Zyklus »Wiepersdorf«. Da klagt die Poetin in der Maske Bettinas:

> (…) Immer
> Sind wir allein, wenn wir den Königen schreiben
> Denen des Herzens und jenen
> Des Staats. Und doch
> Erschrickt unser Herz
> Wenn auf der anderen Seite des Hauses
> Ein Wagen zu hören ist.

Eines ihrer bekanntesten Gedichte gilt der Droste. Ihr hat sie die schönste Hommage gewidmet, die dem westfälischen Fräulein, der Naturdichterin und der Liebenden je zuteil wurde. »Der Droste würde ich gern Wasser reichen / In alte Spiegel mit ihr sehen, Vögel / Nennen«, hebt Sarah Kirschs Gedicht an. Ein Gedicht, das wie vom Widerschein des Meersburger Turmzimmers durchglänzt ist.

Im Zeichen der Droste – also im Zeichen von Natur- und Liebeslyrik – steht die zweite, die glücklichere Phase ihrer Poesie. Sarah Kirsch vollendet ihre bukolische Sendung mit sprechenden Titeln wie: *Erdreich*, *Katzenleben*, *Schneewärme*, *Erlkönigs Tochter*, *Bodenlos* und *Schwanenliebe*. Schleswig-Holstein – in kalauernder Prosa auch einmal »Schließlich Holzbein, Meerumschlungen« genannt, wurde zu ihrem Refugium. Das aufgelassene Dorfschulhaus von Tielenhemme bot neben poetischer Muße auch eine kompensatorische Lebenspraxis, die Sorge für Landwirtschaft, für Kreaturen und Kreatürliches.

Bukolik ist für Sarah Kirsch keine harmlose Idylle. Bei ihr ist Naturlyrik – anders als bei Loerke und Lehmann – keine

Suche nach dem Grünen Gott, sondern das einmalige Amalgam von Zauberei und sachlicher Nüchternheit. Die studierte Biologin hat nicht bloß die Naturkenntnisse der Droste, sie besitzt auch die Überschärfe ihrer Augen. Sie hat einen Sinn für Details, die das Bewußtsein schwindeln lassen:

> Jeder Halm
> War geschärft frisch angespitzt und ich zählte
> Nebenäste vierundzwanzigster Ordnung
> Die Welt bestand aus lauter Einzelheiten
> Es war genau zu unterscheiden
> Welches übrig gebliebene Blatt
> Um ein weniges vor oder hinter
> Anderem leis sich bewegte

Diese liebevolle Schärfe hat etwas von Andacht, wie sie einer Spätzeit zukommt, die alles noch einmal sehen will. Günter Grass hat einmal gemeint, die Lyrik sei in ihrem Bewußtsein den anderen Gattungen voraus, in ihr werde nämlich schon Abschied von der Natur genommen. Sarah Kirsch hat diese Befürchtung für ein kleines Gedicht ernstgenommen. Es heißt »Bäume« und geht so:

> Früher sollen sie
> Wälder gebildet haben und Vögel
> Auch Libellen genannt kleine
> Huhnähnliche Wesen die zu
> Singen vermochten schauten herab.

Sarah Kirsch singt solche Adieus nicht ohne Humor. Von Erschöpfung kann keine Rede sein. *Schwanenliebe*, ihr bisher letzter Einzelband, ist alles andere als ein Schwanengesang. Die Gedichte, die uns aus ihm entgegentönen, werden zwar immer kleiner, Haiku-ähnlich. Dafür treten sie in wahren Schwärmen auf. »Gedichte also sind / Sonderbare kleine / Katzen denen gerade / Die Augen aufgehn«, heißt ein Vierzeiler, und der müßte auch Germanisten überzeugen. Ich habe ein besonderes Faible für eine neue Neigung der Dichterin – der zum kalauerhaft Komischen, ja zum höheren Blödsinn. Da kippt Insistenz in reine Poesie um:

Zigarren werden geschickt

Natürlich werden Zigarren
Geschickt.

Immer werden Zigarren
Geschickt werden.

Das nimmt man am Siebzigsten der Sarah Kirsch gern als ein Versprechen.

Sarah Kirsch: Sämtliche Gedichte. Deutsche Verlagsanstalt: München 2005.

Ein Genie des Schmerzes
Attila József: Ein wilder Apfelbaum will ich werden

Der Ungar Attila József ist einer der großen Dichter der Moderne, was aber die Welt immer noch nicht wirklich weiß. Sein Heimatland feiert am 11. April 2005 den hundertsten Geburtstag seines frühvollendeten tragischen Genies. Das Werk dieses Mannes, der 1937, erst zweiunddreißigjährig, seinem Leben ein Ende setzte, überstand nicht bloß Krieg und Faschismus, sondern auch die kommunistische Kulturpolitik, die József als »ungarischen Majakowski« vereinnahmte und zugleich die Veröffentlichung politisch »inkorrekter« Texte unterdrückte. Heute ist Józsefs Poesie in Ungarn mindestens so populär wie bei uns die Verse Brechts oder Kästners. »Er war einer unser Götter«, sagt George Tabori.

In Deutschland ist Józsefs Name kaum mehr als ein Gerücht. Wenn auch ein durchaus schmeichelhaftes. Es basiert auf zwei Bändchen mit Nachdichtungen nach Interlinearversionen, die 1960 in der DDR und 1963 in der Schweiz erschienen und längst verschollen sind. Stärker blieb der Nachhall eines historischen Moments: die Begegnung Attila Józsefs mit Thomas Mann. Anlaß war Thomas Mann Lesung aus *Lotte in Weimar* im budapester Ungarischen Theater am Abend des 12. Januar 1937. József hatte aus diesem Anlaß die Ode »Gruß an Thomas Mann« geschrieben. Es gibt ein Foto, auf dem der jugendlich wirkende Dichter sie dem Nobelpreisträger, dem großen Europäer, überreicht. Was das Foto nicht zeigen kann, ist dies: József durfte seine Ode nicht auf der Bühne vortragen. Die Polizei hatte die Rezitation verboten. Das politisch Anstößige kommt am Schluß des Gedichts zum Ausdruck. Dort prangert József die »Monsterstaaten« an, die Europa mit ihrem ideologischen Gift zerstören wollten, und endet mit einem Gruß an den guten Europäer, der Thomas Mann war.

Kein Zweifel, daß Attila József – nach starken kommunistischen Sympathien – sich einem liberalen Antifaschismus im Sinne Thomas Manns angenähert hatte. Ihm blieb indessen nicht mehr viel Zeit – weder für seine politische noch seine poetische Entwicklung. Das Jahr 1937 wurde das Jahr seines Todes. Am 3. Dezember 1937 starb Attila József. Er hatte sich vor einen Güterzug geworfen.

Dieser Dichter war ein »Genie des Schmerzes«, wie ihn der ungarische Publizist György Bálint genannt hat. Sein Leben ließ ihm auch wenig Wahl. Es begann in Budapest am 11. April 1905. Józsefs Geburt war denkbar gering: die Geburt des dritten Kindes einer Wäscherin und eines Seifensieders. Eines Vaters übrigens, der sich bald aus dem Staub machte. Und so kam der kleine Attila für einige Jahre zu Zieheltern, die ihn *Pista* riefen – den Namen Attila gebe es nämlich gar nicht. Der Dichter schreibt später: »Das erschütterte mich sehr, ich hatte den Eindruck, daß sie [die Zieheltern] mein Dasein in Zweifel zogen. Die Entdeckung der Sagen über Attila, glaube ich, prägte von da an entscheidend all mein Streben, letzten Endes führte mich vielleicht gerade dieses Erlebnis zur Literatur.«

Attila József mußte sich selbst erfinden. Elias Canetti hat einmal gesagt: »Das Schicksal der Menschen wird durch ihre Namen vereinfacht.« Attila József schuf seine poetische Welt aus seinem endlich gewonnenen, endlich behaupteten Namen. Er vereinfachte sein Schicksal dergestalt, daß er *Dichter* wurde – Dichter einer Weise, für die alles andere zweitrangig werden mußte: Beruf, Geld, Liebe, psychische Probleme, ja das bloße physische Leben.

Der junge Attila schlug sich mit Gelegenheitsarbeiten durch. In seine Schulzeit fiel, Weihnachten 1919 und in einem Armenhospital, der frühe Krebstod der Mutter. Als Gymnasiast unternahm er mehrere Selbstmordversuche; der erste, 1914, war durch die Krebserkrankung der Mutter ausgelöst. Doch der potentielle Selbstmörder hatte sein *Antidot* entdeckt, jene Tätigkeit, die Leiden *aufheben* kann: das Dichten.

Als eine Zeitschrift Gedichte des Siebzehnjährigen druckte, galt er als Wunderkind, »wobei ich nur Waise war«, wie József kommentierte. Schon bald erschien ein erster Gedichtband, und ihm folgte ein erster Skandal: Das Gedicht »Christus in Aufruhr« führte zur Anklage wegen Gotteslästerung. Der neunzehnjährige Poet wurde zu einem Monat Gefängnis verurteilt, freilich durch den Obersten Gerichtshof begnadigt. Drei Jahre später erregte das Gedicht »Reinen Herzens« den Zorn rechter Kreise.

»Christus in Aufruhr« klagte einen Gott an, der die Armen hungern läßt und ihnen die Schönheit der Rosen vorenthält. »Reinen Herzens« konzentriert alles, was der junge József damals, März 1925, zu sagen hatte. Er gibt sich als *poète maudit*, der nicht bloß die bürgerliche Moral provoziert, sondern sich auch zur Tat bekennt: »Reinen Herzens brech ich ein. / Morde gar, so muß es sein.«

»Reinen Herzens« – dieser Titel war nicht bloß die Bezeichnung einer poetischen Rolle: er entsprach dem Wesen des Dichters. József war kein Ideologe, sondern ein praktizierender Idealist. Reinen Herzens und aus den bitteren Erfahrungen seiner Jugend heraus wandte er sich dem Sozialismus zu und der kommunistischen Partei Ungarns. Bei seinem Aufenthalt in Wien (1925/26) las er die Klassiker des Marxismus und nahm die Lehren der Anarchisten in sich auf. Im Herbst 1930 wurde er Mitglied der illegalen Kommunistischen Partei Ungarns und begann, illegale Parteiarbeit zu leisten. Seine Treue zur Partei wurde mehr als strapaziert. Eine moskauer Gruppe ungarischer Literaten denunzierte ihn als jemand, der seinen »Ausweg ins Lager des Faschismus« suche. Józsefs Essay *Hegel Marx Freud* wurde von orthodoxer Seite heftig attackiert. In der Tat suchte der Dichter einen Weg, der proletarisches Bewußtsein und das Freudsche Unbewußte zusammenführte.

Zu Sigmund Freuds 80. Geburtstag schrieb er 1936 das Gedicht »Was du ins Herz versteckst«, ein Gegenstück zur Ode an Thomas Mann. Auch dies Gedicht ist ein Schlüssel-Gedicht. Es sagt uns – mehr noch als über Freud – Entscheidendes über den Dichter selbst. Es formuliert seinen Anspruch, die Wahrheit zu suchen und zu bekennen. Es spricht vom Glücksverlangen des Menschen und bringt Glück und Aggression des Liebesverlangens mit dem Regressionsbedürfnis zusammen: »Kinder sind alle, die leben / weh nach dem Mutterschoß.«

Besonders die Dichter sind Kinder; und eben auch deshalb Liebende. József war ein großer Liebender – nicht der Zahl seiner Liebschaften willen, sondern wegen der ungebrochenen Intensität seiner Liebe, zu der er jeweils fähig war. Márta Vágó verschaffte József Zutritt zu bürgerlich-liberalen Kreisen; das Ende der Beziehung führte zu einem veritablen Nervenzusammenbruch und zur Einweisung in ein Sanatorium. Ein Schema, das sich wiederholte. So auch in der Beziehung zu der Heilpädagogin Flóra Kozmutza, die sich mit seinem dichterischen Konkurrenten Gyula Illyés verheiratete.

Damit sind wir im Sommer seines Todesjahres und bei der Frage, ob unserem Dichter auf Erden zu helfen war. Offenbar so wenig wie Heinrich von Kleist. Dabei setzte József selbst, von seinen seelischen Problemen schwer bedrängt, in sein Schreiben immer wieder die Hoffnung auf Heilung, ja Erlösung. In seinem Mai 1936 geschriebenen Gedicht »Du hast mich zum Kind gemacht« drückt sich diese Hoffnung besonders ergreifend aus. Da bekennt er, von den Jahren seiner Heimsuchung fortwährend bedrängt zu sein, und fleht die Geliebte – Flóra Kozmutza – an: »Nähr mich: ich hungere. Schütz mich: ich friere. / Töricht bin ich: nimm dich meiner an.« Er bittet sie, ihm zu seinem eigenen Leben, ja zu seinem Tod zu verhelfen, ja, um die Fähigkeit, sich endlich selbst zu lieben.

Diese Fähigkeit, sich selbst zu akzeptieren – wie stark war sie wirklich? Wir wissen, daß die vielen Gedichte, die sich an Flóra richteten, letztlich Selbstrettungsversuche sind – und zugleich die schönsten Perlen von Józsefs Poesie. Freilich mischt sich auch hier der Todeswunsch ein, der sich schon lange angekündigt hatte. Nicht bloß der Wunsch, auch die Todesart.

Schon der Siebzehnjährige schrieb ein Gedicht »Betrunkener auf den Gleisen«. Es läßt noch offen, ob der herannahende

Zug ihn überrollt. Und 1934 heißt es in »Hellsinn«: »Ich wohne schienen-nah«. An diesen Gedichten ist nicht eine Prophetie zu bewundern, die sich selbst erfüllt, sondern das, was der Dichter als »Hellsinn« bezeichnet: die Fähigkeit, die Wirklichkeit zu durchdringen und zu erhellen. Große Dichtung – wie die Attila Józsefs – ist Zauber und Gegenzauber zugleich.

»Ein wilder Apfelbaum will ich werden«, wünscht sich ein frühes Gedicht: »Alle Hungernden äßen von meinem / Riesigen Leib, alle Kinder / Säßen unter meinen Zweigen.« Von diesem Gedicht hat auch die opulente zweisprachige Ausgabe ihren Titel. Sie ist mit informativen Dokumenten gut bestückt und bringt einen Essay von György Dalos, sowie ein liebevolles Charakterbild des Dichters, das Ferenc Fejtő verfaßt hat, der wohl letzte überlebende Freund Józsefs.

Der ungarische Lyriker und Übersetzer Daniel Muth präsentiert in seiner Übertragung die Essenz von Józsefs dichterischem Werk. In seiner Nachbemerkung reflektiert er das Problem, die Virtuosität, den Anspielungsreichtum und die Formenvielfalt der Originale in Deutsche zu bringen. Seit Ende der zwanziger Jahre schrieb József keine freien Verse mehr; und so hat sein Übersetzer versucht, in Reim und Metrum wenigstens Analogien zum Ungarischen herzustellen. Das ist ihm – wie kann es anders sein – nicht überall gelungen. Am schönsten wohl in den Liebesgedichten Attila Józsefs. Ein neuer Anfang ist jedenfalls gemacht, das Genie des Schmerzes auch als Genie der Kunst sichtbar zu machen.

Attila József: Ein wilder Apfelbaum will ich werden / Szeretném, ha vadalmafa lennék. Gedichte 1916-1937. Aus dem Ungarischen übersetzt, ausgewählt und herausgegeben von Daniel Muth. Mit einem Vorwort von Ferenc Fejtő und einem Nachwort von György Dalos. Amman: Zürich 2005.

Verweile doch
Wisława Szymborska: Der Augenblick

Wisława Szymborska, die große Dame der polnischen Poesie, hat 1996 in ihrer Dankrede zum Nobelpreis an den Prediger Salomo und also an die Eitelkeit allen menschlichen Strebens erinnert. Sie nahm uneitel und ohne Koketterie die Last des Ruhmes auf sich und ließ sich in den Jahren, die auf den Preis folgten, weder zum Verstummen noch zum hektischen Produzieren verleiten. Sie arbeitete weiter und war vor allem darauf bedacht, ihren Gedichten die Sphäre des Schweigens zu erhalten. »Ich habe Angst«, bekannte sie, »daß ich, sobald ich etwas zu erzählen beginne, es nachher als Gedicht nicht mehr werde niederschreiben können.« So zahlt das Leben den Preis für die Kunst.

Sechs Jahre nach dem Nobelpreis ließ Wisława Szymborska ein Buch mit neuen Gedichten erscheinen. *Chwila* (Der Augenblick) war der Titel des schmalen Bandes. In den Jahren 2002 bis 2004 entstanden weitere Stücke, die bislang nur in der polnischen Presse erschienen oder als Typoskript vorlagen. Sie bilden nun den Anhang der zweisprachigen Ausgabe in der Bibliothek Suhrkamp, die den schönen Titel *Der Augenblick* bewahrt hat. Insgesamt sind es dreißig nicht allzu umfangreiche Gedichte, die in der Übertragung von Karl Dedecius zu lesen sind: das Lebenskonzentrat einer Dichterin, die weise geworden und skeptisch geblieben ist.

Wisława Szymborska gibt uns Bilanzen ihres Lebens und Nachdenkens, aber keine Ratschläge und Wahrsprüche. Sie entwirft in einem ihrer Gedichte »ein Verzeichnis von Fragen, / deren Beantwortung ich nicht erleben werde«. Es sind natürlich die alten Fragen, die der Mensch sich stellt; aber sie stellt sie mit behutsamer Höflichkeit – um uns nicht zu langweilen, wie sie betont. Selbst die Pointe, auf die das Gedicht hinausläuft, ist mit Diskretion formuliert: Einige Fragen, kurz vor dem Einschlafen notiert, habe sie nach den Aufwachen nicht mehr entziffern können. Dann aber folgt die schöne Wendung: »Manchmal habe ich den Verdacht, / es sei die eigentliche Chiffre.« Diesen Hinweis auf das Geheimnis hinter allen Fragen hätte manch anderer Dichter als krönenden Abschluß des Gedichts empfunden. Nicht so Szymborska. Sie läßt der metaphysischen Pointe ein Abwinken folgen: »Aber auch das ist eine Frage, / die mich irgendwann verläßt.«

Weisheit des Alters? Vielleicht. Aber alles andere als Resignation. Es ist Einsicht, ist Demut. Szymborska weiß, daß Staunen der Anfang aller Philosophie und Poesie ist. Sie weiß aber auch, daß diese Fähigkeit bedroht ist; eben auch durch das Alter. In »Frühe Stunde« schildert sie, wie die nächtens verlorene Welt sich faszinierend wieder zusammensetzt. Doch muß sie sich selbst ermuntern: »Darüber sollte ich staunen, tue es aber selten.« Das ist weniger das Eingeständnis eigenen Versagens – denn sie hat ja gedichtet als ein Wink für uns Leser.

Auch dieser erfahrenen Dichterin ist die Anfechtung nicht fremd, das ganze Geschäft, das Handwerk der Poesie und das Subjekt, das es betreibt, sei echolos, vielleicht sogar vergeblich. Anders als Gottfried Benn ist sie durchaus nicht von Regressionslust getrieben, aber sie fragt doch, »was es heißt, mit den Augen zu sehen, / wozu mir das Herz schlägt / und weshalb mein Körper keine Wurzeln hat«. So sieht sie das Ich ohne Hybris. Zwar beginnt sie ein Gedicht mit »Ich bin, der ich bin«, was man in der ersten Verblüffung als theologisches Donnerwort empfinden könnte. Doch sogleich kommt die Korrektur. »Ein Zufall, unbegreiflich / wie jeder Zufall.« Die prätendierte Einmaligkeit des Subjekts erscheint so als ein, wenn auch erstaunliches Zufallsprodukt. »Ich hätte weniger / einmalig sein können«, räsoniert die Dichterin – vielleicht sogar »ein vom Wind getriebenes Teilchen der Landschaft.« Hier – und nur hier – berührt sich Szymborska mit Benns Regressionsgesang vom Algenblatt oder Dünenhügel.

Die polnische Dichterin hat zuviel Geschichte erlebt, um das menschliche Ich der Regression anheimzugeben. Eines ihrer schönsten Gedichte demonstriert geradezu paradigmatisch den uranfänglichen Elan vital des Menschen, seine unauslöschliche Entdeckerlust. »Kleines Mädchen zieht die Decke vom Tisch«, heißt ein Gedicht der Achtzigjährigen. Es feiert die Neugier auf die Welt: »Jetzt werden die Dinge erprobt, / die sich nicht selbst bewegen können.« Es schließt mit der ermutigenden Sentenz: »Dieser Versuch muß gewagt werden. / Und wird es.«

Es scheint, daß solcher Optimismus der Grund von Szymborskas Dichten ist. Sie selber bekannte: »Czesław Miłosz sagte mir einmal, er beginne beim Schreiben mit dem ersten Satz. Und ich fange oft mit dem letzten an. Und dann ist es sehr schwer, sich zum Anfang des Gedichts hochzuarbeiten.« Wie immer es mit der poetischen Arbeit bestellt war: Der Leser spürt von Anfang an, wie stark der positive Impuls ist, der das Gedicht trägt. Dieser Elan trägt auch jene Gedichte, die keine erfreulichen oder gar erbaulichen Schlüsse haben können. Ja, auch solche Motive, die sich der poetischen Gestaltung entziehen.

Natürlich hat der 11. September eine enorme Zahl von literarischen Gestaltungen hervorgerufen. Das meiste davon ist das Gegenteil von Kunst, nämlich gut gemeint. Manches, was man las, ist virtuos rhetorisch; also fast noch schlimmer. Anders Szymborskas Gedicht »Fotografie vom 11. September«. Es folgt einem Medium, das selbst schon Darstellung ist: »Es ist genügend Zeit, / daß die Haare wehen / und aus den Taschen Schlüssel, / kleine Münzen fallen.« Das Gedicht endet in jener Sachlichkeit, die einzig Empathie erlaubt: »Nur zwei Dinge kann ich für sie tun – / diesen Flug beschreiben / und den letzten Satz nicht hinzufügen.«

Szymborskas Gedicht lebt von dem Paradox, daß der nichtgeschriebene letzte Satz als das letzte Wort erscheint, das überhaupt noch zu sagen ist. Ernste Sachlichkeit hat jene Würde, die den Opfern gerecht wird. Ja, das Jetzt der Katastrophe wird zum Augenblick einer profanen Erleuchtung. Solche Augenblicke gibt es öfters in dem schmalen Band der polnischen Dichterin, die immer noch erkundet, was man mit der Sprache ausrichtet, wenn man damit die Dinge der Welt bewegt, »wenn unter der schreibenden Hand / auch nur ein Ding auftaucht«. Das letzte Gedicht des Bandes behauptet mit schöner Sicherheit: »Eigentlich könnte jedes Gedicht / ›Augenblick‹ heißen.« Wer möchte der wunderbaren Wisława Szymborska widersprechen?

Wisława Szymborska: Der Augenblick. / Chwila. Gedichte. Polnisch und deutsch. Übertragen und herausgegeben von Karl Dedecius. Suhrkamp: Frankfurt am Main 2005.

Er treibt mit Ersetzen Scherz
Felix Philipp Ingold: Wortnahme

Wenn die Dichter bescheiden sein wollen, nennen sie sich Übersetzer. »Wir bescheidenen Übersetzer«, seufzte einst Günter Eich in einem Gedicht und fragte: »Was sollen wir denen sagen, / die einverstanden sind / und die Urtexte lesen?« Auch der Schweizer Felix Philipp Ingold hat der Auffassung Ausdruck gegeben, Autoren seien letztlich doch nur Übersetzer, nämlich »durchaus keine Schöpfer, nur Interpreten von Texten, von Textwelten«.

Ingold weiß wovon er redet. Seine Bescheidung hat andere Gründe. Er ist als Übersetzer einer der bedeutenden Vermittler der literarischen Moderne. Er hat vor allem aus dem Russischen und dem Französischen übersetzt: etwa Autoren wie Genadij Ajgi, Joseph Brodsky, Ossip Mandelstam, Marina Zwetajewa oder Maurice Blanchot, Edmond Jabès, Michel Leiris und Francis Ponge. Eine Liste bester Namen. Wer diese Textwelten übersetzt hat, darf in bescheidenem Stolz auch die eigenen Arbeiten als Übersetzungen deklarieren. Zumal wenn auch seine Übersetzungstheorie in gewisser Weise eine Theorie von Produktion ist.

Vor Jahren überschrieb Ingold einen einschlägigen Essay keck »Üb er's: Übersetzen« und lieferte darin so erfrischende Respektlosigkeiten wie: »Fehlerhafte Übersetzungen sind nicht die schlechtesten.« Das kann nur ein Profi sagen, der über die Banalität des Fehlerhaften hinaus in Fehlleistungen den poetischen Mehrwert zu erkennen vermag. Nicht die sogenannte übersetzerische Treue interessiert ihn. Er steht zu der These, daß die Übersetzung den fremden Text »unausweichlich und unabsehbar verändert«. Der Übersetzer dichtet, der Dichter übersetzt. So läßt sich das Abenteuer des Übersetzens wie des Schreibens in Variation der Titelmaxime seines Essays auf den Ratschlag bringen: »Üb ersetzen!«

Ingold, der Dichter, tut es gern und im direkten Wortsinn. Nicht bloß beim Übersetzen aus dem Fremdsprachlichen, sondern wenn er aus dem Deutschen ins Deutsche übersetzt. Nämlich aus Rilkes Idiom ins Ingoldsche. Er behält den Klang, tauscht aber die Worte und Begriffe aus. Er schmuggelt als

Konterbande einen anderen, einen neuen Sinn ein. Ein des Deutschen Unkundiger würde den ersetzenden Schwindel gar nicht bemerken. Ingold nennt diese Übertragungen »vagantische Nachschriften«. Es sind foppende und zugleich frappierende Transponierungen des Lautbilds, das jeder Rilke-Leser sogleich wiedererkennt. Sie beginnen etwa: »Schau: ein Himmel! Heisst das Weichbild *Zweiter*?« oder »Wir traten *nicht sein unerhörtes* Stehn / in Gang.« Der Text aus den Orpheus-Sonetten oder der berühmte »Archaische Torso Apollos« erscheinen in solchen Nachbildungen nicht als Parodien – obwohl der parodistische Effekt besonders beim Torso stark und unverkennbar ist. Es sind Variationen im musikalischen Sinne; und da diese homophonen Kontrafakturen von Rilke herkommen, sind es natürlich auch Rilke-Interpretationen, wenn man will: Rilke-Korrekturen.

Komplexer und komplizierter wird Ingolds Poetik, wo sie sich von Vorlagen löst und über das Ersetzen hinaus den freien und zugleich gesteuerten Entwurf sucht. Michel Leiris ist dafür der Gewährsmann mit seiner Maxime: »Zufälle nutzen mit Bedacht.« Ingold selbst gibt ein Beispiel mit seinem Gedicht »Char«, einem Epitaph für den im Frühjahr 1988 gestorbenen Dichter René Char. Hier spielt Ingold mit den Elementen zweier Sprachen, einem Hin und Her zwischen dem Deutschen und dem Französischen. Solcher Transfer erinnert den Autor an ein Hinübersetzen über den Totenfluß, und so erscheint der Dichter *Char* sogleich als *Charon*.

Überhaupt ist der Autor der beste Kommentator seiner Texte. Er erläutert Beziehungen, die der Leser selbst vielleicht nicht entdeckt und hergestellt hätte. So spielt die »Sorge« im Text nicht bloß homophon auf Chars langjährigen Wohnort L'Isle-sur-Sorgue an, sondern verweist auch auf den Begriff der Heideggerschen Sorge, und mit Heidegger war Char bekanntlich oder nicht bekanntlich befreundet.

Auch Homophonien haben ihre Tücken. Der glückliche Fund ist nicht immer vom Beziehungszwang oder -wahn zu unterscheiden. Auch nicht von Platitüde oder Kalauer. Daß Paris an der Seine liegt, hat schon Friederike Kempner gewußt und – vermeintlich homophon – darauf »Du weißt ja, was ich meine« gereimt. Ingold hat – bewußt und artifiziell – dieses

Spiel mit »Seine« noch einmal gespielt: »SEINE / ist weiblich und / aber ohne Geschlecht. Echt / rauscht sie / in Strophen und / künstlichen Muscheln.« Hier bei Ingold rauscht sie artifiziell, als reines Sprachphänomen. Als »Wortnahme«.

So nämlich heißt das Gedicht eine Seite zuvor, und es endet mit einer sehr herausgehobenen, kursiv gesetzten Zeile: »*immer wahr der Klang.*« Man möchte das nicht gerade als Ingolds Glaubensbekenntnis nehmen, aber einen existentiellen Affekt hat es schon, wenn ein Poet das Lautliche, die Melopoeia so hoch einschätzt. Aber Ingold wurde kein Lautpoet, er bleibt beim festen Buchstaben seiner »Wortnahme.« Das Gedicht »Wortnahme« gibt Ingolds lyrischen Arbeiten aus 25 Jahren (die hier übrigens retrospektiv, nämlich gegenläufig zur Chronologie erscheinen) auch den glücklichen Gesamttitel. Er drückt sehr schön die Intention einer poetischen Expansion aus, einer Art Landnahme. Aber »Landnahme« wäre Metapher, »Wortnahme« dagegen zeigt die Beschränkung auf die Materialität der Sprache.

Wer durch Ingolds Sprachspiel sensibilisiert ist, mag auch in dem Titel »Landnahme« die Homophonien erkennen. Positiv: den *Namen* der zum Wort hinzutritt. Negativ: die Wortnahme als Verlust, vulgo *Fortnahme*. Wer so virtuos wie Ingold das Ersetzen übt, schafft ja nicht bloß etwas Neues, er schafft auch Altes ab. Daß er mit *Ersetzen* Scherz treibt, macht nicht den geringsten Reiz seiner Sachen aus. Es zeigt aber auch den Ernst, unter dem alles Spiel mit dem Wort, also alles Dichten steht.

Felix Philipp Ingold: Wortnahme. Jüngste und frühere Gedichte. Urs Engeler Editor: Basel, Weil am Rhein und Wien 2005.

Wer noch ein Lied hat
Rolf Bossert: Ich steh auf den Treppen des Winds

An den Abend im Literarischen Colloquium Berlin Anfang Februar 1986 erinnere ich mich recht gut. Auf dieser Veranstaltung im Rahmen des Schriftstellertreffens »Die Uneinigkeit der Einzelgänger« las auch ein noch fast unbekannter Banater Lyriker seine Gedichte. Er las engagiert und vibrierend vor Leben. Es war der dreiunddreißigjährige Rolf Bossert, der erst kurz vor Weihnachten in die Bundesrepublik gekommen war. Das Ceauşescu-Regime hatte ihm unter traumatisierenden Schikanen die Ausreise bewilligt. Bossert waren die Strapazen nicht anzumerken. Er genoß den Beifall von Kollegen und Publikum und schien voller Pläne und Hoffnungen. Auf eine Postkarte nach Bukarest schrieb er, Berlin erinnere ihn an Reschitza (seine Geburtsstadt), er fühle sich hier geborgen. Eine Woche später kam die schockierende Nachricht. Bossert war aus dem Flurfenster des Übergangsheims in Frankfurt-Griesheim, in dem er mit seiner Familie untergekommen war, in den Tod gesprungen.

Noch im Jahr seines Todes erschien der Band *Auf der Milchstraße wieder kein Licht*, Gedichte aus den in Rumänien erschienenen Bänden *siebensachen* und *Neuntöter*, sowie nachgelassene Texte. Gerhardt Csejka, der Empfänger der erwähnten Postkarte, hatte ihn herausgegeben. Man las Verse, die sich wie ein Versprechen auf Künftiges zu lasen, aber auch Zeilen von Pessimismus und Verzweiflung, die gerade wegen ihrer Prägnanz wie Schlüssel zum Suizid wirkten. Ein »Selbstporträt« beschränkte sich auf diese zwei Zeilen: »Ich schreib mir das Leben / her, schreib mir das Leben weg.« Das war mehr als ein Stück Poetologie: existentieller Ernst.

Heute, zwanzig Jahre nach Bosserts Tod, gibt eine neue, wesentlich erweiterte Ausgabe seiner Lyrik die Möglichkeit, Leben und Werk des jungen Dichters von damals zu würdigen. *Ich steh auf den Treppen des Winds* ist ihr Titel, und wiederum ist Gerhardt Csejka der Herausgeber. Er liefert im Nachwort die nötigen Informationen zu Bosserts Biographie und dem gesellschaftlichen Umfeld, in dem er schrieb; und die Datierungen der Gedichte zeigen die Schübe und Verzögerungen der lyrischen Produktion.

Bossert begann im Biotop der »Aktionsgruppe Banat«, der auch Herta Müller, Richard Wagner, Klaus Hensel und Werner Söllner angehörten. Auch er suchte zwischen Poesie und Antipoesie, zwischen Aufbegehren und Sklavensprache seinen Weg. Die Zensur ließ für einige Jahre manches passieren. Ja, es gab so etwas wie eine staatlich geduldete Literaturblüte, über die man spotten konnte: »Wir sitzen in Städten im Osten. /

Man macht Poesie. / Und während die Schreibfedern rosten / Erklärt sich der Krug zum Genie.«

Bosserts Erstling *siebensachen* von 1979 erhielt den Literaturpreis des Kommunistischen Jugendverbandes. Zwei weitere Preise folgten: für ein Kinderbuch und für eine Übersetzung von Gellu Naum. Dann aber folgte 1981 der Schock eines anonymen Überfalls, Rolf Bossert und Klaus Hensel wurden nach einem Restaurantbesuch durch gedungene Schläger brutal niedergeschlagen. Auch sonst nahmen die Repressionen durch die Staatsorgane zu. Der Dichter spürte den »Arbeitstag in der Aktenmappe, wie eine / Bombe«. Und das im Dezember 1982 geschriebene »Lied« befindet lapidar: »Wer noch ein Lied hat, / greift sich an den Kehlkopf: ohne / ersichtlichen Grund.« Zwar erschien 1984 noch der Gedichtband *Neuntöter* mit relativ wenigen Eingriffen der Zensur, doch Bossert hatte schon kurz davor den Ausreiseantrag gestellt. Die Ausreise erfolgte unter traumatisierenden Schikanen der Securitate.

Man begreift, daß Bosserts abgebrochenes Werk nicht allein nach artistischen Gesichtspunkten zu rezensieren ist. Doch noch heute erstaunt die Vieltönigkeit seiner Arbeiten. Sie reicht von konkretistischen Texten über Balladen und Chansons bis zu allegorischen Chiffrierungen. In der schwierigen Wartezeit vor der Ausreise scheint Bossert von Politik und Geschichte so ermüdet gewesen zu sein, daß er sich in das Bild eines Malers flüchtete, der im Abseits arbeitet: »Die Zeit schaut / Vorbei. Du malst.«

Das war ein Traum. Wie weit trug er ihn? Noch zwei Wochen vor seinem Tod sprach Bossert von einem neuen Gedichtband, der den Titel »Schweigeminute für Eulenspiegel« tragen sollte. Ein wunderschöner, doch im Innersten trauriger Titel, wie das gleichnamige Gedicht zeigt. »Und die Toten wolln nicht / mehr, im Takt ihrer Lider, / unsere Stummheit begleiten.« Der Doppelsinn der »Lider« erinnert an Rilkes Grabspruch, an Niemandes Schlaf unter »soviel Lidern«. Eine Gedenkminute für den Dichter, der gern ein Eulenspiegel gewesen wäre! Er verdient eine erneute Lektüre.

Rolf Bossert: Ich steh auf den Treppen des Winds. Gesammelte Gedichte 1972-1985. Herausgegeben von Gerhardt Csejka. Schöffling: Frankfurt am Main 2006.

Woran Kafka schuld ist
*Tomaž Šalamun: Lesen: Lieben –
Ballade für Metka Krašovec*

Mit *Poker*, einem im Selbstverlag veröffentlichten Gedichtband, betrat 1966 der damals fünfundzwanzigjährige Slowene Tomaž Šalamun die literarische Bühne von Titos Jugoslawien. Man wüßte gern, ob in *Poker* auch das Anagramm von *Koper* mitgemeint ist, einer unfern von Triest gelegenen Hafenstadt, wo der 1941 in Zagreb geborene Šalamun aufwuchs. Passen würde es zu diesem Dichter durchaus, bei dem Scherz und Ernst oft ununterscheidbar sind. Bereits die ersten Verse von *Poker* zeigten sein Pokerface: »Der Bilder meines Stammes müde / bin ich ausgewandert.«

Das kann man wörtlich nehmen, denn das politisch wie kulturell erstarrte Nachkriegsjugoslawien konnte das junge Genie nicht halten. Šalamun lebte lange in den USA, befreundete sich mit John Ashbery und Charles Simic und war später sogar zeitweilig slowenischer Kulturattaché in New York. Die eigentliche Auswanderung aber zielte in die Weite einer Sprache, die von einem folkloristisch getönten Surrealismus in die Sphären von Beat-Generation und Pop-art reicht. So weit wie diese Bereiche, so reich seine Produktion. Über dreißig Gedichtbände machten Šalamun auch international bekannt.

Seine Anfänge waren nicht ohne Risiko. In seinen jungen Jahren gab Šalamun auch politisch gern den Provokateur. Daß er es nie ohne Ironie und Selbstironie tat, bewahrte ihn vor dem Schlimmsten. Immerhin kam er für sein Gedicht »Duma 1964« vorübergehend ins Gefängnis. Einer der Verse fragte scheinbar harmlos: »Was soll man / mit einer krepierten Katze machen damit sie nicht stinkt.« Doch in der Katze hatte sich der Polizeipräsident von Ljubljana gemeint gefühlt. Er hieß Maček, zu deutsch »Kater«. Der Scherz ging auf seine Kosten. Die Witwe des Dichters Oton Župančič (1878-1949), der mit seinem Großgedicht »Duma« das Muster für Šalamuns »Duma 1964« geliefert hatte, soll sich beim Lesen der Kontrafaktur vor Lachen nicht haben halten können und gerufen: »Ach, hätte Oton das noch erleben können! Das hätte ihm gefallen.«

»Duma 1964« eröffnet jetzt die umfassende Lyrikauswahl
Lesen: Lieben. Fabjan Hafner hat diese Gedichte aus vier Jahrzehnten zusammengestellt und übersetzt. Ihm verdanken wir auch den im Vorjahr erschienenen Einzelband *Ballade für Metka Krašovec*. Wer sich für Šalamun interessiert, wird auf zwei weitere Bände zurückgreifen, die Peter Urban übersetzt hat, auf *Vier Fragen der Melancholie* (2003) und *Aber das sind Ausnahmen* (2004). Ein reich gedeckter Tisch. Doch nur ein Bruchteil einer immensen Produktivität.

Was ist ihr Geheimnis? Tomaž Šalamun ist kein Artifex, dem es um das Ideal der Vollkommenheit geht. Dabei mangelt es ihm nicht an Selbstgefühl. Er stellt es nur anders aus. Er sucht kein Horazisches Denkmal, dauerhafter als Erz. Er setzt auf eine ununterbrochene Poesie, die selbst der Tod nicht aufhält: »Wenn mich die Würmer / fressen, / werden sie Gold erzeugen, / wie ich, aus allem.« Lassen wir offen, ob tatsächlich alles Gold ist. Sagen wir lieber: Šalamun liebt auch das Katzengold, wenn es nur ordentlich glänzt.

Šalamun ist ein Könner auf der kurzen Strecke, ein Meister der prägnanten Gnomik und der bildhaften Epiphanie. In einem seiner kurzen Gedichte erinnert er sich an seine Kindheit: »Als ich meinem Vater auf die Schulter kletterte, / wusste ich nicht, dass er sterben würde.« Das gibt ihm den Blick für Details, die wie Epiphanien sind: »Blaue Handtücher jagen mir immer Entsetzen ein.« Das bedarf keiner näheren Erklärung, weil der Leser sich an eigene Kindheitsschocks erinnert fühlt. In einem anderen Gedicht bekommt solche Erinnerung plötzlich historische Tiefe: »Die deutschen Gefangenen essen aus Blechnäpfen.«

Vor allem in den frühen Gedichten gibt es explizit politische Passagen, Einschüsse von Satire und Kritik; etwa den sarkastischen Seufzer: »O wackere Slowenen, erkälteter Gegenstand der Geschichte.« Šalamun hat sich entschlossen, in historicis einen höheren, zumindest unabhängigeren Standpunkt einzunehmen. Das bewährt sich in jenen Gedichten, die den Totalitarismus in konzisen Sätzen beschreiben. So in diesem titellosen Gedicht:

> Am größten ist die Gnade, die sich dem Grauen
> öffnet. Jedes Todessystem gewinnt

Material. Die Dichtung schätzt man bei Hof am höchsten, denn sie fördert die Fron.
Kafka ist schuld an der Besetzung von Prag!

Diese wenigen Zeilen ersetzen lange historische Analysen. In ihnen ist Šalamun auf der Höhe seiner Kunst. Wahrheit ist eben mehr als Gold. Tadeln wir den Dichter aber nicht gleich, wenn er uns in seinen langen Gedichten mit pompösen Arrangements imponieren möchte.

So ist in dem Poem mit dem merkwürdigen Titel »Rathenau. Puppe, Grab« zwar von Stoffpuppen die Rede und auch von Šalamun selbst – nicht aber von Rathenau. Es sei denn, wir wollten uns entschließen, in dem evozierten Du den Toten als Liebesobjekt zu sehen. Da bleibt das Groteske hermetisch, und es ist vielleicht besser so.

Manchmal wirken die Einfälle, die der Dichter aus dem Ärmel schüttelt, unfreiwillig komisch. Etwa: »Mehl trinke ich von Meissner Tellern.« Oder: »Ich pulsiere im Nachtgefäß aus Messing.« Šalamun geht solche Risiken gern ein. Vielleicht testet er unser Urteilsvermögen. Einmal heißt es: »Dichten ist die ernsthafteste Beschäftigung auf der Welt / Wie in der Liebe kommt alles zum Vorschein.«

Was die Liebe angeht, so darf man die *Ballade für Metka Krašovec* auch als ein Buch der Liebe und der Liebesgeständnisse ansehen. Es gibt sich als Bilanz eines aufwühlenden Jahres. Da steht das Zeugnis der Liebe zur Ehefrau, der Malerin Metka Krašovec, neben der Konfession einer Affäre mit dem Mexikaner Alejandro, der ihm als Christus erscheint, oder einem schwulen One-Night-Stand. Da gibt Šalamun sich nach Kräften moralfrei. Aber – merkwürdig genug – er provoziert uns nicht sonderlich. Sei es, daß wir stärkeren Stoff gewöhnt sind, sei es, daß wir dem Poeten wie einem genialen Kind alles seiner Spiellust zurechnen. Einmal versteigt er sich: »Augenblicklich überkommt mich / Lust, wenn mir einfällt, wie ich / allen meinen Frauen / das Herz brach.« Vielleicht macht's die Menge, daß wir nur freundlich nicken. Vielleicht ist der Herzensbrecher überhaupt ein Anachronismus. Außerdem genießen wir eine andere Lust, eine mit etwas Degout gewürzte, nämlich die Lust, diesen manchmal ungezogenen, doch nie langweiligen Tomaž Šalamun zu lesen. Und alle Lust will bekanntlich Ewigkeit, wie ihr Dichter auch.

Tomaž Šalamun: Lesen : Lieben. Gedichte aus vier Jahrzehnten. Aus dem Slowenischen und mit einem Nachwort von Fabjan Hafner. Suhrkamp: Frankfurt am Main 2006. – Tomaž Šalamun: Ballade für Metka Krašovec. Gedichte. Aus dem Slowenischen von Fabjan Hafner. Edition Korrespondenzen: Wien 2005.

Der Zahnstocher – ein kleiner Robespierre
Aleš Šteger: Buch der Dinge

Für die Alten waren die Dinge unbezweifelbar. Lukrez beschrieb ihr Wesen in seinem Lehrgedicht *De natura rerum*. In der Moderne beginnen die Dinge dem Menschen zu entgleiten. Rainer Maria Rilke wollte sie in seinen Dinggedichten über die Gazelle oder die blaue Hortensie bewahren. Francis Ponge wählte *Le parti pris des choses*, die »Parteinahme für die Dinge«. Anders als Rilke nahm er in seine Poesie auch Gegenstände der Zivilisation auf und erlöste sie aus ihrer Funktionalität. Ponge schrieb über Kieselsteine, Mollusken und Aprikosen, aber auch über die Seife, den Waschkessel und die Zigarette. Er wollte von den Dingen lernen, statt über sie zu verfügen.

Der jüngste Nachfahre des Lukrez ist der junge slowenische Autor Aleš Šteger (Jahrgang 1973). *Buch der Dinge* ist sein vierter Gedichtband, sein zweiter in deutscher Übersetzung. Als Motto wählt Šteger einen Satz aus dem großen Wörterbuch der slowenischen Sprache: »Nicht für jedes Ding gibt es ein Wort.« Das erstaunt, wenn man erfährt, daß *Ding* und *Rede* im Slowenischen eine gemeinsame Wurzel haben. Das Spiel mit Identität und Nicht-Identität gibt Štegers Poetik ihren produktiven Ausgangspunkt.

Wenn Šteger von Dingen redet oder sie reden läßt, sind sie auf ihre Art präsent, nehmen sie Kontakt mit dem Menschen auf. So verlockt das Brot den Menschen, sein Herr zu werden, und macht sich masochistisch zum »Verbrennungsofen seiner Schuld«: »Ja, ja, es liebt dich, deshalb nimmt es jetzt dein Messer in sich auf. / Es weiß, daß alle seine Wunden sich in deiner Hand verkrümeln.«

Groteske Heiterkeit oder existentieller Ernst? Šteger liebt die surrealen Zwischenwelten. Mal erzeugt er Magie, mal merkt man den Taschenspielertrick. Er kann nicht verbergen, daß das Eigenleben der Dinge Fiktion ist, Projektion des Subjekts. Stets spricht ein menschlich gedachtes Ich mit, steht Ding-Ich gegen Betrachter-Ich. So in der Groteske um das Ei. Wer ein Ei aufschlägt, begeht unwissentlich einen Mord: »Als du's am Pfannenrand erschlägst, bemerkst du nicht, / Daß dem Ei im Tod ein Auge wächst.« Die Dinge scheinen uns anzuklagen, doch Anklage schlägt in Komik um. In soviel Komik, daß wir nachdenklich werden.

Wenn Ponge Partei für die Dinge nimmt, geht Šteger eher auf ihre alte Unterlegenheit zurück. Der Händetrockner »hat keinen Namen, der spricht, wenn du nicht in seinem Namen sprichst«. Die Fußmatte antwortet auf unsere Tritte mit unterwürfiger Liebe. Die Seife macht uns immerhin darauf aufmerksam, daß in dieser Welt niemand saubere Hände behält.

Daher gibt sich der Phänomenologe als Historiker, der die Dinge der Geschichte, dem menschlichen Mißbrauch unterworfen sieht. So ist der Stuhl »Träger der analen Geschichte«, und der Dichter erinnert an den römischen Zenturiosrock, an die Hose des SS-Obersturmführers, an den Minirock aus Viskose. Freilich will sich über solchen Reihungen kein Aha-Erlebnis einstellen. Noch weniger beim Thema »Wurst«: »Zweihunderttausend Frankfurter Würste / Demonstrierten für Arbeiterrechte.« Das scheitert nicht an mangelnder *political correctness* sondern schlicht an der Banalität der Redensart vom Menschen als Würstchen.

Štegers bessere Texte gelangen über Faktenreihung und bemühte Deskription hinaus. Sie faszinieren durch Witz und Intellekt, etwa durch die blitzhafte Abkürzung zwischen heterogenen Dingen. Was ist der Zahnstocher? »Ein kleiner Robespierre im Maul des Polyphem.« In einigen anderen Texten geschieht, was der reinen Poesie vorbehalten ist: Epiphanie, profane Erleuchtung. Ein Geheimnis schimmert auf, wenn die Dinge als abwesend gedacht werden. So in dem wunderschönen Gedicht von der Büroklammer. Nicht die Klammer wird da beschrieben, sondern ihr rostiger Abdruck auf Papier. Wenn der Betrachter mit dem Finger darüber fährt, öffnet sich »ein Raum im Raum im Raum.« Das hätte Gertrude Stein gefallen.

Aleš Šteger: Buch der Dinge. Gedichte. Aus dem Slowenischen von Urska P. Cerne und Matthias Göritz. Mit einem Nachwort von Matthias Göritz. Suhrkamp: Frankfurt am Main 2006.

Das irdische Paradies der kleinen Dame in Weiß
Emily Dickinson: Gedichte – Wilde Nächte

Bei der Teilung der Welt hat Gott die Dichter bekanntlich vergessen, aber nicht ihr Bedürfnis nach Ruhm. Spätestens die Moderne gab sich mit dem Lorbeer nicht zufrieden. Sie etablierte den Markt und das Karrierekalkül. Baudelaires *Blumen des Bösen* sollten die Blumen der Romantik verdrängen. Walt Whitman war ein Meister der Selbstreklame. Er schätzte den künftigen Jahresbedarf an seinen Gedichten auf zehn- bis zwanzigtausend Exemplare. Einen Erfolgstreik dagegen vermag man sich kaum vorzustellen. Und doch gibt es ein Beispiel: Amerikas größte Dichterin. Was Amerika und was die Welt noch nicht gar zu lange weiß. Denn Emily Dickinson (1830-1886) tat fast alles, um dem Ruhm zu entgehen. »Wir wußten noch nicht einmal, daß sie da war«, sagte Robert Frost in einem Interview – das immerhin noch 1960. Und fügte patronisierend hinzu: »Armes kleines Ding.«

Geboren zu einer Zeit, als Goethe noch lebte, wuchs Emily Dickinson in die aufkommende Moderne hinein. Als sie zwanzig war, erschienen die Gedichte Edgar Allan Poes, fünf Jahre später, 1855, Whitmans *Grashalme*, Amerikas Durchbruch in die lyrische Moderne. Dickinson – in jeder Beziehung Whitmans Gegenpol – hätte in dieser Entwicklung eine bedeutende Rolle spielen können. Doch sie übte Abstinenz, verzichtete auf Veröffentlichung. Dabei hatte sie – nach Bildung und Begabung – das Zeug zu Karriere und Ruhm.

Emily Dickinson wurde am 10. Dezember 1830 in Amherst geboren. Ihr Großvater war einer der Gründer des renommierten Amherst College, ihr Vater dessen Finanzverwalter. Emilys Schul- und Collegebildung war umfassend und schloß die Naturwissenschaften sowie Latein und Deutsch ein. Die häusliche Bibliothek war groß und ergiebig. Der Vater-Patriarch schenkte der Tochter Bücher, wollte aber nicht, daß sie las. Daß sie selbst Gedichte schrieb, verbarg sie ihm. Er hielt nichts von schreibenden Frauen, aß jedoch einzig das von ihr gebackene Brot. Es muß vorzüglich gewesen sein, denn Emily wurde dafür mit einem Preis ausgezeichnet. Ihr einziger Preis war kein Literaturpreis.

Als junges Mädchen muß Emily überaus witzig und übermütig gewesen sein, und den üblichen Freundschaften und Schwärmereien zugetan. Danach fand sie sich auf ihr eingezogenes Familiendasein verwiesen und blieb unverheiratet. Der Hund Carlo begleitete sie sechzehn Jahre auf ihren Spaziergängen. Später litt sie an einem chronischen Augenleiden, verließ das Haus immer seltener und empfing kaum noch Besuche. Zuletzt kommunizierte sie durch den Spalt ihrer angelehnten Zimmertür.

Die Stadt klatschte über die menschenscheue, stets weiß gekleidete Frau mit dem rotbraunen Haar. Sie hätte es noch mehr getan, wäre mehr über ihre Herzensbeziehungen bekannt geworden. Über den Mann, den sie in den drei erhaltenen ernst-leidenschaftlichen Briefen ihren »Master« nennt; vermutlich der Reverend Charles Wadsworth, der sechzehn Jahre älter und verheiratet war. Oder über den Anwalt Otis Phillipps Lord, mit dem die alternde Emily Briefe wechselte, Liebesbriefe – witzig, verspielt und bemerkenswert offenherzig.

Emily war eine passionierte Briefschreiberin. Alle ihre Briefe, auch ihre Liebesbriefe, waren ausgefeilt, manche sogar rhythmisiert. Die Grenze zwischen Epistel und Lyrik war fließend. Gedichte schrieb sie von Jugend an. Nur vier überlebten ein Autodafé der Achtundzwanzigjährigen. Ganze zehn wurden zu Emilys Lebzeiten gedruckt, ohne ihre Zustimmung und anonym. Von dem, was sie bis zu ihrem Tode schrieb, blieben fast 1800 Gedichte erhalten. Etwa sechshundert als Beilage zu Briefen. Weitere achthundert fanden sich in vierzig »Fascicles«, Manuskriptheftchen, die Emily aus Briefbögen zusammengenäht hatte. Späteres überließ sie dem mehr oder minder fertigen Zustand auf Briefumschlägen, Reklamezetteln und anderem Papier. Vieles fand sich in der Truhe einer verstorbenen Angestellten, darunter das einzige Porträtfoto Emilys, das der Familie nicht gefiel und eigentlich weggeworfen werden sollte.

Dennoch hätte es an Resonanz nicht fehlen müssen. Zwar hatte der vom Zeitgeschmack geprägte Literat Thomas W. Higginson ihr geraten, nicht vorschnell zu publizieren. Doch es gab zumindest eine Person von Einfluß, die Emilys Bedeutung erkannte – die gleichaltrige Schriftstellerin Helen Hunt Jackson. In einem Brief von 1875 beschwört sie Emily: »Sie sind eine große Dichterin – und Sie tun ihrer Zeit damit ein großes Unrecht, daß Sie nicht laut singen wollen.« Sie erreichte immerhin, daß Dickinsons »Success is counted sweetest« anonym in einer Anthologie erschien – und prompt Ralph Waldo Emerson zugeschrieben wurde. Ausgerechnet dieses Gedicht formuliert die äußerste Skepsis gegen den Erfolg: »Erfolg schätzt der am meisten / Der niemals ihn errang. / Nur heftigstes Verlangen / Schafft solchen Göttertrank.« Emily muß die Versuchung, vom Nektar zu kosten, sehr wohl verspürt haben, um sie so rigoros abzulehnen. Denn der Besiegte – so die Schlußstrophe – vernimmt noch im Tode die fernen Klänge eines Triumphes, der nicht für sein Ohr bestimmt ist. Ein anderes Gedicht befindet lapidar: »Publizieren – heißt Versteigern / Eines Menschen Geist.«

Ist das der Schlüssel für ihren Publikationsverzicht? Oder die Einsicht, daß ihre Lyrik dem Zeitgeschmack nicht entsprach? Oder die heiligmäßige Gleichgültigkeit gegenüber dem irdischen Schicksal ihrer Manuskripte? An Selbstbewußtsein fehlte es jedenfalls nicht. An den erwähnten Higginson schrieb sie: »Wäre der Ruhm mein, ich könnt ihm nicht entkommen.«

Welchen Pakt auch Emily mit dem Schicksal geschlossen hatte – der Ruhm ereilte sie. Wenn auch posthum und mit enormer Verzögerung durch einen jahrzehntelangen Erbschaftsstreit um den Nachlaß. Zwar gab es schon 1890, vier Jahre nach Emilys Tod, eine erste Auswahl ihrer Gedichte. Jeder weitere Band brachte steigenden Ruhm, aber auch weitere editorische Verwirrungen. Nach Beilegung aller Streitigkeiten erschien erst 1955 eine vollständige Ausgabe, und die »Variorum Edition« von 1998 schließlich brachte eine plausible Chronologie der Gedichte und erledigte damit die Vorstellung, Dickinson sei eine Dichterin ohne Entwicklung.

Nein, sie entsprang nicht fertig dem Haupt eines Zeus. Dickinson hat ihren unverwechselbaren Stil erst entwickeln müssen. Sie sah sich nicht als Avantgardistin. Das Schlichteste an Tradition war ihr gerade recht. Sie wählte den simplen Reimvers des neuenglischen Kirchenlieds, rauhte ihn auf durch unreine Reime, zerklüftete ihn durch Gedankenstriche und erweiterte ihn durch rhythmische Kühnheiten. Sie liebte die Kürze und verglich das Dichten mit dem Auspressen ätherischer Öle. Sie verzichtete auf Titel für ihre Gedichte und gewann damit Ambivalenzen und Vieldeutigkeiten. »Er klimpert auf der Seele dir«, lautet ein Anfang. Doch wer ist der Spieler, der dem sprechenden Ich einen Schlag versetzt, es anschließend in eine Kutsche einlädt und mit ihm vor einem rätselhaften riesigen Haus hält? Ist es der Geliebte? Ist es Gott? Oder der Tod?

Diese Poesie ist erotisch und metaphysisch zugleich. Dennoch war Dickinson, die das Kirchenlied adaptierte, keine christliche Dichterin. Sie bekannte, nie beten gelernt zu haben. Als 1850 im Zuge des Erweckungseifers eine Bekehrungswelle durch Amherst ging und auch Vater und Geschwister Glaubenszeugnisse ablegten, blieb sie die einzig »Unbekehrte«. Sie beugte sich nicht, sie hatte die Poesie erwählt, und die war nicht christlich sondern orphisch. Grund genug, sie gegen eine fromme Öffentlichkeit zurückzuhalten. 1856 vertraut sie einer Freundin an: »Wäre Gott in diesem Sommer hier gewesen und hätte gesehen, was *ich* sah – ich glaube, Er müßte sein Paradies für überflüssig halten ...« Fast apodiktisch heißt es 1866 an Higginson: »Paradies bleibt disponibel. Ein jedweder wird Eden erben, ohngeachtet, was Adam verwirkt.«

Solch unbußfertiger Paradiesglaube artikuliert sich beinah rabiat in einem Gedicht, das die Bibel einen alten, verstaubten Band nennt und dagegen »des Orpheus Predigt« setzt, weil diese Predigt in Bann schlägt, ohne zu verdammen. Auch sonst wirkt manches wie ein Vorklang von Rilkes Orpheus-Sonetten. Dickinson hätte mit Rilke vom »Rühmen« sprechen können und mit Loerke und Lehmann vom Grünen Gott. Sie liebte Gottes »Feldversuch in Grün«, sah die Natur aber auch als Spukhaus und antizipierte die moderne Einsamkeitserfahrung vor dem leeren Weltall.

Modern ist vor allem ihre Auffassung vom dichterischen Ich. Sie treibt das artistische Spiel mit Masken und Stimmen und sieht sich als bloße »Repräsentantin« ihrer Verse – das Ich als jene »Persona«, wie sie später in Pounds *Personae* oder den Heteronymen Pessoas erscheint. Artistische Distanz gilt dem Gedicht als der »Blüte des Gehirns«. Gottfried Benn hätte das goutiert.

Doch Dickinson ist mehr als eine Lyrikerin für Lyriker. Sie ist eine große Liebende, aber das angesprochene mysteriöse Er führt zumeist eine schemenhafte Existenz. Das heißt aber auch, daß keine ausgeleuchteten Love Stories uns den Blick auf die seelische Innenwelt verstellen. Wir müssen nicht spekulieren, welche Realität hinter den *Wild Nights* steht, die ein Gedicht von 1861 evoziert. Erfüllung im Gedicht fragt nicht nach Empirie:

> Sturmnächte – Sturmnächte!
> Wär ich bei dir
> In solchen Sturmnächten
> Schwelgten wir!
>
> Wozu – noch Winde –
> Das Herz ist im Port –
> Fort mit dem Kompaß –
> Die Karte fort!
>
> Ein Boot in Eden –
> Ach – das Meer!
> Verankert sein – heut nacht –
> In dir!

Gunhild Kübler faßt »Wild nights« als »Sturmnächte« und verändert leicht den Assoziationsraum. Die bisherigen Übersetzer übersetzen »Wilde Nächte« – und Uda Strätlings Briefauswahl wählt diesen Gedichtanfang sogar als Titel, was vielleicht etwas zu weitgehende Erwartungen erzeugt. Wie auch immer. Wer Dickinson liest oder übersetzt, sollte mit ihrem

Möglichkeitssinn rechnen. »I dwell in Possibility« heißt es in einem zentralen Gedicht: »Ich wohne in der Möglichkeit – / Und nicht im Prosahaus.« Erst die Fülle der Möglichkeiten läßt Wahrheit zu, und diese Wahrheit läßt sich nur »schräg« erfassen, im »Umkreisen« (circumference). Das kann man ruhig ein Credo nennen.

So sind auch ihre Liebesgedichte nicht Relikte innerer oder äußerer Affären, sondern verdanken sich dem Versuch, die ganze Wahrheit einzukreisen, einzuschließen. Diese Liebeslyrik kennt Liebesglück und -verlust, Brautstand und Einsamkeit, Beseligung und Verzweiflung, rauschhafte Hingabe und brutale Überwältigung. Liebe ist Fülle des Lebens, doch der Tod erscheint – aber als galanter Freier. So weit Dickinsons Gedicht in Leben und Tod ausgreift, das Paradies, das es erstrebt, ist immer als wirklich vorgestellt. Noch ein spätes 1882 geschriebenes Gedicht hält an dieser Vorstellung fest:

> Elysium ist so weit weg
> Wie's Zimmer nebenan
> Wenn da ein Freund erwartet
> Glück oder Untergang

Die angelsächsische Welt weiß längst, was sie am »Elysium« von Dickinsons Lyrik hat. Im deutschen Sprachraum ist sie immer noch ein Geheimtip. Dabei hat es nicht an Versuchen gefehlt, das Paradies dieser Poesie zu uns hinüberzutragen. Ich nenne drei: Paul Celan, der zehn Gedichte übertrug. Lola Gruenthal, die neben Gedichten auch einige Briefe brachte. Werner von Koppenfels, dem wir die bisher breiteste Auswahl verdanken.

Nun aber bietet Gunhild Kübler eine wahrhaft umfassende zweisprachige Ausgabe und kann sich dabei auf die erst jüngst gefundene chronologische Ordnung der Texte stützen. Sie übersetzt weniger eigenwillig als Celan, weniger gefällig als Gruenthal, weniger kompakt als Koppenfels. Sie geht die Gedichte gewissermaßen beherzt an – und das im schönen Doppelsinn des Wortes. Sie kommt oft zu geschmeidigen und triftigen Lösungen; und auch in den diffizileren Fällen zeigt sich das Maß an übersetzerischer Erfahrung. »In Büchern lagern meine Kämpfe«, eine Zeile, die auch die Übersetzerin bestätigen könnte.

In den Briefen, so mag man ergänzen, öffnet sich die Lebenswelt der kleinen Dame in Weiß, äußert sich ihre faszinierende intellektuelle Physiognomie und ihre Menschlichkeit, die Nähe suchte und Distanz zu halten wußte. Uda Strätling hat aus 270 Briefzeugnissen »Ein Leben in Briefen« komponiert und mit einer Vita Dickinsons und vielen Informationen über ihre Korrespondenzpartner versehen. »Heute ein Brief von Emily Dickinson« – eine solche Notiz zeigt, daß ihre Briefe für viele Empfänger besondere Ereignisse waren. Wie stark aber die Wirkung ihrer Person war, hat Higginson überliefert – zugleich mit einem porträthaften Snapshot. Im düsteren Salon des väterlichen Hauses hört er »Schritte wie die eines trippelnden Kindes & schon glitt eine kleine, unscheinbare Frau herein mit gescheiteltem rötlichen Haar«. Als er diesen Besuch resümiert, gesteht er ein: »Nie habe ich mit einem Menschen Zeit verbracht, der mich derart viel Kraft kostete. Ohne jede Berührung entkräftete sie mich.« Wer die Gedichte und Briefe von Emily Dickinson liest, macht die gegenteilige Erfahrung: er fühlt sich wunderbar gestärkt, befreit und erhoben.

Emily Dickinson: Gedichte. Englisch und deutsch. Hg., übersetzt und mit einem Nachwort von Gunhild Kübler. Hanser: München und Wien 2006.
– Emily Dickinson: Wilde Nächte. Ein Leben in Briefen. Aus dem Amerikanischen von Uda Strätling. S. Fischer: Frankfurt am Main 2006.

Heiliger im Dienst der Poesie
Rainer Maria Gerhardt: Umkreisung

Ein bekennender Atheist, der große Arno Schmidt, hat ihm dieses Marterl gesetzt: »Rainer M. Gerhardt bitt für uns!« Der Dichter und Verleger Rainer Maria Gerhardt, der 1954, mit 27 Jahren, aus dem Leben schied, war so etwas wie ein Heiliger der Literatur. Um ihr zu dienen, um seine Zeitschrift *fragmente* zu finanzieren, führte er ein Leben in Armut und Verzicht. Er hatte eine Vision und scheiterte erbarmungswürdig. Er suchte das neue Lied, doch im Ton seiner Meister. Er fand keine Resonanz und blieb dennoch unvergessen. Denn endlich, zur achtzigsten Wiederkehr seines Geburtstags, ist eine Werkausgabe erschienen, nach jahrelangen Bemühungen und im siebenten Anlauf.

Rainer M. Gerhardt war eine Legende. Doch er hatte kein Nachleben. Jedenfalls nicht in Deutschland; erstaunlicherweise aber in den USA. Noch zehn Jahre nach seinem Tod erschien dort eine Hommage der Lyrikerfreunde zu seiner Erinnerung. Einem von ihnen verdanken wir auch die ergreifende Schilderung seiner Lebensumstände. Robert Creeley, der die Gerhardts 1950 in Freiburg besuchte, rühmte seine »eigenartige Konzentration, hartnäckig, oftmals enthusiastisch«. Er schilderte die Lage: »Sie wohnten in Freiburg in einem einzigen Zimmer, Rainer, seine Frau und die beiden Kinder. Sie überließen uns ihr Bett und schliefen auf dem Boden.«

Manchmal – so berichten andere Zeitzeugen – hatten die Gerhardts kein Geld, um das Papier für ihre Zeitschrift zu bezahlen oder um Briefe und Manuskripte zu verschicken. Im Winter, wenn es an Geld für Heizung mangelte, lagen sie auch tagsüber zeitweise im Bett. Als die Schulden allzusehr drückten und die Wohnung aufgegeben werden mußte, zelteten sie den Sommer 1952 bis in den November am Rhein bzw. auf einem Karlsruher Zeltplatz. Dennoch erschienen die »fragmente« weiter, erschienen die Bücher, wuchsen freilich auch die Schulden. Zwar fand man wieder eine Wohnung, zwar bemühte Gerhardt sich im Frühjahr 1954 hektisch um verschiedene Tätigkeiten (etwa als Volontär am Berliner Ensemble) oder um die Auswanderung in die USA – doch der Lebenselan war aufgebraucht: am 27. Juli 1954 wählte Rainer Maria Gerhardt den Freitod.

Es gab kaum Nachrufe, immerhin einen von Alfred Andersch in der FAZ. Die Erschütterung unter den amerikanischen Freunden war groß. Charles Olson schrieb einen Monat nach Gerhardts Tod sein langes Begräbnisgedicht »The Death of Europe«. Er rühmt ihn darin als den ersten in Europa, mit dem er sprechen konnte, und bringt Gerhardts Bedeutung auf den Punkt, wenn er feststellt, »wie sehr Du uns allen Gehör verschafftest / in Deutschland«.

Bedenkt man die damaligen Verhältnisse, ist das nicht zuviel gesagt. Gerhardt proklamierte nicht bloß Montagestil, Active writing und das Poème collectif, er brachte in den *fragmenten* bereits 1951 und 1952 die Amerikaner W.C.Williams, Creeley und Olson, aber auch Ezra Pound. Dazu Alberti, Césaire, Michaux und Saint-John Perse – frühe Rezeptionen der internationalen Moderne.

Zehn Jahre später war die Situation reif. Hans Magnus Enzensberger publizierte sein *Museum der modernen Poesie* und Walter Höllerer die Anthologie *Junge amerikanische Lyrik*. Höllerer eröffnete sie mit Olsons Requiem auf Gerhardt. Doch der Dichter Gerhardt, der noch in Höllerers *Transit* figurierte, verschwand aus den Anthologien. Von dem Übersetzer Gerhardt war überhaupt nicht mehr die Rede. Sein Hauptprojekt, die Übertragung Ezra Pounds, war in Ansätzen steckengeblieben. Dabei war Gerhardt einer der ersten in Deutschland, die Pounds Modernität erkannten. Autorisiert von Pound und unterstützt von seiner Frau Renate hatte Gerhardt wichtige Einzelgedichte und Teile der Pisaner Gesänge übertragen.

Daß aus dem Projekt nichts wurde, ist eine lange und traurige Geschichte. Lieber anmaßend als bescheiden belehrte Gerhardt seine Briefpartner, von denen er sich etwas erhoffte. Vor allem weigerte er sich, die Regeln des literarischen Marktes zu akzeptieren. Dabei waren zunächst alle Beteiligten guten Willens. Allen voran Benns Verleger Max Niedermayer. Doch Gerhardts Agieren zwischen Belehrung und Unzuverlässigkeit ließ ihn resignieren. Streit um Vorschußzahlungen kam hinzu. Auch der anfangs freundlich geneigte Gottfried Benn hatte für ihn zuletzt gar nichts mehr übrig. Kein Wunder, denn Gerhardt hatte es an der Zeit gefunden »etwas am throne Benns zu rütteln«, und Benn – zusätzlich verärgert, weil man sich am Titel des eigenen Bandes *Fragmente* stieß – hatte in seiner berühmten Marburger Rede massiv zurückgeschlagen.

So kam an ein Ende, was geradezu glorios begonnen hatte. Der Romanist Ernst Robert Curtius hatte 1951 in der Zürcher *Tat* seinen enthusiatischen Hinweis auf Gerhardts *fragmente* mit dem Lob gekrönt, seit der *Menschheitsdämmerung* von Kurt Pinthus sei ihm keine so erfrischende modernistische Manifestation vorgekommen.

Vielleicht war gerade dieser epochale Vorschuß verderblich, denn Curtius hatte mit einem Nietzsche-Zitat die deutschen Literaturkritiker mit stillgestellten quakenden Fröschen verglichen. Das ließ Friedrich Sieburg, der damalige deutsche Literaturpapst, nicht auf sich sitzen, und auch Gerhardt bekam seine gallige Ironie zu spüren. Drei Jahre später, im Januar von Gerhardts letztem Jahr, kartete ein jüngerer Kritiker nach. Er sah in Gerhardts Gedichtband *umkreisung* einen »Avantgardismus nach rückwärts«, eine »Übung am Phantom«.

Damit war ein Werk getroffen, das eben erst begonnen hatte. Zwei Lyrikbändchen, in Miniauflagen erschienen, das war allenfalls ein Versprechen. »immer noch dürsten in wäldern gestirne nach ihrer erlösung«, heißt es kosmisch-euphorisch in *der tod des hamlet*. Kaum konkreter sind Zeilen wie »ein netz aus feuer / macht den schlaf wachsen« in *umkreisung*. Unter den nachgelassenen Texten gibt es immerhin Gewagtheiten wie: »auf dem seegrund ein grosser geheiligter phallus / und keine nacht da ich ihm nicht begegne.«

Selbst ein Freund und Förderer wie der Freiburger Buchhändler Fritz Werner meinte Epigonie konstatieren zu müssen, nämlich »Eliot + Perse + Pound + etwas französischer Surrealismus«. Und Olson, dem Gerhardt ein im Stile Pounds geschriebenes Gedicht geschickt hatte, wusch dem »jüngst gekommenen Bärensohn« den Kopf mit den Zeilen: »Die aufgabe, Gerhardt, / ist genau zu sein, gleich / von anfang an.«

Diese Genauigkeit hat am ehesten der Übersetzer Gerhardt geleistet. Der Leser der Ausgabe kann das überprüfen, wenn er Gerhardts Pound-Übersetzungen mit denen Eva Hesses vergleicht. Einige Gegenüberstellungen bietet Uwe Pörksen in seinem Nachwort, wobei er Gerhardts Verfremdungen und Archaismen gegen die konventionellere einbürgernde Manier Eva Hesses setzt. Darüber wäre weiter zu diskutieren.

Uwe Pörksen ist es auch, dem wir überhaupt diese umfassende Werkausgabe verdanken. Er hat es verstanden, die Hemmnisse und Widerstände auf Seiten der Erben aufzulösen: »eine Endlosgeschichte«, wie er sagt. Sein Nachwort zeichnet sympathisch ein umfassendes Bild des Dichters und Übersetzers Gerhardt und resümiert: »Vielleicht ist er als poetologischer Programmatiker am bedeutendsten.« Die Ausgabe gibt uns Einblick in die faszinierende Werkstatt eines genialischen jungen Mannes Anfang der fünfziger Jahre, mehr noch: in die literarische Situation der jungen Bundesrepublik. Paradox formuliert: Auch die Verluste gehören zu unserem Erbe. Oder positiv gewendet, mit einem Briefzitat von W.C. Williams: »Wir sehen die Teile, aber wir antizipieren das Ganze.«

Rainer Maria Gerhardt: Umkreisung. Das Gesamtwerk. Hg. von Uwe Pörksen in Zusammenarbeit mit Franz Josef Knape und Yong-Mi Quester. Wallstein: Göttingen 2007.

Die schönen und gefährlichen Launen der Poesie
Nora Iuga: Gefährliche Launen

Wenn eine ältere Dame erklärt, sie habe ein schönes Leben gehabt, müssen wir nicht gleich aufmerken. Es ist aber die große alte Dame der rumänischen Poesie, die das erklärt, und zwar in allen Variationen: »Mein Leben war sehr schön. Ich hatte ein schönes Leben. Ich hatte ein sehr schönes Leben. Ja, ja, ich hatte ein sehr schönes Leben.« Neunmal erscheint das Motiv in ihrem Selbstporträt – analog zur Neunzahl der Musen. Nora Iuga weiß, daß die Dichter lügen, um die Wahrheit zu sagen. Auch sie beschwört den Gott, der ihr zu sagen gibt, was sie leidet. Doch am meisten schätzt sie die Ironie. Ironie wies ihr den Weg über die halsbrecherischen Hintertreppen der Geschichte.

Natürlich ist Nora Iuga zu wissend, zu kultiviert und genußfähig, um uns mit der bloßen Umkehrung des Bildes vom glücklichen Leben abzuspeisen. 1931 in Bukarest geboren, wuchs sie in eine k.u.k. Melange mit serbischen, ungarischen und deutschen Vorfahren hinein. Die Eltern – der Vater war Musiker, die Mutter Ballerina – nahmen die fünfjährige Nora mit auf eine zweijährige Tournee durch Deutschland, Belgien und die Niederlande. Die Zwölfjährige schrieb ihre ersten Gedichte, und nach dem Germanistikstudium in ihrer Heimatstadt schien sich für Nora eine glänzende literarische Karriere anzubahnen. 1968 debütierte sie mit dem Band *Es ist nicht meine Schuld.* Doch schon zwei Jahre später, bei Erscheinen ihres zweiten Buches, »ging die Harmonika wieder zu« – setzte die kulturelle Repression wieder ein. Der Titel *Gefangen im Kreis* erhielt eine unvorhergesehene bittere Wahrheit. Man warf der Poetin »morbiden Erotismus« vor, und sie durfte acht Jahre nicht veröffentlichen.

Als die Harmonika sich wieder öffnete, mußte Nora Iuga gleichsam noch einmal debütieren. Für *Ansichten über den Schmerz* (1980) – immerhin ein provokanter Titel – erhielt sie den Preis des rumänischen Schriftstellerverbandes. Erst spät, mit Sechzig, konnte sie ins westliche Ausland reisen: nach Wien, nach Kärnten und nach Budapest, das ihr als die verheißene Neue Welt erschien. Über all die Jahre freilich mußte die Freiheit zu publizieren oder zu schweigen mit täglicher Brotarbeit erkauft werden: mit Tätigkeiten als Deutschlehrerin, als Redakteurin, Bibliographin und Lektorin, vor allem als Übersetzerin. Nora Iuga übersetzte an die dreißig Bücher aus dem Deutschen, darunter von Ernst Jünger und Günter Grass, Thomas Bernhard und Hans Joachim Schädlich, Elfriede Jelinek und Herta Müller.

Ein schönes Leben, ein sehr schönes gar? Ein *normales* Leben, befindet sie am Schluß ihres Selbstporträts. Nora Iuga sieht sich als die unauffällige Bewohnerin einer Blockwohnung am Rande von Bukarest: »Die Nachbarn grüßen mich, weil sie mich mitunter im Fernseher sehn, wo ich Hüte anprobiere und Gedichte lese, die gut klingen, aber leider unverständlich sind.« Apropos Hüte – unter einem überaus eleganten Exemplar blickt uns die Dichterin groß und doch mit leiser Skepsis an. Skepsis jedenfalls gilt dem Bild, das sich die Öffentlichkeit von ihr macht. »Im Ausland«, sagt sie, »bin ich angesehener als im eigenen Land. Die Rumänen mögen keine Originalität.«

Und die Deutschen? Im deutschen Sprachraum hat Nora Iuga des öfteren gelesen, und ihre Vermittlung deutscher Kultur ist erst kürzlich mit dem Gundolf-Preis ausgezeichnet worden. Doch ihre Lyrik ist bei uns noch nicht wirklich präsent. Zwar liegt in der Edition Solitude ein Bändchen mit tragikomischen Farcen vor, *Der Autobus mit den Buckligen.* Aber erst die eben erschienene Auswahl aus ihrem Gesamtwerk könnte das Blatt wenden und sollte Nora Iuga die Beachtung sichern, die sie verdient. *Gefährliche Launen* bringt Gedichte aus fast fünfzig Jahren, den Extrakt eines Lebenswerks. Der Übersetzer Ernest Wichner, selbst Lyriker von Profession, hat Äquivalente geschaffen, die sich als deutsche Gedichte lesen.

Von Anfang an ist Nora Iugas Lyrik unkonventionell und risikofreudig. Sie liebt surreale Märchen. So schickt sie ihr weißes Kamel in die Himmelsdünen, doch sie warnt ihren Herrn Kontrabaß vor dem Mädchen am See, das schon den Stein um den Hals hat. Man schreibt das Jahr 1968, doch Iugas Phantasie will keineswegs leicht und kostenlos an die Macht. Die Repression klopft an die Tür. Die Dichterin weiß: »Wir können uns morgen / selbst um den Preis eines Dichters / keine Grille mehr leisten.«

In der Ceaușescu-Zeit überwintert die subversive Phantasie. Da ist Nora Iuga, mit dem Titel eines ihrer späteren Bände, *Die Nachtdaktylographin*. Sie nimmt auf, was böse Erinnerung und böse Gegenwart ihr eingeben. Sie spricht von Häusern mit Fenstern, die Übles vorhersagen, von Grammophonen mit Trichtern, »die kilometerlanges Schweigen verschlucken«. Sie schreibt Verse, die auch gewagte Motive nicht scheuen: »im geöffneten koffer / (den ich verbergen will) / ist mein geschlecht zu sehen / gelb und weich wie eine kamelschnauze.« Das ist erotische Konterbande, unbezähmbare Absage an jegliche Repression.

Nora Iuga steht in der Tradition eines Surrealismus, der – anders als der französische – nicht mit dem Kommunismus flirtete. Sie beschwört den großen Gellu Naum und läßt ihn sagen: »du, Vergrabene, rief da Gellu Naum / und stopfte mir eine Handvoll Blätter in den Rachen / welch grüne Agonie, stell dir doch vor / ja stell dir vor, welch eine grüne Agonie.« Man muß das Grün in dieser rätselvollen Anrede betonen, das ununterdrückbare Leben.

Von diesem lebensfrischen Elan lebt auch die dritte, die gegenwärtige Phase von Iugas Poesie. Als das Ceaușescu-Regime kollabierte, blieb sie – anders als andere – nicht auf Opposition fixiert. Sie nutzte die neue Freiheit; nutzte sie auch zur Eroberung neuer Formen. Man darf auf die Übersetzung von Erzähltexten wie *Die Seife des Leopold Bloom* (1993) und *Die Sechzigjährige und der junge Mann* (1997) gespannt sein. Wie sagt die Dichterin in ihrem Selbstporträt? »Ich habe zu erwähnen vergessen, daß ich 75 Jahre alt bin und nur über die Liebe schreibe.«

Nur über die Liebe? Nehmen wir auch diese Konfession mit einem Körnchen Salz. Die Skala der späten, der reifen Nora Iuga ist größer denn je. Die Ekstasen und Melancholien der Liebe gehören natürlich dazu. Die letzte Abteilung des Bandes heißt »Das Mädchen mit den tausend Falten«, sie handelt im Wechsel von Kurzlyrik und Prosagedicht von der Trauer um einen geliebten Toten, der als Wiedergänger erscheint, aber auch von einem Pan-Erotismus, der »die schnelle Lust des Chlorophylls« evoziert. Am Schluß – in der Nummer 100 dieses Zyklus – zeigt sich das lyrische Ich, eben das Mädchen mit den tausend Falten, in den Straßen eines Bukarester Wohnviertels, an einer roten Ampel. Wir lesen mit dem letzten Satz eine rätselvolle lyrische Summe. »Nur du hast keinen Punkt, bist endlos geworden, mein Nichts.«

So wie Glück in Unglück umschlägt, Unglück in Glück, so das Nichts in Sprache, Sprache in Poesie. Dieses Wunder geschieht in Nora Iugas ununterbrochener, ja ununterbrechbarer Poesie. Wie sagt die Dichterin mit einem Wort Oscar Wildes von ihren Launen? »Eine Laune dauert länger als eine Leidenschaft.« So gefährlich, so schön sind die Launen der Poesie.

Nora Iuga: Gefährliche Launen. Ausgewählte Gedichte. Aus dem Rumänischen von Ernest Wichner, mit einem Nachwort von Mircea Cărtărescu. Klett-Cotta: Stuttgart 2007.

Die Krähe als Flugzeug
Jan Wagner: achtzehn pasteten

Die Moderne schüchtert uns nicht mehr ein, und die Postmoderne ist so alltäglich geworden, daß sich niemand mehr nach ihr umdreht. Vielleicht werden wieder die alten Möbel und jungen Nervositäten aktuell. An die Wünschbarkeit von

Manieren hat uns unlängst ein äthiopischer Prinz erinnert. Aufs Fressen folgt nicht mehr zwanghaft die Moral, sondern ein erneuerter Geist der Kochkunst. Gilt das neuerdings auch für die Literatur?

Jan Wagner, vom Jahrgang 1971, könnte ein Beispiel abgeben. Er ist unter den jungen Lyrikern derjenige, der mit Form und Tradition nicht bloß kokettiert, sondern ernstmacht. Jan Wagner hat mit *Probebohrung im Himmel* (2001) und *Guerickes Sperling* (2004) bewiesen, daß er formbewußt, anspielungsreich und elegant dichten kann. *achtzehn pasteten* lautet der Titel seines neuen Buches. Das legt nahe, daß Wagner den Genuß nicht scheut und nicht den Vorwurf des Kulinarischen. Immerhin macht er den biedermeierlichen Freiherrn von Rumohr zum Eideshelfer des eigenen Metiers. Über den titelgebenden Zyklus des Bandes setzt er einen Satz aus Rumohrs *Geist der Kochkunst*: »Es läßt sich alles Ersinnliche zu Pasteten verwenden, und in der Zusammensetzung derselben kann ein braver Koch recht deutlich zeigen, daß er Einbildungskraft und Urteil besitzt.«

Natürlich zielt Wagner mit solchen Pasteten auf ein traditionsreiches literarisches Genre, auf »pastiche« und »pasticcio«, die ihre Herkunft aus den entsprechenden nationalen Küchen nicht verleugnen. Auch hier geht es um das Nachkochen, um die Mischung der Zutaten. Literarisch meint das: Stilnachahmung als Mystifikation oder Huldigung. Proust sah solche Imitation als »Purgativ«. Er schrieb seine *pastiches*, um seinen persönlichen Stil zu finden. Man weiß, mit welchem Erfolg.

Und Jan Wagner? Mit welchem Recht spricht er von Pasteten? Was füllt er als »braver Koch« in welche Formen? Wie groß ist die Skala seiner Kochkunst? Wagners Repertoire ist beträchtlich. Es reicht vom Nachkochen bis zu eigenständigen Kreationen. Er scheut nicht das Nachschreiben großer Vorbilder. Was auf den ersten Blick verblüffend einfach scheint, zeigt beim zweiten Lesen seine Raffinesse. So das Sonett vom »schläfer im wald«. Man braucht nicht einmal das Rimbaud-Motto, um den Text als ein Remake des berühmten Sonetts »Le dormeur du val« zu erkennen. Rimbaud schrieb das Gedicht im Oktober 1870, während des deutsch-französischen Krieges. Es zeigt den jungen Soldaten in Kraut und Gras wie schlafend – aber: »Il a deux trous rouges au côté droit.« Georges Übersetzung macht aus den zwei Löchern eines: »auf der rechten ist ein rotes loch.« Bei Wagner ist auch dieses verschwunden. Er schließt mit der Zeile: »ein rosenstrauß an seine brust gepreßt.« Einzig dieses Bild erinnert an die zugefügte Gewalt. Ästhetisierung des Schreckens? Erpreßte Versöhnung? Wagner geht es um eine andere Nuance, um die Gleichgültigkeit der Natur, um »das kalte handwerk der natur«.

Diesem Handwerk setzt er das eigene entgegen. Es ist nicht minder um Kälte, um Distanz bemüht. »Dinge machen aus Angst« – das war einst Rilkes Devise. Jan Wagner nimmt das existentielle Vibrato völlig weg. In seinen Ding-Gedichten ist er ein kluger, mit heiterer Neugier ausgestatteter Beobachter. Zuschauen ist ihm Genießen, Beschreiben reiner Genuß. Skepsis dient als Regulativ. Wagner kann mit Autoritäten umgehen, ohne an ihnen Schaden zu nehmen.

So schreibt er eine Hommage »pierre de ronsard: *der salat*«. Sie beginnt als Plädoyer für die Simplizität: »nur essig, öl und salz, jamyn, den rest / gibt die natur.« Den Schluß macht das Votum für die – allerdings vegetarische – Völlerei: »nun laß uns kauen, daß es kracht, jamyn.« Dazwischen – als Pastetenfüllung – der Katalog der Namen, die Orgie des Küchenchefs. Das Ganze ein Beispiel für verfeinerte Pastetenkunst.

Wagners Dinge sind immer auch Kunst-Dinge, auch wenn sie zunächst als Tiere, Steine oder Landschaften erscheinen. Wo die Naturphänomene grob oder überproportional wirken, bringt die Finesse des Autors sie auf das gewünschte Format. Er nimmt es mit dem Nashorn auf und ermutigt uns, desgleichen zu tun: »komm näher. seine augen sind zu stumpf, / um etwas zu erkennen außer schatten, dem geflimmer / von gras und hitze – und dem horn: ihm stampft / es hinterher wie schlafende dem finger.« Haben wir uns an das »tonnengrau« gewöhnt, setzt er seine Pointe. Er appliziert einen kleinen Vogel, den Buphagus, »den es auf seinem rücken balanciert / wie ein stück sèvresporzellan, / ein mokkatäßchen, überraschend zart«.

Ist nicht auch der Dichter solch ein Vogel, der auf der plumpen Materie balanciert – und sich schmarotzend von ihr ernährt? So verwundert nicht, wenn wir bei Wagner immer wieder auf Eßbares, Nahrhaftes stoßen. Die letzte seiner achtzehn Pasteten ist eine »quittenpastete.« Sie folgt dem Weg der Quitten über das Entkernen und Entsaften bis die die bauchigen Gläser »für die / dunklen tage in den regalen aufge- / reiht, in einem keller von tagen, wo sie / leuchteten, leuchten.«

Was hier als stille Reserve für kommende dunkle Tage lagert, ist in bauchige Gläser gefaßt, poetisch-praktisch in die Form einer antiken Ode, der sapphischen Strophe. Was bleiben soll – könnte man Hölderlin paraphrasieren – konserviert der Dichter. Konserviert es in klassischen Formen oder doch in solchen, die tradierte Formen aufrauhen, aufbrechen. Wagner spart am volltönenden Reim, er liebt die Anklänge, die Halbreime, die Assonanzen. Er paart »spitzen« mit »schwitzend«, »zigaretten« mit »ratten«. Ja, er foppt uns mit dem bloßen Augenreim: »Leuten« – »Aleuten.« Das tut er in einer der schwierigsten Formen der Lyrikgeschichte, in der Form der Sestine.

Einen *poeta doctus* hat man ihn genannt. Jan Wagner wird das Etikett weiter tragen müssen. Das Lob, das darin steckt, klingt ambivalent. Es kaschiert oft nur blanken Neid. Wagner kann viel, und er ist klug zu wissen, daß er nicht alles kann. Daß alles Ersinnliche, aber doch nicht jegliches in seine Pasteten paßt. Nicht unbedingt die krude Historie, die ungefilterte Aktualität.

Er hält es auch da mit Vorprodukten, nach dem Motto: *Relata refero*. So liefert er unter dem Titel »dezember 1914« den Bericht über eine spontane Begegnung deutscher und englischer Soldaten zwischen den Fronten, eine lyrische Anekdote über den spontanen, unreglementierten Austauch von Friedlichkeit. Auch »ein dünner mann mit krummem rücken«, der in der »hollywoodelegie« figuriert, ist historisch, nämlich niemand anderes als der Emigrant B.B. Eine kaum verfremdete Figur.

Bei »houdini im spiegel« dagegen ist Wagner in seinem Element. Der berühmte Entfesselungs- und Zauberkünstler erscheint als die Kunstfigur, die er ist: »ich werde jetzt aus diesem kalten glas / ins freie treten.« Der Dichter verhilft ihm in die Freiheit der Kunst, zur erneuten Verwandlung.

Es ist eine metamorphotische Kunst, die Jan Wagner betreibt. Er verwandelt Leben in neues Leben, etwa mit dem Übergang von Vers zu Vers: »eine krähe strich über wipfel fort und / kehrte wenig später als flugzeug wieder.« So übersteigt seine Poesie in ihren besten Momenten die Metaphorik seiner appetitlichen und ingeniösen Pastetenkunst.

Jan Wagner: Achtzehn Pasteten. Berlin Verlag: Berlin 2007.

Er glaubt an Bilder, nicht an Gott
Charles Simic: Die Wahrnehmung des Dichters – Mein lautloses Gefolge

»Ich mochte Amerika sofort«, hat Charles Simic einmal bekannt: »Es war schrecklich häßlich und schön auf einmal.« Das war offenbar die Initiation des sechzehnjährigen Immigranten, der eine Belgrader Kriegskindheit hinter sich hatte und vor sich die Verheißung einer Neuen Welt, in der alles möglich scheint. Eben auch jene enorme literarische Karriere, die Simic 1990 zum Pulitzer-Preis führte und jüngst auf den Posten des Poet Laureate der Vereinigten Staaten.

Daß er seine Muttersprache aufgab und amerikanisch schreibt, dafür liefert Simic eine Erklärung, die auf den ersten Blick entwaffnend naiv wirkt: »Als ich 1955 mit dem Dichten begann, waren alle Mädchen, denen ich meine Gedichte zeigen wollte, Amerikanerinnen. Und schon hatte es mich erwischt. Ich konnte nie mehr in meiner Muttersprache schreiben.«

Kein Scherz ohne tiefere Bedeutung. Simic wollte seine Gedichte nicht bloß den Mädchen zeigen, sondern einem größeren Publikum. Er war und blieb fleißig, und wurde populär. Seine Gedichte füllen in den Originalausgaben etwa zwanzig Bände; und ein jedes von ihnen ist – nach des Autors Worten – Einladung zu einer Reise: »Wie im Leben reisen wir, um frische Ansichten zu sehen.«

Hans Magnus Enzensberger, der Simic für den deutschen Sprachraum entdeckt und als erster übersetzt hat, formulierte, was seine Lyrik so lebensvoll macht. »Seine Poesie«, so schrieb er 1993 zu *Ein Buch von Göttern und Teufeln*, »ist durch und durch vom amerikanischen Alltag getränkt, von der Tristesse und der Glorie der Straße.«

Simic liebt die Straßenszenen New Yorks. In *Grübelei im Rinnstein* (2000) werden sie ihm zu Epiphanien, die das Gewöhnliche geheimnisvoll machen. Ihm genügen drei strickende Frauen, um die Parzen zu evozieren. Der Schurz eines Metzgers ist die Karte der großen Kontinente des Blutes. Eine Unbekannte, die ihm eine Semmel in die Hand drückt, wird zur Botin geheimen Wissens. Simic macht die Weltstadt zum Pandämonium.

In der von Wiebke Meier übersetzten neuen Auswahl *Mein lautloses Gefolge* erscheint der Dichter selbst als Anführer seiner Figuren: »Sie waren wie ein diskretes Gefolge / Aus heimischen Engeln und Dämonen, / Die ich alle schon früher getroffen / Und seither fast ganz vergessen hatte«. In seinem »Selbstporträt im Bett« hält der Dichter für seine imaginären Besucher einen Stuhl bereit, »einen Stuhl / Aus Rattan, den ich im Sperrmüll fand«. Will sagen, unser Guru ist alles andere als elitär. Freilich hat dieser Stuhl Eigenheiten, die nicht jedem Besucher gefallen dürften: »Da, wo früher der Sitz war, war ein Loch, / Seine Beine wackelten, / Aber er sah immer noch würdevoll aus.« Und der Dichter? Bei genauerer Betrachtung ist er nicht sonderlich auskunftsfreudig. Wir finden ihn, »Eine dicke Wollmütze über den Ohren / Mit russischer Lektüre im Bett.«

Umso erstaunlicher, daß Simic nun mit einem Buch kommt, das die denkbar gründlichste Aufklärung unserer Neugier verspricht. Unter dem Titel *Die Wahrnehmung des Dichters* handelt es von »Poesie und Wirklichkeit.« Simic kokettiert ein wenig mit der Schwellenangst vor poetologischen Essays: »Wenn niemand mehr Dichtung liest, wie anscheinend sogar Leute meinen, die es besser wissen müßten, wer schert sich denn noch darum, Bücher *über* Dichtung zu lesen?« Wer auf diese Reservatio trifft, hat das Buch schon aufgeschlagen und sich festgelesen.

Es ist nämlich ein überaus erfrischendes Buch, gleichsam ein kulinarisches Potpourri. Thomas Poiss hat es aus diversen amerikanischen Ausgaben zusammengestellt und einige Texte, die bereits deutsch vorlagen, neu übersetzt. Der Leser erfährt nicht bloß eine Menge über Poesie, sondern liest auch kluge und erinnerungsgesättigte Analysen über das vergangene Jugoslawien. Mehr noch: Simic ist ein verführerischer Gastrosoph. Ich habe noch nie so Schönes über Würste gelesen, nichts so Appetitanregendes über Tomaten. Die »Romanze in Wurst« lockt uns mit eßbarer Poesie und macht uns – gegen alle Cholesterin-Werte – geneigt, dem Verein A.A.A.A.A. beizutreten, der »Association amicale des amateurs d'andouillettes authentiques.« »Zerquetsch nicht die Tomaten!« ist mehr als ein freundschaftlicher Rat, es ist die Hymne über eine Frucht, deren aztekische Wurzel »toma-tl«, das pralle Ding, auf den Liebesapfel führt.

Pomologie ist für Simic zugleich Poetologie. Zwar heißt es: »Die Zunge ist feinfühliger als das Wort«, doch Simic fährt fort: »Wie die Dichter glaubt sie nicht an eine einzige Bedeutung. Steck dein Gesicht in die Schüssel, lautete der Rat meines Vaters.« Es ist ein Rat, den auch der Poetologe beherzigt. Da ist er Koch und Gourmet zugleich. Er spricht von seiner »Küchenmetaphysik«, sieht sich als »Mystiker meiner Bratpfanne« und bemerkt, man könne erstaunlich wohlschmeckende Gerichte aus den einfachsten Zutaten herstellen. Seine dichterischen Erkenntnisse lesen sich wie Küchengeheimnisse. »Dichtung hat mit Wiederholung zu tun, die niemals monoton wird.«

Das gilt auch für das weite Feld von »Poesie und Wirklichkeit«. Simic legt seine Quellen offen. Er weiß, daß unsere tiefsten Erfahrungen wortlos sind. Daß es die Arbeit des Dichters ist, durch die Sprache auf das hinzuweisen, was nicht in Worte gefaßt werden kann. Daß also jede Dichtung zugleich Anti-Dichtung ist. Aber er liebt die Dichter. Simic nennt respektvoll viele Namen, doch sein großer Lehrer ist Vasco Popa. Er nennt ihn – nach Kafka, Borges, Michaux und Pound – den letzten der großen Schöpfer. Popa erscheint fast als mythische Gestalt, als Riese, auf dessen Rücken sich der *minor poet*, der kleine Dichter hält.

Dieser charmiert uns durch sein Understatement, seinen Humor. Simic wundert sich, daß es ebenso viele Menschen ohne Humor gibt wie Menschen ohne ästhetischen Sinn. Er liebt die Invektiven, liebt die Entdeckung der schlimmen Wörter. Das Verlangen nach Respektlosigkeit habe ihn zum Dichten gebracht, das lyrische Gedicht sei oftmals die skandalöse

Behauptung, und die Dichter waren immer schon Diebe. Und doch spüren wir, daß dieser freundliche und sensible Mann kein Schreckensmann ist. Doch ein Geständnis beim Lüften der Maske wollen wir sehr ernst nehmen – den Satz: »Mein Leben ist meiner Dichtung ausgeliefert.«

In diese Frage spielt nicht bloß die Kriegskindheit des Dichters hinein, sondern auch »die unendlich gespaltene Zunge der Muttersprache«, die für Kunst wie Leben folgenreiche Einsicht: »Zweisprachig zu sein bedeutet einzusehen, daß zwischen dem Namen und der Sache kein innerer Zusammenhang besteht. Es kann vorkommen, daß man sich in einem dunklen Loch zwischen den Sprachen wiederfindet.«

Das Paradox seiner Poesie will es, daß Simic aus eben diesem Problem seine Stärken gewinnt, daß in das dunkle Loch zwischen den Sprachen seine Epiphanien hineinleuchten. Vielleicht kommen diese Bilder alle von einem frühen Ur-Bild. Am Tag nach der Befreiung Belgrads trifft der Junge auf zwei tote deutsche Soldaten: »Ihre Stiefel waren weg, aber ein Helm war noch da, der zur Seite gefallen war.« Das Kind wird zum Gespött der Familie: »Ein Kind, so dumm, dass es mit einem deutschen Helm voller Läuse herumspaziert. Sie krochen ja überall darauf herum! Ein Blinder hätte sie sehen können!«

Was heißt da Blindheit? Was heißt Sehen? Das Bild des verlausten Helms ist stärker als alle Erklärungen, alle Rationalisierungen. Ist ein Bild für ein Welterlebnis. Man begreift, was den Dichter an seine jugoslawische Herkunft bindet. Man begreift, wie der Schreibende auf das Finden von Bildern und Gestalten verwiesen wurde, die nur in einer neuen, einer zweiten Sprache erscheinen wollten. Poesie als Rettung, als letzte metaphysische Tätigkeit. Simic ist zu diskret, um nicht das metaphysische Problem in einen scherzhaften Ausruf zu kleiden: »Mist! Ich glaube an Bilder als Vehikel der Transzendenz, aber ich glaube nicht an Gott!« Ein sehr ernster Scherz, fast ein leiser Aufschrei. So groß kann ein *minor poet* sein.

Charles Simic: Die Wahrnehmung des Dichters. Über Poesie und Wirklichkeit. Ausgewählt und übersetzt von Thomas Poiss. Hanser: München und Wien 2007. – Charles Simic: Mein lautloses Gefolge. Gedichte. Aus dem Amerikanischen von Wiebke Meier. Hanser: München 2007.

Er geht über die Hügel
Peter Handke: Leben ohne Poesie

Er sei kein Lyriker. Mit dieser Bemerkung hat Peter Handke eine Sammlung seiner Gedichte zunächst abgelehnt, dann aber dem Drängen seiner Verlegerin nachgegeben. Nun also gibt es sie also, die gesammelten Gedichte, und der Dichter hat an Auswahl und Gliederung selbst mitgewirkt. *Leben ohne Poesie* umfaßt fast alles, was Handke seit seinem vielbeachteten Bändchen *Die Innenwelt der Außenwelt der Innenwelt* an lyrischen Texten publiziert hat; darunter den Band *Gedicht an die Dauer* und weitere Lang- und Kurzgedichte, die in diversen Prosabänden und in seinen fünf Notizbüchern erschienen sind. Ist Handke also doch ein Lyriker?

Als Handke in den sechziger Jahren mit lyrikhaften Texten anfing, waren das grammatikalisch-linguistische Exerzitien, mal streng, mal witzig, waren es Satzspiele, Wörterspiele, Begriffsspiele. Sie waren einfallsreich und wirkten avantgardistisch. Sie führten modellhaft sprachliche Übereinkünfte und Klischees vor, um sie zur Disposition zu stellen. Der junge Österreicher mochte als Erbe von Karl Kraus erscheinen. Er wollte aber keiner von den Epigonen sein, die im alten Haus der Sprache wohnen. Er wollte das alte Haus demontieren. Vielleicht suchte er auch nach einem neuen Haus.

Der früheste Text in *Die Innenwelt der Außenwelt der Innenwelt* stammt von 1965. »Das Wort Zeit« beginnt: »Die Zeit ist ein Hauptwort. Das Hauptwort bildet keine Zeit. Da die Zeit ein Hauptwort ist, bildet die Zeit keine Zeit.« Man konnte derlei linguistische Beweisführungen durchaus als zeitfeindlich oder zeitkritisch verstehen; und damals, im Gefolge revolutionärer Stimmungen, hat man Handkes Sprachkritik oft kurzerhand als Gesellschaftskritik genommen. Aber Handke hatte nicht bloß die sprachlichen Klischees, sondern auch die Dingklischees im Auge, die Erfahrung verhindern.

Er fand sich »Am Rande der Wörter« und wollte – anders als die damaligen Experimentellen – nicht in die Wörter zurück, sondern über sie hinaus. Er suchte und fand »Die neuen Erfahrungen«. Sie erscheinen zunächst als gegliederte Rituale, als wollten sie lediglich die Zwänge gesellschaftlichen Verhaltens kenntlich machen; aber dann schlug doch und wie unvermittelt ein existentielles Moment durch: »1948 / an der bayrisch-österreichischen Grenze / im Ort Bayrisch-Gmain / ›in welchem Haus mit welcher Nummer?‹ / sah ich / auf einem Bettgestell / unter einem Leintuch / hinter Blumen / zum ersten Mal / einen Menschen der tot war.« Modellsituation oder schon autobiographisches Bekenntnis? Dieser Text von den neuen Erfahrungen steht nicht ohne Grund zu Anfang des *Innenwelt-Außenwelt*-Bändchens, am Anfang auch des lyrischen Œuvres Peter Handkes. Er markiert eine Weggabelung. *Die Literatur ist romantisch* war der Titel einer kleinen Broschüre, einer Absage an das damals modische Engagement. Der geheimnisvolle Weg – so schien es – würde fortan nach innen gehen.

In den siebziger Jahren schrieb Handke drei lange Gedichte: 1972 »Leben ohne Poesie«, 1973 »Blaues Gedicht« und 1974 »Die Sinnlosigkeit und das Glück«. Sie stehen nun – in umgekehrter Reihenfolge – am Schluß des Sammelbandes; quasi als Summe des Handkeschen Poetisierungsprogramms von Welt und Leben. Ich gestehe mein besonderes Faible für das »Blaue Gedicht«. Für die wunderbare Übergänglichkeit seiner Motive. Aus einem nächtlichen Überfall von Sexualität wechselt es in die Erfahrung von Bedrohung und Depersonalisierung: »Das Licht / wenn ich blinzelte / hatte eine Farbe aus der Zeit / als ich noch an die Hölle glaubte / und das pfeifende Monster vor dem Fenster / schüttelte lautlos die Handgelenke / als ob es nun Ernst machen wollte.« Das Gedicht mündet in das Erlebnis eines anderen, eines südlichen Landes und in die neue Erfahrung von Freundschaft, Liebe, Verbundenheit: »›Schönheit ist eine Art der Information‹ dachte ich / warm von dir / und von der Erinnerung.« Handke war auf dem Weg seiner langsamen Heimkehr.

Eines der Hauptdokumente dafür, ja ein klassisches Zeugnis ist sein *Gedicht an die Dauer*. Es hat wunderbar dichte Passagen von Welt- und Erfahrungsgehalt; so die Szene vom Baden mit Freunden im griechischen, im weinfarbenen Meer. Doch es will nicht verleugnen, daß es ein Lehrgedicht ist, ein Poem, das ohne Rhetorik nicht auskommt: »Ich habe es, wieder einmal, erfahren: / Die Ekstase ist immer zu viel, / die Dauer dagegen das Richtige.« Dieser Wahrspruch muß Handke denn doch zu apodiktisch erschienen sein. Er relativiert etwas später: »Auf die Dauer ist kein Verlaß.« Aber doch auf Handkes artistisches Geschick, sagen wir ruhig, auf seinen Takt.

Die eigentlichen Überraschungen des Bandes finden sich im Mittelteil *Das Ende des Flanierens*. Was Walter Benjamin vom Flaneur sagt, daß er sein Asyl in der Menge sucht, läßt sich auf den Paris- und Landschaftsflaneur Handke beziehen. Er ist – wie Baudelaire – ein Mann der Schwelle. Hier sammelt und prüft und verläßt er seine Augenblicke.

Manchmal sind es poetische Einfälle, die ein Stück weit ausgeführt werden, ohne den Status des Gedichts zu beanspruchen. Manches ist bloß Notiz, aber keines ganz belanglos. Man lese etwa die folgenden Zeilen: »Am Nachmittag fielen ein paar Blätter / von den Akazien / Und am Abend schwankte die Lampe / im leeren Eßzimmer.« Hat man das gelesen, empfindet man den Titel »Tageslauf in einem Sommergarten« fast als entbehrliche Information.

Anderes ist in seiner Knappheit fast makellos. So ein überschriftloser Dreizeiler in den regelgerechten 17 Silben des Haiku: »In der Stille: am Platz / In der Stille: die Ankunft / Schatzhaus der Stille.« Nur ein Beckmesser wünschte sich die Doppelpunkte getilgt. Er verkennte, daß auch im meditativen Moment ein Element der Lehre enthalten ist.

Handkes langsame Heimkehr hat ihn in das alte Schatzhaus der Sprache zurückgeführt. Sein langer Rückzug aus der Avantgarde und ihrer hybriden Fortschrittsdoktrin hat nichts mit Epigonie zu schaffen. Die Frage ob er ein Lyriker ist, hat er damit auf ihre immanente Spitzfindigkeit zurückgeführt. Außerdem hat er sie selbst auf die schönste Weise beantwortet, nämlich im Gedicht, in diesem vertrackten Dreizeiler: »Der Lyriker sitzt schön im Haus / der lyrische Epiker geht über die Hügel / der epische Epiker wird auf die Schiffe verschlagen.« Also was tut Peter Handke? Er läßt seinen Lesern die Wahl, mit welcher der drei Figuren sie ihn identifizieren wollen. Ich würde mich für den lyrischen Epiker entscheiden, der über die Hügel geht. Aber wahrscheinlich ist das nur ein Drittel der Wahrheit.

Peter Handke: Leben ohne Poesie. Gedichte. Hg. von Ulla Berkéwicz.
Suhrkamp: Frankfurt am Main 2007.

Die Rose im Schädel
Wolfgang Hilbig: Gedichte

Mitte der sechziger Jahre, in Meuselwitz, dem verdrecktesten Braunkohleort der DDR, schrieb ein junger Mann, der zum Bohrwerksdreher ausgebildet worden war und von wechselnden Jobs lebte, Verse in ein Schreibheft im DIN-A-5-Format, versah diese 53 Gedichte mit Motti und Kapitelgliederungen und gab ihnen den Titel *Scherben für damals und jetzt*. Das war, nach einzelnen Datierungen zu urteilen, vermutlich 1964, um die Zeit, da man ihn zu einem Zirkel schreibender Arbeiter nach Leipzig delegierte. Wolfgang Hilbig – denn das war der Verfasser – mag sich damals die Publikation dieser Gedichte versprochen haben.

Aber es kam anders. Das Ministerium für Staatssicherheit der DDR beschlagnahmte das Heft; wann und in welchem Zusammenhang, ist nicht deutlich. Und der Autor muß es verlorengegeben haben. Er hatte nicht mit dem bürokratischen Ordnungssinn der Stasi gerechnet. Aus ihrem Nachlaß gelangte das konfiszierte Manuskript, jede Seite versehen mit dem Stempel der Bundesbeauftragten für Stasi-Unterlagen, in die Hände seines Eigentümers zurück. Der Titel von einst erhielt eine späte Rechtfertigung, und damit der 2007 verstorbene Dichter: Die Scherben von damals – gleichsam als verstreute Glieder des Orpheus – ordnen sich jetzt dem Gesamtwerk ein. Man darf das eine Sensation nennen.

Die 53 Gedichte von einst kann man jetzt in der Gesamtausgabe der Gedichte lesen. Sie eröffnen den zweiten Teil, der einen erstaunlich umfangreichen Bestand an nachgelassener Lyrik enthält. Diese zweihundert Seiten dokumentieren einen Autor, der über fast fünfzehn Jahre lang ohne Aussicht darauf schrieb, daß ihn eine größere Öffentlichkeit wahrnahm. Hilbig folgte seinem Traum, ein Dichter zu sein.

Diese Hoffnung wider alle Hoffnung muß ihn alle die Jahre beflügelt haben, in Meuselwitz, später in Ost-Berlin. Der meist als Heizer tätige Nachtarbeiter, der in der bleiernen Erschöpfung der Arbeitswoche nach Freiräumen suchte, im Boxen, Raufen, im exzessiven Trinken – er fand sein Lebenselixier im Schreiben, das aus nicht minder exzessiver Lektüre erwuchs. Keine Athene springt da aus dem Haupt des Zeus, kein Loris frappiert mit frühgereifter Raffinesse. Hilbig zeigt in seinen 53 Scherben die bekannten Schwächen des Autodidakten. Er bedichtet die Maimorgensonne und das Fröschlein am Ufer des Quells, reimt Schwermut auf Herzblut und schaut gläubig zu Hermann Hesse auf.

Aber er öffnet sich auch der Moderne. Die dreiteilige Sequenz »Die Sprache eines Feuerfressers« bezieht sich auf Tristan Corbière, und das ist gewiß kein Allerweltsname. Sie beschwört, gespeist durch seine Erfahrung als Heizer, auf kraftvolle Weise das Feuer: »Ich geboren, / unterm Feuer der Zeit, / verkohlt, verräuchert, entmoralisiert.« Der junge Dichter schreibt ein vorweggenommenes Epitaph: »auf meinen Grabstein hau man mir / ein Herz, durchbohrt mit einem Schwert.« Hier kündigt sich jenes Pathos an, das bei Hilbig im wahrsten Sinne des Wortes mit dem Leiden zusammenhängt.

Doch der junge Hilbig besaß die Nehmerqualitäten, wie sie den guten Boxer auszeichnen. Er wollte durchaus kein unveröffentlichter Dichter bleiben. Er hielt es für eine Perversion, nur für die Schublade zu schreiben. 1968 schickte er an die *Neue Deutsche Literatur* die folgende Anzeige: »Welcher deutschsprachige Verlag veröffentlicht meine Gedichte? Nur ernstgemeinte Zuschriften an W. Hilbig, 7404 Meuselwitz, Breitscheidstraße 19b.« Die Redaktion druckte die Annonce, unsicher im Dschungel der Anweisungen oder überrascht von Hilbigs provokatorischer Chuzpe. Es gab keine Reaktion, weder in Ost noch West. Und so dauerte es noch weitere zehn Jahre, ehe Hilbigs erstes Buch erschien, der Gedichtband *abwesenheit*.

Er erschien aber nicht in der DDR, sondern, vermittelt von Karl Corino, bei S. Fischer in Frankfurt. Noch am Vorabend der Manuskriptübergabe glaubte Hilbig das Manuskript verloren. Er hatte in der Leipziger Wohnung eines Freundes daraus vorgelesen und rief: »Das wurde von der Stasi geklaut.« In diesem Falle freilich nicht: Das Konvolut fand sich, von Rotweinflecken gesprenkelt, unter dem Reisstrohteppich des Bücherzimmers. Die West-Veröffentlichung trug Hilbig eine Strafe von 2000 Mark ein, weil sie vom Büro für Urheberrechte nicht genehmigt war. Eine unbeabsichtigte Reklame. Das nun erlangte Renommee schützte ihn fortan vor weiteren

Schikanen der DDR-Literaturbürokratie. Hilbig war endlich bekannt, und das in beiden deutschen Staaten. In den folgenden Jahren, vor allem seit 1985, seit Hilbigs Übersiedlung in den Westen, wuchs der Ruhm, kamen in rascher Folge die Auszeichnungen, als Krönung 2002 der Büchner-Preis.

In den Jahren, als Hilbig für die Schublade schrieb, schien der Ruhm ins Unerreichbare gerückt. Umso bemerkenswerter, was er den Umständen abrang. »Auschwitz-Prozeß«, aus dem Juli 1965, ist ein galliger Kommentar zu den Mechanismen der Verdrängung. Illusionslose Klarsicht bewährte sich auch in eigener Sache. »Hiobswoche« von 1966 zeichnet schon früh den fatalen Zirkel des Alkoholismus: »das war die Woche in der ich die Menschen nur / durch Schwämme erblickt hab in der ich all / mein Geld vernichtet hab und meine Liebe und / die Zärtlichkeit meiner Rose im Schädel.« Doch die »Rose im Schädel« – wunderbare Metapher – war nicht endgültig zu vernichten. Dieser Hiob wollte kein heiliger Trinker sein. Im Jahr der »Hiobswoche« wählte er sich einen dichtenden Arzt zum Eideshelfer in Sachen Poesie. Für »vom traum der dichtkunst« nahm er das Motto von William Carlos Williams: »new books of poetry will be written.« In diesem Gedicht gibt es einen merkwürdigen, scheinbar autoaggressiven Schluß: »tretet mir auf den mund tretet / mir doch auf den mund.« Das kann nur der sagen, der sich sicher ist, daß seine Stimme unauslöschlich ist.

Zumindest einen Versuch der Staatsmacht, Hilbig mundtot zu machen, hat es gegeben. Im Mai 1978 wurde Hilbig beschuldigt, nach der obligaten Maifeier eine Fahne, also ein staatliches Emblem, heruntergeholt und verbrannt zu haben. Die Anklage wegen »Rowdytums«, die auf der Aussage eines schwer alkoholisierten Zeugen basierte, mußte fallengelassen werden, und Hilbig kam nach knapp zwei Monaten frei, aber das Gefängnistrauma wirkte über all die Jahre nach, die er in der DDR zu verbringen hatte.

Man liest Hilbigs Lyrik, wie sie jetzt gesammelt vorliegt, anders, wenn man die Gedichte der erzwungenen Schweigejahre hinzunimmt. Man liest auch die bekannten Gedichtbände, die Hilbigs Ruhm begründeten, pointierter, nämlich als die Summen dreier poetischer Epochen. Da fungiert *abwesenheit*

(1979) als eine Absage an jede staatliche Bevormundung; *versprengung* (1986) als anarchisch-revoltierende Zerstäubung von Subjekt und Sinnbezug; und die späten *Bilder vom Erzählen* (2001) als Heimkehr zu den großen Figuren des abendländischen Erbes. Es ist die Heimkehr zum »Traumbuch der Moderne«, zu Poe und Eliot und zu Ezra Pound, der das Ithaka der Poesie wiederfinden wollte.

In dieser großen Abendphantasie teilt auch Hilbig sich einen Platz zu – keinen überzogenen, doch auch keinen allzu bescheidenen. Die letzten Zeilen aus diesem letzten Gedichtband enden mit dem Aufruf zu neuem Aufbruch: »was gestern licht und wert war ist verschwendet – / und es ist Nacht und Zeit daß du dich wandelst.« Das ist, mit dem Titel des Gedichts, »Pro domo et mundo« gesprochen – für Haus und Welt. Es zitiert den Titel einer Aphorismensammlung von Karl Kraus. Und so verstand Hilbig – um eine Krausssche Zeile fortzuspinnen – das Haus als das alte Haus der Sprache und sich als den letzten derer, die in diesem alten Haus wohnen.

Wolfgang Hilbig: Gedichte. Mit einem Nachwort von Uwe Kolbe. (Werke Bd. 1) S. Fischer: Frankfurt am Main 2008.

Liebe ist nicht alles
Edna St. Vincent Millay: Love is not all

»Die Entdeckung Amerikas«, so überschrieb Rudolf Borchardt Anfang der dreißiger Jahre sein hochgestimmtes Plädoyer für die Dichterin Edna St. Vincent Millay. Doch er mußte einräumen, daß sie bereits wieder verkannt sei und »in die Sphäre hochgezogener Brauen und gerümpfter Nasen emporgestiegen«. Diese Verkanntheit erschien ihm als das »zweite Stadium des Ruhms«. Es währte immerhin einige Jahrzehnte. Erst der 100. Geburtstag im Jahre 1992 brachte Millays Comeback. Seitdem gilt die Dichterin in der angloamerikanischen Welt als *major poet*.

Major Poet – die männliche Bezeichnung hätte Millay vermutlich nicht gestört. Sie reihte sich in ihren Gedichten mehrfach unter die Männer ein. Ein Zug, der sie kaum zur Kultfigur weiblichen Schreibens geeignet machte. Doch mehr als der Feminismus dürfte der doktrinäre Modernismus Millays Rezeption behindert haben. Mit den Göttern und Halbgöttern der US-Avantgarde war Millay bekannt, aber nicht verbandelt. Ihr Eigensinn war beträchtlich, ihre Offenheit gefürchtet. So kompromißlos ihre Revolte gegen Autorität und Establishment war, so entschieden hielt sie es in ihrer Poesie mit der Tradition. Ihre Lieblingsform war das Sonett, ihr enragiertes Motto die Zeile: »I will put chaos into fourteen lines.«

Was da an Chaos einzufangen und zu bändigen war, davon gibt ihre Biographie eine Vorstellung. Edna St. Vincent Millay, 1892 in Rockland (Maine) geboren, zeigte früh eine Leidenschaft für Poesie, Musik und Theater. Mit knapp zwanzig Jahren veröffentlichte sie den Lyrikzyklus *Renascense* (Wiedergeburt). Dessen Echo trug ihr ein Stipendium für das Vassar College ein. Edna schrieb Theaterstücke und Kurzgeschichten, trat als Schauspielerin auf und zog nach Greenwich Village. Sie hatte hetero- und bisexuelle Liebesverhältnisse. Edmund Wilson, der große Kritiker, soll ihr einen Heiratsantrag gemacht haben. 1923 erhielt sie als erste Frau den angesehenen Pulitzer-Preis und heiratete den zwölf Jahre älteren Witwer E.J. Boissevain, einen offenbar sehr verständnisvollen und toleranten Mann. Als Edna eine Affäre mit dem sehr viel jüngeren Poeten George Dillon hatte, soll Boissevain gesagt haben, er toleriere jede Freiheit seiner Frau, sofern sie ihrer Kreativität nicht abträglich sei.

Diese Kreativität war allerdings erstaunlich. Vor allem ihre Sonett-Sequenzen hatten Erfolg, so die 52 Stücke *Fatal Interview* von 1931, für die die Affäre mit Dillon den Rohstoff lieferte. Nicht zu übersehen ist auch Millays enormes politisches Engagement. 1924 legte der FBI eine Akte über sie an, offenbar wegen ihres Interesses für die Sowjetunion. 1927 saß sie für ein paar Stunden in Haft, weil sie sich an den Protesten gegen den Justizmord an Sacco und Vanzetti beteiligt hatte. 1942 schrieb sie das Anti-Hitler-Stück *The Murder of Lidice*.

In den späteren dreißiger Jahren begann ihr Ruhm zu verblassen. Doch im Krieg gab es noch ein Auswahlbändchen für die amerikanischen Soldaten in Europa. Edna St.Vincent

Millay starb 1950, ein Jahr nach dem Tod ihres Mannes, an Herzversagen. 1952 erschien ein Band mit ihren Briefen, 1956, von ihrer Schwester herausgegeben, ihre Gesammelten Gedichte, die Basis ihres erneuerten Ruhmes.

Aus diesem Fundus schöpft *Love is not all*, ein zweisprachiger Auswahlband von Millays Poesie. Günter Plessow hat sich gegen eine Blütenlese des Schönsten und Bekanntesten entschieden und dafür vier geschlossene Werkgruppen übertragen: zwei frühe Langgedichte, sowie zwei Sonett-Sequenzen aus Millays Reifezeit. Plessow hat sich für eine dichterische, metrische Übersetzung entschieden. Das zwingt zu Kompromissen, zu Veränderungen der Reimfolge und zu Raffungen in Syntax und Semantik. Der Nachdichter sucht die Eigenständigkeit neben dem Original, wenn auch nicht alle seine Freiheiten überzeugen.

Die beiden frühen Texte lassen noch nicht allzuviel von Millays Qualitäten erkennen. *Renascense* ist eine romantische Phantasie über Grab und Auferstehung, Sterben und Wiedererweckung. »Interim« führt uns in ein Totenzimmer und zu dem Déjà-vu-Erlebnis: »hier bin ich schon mal gewesen.« Der nüchterne Schluß ist schon ein Vorgriff auf Millays Illusionslosigkeit: »Und auch wenn du wieder stürbest: / ich bin nur Fleisch und Blut, und ich muß schlafen.«

Zentral für Millays Werk sind die Sonette, als Einzelstücke oder Sequenzen. Die erste der beiden Sonett-Folgen, die Plessow übersetzt hat, erzählt vom Scheitern der Ehe einer »New England Woman«. Diese *Sonnets from an ungrafted Tree* wollen – ihrem Titel gemäß – Sonette aus unveredeltem Holz sein. Eine Formulierung, die an Goethes Dictum erinnert, er schneide gern aus ganzem Holze, müsse beim Sonett aber »mitunter leimen«. Millays Holz ist spröde und widerständig. Dem entspricht ein prosaischer Ton, der das Pathos zugunsten einer alltagsnahen Sprechweise zurücknimmt: »Ein Lieferwagen hielt vorm Haus. Sie hörte / die schwere Ölhaut, wie sie um die Beine / des Fahrers schlappte.« Die Schlüsse sprechen fast tonlos von Desillusionierung: »sie mußte fühlen, mußte es ertragen: / quer durch die Zähne mahlte es, das Rad vom Lieferwagen.« Oder noch beiläufiger: »*Sie hatte*, erst beim Tee sah sie es ein, / *den Kessel kochen lassen nachts, um nicht allein zu sein.*«

Mit *Fatal interview* kehrte Millay zu Strenge und zum Pathos zurück, zum elisabethanischen Sonett und zur metaphysischen Poesie. »Verhängnisvolle Begegnung« trifft nicht ganz den Beiklang des antiken Fatums und den Anklang an das französische »entrevue« (Zusammenkunft). Schon Borchardt hat den Titel unübersetzbar genannt und »Schicksäliges Zusammentreffen« vorgeschlagen. Was da schicksalhaft zusammenkommt, das sind die Partner einer unerfüllbaren Liebe. Ihnen erscheint die Liebe als rücksichtsloses, »nichts achtendes Verlangen«. Was zwischen ihnen vorgeht, nimmt auf den ausgeschlossenen Dritten keine Rücksicht. In einer strengen Versuchsanordnung wird idealtypisch der Liebesprozeß durchgespielt.

Indem die Dichterin den Kanon respektiert, unterminiert sie ihn zugleich. Stolz denkt die Frau an die Liebenden, die ihr vorangingen, an Danae, Europa und Leda: »All diese Frauen waren sterblich, ach, / doch hatten einen Gott zu Gast.« Antipetrarkistisch, nämlich gegenläufig zur Vergottung des Mannes, ist die Umkehrung des Geschlechterverhältnisses. Nicht der Liebhaber hat das Wort, sondern die liebende Frau, wie bei Millays großen Vorläuferinnen Gaspara Stampa, Louise Labé oder Christina Rossetti. Nur ist Millays Ego entschieden stärker, selbstbewußter, quasi maskulin. Sie ist es, die dem Mann einen Kuß raubt. Sie plädiert für die Nüchternheit gegenüber der Liebe: »Love is not all.« Sie besteht auf der eigenen Einzigartigkeit: »Doch kommt mir vor, daß ich allein von allen, / die heute leben, in antikem Maß / an Liebe leide.«

Im letzten Sonett versetzt Diana den sterblichen Geliebten Endymion auf den Berg Latmos und räumt ein, sie sei »unfit / For mortal love« – nicht ganz glücklich gewendet zu »sie kann nicht sterblich lieben«. Borchardt nannte dieses Schlußsonett erschütternd und glaubte, in ihm »die Rettung der weiblichen Ordnung durch die Endymionisierung des männlichen Zufalles« zu erkennen. Mehr noch: er sah in Millays Poesie ein neues Jahrhundert hervortreten – »ein Jahrhundert, in dem der Mann die Frau nicht mehr ausfüllt«.

Lassen wir diese Jahrhundertperspektive dahingestellt. Sagen wir also: Nicht der Mann füllt die Frau aus, aber die Macht der Poesie. Reden wir nicht von der »Entdeckung Amerikas«, sondern vom poetischen Kontinent der Edna St. Vincent Millay. Günter Plessows Übertragung rückt ihn uns ein Stück näher.

Edna St. Vincent Millay: Love is not all. Gedichte. Amerikanisch und Deutsch. Ausgewählt und übersetzt von Günter Plessow. Mit einem Nachwort von Ina Schabert. Urs Engeler Editor: Basel / Weil am Rhein 2008.

Eine hohe klare Musik
Göran Sonnevi: Das brennende Haus

Am 24. Oktober 1997 fährt der schwedische Dichter Göran Sonnevi mit der S-Bahn nach Wannsee. Am Bahnhof Berlin-Westkreuz hört er seltsam aggressiven hymnischen Gesang. An - und abschwellend steigen die Rufe auf »Sieg Heil! Sieg Heil! / Und ich spürte die Spannung / in den Waggons, während ich mich / umsah.« Viel mehr notiert er nicht in den wenigen Zeilen, die sich zu seinem Gedicht zusammenschließen. Ob es sich um grölende Fußball-Fans oder gewaltbereite Neonazis handelt, läßt er offen. Er endet mit den Zeilen: »Unterwegs nach Wannsee / Wo die Sonne stand, weiß, kalt / über dem Wald, dem See, der Villa.«

»Villa«, das letzte Wort, reißt das Gedicht in einen historischen Zusammenhang. Gemeint ist die Wannsee-Villa, in der 1942 die ›Endlösung der Judenfrage‹ beschlossen wurde. Für Sonnevi ist das Gedicht – mit einer Formulierung Celans – seiner Daten eingedenk. Die historischen Verwerfungen des 20. Jahrhunderts sind auch sein Thema. In diesem Kontext hat er schon früh Celan übersetzt; dazu Bobrowski und Enzensberger, aber auch den durch den Faschismus verführten Ezra Pound. Der Gestus von Empörung, Kritik und Utopismus bestimmt bis heute seine Poesie.

Bekannt, ja populär in seiner Heimat wurde Sonnevi Mitte der sechziger Jahre. Ein signifikanter Titel dieser Zeit heißt *Eingriffe / Modelle*. 1965 brachte der Zyklus *Über den Krieg in Vietnam* dem Sechsundzwanzigjährigen den publizistischen Durchbruch. Er wurde zu einem Auftakt für die schwedische Vietnam-Bewegung. Im Geiste von Blochs Utopismus betrachtete Sonnevi die Welt als fortschreitendes Experiment, freilich auch den Sieg des Vietkong als Etappe auf dem Weg zur Menschheitsbefreiung. Noch 1987 heißt es: »Das sehr alte / projekt, von der befreiung / des menschen; das ganz junge, noch / unabgeschlossen.« Politisch mußte Sonnevi manche Hoffnung korrigieren, poetisch blieb er seinem utopischen Programm treu.

Treu blieb ihm auch das schwedische Publikum. In Deutschland dagegen hatte Sonnevi – anders als die Kollegen Tranströmer und Gustafsson – wenig Fortune. 1989 erschienen die beiden Auswahlbände *Das Unmögliche* und *Sprache, Werkzeug, Feuer*. Da hatte das deutsche Publikum andere Probleme, war das Interesse an engagierter Poesie schon wieder erloschen.

Vielleicht ist der Kairos heute günstiger. Vielleicht also glückt der erneute Versuch, Sonnevi in Deutschland bekanntzumachen. Sein bewährter Übersetzer Klaus-Jürgen Liedtke hat ihn unternommen. Der Band *Das brennende Haus* versammelt ausgewählte Gedichte der Jahre 1991 bis 2005, darunter Auszüge aus dem großen Zyklus »Mozarts Drittes Gehirn«, der in der Originalversion allein 200 Seiten umfaßt.

»Das europäische Haus brennt«, mit diesem Kassandraruf beginnt einer der zentralen Gesänge: »War wir sehn ist / erst der Beginn des Feuers.« Sonnevi eröffnet ein Panorama von Zerstörung und Schrecken. Es führt von den Jahren des Faschismus bis zu den blutigen Ereignissen der Jahre 1992/93 in Bosnien-Herzegowina. Er sucht den Faden, der in die Tiefen von Europas Gehirn führt und hinaus aus dem blutigen Labyrinth der Geschichte. Der Ton wechselt zwischen Reportage und elegischem Pathos. Am Ende steht das Eingeständnis: »Jede Beschreibung ist einsam // So völkermordexakt.« Solche Unabgeschlossenheit gehört zur Konzeption seiner »überlangen« Gedichte, wie sie Sonnevi kokett selbstkritisch nennt.

Das schönste dieser Langgedichte steht gleich zu Anfang des Bandes. Es ist nach Ort und Zeit datiert: »Burge, Öja; Gotland; 1989« und spielt in der Zeit des Wandels von 1989: »Auf der andern Seite des Wassers befreien sich jetzt, vielleicht, langsam / die baltischen Republiken.« Auch hier ist das evozierte Zeitkontinuum enorm: es reicht von Dietrich von Bern bis zu Gorbatschow: »Sein rotes Mal auf der Stirn leuchtet / Noch ist er Träger der Hoffnung.«

Auch das ist schon wieder Historie. Was Sonnevis lyrische Reportagen authentisch macht, ist der Einschuß des Autobiographischen, ja Privaten: »Ich schau auf die Kätzchen der Birke, ihre Schuppen schon aufgebogen / Ich schau auf meinen Daumen, die kleine Wunde.« Es sind die kleinen Verletzungen, die die Sensibilität für den großen Schmerz glaubhaft machen. Es ist der Modus der Behutsamkeit, in dem die großen Bilder für Momente aufscheinen. Im Modus des Zweifels leuchtet der Vorschein kosmischer Ordnung: »Falls ein unsichtbarer Baum existiert, an dem / die Galaxien hängen, wie Früchte, wirbelnd, schwingend.«

Solche Bilder faszinieren im Strom von Sonnevis ruheloser Produktion. Man hat dieses Werk einen fortlaufenden Lebenskommentar genannt. In ihm geht der politische Utopismus à la Bloch sukzessive in das Hölderlinische »Werden im Vergehen« über, der marxistische Entwurf in eine chiliastische und zugleich naturwissenschaftliche Konzeption. Sie hat zugleich erotische wie kosmologische Aspekte. Was bleibt, ist die Vision eines tönenden Kosmos: »Die hohe, klare Musik / Jenseits von jedem Ton / Jenseits allen Lauschens.« Der Dichter hat nur die Sprache, die sucht und imaginiert. Der Leser aber möchte mit ihm glauben, daß es diese kosmische Musik gibt. Sie ist aus Sonnevis Gesängen zu erahnen.

Göran Sonnevi: Das brennende Haus. Ausgewählte Gedichte 1991-2005. Auswahl, Übersetzung aus dem Schwedischen und Nachwort von Klaus-Jürgen Liedtke. Hanser: München 2009.

Dichterin als Pietà
Hilde Domin: Sämtliche Gedichte – Die Liebe im Exil

Wer sich etwas näher mit Hilde Domin beschäftigt hat, kennt die großen Linien ihres Lebens: ihre Herkunft aus einer Kölner deutsch-jüdischen Familie, ihre Jahre im faschistischen Italien, die Etappen der Emigration, der Zufluchtsort Santo

Domingo, dem zu Ehren sie ihr Pseudonym wählte, schließlich die Rückkehr in das fremdgewordene Deutschland und ihren späten, aber triumphalen Eintritt in die Literatur. Er liebt auch den Ursprungsmythos ihrer Erweckung, wie ihn die Dichterin selbst etabliert hat. Eines Morgens nämlich habe sie ihren Mann mit dem Satz überrascht: »Ich habe ein Gedicht geschrieben.« Der aber habe ihr zur Antwort gegeben: »Du schreibst keine Gedichte.«

Das war 1951, im Exil von Santo Domingo. Da war die eben geborene Dichterin schon über vierzig. Eine anrührende Geschichte und im Kern wohl wahr. Doch dieser Kern war bitterer, als wir es lange gewußt haben. Das belegen jetzt drei Neuerscheinungen: Domins *Sämtliche Gedichte*. Eine Biographie, verfaßt von Marion Tauschwitz, einer langjährigen Vertrauten der Dichterin. Und die Briefe, die Hilde Domin zwischen 1931 und 1959 an ihren Mann Erwin Walter Palm schrieb.

1959 ist das entscheidende Datum ihrer Karriere. Wie Pallas Athene dem Haupt des Zeus entsprungen, so trat Hilde Domin im Herbst dieses Jahres mit dem Band *Nur eine Rose als Stütze* auf die Szene der deutschen Lyrik. Walter Jens sah sie gleichrangig neben Ingeborg Bachmann, Marie Luise Kaschnitz und Nelly Sachs. Hans-Georg Gadamer, der Freund, nannte sie »die Dichterin der Rückkehr«.

Der Erfolg des Erstlings war freilich alles andere als leicht errungen. Das zeigt schon die Publikationsgeschichte des Buches. Zwar verband Hilde Domin mit Rudolf Hirsch, dem damaligen Verlagsleiter von S. Fischer, eine enge Beziehung. Dennoch zögerte Hirsch die Publikation ihrer Gedichte übermäßig hinaus. »Es macht ihm Spaß, mich mit dieser verdammten Ausgabe zu quälen«, schrieb sie Juli 1958 an ihren Mann.

Als der Band mit dem schönen und fragilen Titel endlich erschien, hatte man die Geburt der Dichterin kurzerhand um drei Jahre vordatiert. Der Verlag wollte offenbar keine Debütantin annoncieren, die die Fünfzig bereits überschritten hatte. Zwar protestierte Domin, doch dann fügte sie sich – nicht zuletzt aus ihrem Gefühl heraus, als Dichterin sei sie ja »erstaunlich jung«. Erst 1999, im Jahr ihres Neunzigsten, kam die

Stunde der Korrektur. Sie war einem Journalisten geschuldet, dem die mangelnde Differenz zum Geburtsjahr ihres jüngeren Bruders aufgefallen war.

Man begreift bei solchen Hindernissen, warum die Domin ihre Karriere so entschieden in die Hand nahm. Notfalls besorgte sie das Glockenläuten zu ihren Gunsten selbst. Sie fühlte sich übergangen, ja verfolgt, wenn sie in Nachschlagewerke und Anthologien nicht aufgenommen wurde. »Nie war ich so im Exil wie hier«, schrieb sie an Karl Krolow, einen der Treuesten ihrer Freunde. Nicht allen machte sie solche Treue leicht. Am Telefon kam sie ohne Umschweife zur Sache, überforderte ihre Partner auch mit ihren Forderungen und Ansinnen. So versandete manche hoffnungsvoll begonnene Freundschaft. Ja, sie rief sogar bei Juroren an, wenn es ihr dienlich schien – mit dem Effekt, daß die betreffende Jury sie überging.

Hilde Domin hatte viele Verehrer und manche Feinde. Der eigentliche Widersacher ihrer Arbeit war ausgerechnet der eigene Mann. Der Kunsthistoriker Erwin Walter Palm, ein Mann mit oft enttäuschten eigenen literarischen Ambitionen, rivalisierte geradezu krankhaft mit seiner dichtenden Frau. »Du schreibst keine Gedichte«, dieser Satz drückte mehr aus als verwundertes Erstaunen.

Er war Diktat und wurde zum förmlichen Schreibverbot, gegen das seine Frau andichtete, ankämpfte, anflehte – anliebte. Auf ihre Bemerkung, sie würde gern ein Theaterstück schreiben, drohte er: »Dann werf ich Dich endgültig raus.« Einmal als sie sich auf einer Einladung auf das Terrain ihres Mannes begab, schloß Palm sie für zwei Stunden in die Bibliothek des Gastgebers ein. So jedenfalls erzählte Domin es 2005 ihrer jetzigen Biographin. Ein anderes Mal schrieb sie auf ein Zettelchen: »Das Leben als Domin ist schwieriger als das Leben der Hilde Palm.«

So war es offenbar. Diese Frau, die jahrelang ihrem Mann zugearbeitet und ihn in jeder Weise unterstützt hatte, nahm auch alle Kränkungen und Zurücksetzungen hin, ohne die Solidarität zu ihm preiszugeben. Umso erstaunlicher sind die lebensvollen Briefe, die sie über drei Jahrzehnte an ihn schrieb. Der Titel *Die Liebe im Exil* trifft sehr genau den eigentümlichen Doppelsinn dieser Ehe.

Ganz am Anfang dieser Beziehung steht ein Satz, den die zweiundzwanzigjährige Studentin Hilde Löwenstein an den Heidelberger Kommilitonen Palm schrieb: »Meine Seele wird immer für Dich da sein.« Dieses Versprechen hat Hilde Domin nie gebrochen. Dabei bestand ihre Ehe über lange Zeit aus Krisen, Trennungen und Heimatlosigkeiten. Sie hielt dennoch über mehr als 50 Jahre bis zum Tod Erwin Walter Palms. Sie hätte nicht die Zeit überdauert, wäre das Verhältnis des Paares nicht ein durchaus symbiotisches gewesen. Schon die beiden Studenten spielten mit dem Gedanken, ein Doppelwesen zu sein. Und noch 1955 schrieb sie an Palm: »Du bist für mich wie eine Fortsetzung des eigenen Körpers.«

Wie überaus zutreffend diese Formulierung war, zeigte sich 1988 beim Tode Erwin Walter Palms. In den letzten Minuten des Sterbenden zog sie ihn auf ihren Schoß und verschmolz mit ihm in einem Kuß, den erst der Tod des Mannes beendete. Eine wahrhafte Pietà-Szene, die den Leser mit einem Schauder berührt.

Noch in der Nacht dieses Todes machte Hilde Domin Notizen. In einer heißt es in fast erschreckender Direktheit: »Deine Zunge in meinem Mund / stand plötzlich still / nie mehr / öffneten sich deine Augen.« In Gedichtzeilen gegliedert, steht diese Notiz am Schluß der *Sämtlichen Gedichte*, die das bedeutende, das eigentliche Vermächtnis dieser erstaunlichen Hilde Domin sind.

Hilde Domin: Sämtliche Gedichte. Hg. von Nikola Herweg und Melanie Reinhold. Mit einem Nachwort von Ruth Klüger. S. Fischer: Frankfurt am Main 2009. – Hilde Domin: Die Liebe im Exil. Briefe an Erwin Walter Palm aus den Jahren 1931-1959. Hg. von Jan Bürger und Frank Druffner. S. Fischer: Frankfurt am Main 2009. – Marion Tauschwitz: Dass ich sein kann, wie ich bin. Hilde Domin. Die Biographie. Palmyra Verlag: Heidelberg 2009.

Die Straßen komme ich entlang geweht
Ernst Blass: Das Werk in drei Bänden

Damals, vor dem Ersten Weltkrieg, als der Expressionismus dem Bürger den Hut vom spitzen Kopf blies, trugen auch die Dichter noch Hüte, und sie mischten sich unter die Flaneure, die aus den mondänen Cafés in die Großstadtnacht hinaustraten. Für diese Stimmung fand ein Zweiundzwanzigjähriger den lyrischen Ton: »So seltsam bin ich, der die Nacht durchgeht, / Den schwarzen Hut auf meinem Dichterhaupt. / Die Straßen komme ich entlang geweht. / Mit weichem Glücke bin ich ganz belaubt.« Das war anno 1912, aber der Charme dieses Flaneurs berührt uns noch heute. Zumal wenn er sein Sonett mit der Verlockung schließt: »Ich bin so sanft, mit meinen blauen Augen.«

Ernst Blass – so hieß der Poet – hatte hier ein Selbstbild gegeben. Der sanfte Dichter soll ein schönes Kind gewesen sein, »mit großen blauen Augen und langen blonden Locken« – wie ihn eine seiner Schwestern schilderte, »aber auch recht nervös, blaß und anfällig«. Blass entstammte einer jüdischen Kaufmannsfamilie Berlins, studierte die Rechte und promovierte sogar. Aber sein Herz hing an der Poesie, an Heine und Verlaine. Einen deutschen Verlaine nannte ihn daher sein Entdecker und Förderer Kurt Hiller. Ernst Blass – so Hiller – hat »das Hirn, den Mut und die Magie«.

Gleich mit seinem Erstling *Die Straßen komme ich entlang geweht* wurde Blass zu einer Zentralfigur der expressionistischen Bewegung. Mit fast allen damaligen Größen war er bekannt, und in seiner Zeitschrift *Die Argonauten* publizierte er Autoren wie Benjamin, Borchardt, Musil und Sternheim.

Das schien wie der Auftakt zu einer großen Karriere. Doch des Dichters Gesundheit war seit seinen Bohèmetagen angegriffen, und seine finanziellen Probleme nötigten ihn, 1915 bei einer Berliner Bank unterzuschlüpfen. Ausgerechnet Hjalmar Schacht, der nachmalige NS-Wirtschaftsminister, war sein Vorgesetzter. Nach fünf Jahren gab Blass den ihm verhaßten Posten auf und begann wieder als Journalist zu arbeiten, als Tanz- und Filmkritiker und als Lektor bei Paul Cassirer. Doch waren die frühen zwanziger Jahre seine beste Zeit, auch wenn er als Lyriker den Erfolg seines Erstlings nicht wiederholen konnte.

Dann aber verließen ihn Glück und Gesundheit. Ein Augenleiden führte zu fortschreitender Erblindung. Für seine literarische Arbeit, ja für die bloße Bewältigung des Alltags war Blass zunehmend auf andere Menschen angewiesen. Seine Ehe scheiterte, die finanziellen Sorgen wuchsen, und nach der Machtergreifung blieb ihm einzig die *Jüdische Rundschau* als Publikationsorgan.

Als letztes Buch erschien 1938 eine Übersetzung von Lord Byrons *Kain*. Krank und pflegebedürftig verbrachte Blass die letzten Lebensmonate und starb am 23. Januar 1939 im Jüdischen Krankenhaus. Das bewahrte ihn vor dem Schicksal seiner jüngeren Schwester, die ins KZ deportiert wurde. Keine deutsche Zeitung durfte seinen Tod melden. Sein Grabstein auf dem Jüdischen Friedhof Weißensee ist nicht mehr aufzufinden.

Lange verschollen blieb auch das Werk von Ernst Blass. Zwar hielten sich einige seiner Gedichte in den Anthologien, aber erst 1980 erschien eine Gesamtausgabe seiner Lyrik. Ihre Resonanz blieb bescheiden. Doch ihr Herausgeber Thomas B. Schumann gab nicht auf. In seiner Edition Memoria legt er jetzt in drei Bänden das gesamte Œuvre des Autors vor. Zu den sämtlichen Gedichten treten die Erzählungen und Feuilletons, sowie die literarischen Aufsätze; darunter viel Verschollenes oder Nachgelassenes. Vielleicht vermag diese Gesamtausgabe, die fast vergessene Figur des Dichters in unserem Bewußtsein zu befestigen.

Ohne Zweifel ist es die frühe Lyrik, deren Charme noch immer zu bezaubern vermag. In ihr hat Blass den Lynkeusblick auf die große Stadt: »Da unten rollen meine Autobusse!« Auch in den 1915 erschienenen *Gedichten von Trennung und Licht* finden sich schöne, stimmungsvolle Gedichte, so das wunderbare »Süddeutsche Nacht«: »Vorgärtennacht! Mit Sträuchern an den Straßen, / Wo Bäume neben Gaslaternen stehn.«

Später versuchte Blass, seine Stimmungskunst in die Formstrenge des Klassizismus zu überführen. Er orientierte sich an Rilke und George. 1918, zu Georges 50. Geburtstag, feierte er ihn als einen »Leitstern auf der namenlosen Reise«. Doch solche Nachfolge bekam seiner Lyrik nicht. In den *Gedichten von Sommer und Tod* (1918) und in *Der offene Strom* (1921) blieb vieles unsinnlich und epigonal.

Danach gab es keinen weiteren Lyrikband mehr. Das ist schade, denn in einigen Gedichten der zwanziger Jahre traf Blass den lockeren Ton der Neuen Sachlichkeit. Manches hat den Pfiff Erich Kästners. So »Bahnhof« von 1929: »Der Wartesaal!! Beim Klang der Kaffeetassen / Verliessen wir und wurden wir verlassen.« Doch schon in »Trübsinn 1931« kommt zur Tristesse der Zeit die persönliche Not hinzu: »Die Dame Tod – die Dame Leben. / Ich sitze noch allein am Tisch, / Der Kaffee, den ich trank soeben, / Ist problematisches Gemisch.«

Trotz allem hatte Blass noch Pläne und Ambitionen. Er hoffte auf Romane, in denen er »das Jetzt und Heute des Menschen« aussprechen wollte: »Das Ziel heißt wieder Dostojewski.« Aus den hochfliegenden Plänen wurde nichts; es blieb bei Anläufen und Fragmenten. Anrührend ist der autobiographische Text »Ein Höllensturz«, der die Hilflosigkeit und Entwürdigung eines Erblindeten schildert. Er blieb zu Blass' Lebzeiten unveröffentlicht. Seine Krankheit und die Zeitumstände standen dem Dichter immer hinderlicher entgegen.

Im Nachlaß fand sich ein Manuskript über den Impressionisten Pissarro. Daran hatte Blass in seinen letzten Monaten und sogar noch im Krankenhaus gearbeitet. »Pissarro hat in seinen kleinen und harten Themen die bleibende Realität aufgezeigt«, heißt es da. Diesem Ideal ist Ernst Blass in seinen besten Gedichten nahegekommen.

Ernst Blass: Werkausgabe in drei Bänden. Hg. von Thomas B. Schumann. Edition Memoria: Köln 2009.

Revolte gegen den Tod
Jannis Ritsos: Martyríes / Zeugenaussagen – Monovassiá

Der Grieche Jannis Ritsos (1909-1990) war elfmal für den Literaturnobelpreis vorgeschlagen. Doch anders als seine Lyrikerkollegen Seferis und Elytis hat er ihn nie erhalten. Umso erstaunlicher ist seine weltweite Resonanz. Sie reicht über seinen Tod hinaus und bewährt sich auch im Jahr seines Hundertsten. Ritsos' Ruhm ist der Ruhm des Dichters, der sein Leben als Revolte gegen den Tod verstand. Daß er diesen Kampf lange Zeit als Linkssozialist führte, ist für sein Werk eher peripher, aber doch zeithistorisch von Bedeutung.

Das Leben des Dichters stand für Jahre im Schatten von Repression und Diktatur. Unter General Papagos war Ritsos zwischen 1948 und 1952 in sogenannten Umerziehungslagern interniert, desgleichen 1967-68 unter der Obristen-Herrschaft in Straflagern auf Jaros und Leros. Anschließend lebte er streng überwacht und unter Hausarrest auf Samos. Erst nach dem Sturz der Junta 1974 kam er endgültig frei: als Dichter ungebrochen und inzwischen eine internationale Berühmtheit. Endlich mußte er seine Gedichte nicht mehr in Flaschen und Blechdosen aus dem Lager schmuggeln. Endlich konnte er sich frei bewegen und wieder reisen.

In diese Zeit zwischen Unterdrückung und Freiheit führen uns zwei neue Übertragungen aus dem großen Fundus von Ritsos' Werk: der Zyklus *Martyríes – Zeugenaussagen* und die Gedichtreihe *Monovassiá*. Die Übersetzer der Bände haben sich durch frühere Editionen griechischer Lyrik profiliert: Günter Dietz als Übersetzer von Odysseas Elytis und Klaus-Peter Wedekind mit den Bänden *Gedichte* und *Die Umkehrbilder des Schweigens* von Jannis Ritsos.

Martyríes – Zeugenaussagen entstand zwischen 1957 und 1967, also in den Jahren vor dem Putsch der Obristen. Für den dreiteiligen Zyklus gibt uns der Dichter einen Schlüssel an die Hand. In einer Notiz von 1962 benennt er die Motive, die ihn zum Schreiben der zumeist kurzen Texte führten. Darunter die »Notwendigkeit blitzartiger Reaktionen auf gravierende, dringliche Probleme unserer Zeit«. Daher das Epigrammatische und Lakonische der Gedichte. Für diese Lakonie bringt Ritsos halb im Scherz seine Herkunft aus Monemvassía ins Spiel, das in Lakonien liegt.

Die Texte von *Martyríes – Zeugenaussagen* zeigen einen Doppelcharakter: Es sind Untersuchungen und Bekenntnisse zugleich. Sie nehmen den Menschen existentiell wie politisch als Zeugen in den Blick. Das Eingangsgedicht beschreibt das als »Prozedur«. In ihr entkleidet sich der Mensch bis auf die Haut, ja bis auf die »reine Substanz«. Zugleich definiert er sich als Creator, als jemand, der »kleine Krüge formte, Gedichte und Menschen«.

Natürlich spricht in *Martyríes* auch der politische Häftling als Zeuge. Ritsos tut es aus seiner früheren Hafterfahrung: »Er kam aus dem Gefängnis. Es war schön. Autos, Bäume, / Türen, geöffnete Fenster, mancherlei Reden, Aber warum dann / diese Bitterkeit?« Ritsos, dem die Junta-Zeit noch bevorstand, hegte schon damals, 1961, keine Illusionen über die Konsequenz der Befreiung.

Die schönste der »Zeugenaussagen« ist »Sekunde«, eine lakonische Epiphanie: »Eine brennende Zigarette. / Ein Mädchen am Strand. / Ein Stein fiel ins Meer. / Gerade noch konnte er sagen: Leben.« Es ist der Moment der Freiheit, der alle Gefangenschaft transzendiert.

Die 36 Stücke von *Monovassiá* setzen 1974, nach Ritsos' endgültiger Freilassung ein. Von Samos, wo er unter Hausarrest gestanden hatte, fuhr der inzwischen fünfundsechzigjährige Dichter in das Städtchen Monemvassía (wie es amtlich heißt), in den Ort seiner Kindheit, und schrieb dort und in anderen Orten eine Art lyrisches Tagebuch.

Aber das Genre täuscht, denn vieles, auf das Ritsos in seinen Gedichten anspielt, verdankt sich intensiven Studien und Erkundungen. Monemvassiá, das über ein Jahrtausend Hafen und Festung war, spielt seit dem 19. Jahrhundert eine symbolische Rolle in der Neubestimmung des Griechentums, als Bastion der Gräzität.

Manches davon scheint in den Gedichten auf. Und die Gedichtfolge resümiert es mit den Schlußzeilen: »Genau jetzt verstanden wir, daß nichts verlorengegangen war.« Was Ritsos in *Monovassiá* rekapituliert, hat nichts mehr mit dem marxistisch geprägten Geschichtsbild seiner früheren Arbeiten zu tun. Es ist zeitlos und subjektiv zugleich.

Das zeigt nicht zuletzt das Selbstporträt, das Ritsos auf der Mitte des Zyklus entwirft. In »Angaben zur Person« blickt der Dichter selbstkritisch und stolz zugleich zurück. Aus der Zeit »an der zeitgenössischen Hochschule des Befreiungskampfes« bleibt ihm wenig: »Worte, Worte – mir blieb nichts anderes übrig.« Aber eben aus seinem Dichtertum zieht der Poet seinen Stolz und sein Selbstverständnis. Er läßt sich nicht durch falsche Komplimente – sei es aus Ost oder West – korrumpieren: »Nun waren plötzlich die Schmeichler da, verneigten sich tief, steckten an meine Finger goldene Ringe.«

Ritsos distanziert sich vom ideologischen Geschichtsoptimismus, dem er einst anhing. Er erhebt seine Geschichtsklage, sein Ecce historia: »Wieviele Kriege, / Belagerungen, Plünderungen, totgeschlagene Priester, geraubte Ikonen / siedendes Öl, Wurfmaschinen, Kanonen.« So ist *Monovassiá* eine Fortführung seiner »Zeugenaussagen«, ein weiteres Zeugnis jener Revolte gegen den Tod, die Jannis Ritsos als seine Lebensaufgabe betrachtet hat.

Jannis Ritsos: Martyríes – Zeugenaussagen. Drei Gedichtreihen. Griechisch-Deutsch. Übersetzt von Günter Dietz und Andra Schellinger. Anmerkungen und Nachwort von Günter Dietz. Elfenbein Verlag: Berlin 2009. – Jannis Ritsos: Monovassiá. Gedichte. Griechisch und deutsch. Aus dem Griechischen und mit einer Nachbemerkung von Klaus-Peter Wedekind. Suhrkamp: Frankfurt am Main 2009.

Sammler leuchtender Augenblicke
Rainer Malkowski: Die Gedichte

In *Hunger und Durst*, dem letzten Gedichtband, den er noch vollenden konnte, veröffentlichte Rainer Malkowski ein Gedicht über den Tod seines Vaters: »Ich hasse das Militär – / und dachte, als er zwei Jahre lang / klaglos starb, / stolz: / Wie ein Soldat.« Das war 1997. Da hatte der Dichter noch sechs Jahre zu leben. Zu einem schweren Augenleiden war eine Krebserkrankung hinzugetreten. Malkowski hat sein Sterben so angenommen, wie er in den Versen über seinen Vater schrieb. In einem seiner letzten Gedichte bat er darum, seine »Urteilskraft« möge ihn »im Nebel der Medikamente« nicht verlassen. Diese Bitte wurde ihm erfüllt. Das Einverständnis mit dem Sterbenmüssen reichte bis in seinen Tod am 1. September 2003. Der Kreis hatte sich geschlossen. Denn schon in Malkowskis

erstem Buch von 1975 stehen die Zeilen: »Dies ist ein Morgen / zu schön / um nicht an den Tod zu denken.«
Was für ein Morgen hieß dieser Lyrikband. Mit solch erfrischender Evokation betrat ein Mann von Mitte dreißig die lyrische Szene, auf der die schlechte Laune der Politpoesie herrschte. »Erleichtert, / mit triumphierend geschlossenen Augen«, heißt es da, »nehmen wir Abschied von allen Plänen.« Man hat Malkowski jener Neuen Subjektivität zugeschlagen, die das linke Projekt in den Alltag von Demo und Biertresen hineinretten wollte. Nichts falscher als das. Malkowski war alles andere als ein Ideologe, er kam aus der Praxis des Lebens. Er hatte nach Tätigkeiten in Verlagen in der Werbung gearbeitet und war bis 1972 Geschäftsführer und Teilhaber der damals größten deutschen Werbeagentur gewesen. An diesem Punkt der Karriere stieg Malkowski aus. Er zog mit seiner Frau in die Stille, nach Oberbayern, nach Brannenburg am Inn. Die lange vorbereitete Entscheidung für das Schreiben war gefallen: »Ich begriff allmählich / für welche nicht / mehr zu unterdrückenden Sätze.« Es war die Entscheidung für das Gedicht.

Malkowski war ganz und gar Lyriker. Das bezeugen die neun Bände, die er in einem Vierteljahrhundert erscheinen ließ. Auf über 700 Seiten sind sie nun als *Die Gedichte* zusammengefaßt. Zwar schrieb Malkowski auch wunderbar hintergründige Aufzeichnungen als »Hinterkopfgeschichten«, so entzückend wie ihr Titel *Im Dunkeln wird man schneller betrunken*. Nicht vergessen sei auch seine Prosanachdichtung des Armen Heinrich. Die Geschichte von der Heilung eines Schwerkranken durch Opfer und Liebe war für den Todkranken ein Abwehrzauber.

Der Kern von Malkowskis Werk aber ist die Lyrik. Das Schreiben von Gedichten war ihm Leben. »So kann man leben: / jeden Tag ein paar Sätze aufschreiben. / Andere sind Arzt / oder fahren Omnibus.« Malkowski hat kein Doppelleben à la Benn geführt; er hielt es mit Rilke, für den Dichtung und Dasein fast identisch waren. Erstaunlich ist, wie gleich Malkowski sich in den drei Jahrzehnten seines Schreibens geblieben ist. Ausdruck, Thematik und Stil zeigen kaum signifikante Änderungen. Entwicklungsfremdheit sei die »Tiefe des Weisen«, hat Gottfried Benn behauptet. Malkowski war kein

Weiser, wollte kein Weiser sein. Er trumpfte nie auf, blieb skeptisch und diskret. Er blieb lebenslang ein Staunender, dem das Leben ein Rätsel war. *Vom Rätsel ein Stück*, heißt ein Band von 1980. Da heißt es: »Wenn es dich streift, / bleibt es für immer. / Und flog doch vorbei / und ließ nichts zurück.« So spricht niemand, der sich im Besitz der Wahrheit wähnt.

Staunen war auch für ihn der Anfang aller Wahrnehmung. In einer seiner wenigen theoretischen Verlautbarungen, seiner Rede zum Breitbach-Preis, fand Malkowski die Formel: »Wahrnehmung als Ereignis – das ist es, was im Bewußtsein des Autors vorangegangen sein muß, damit das Gedicht entstehen kann.«

Ich wüßte keinen neueren Lyriker, dem die Wahrnehmung so wichtig gewesen wäre wie Rainer Malkowski. Er war ein Erotiker des Sehens. Umso mehr, je schwerer die Gläser wurden, die er tragen mußte. Fast neidvoll bewunderte er den Insektenforscher Fabre: »Was die Mühe lohnt, / konnte er / mit bloßem Auge erkennen.« Das schrieb er am Eingang zu seinem Band *Ein Tag für Impressionisten*. Doch bei aller Sympathie für Naturforscher oder Maler wußte er um das Privileg der poetischen Erkenntnis. Denn selbst bei den Malern sah er das Problem, daß sie etwas »anschauen, ohne es zu erkennen«. Malkowski setzte auf jenes schwer Auffindbare, »das schon da war / mit der Deutlichkeit des Schmerzes«.

Das Verborgene, das plötzlich schmerzhaft deutlich aufscheint, ist die Epiphanie. Malkowski war geradezu süchtig nach epiphanischen Momenten. Er war ein Sammler der leuchtenden Augenblicke. »Heute, das war, / als ich aus dem Haus trat / die Sekunde / Erwartung des Schönen.« Für den Erzähler mag es die Stunde der wahren Erkenntnis geben. Für den Lyriker geht es um kürzere Intervalle, um die Momente, die kommen und gehen, ohne sich zu einem System oder einer Lehre zu verfestigen. Er muß immer neu ansetzen, er kommt nicht ans Ende. Er braucht neun Bände, siebenhundert Gedichte. Doch ihm genügen die kleinsten Anlässe, die heterogensten Details, um sich des Universums zu vergewissern.

In *Die Herkunft der Uhr*, seinem unvollendet gebliebenen neunten Band, gibt es etwa den »Augenblick«, der von der Beobachtung einer Fliege ausgeht. Sie läßt sich auf einem Brief nieder, darin über die Fliegen im Sommer geklagt wird: »und in derselben Sekunde / in der sie wieder abhebt, / höre ich, / wie Klaus und Carla im Nebenzimmer über das Universum sprechen.«

So rückt dem Lyriker für eine Sekunde das Universum nahe. Im Gedicht spricht nicht die Tiefe des Weisen sondern das Staunen des ewigen Kindes. In diesem Sinne ist Entwicklungsfremdheit ein Signum von Malkowskis Poesie. Bei kaum einem seiner Gedichte möchte man mit Gründen vermuten, in welchem der letzten Jahrzehnte es entstanden ist. Das Epiphanische transzendiert die Zeit. Es hält die Verse frisch. Wo sie den leuchtenden Moment verfehlen – wie möchte es bei Hunderten von Gedichten auch anders sein – gibt es bemühte Etüden, privatistische Notizen, vorschnelle Verallgemeinerungen. Kurz: Ermüdendes.

Mancher Liebhaber der Lyrik mag sich auch daran stoßen, daß Malkowski nicht sonderlich an Formen und ihrer Entwicklung interessiert war. Er folgte der eigenen »Einladung ins Freie« der Poesie. Der Typus des freirhythmischen reimlosen Gedichts blieb dominant. Erst der sechzigjährige, der späte Malkowski probiert wieder auch Strophe und Reim. Zumeist ironisch oder milde sarkastisch. Doch der Reim faßt nichts mehr zusammen. Er löst auf. In »Ein Bild von Gerstl« heißt es von den zwei Schwestern, die dort figurieren: »Vier Augen schauen her, / sie schauen dich ganz leer, / doch was aus ihnen spricht, / du weißt es nicht.« Die angeschaute Welt reagiert negativ, ja aggressiv. Sie erscheint leer und sinnlos, nicht mehr faßbar, nicht mehr erkennbar.

Dem todkranken Dichter mag auch das eigene Werk zweifelhaft geworden sein: »Aber davon ist jetzt nicht / die Rede.« Doch diesem Satz geht ein anderer voraus, und der ist für uns entscheidend: »Das Lebenswerk, denken ein paar / von den andern, / bleibt.« Dem Werk Rainer Malkowskis, darin so viele Epiphanien aufleuchten, wünschen wir viele Leser, die ebenso denken. Man muß es lieben.

Rainer Malkowski: Die Gedichte. Mit einem Nachwort von Nico Bleutge. Wallstein: Göttingen 2009.

Spatz oder Taube
Uwe Tellkamp: Reise zur blauen Stadt

Hätte der Baron von Münchhausen heute eine Chance auf literarische Förderung? Offenbar nicht, will uns Uwe Tellkamp glauben machen. Die fiktive Ablehnung steht am Eingang seines Büchleins *Reise zur blauen Stadt*. Ein hübscher Einfall. Man kann eigentlich nicht umhin, zum geneigten Leser des Kommenden zu werden. Umso mehr, als den Leser ein märchenhaftes Capriccio erwartet, das kaum ein Leser von Tellkamps Zeitroman *Der Turm* erwartet haben dürfte.

Märchenhaftes verspricht schon der Titel *Reise zur blauen Stadt*. Er läßt ebenso an die Blaue Blume der Romantik denken wie an Malerei von Paul Klee oder Franz Marc. In vierzig lyrischen Sequenzen entwirft der Autor das Bild einer imaginären Stadt, die uns so fremd wie traumhaft vertraut anmuten soll.

Dem Leser mögen dabei Canalettos phantastische Veduten in den Sinn kommen, komponiert aus historischen und fiktiven Motiven. Ähnlich verfährt Tellkamp in seiner poetischen Collage, wenn er seine Stadt mit einem Serapionstheater, einem Basar und einer Nautischen Akademie ausstattet und in Veduten aus Venedig, Wien und Prag einfügt.

Das ist oft von großem Reiz. Vor allem die venezianischen Passagen fügen Realität und Erfindung anmutig zusammen. Tellkamp schneidet Snapshots, Epiphanien und Allegorien ineinander: »Der Löwe hat Zahnweh, die Lagune ist mit knisterndem / Damast gedeckt, Möwen schaukeln auf der Piazetta, / vor Europas großem Empfangssalon.« Er evoziert den Winterabend, »wenn die Kanäle / eingedickt sind zu Lötzinn, das die Gondolieri / mit langen Buchenholzlöffeln vorsichtig rühren«. Oder es gelingt die Synthese im Haiku: »Eine schwebende Stadt // Linien / ein Blütenzweig // Klarheit.«

Nicht immer operiert er so prägnant. Manches ist überbreit ausgeführt, und nicht jede Abschweifung vermag zu fesseln. Wenig glücklich ist auch die Idee, die vierzig Sequenzen mehr oder minder possierlichen Figurinen zuzuschreiben. Manche stiften literarische Bezüge, andere sind bloß kalauerhaft aufgeputzt. Da gibt es den »Monsieur Papillon, Souffleur des

Serapionstheaters« oder »Tulp, Anatom an der Universität«, aber auch »Nello Gaspecha, Coiffeur, Salon Pudelwohl« oder einen »Dr. Dentales, Zahnarzt«.

Tellkamp Serapionstheater legt die Frage nahe, wie ernst die Figuren und Szenen zu nehmen sind und wie ernst das Ganze überhaupt. Lesen wir ein Divertimento à la E.T.A. Hoffmann oder einen romantischen Weltentwurf? Novalis jedenfalls erscheint in rapider Verkürzung. Wenn er einst als Programm formulierte, »Nach Innen geht der geheimnisvolle Weg«, so befindet Tellkamp lapidar: »Wir reisen nach innen.« Das meint eher den Komfort als die Anstrengung. Das Ziel, das »Innen« ist offenbar nichts anderes als die Innenwelt der blauen Stadt. Die Suche nach dem »wirklichen Blau« erscheint dabei als esoterisches Märchenmotiv, wenn nicht als Frage der Koloristik.

Ob das als Idee trägt, mag auch dem Autor zweifelhaft erschienen sein. Er stellt sich gleich zu Anfang eine Warnung in den Weg. Einen Zauberer, der ihm ein Schild vorweist: »Wenn du das wirkliche Blau suchst, wirst du bald in der Tinte sitzen.« Das hat den Schreiber nicht wirklich geschreckt. Seine Tinte fließt und mit ihr die Einfälle. Eben sie ist das »wirkliche Blau«, das Substitut der Blauen Blume.

So dürfte ihn auch jenes Verdikt nicht schrecken, das Walter Benjamin einst formuliert hat: »Es träumt sich nicht mehr recht von der blauen Blume. Wer als Heinrich von Ofterdingen erwacht, muß verschlafen haben.«

Nein, Uwe Tellkamp hat nicht verschlafen. Er ist hellwach und weiß, daß man den Ofterdingen nicht noch einmal erfinden kann. Aber das postmoderne Spiel mit der Tradition ist möglich. Tellkamp gibt den Post-Romantiker. Er betreibt, was Lévi-Strauss als *bricolage*, als Bastelei, beschrieben hat. Er versorgt sein Projekt mit den Überbleibseln aus früheren Konstruktionen oder Destruktionen.

So formuliert Tellkamp im Blick auf Venedig: »Alles Collage, von Brücken geklammert zu seltsamen Itineraren.« Und in Prag stößt er auf das Marionettentheater von Spejbl und Hurvinek und nennt es ein »Capriccio mechanico-philosophico.« Dessen Devise »es lebe der Schabernack« läßt sich auf das eigene Unternehmen übertragen.

Tellkamp versteht es, den gebildeten Leser, den er im Blick hat, bei Laune zu halten. Er schüttelt seine Einfälle aus dem Ärmel und setzt voraus, daß uns auch die weniger gelungenen gefallen. So folgen wir seinem Satz: »In meiner Tasche habe ich den Spatz, / der den Schatten einer Taube wirft.« Man muß diese Formulierung schon ziemlich goutieren. Da scheint der Zauberer zu untertreiben, aber bei Licht besehen ist das wenige, das er uns verspricht, ein wahres Teufels-, ein rechtes Gustostück. Denn welcher Spatz wirft schon den Schatten einer Taube?

Uwe Tellkamp: Reise zur blauen Stadt. Insel Verlag: Frankfurt am Main 2009.

Friulanischer Quell – teutsch
Pier Paolo Pasolini: Dunckler Enthusiasmo

Aus seinen *Freibeuterschriften* wissen wir, wie vehement Pier Paolo Pasolini sich gegen die Zerstörung der gewachsenen Kultur durch den Konsumismus engagiert hat. Sein Haß auf die Verleugnung der »alten kulturellen Modelle« verdankte sich seiner Bindung an die ländliche Welt seiner Jugend. Pasolini war Regionalist – nicht nach Herkunft, aber in seinem Begehren. In Bologna geboren, sah er den kleinen friulanischen Ort Casarsa, aus dem seine Mutter stammte, als seine wahre Heimat an. So liebte er auch den Dialekt des Friaul und begann in ihm Gedichte zu schreiben – jene *Poesie a Casarsa* (Gedichte an Casarsa), die 1942 als erste Veröffentlichung des kaum Zwanzigjährigen erschienen. Es sind Gedichte, die den Zungenschlag des ländlichen Friaul mit Elementen der hermetischen Kunstlyrik verbanden.

Der Eingang schlägt Pasolinis Lebensthema an. »Fontana di aga dal me país«, heißt es da: »Quell vom Wasser aus meinem Dorf. / Ist kein frischer Wasser als in meinem Dorf. / Quell von ländlicher Liebe.« Zwar erschien das Bändchen solcher Bukolica im Selbstverlag, doch eine Besprechung des renommierten Kritikers Gianfranco Contini verschaffte ihm Resonanz. Pasolinis wechselvolle literarische Laufbahn war eröffnet.

Gegen Ende seines Lebens kam Pasolini noch einmal auf die *Gedichte an Casarsa* zurück. 1974 revidierte er sie, schrieb Stück um Stück neu, als Kontrafakturen der frühen Verse. Die Arbeit enstammte der Angst, nicht alles gesagt zu haben »über die einzige Sache der Welt, die mir am Herzen liegt«. Die neue Version »Seconda forma de ›La meglio gioventú‹ erscheint in der Fassung des Übersetzers Christian Filips, der ganze Passagen in einem altertümelnden Idiom wiedergibt, als »Der ›Bessern Jugent‹ zweite Form«. Hinzu tritt ein weiterer, dritter Part, Pasolinis »Tetro entusiasmo«. Oder, wiederum in Filips älterem Deutsch: »Dunckler Enthusiasmo.«

Dieser etwas pompöse Titel steht nun – anstatt eines schlichten »An Casarsa« über dem gesamten Band. Doch sei's drum. Das dreiteilige Unternehmen ergibt ein interessantes, vielschichtiges Gefüge. Die frühen Versionen der Gedichte an Casarsa leben ganz in der emphatisch gefeierten Bukolik. Die »seconda forma« dagegen ist durchdrungen von Reflexion, von Skepsis und Zweifel. Der ursprüngliche Eingang wird ins Negative gewendet: »Fontana di aga di un país no me«, heißt es nun. Oder mit Filips: »Born von wasser aws eyn dorff, nit meyn. / Jst keyn wasser fawl als jn dem dorff. / Born von lieb zu keyn.«

Das muß man zweimal lesen, wenn man es denn goutiert. So virtuos Filips sein Idiom handhabt – seinen Gebrauch vermag er nicht schlüssig zu begründen. Er selbst sagt im Nachwort: »Jede Übertragung eines Dialekts muss seine Landschaft zerstören.« Heikel gerät auch der Versuch, Pasolinis politische Radikalisierung im »Tetro entusiasmo« nachzubilden: »die alten Antifas, das seyn: die wahren Faschisten … / das sind die Leader der Akkulturation, sie rühren / nicht nur an die Seele, sie saugen die Mitte ihr aus.«

Filips archaisierende Manier darf für sich in Anspruch nehmen, die Fremdheit und Sperrigkeit von Pasolinis Texten anzudeuten. Unbefriedigend bleibt sie trotzdem. Man respektiert sein Bekenntnis, er habe aus persönlicher Obsession übersetzt, nämlich im Dienst einer politischen Vision. Filips glaubt, im Zeichen der heutigen Rezession habe eine Entwicklung begonnen, »die Pasolinis letzten Prophetien neue Geltung verschafft«. Ob aber ein artifizieller Archaismus der Welt aufhilft, darf man bezweifeln.

Pier Paolo Pasolini: Dunckler Enthusiasmo. Friulanische Gedichte. Übersetzt von Christian Filips. Urs Engeler Editor: Basel / Weil am Rhein 2009.

Wie Buchstaben sich entzünden
Ursula Krechel: Jäh erhellte Dunkelheit

Für *Shanghai fern von wo*, ihren Roman, der die Schicksale deutscher Juden im Shanghaier Exil beschreibt, hat Ursula Krechel allseitige und verdiente Aufmerksamkeit gefunden. Sechs Literaturpreise gingen an die Autorin, darunter der renommierte Breitbach-Preis. Wenn dessen Jury die »lyrische Evokationskraft« des Romans lobte, dann erinnerte sie daran, daß Ursula Krechel vor allem Dichterin ist, Lyrikerin.

Ihr Gedichtband *Jäh erhellte Dunkelheit* rückt das erneut in den Blick. Sein Titel evoziert das epiphanische Moment von Poesie, nämlich ihre Fähigkeit, die Welt in unserem Bewußtsein aufleuchten zu lassen. Er markiert eine neue Station in der Entwicklung dieser Autorin. Vielleicht zu dem, was die Engländer »metaphysical poetry« nennen. In ihren frühen Gedichtbüchern sympathisierte Krechel mit dem Projekt einer radikalen Aufklärung. Jetzt, dreißig Jahre später, spricht sie lieber von Zweifel und Skepsis. In ihrer Breitbach-Dankrede fragte sie: »Gibt es einen Weg, der kein rhetorischer ist, aus der Dunkelheit des Wissens zum Kern des Poetischen? Gibt es Erkenntnis aus der Dunkelheit, gibt es Verstehen?« Man spürt das Tastende dieser Fragen und begreift, daß ihre neuen Gedichte auf Antworten verzichten, die nur rhetorisch sein könnten.

Krechel setzt sich als Wegmarke Zeilen von Genadij Ajgi: »Und dort, wo wir standen, / bleibe ein Leuchten / zurück – unsrer / Dankbarkeit.« Ihr Buch beginnt mit Erkundungen des Terrains, mit Texten, die man Essay-Gedichte nennen möchte, weil sie Schilderung und Diskurs miteinander verbinden. So handelt »Winterkampagne« von Krieg und Rückzug und den Schrecken der Kälte. Obwohl es Hitler zitiert, ist es kein historisches Gedicht über den Rußlandfeldzug. Es sucht jene Wahrheit, die in der Sprache beschlossen ist. Intertextuell erinnert es an Brodskys »Verse von der Winterkampagne«. Ähnlich verweist »Schneepart Hoffart« auf die späte Lyrik Paul Celans. Manchmal verdichten sich die Anspielungen zu veritablen Zitat-Collagen. So in »Dramatische Praxis, Theorie mit Pelzbesatz«, darin sich Szondi, Diderot und andere in ernste Theatermotive verstricken.

In einer Folge heiterer Gedichte erleichtert sich die Autorin in Pastiches, die Huldigungen an Kollegen sind. In »Kantilene, Abschiedsszene«, einem Gedenkgedicht für Oskar Pastior, spielt sie sich mit kecken Reimen ins Freie: »wie Buchstaben sich entzünden / wie sie sich finden, Ströme münden / Wasser füllt kein Sieb aus guten Gründen.« Hier nimmt sie Motive auf, mit denen sie einst in den Kinder- und Nonsense-Gedichten von *Kakaoblau* entzückte.

Krechel hat Sinn für die Zerbrechlichkeit. Sie setzt auf das Paradox: Zersplittern ist Gelingen. Sie vertraut – mit einem Kalauer – auf »Grammaire – ma mère«. Von ihr angeleitet, beugt sie ihre Knie vor einer Vaterfigur wie H.C. Artmann. »Artmann, Artista« ist – wieder mit einem Wortspiel – ein *Art-Man*, ein Mann der Kunst. Ihm erweist sie Reverenz: »Es spricht niemand, die Gedichte schweigen / Nein, wiederum, man muß sich tief verneigen.« Wie können Gedichte schweigen? Ursula Krechel kennt das Chandos-Problem, kennt die Verführungen der Sprache. Doch sie wählt nicht das Schweigen, sondern die »ausgehaltene Sprachlosigkeit«. Diese hat ein meditatives, ein metaphysisches Moment. Es scheint im dritten, dem schönsten Teil ihres Buches auf.

Der Zyklus »Mitschrift eines Sommers« ist das Resultat eines Aufenthaltes in einem Frauenstift. »Vorläufig der Welt entzogen«, wird ihr dieser *hortus conclusus* zu einer epiphanischen Sphäre. Das ausgeruhte und erfrischte Sehen verspricht »Geistausgießen, so überwach hell / Meine vergrößerte Wahrnehmung«. In der klösterlichen Ordnung empfindet das lyrische Ich ein »Übermaß von Ewigkeit, dem / Keine Gegenwart standhält«. Ja, das meditative Hinhören auf den eigenen Atem scheint die Möglichkeit einzuschließen, daß aus dem Schweigegelöbnis »nahrhaftes Gedichtbrot« entsteht.

Wie nahrhaft ist dieses Brot? Es kann nur Metapher sein: Gleichnis. »Mitschrift eines Sommers« ist nicht religiöses Bekenntnis – der Zyklus ist das Protokoll einer Erfahrung. Ursula Krechel, die Agnostikerin, hat eine Erfahrung gemacht: Die Dunkelheit kann sich jäh erhellen. Sie versucht, die Augen offen zu halten, davon zu sprechen. Sie weiß: Chorfrauen und Stiftsdamen haben ein verschwiegenes Erbe. »Auch ich schwiege«, bekennt sie, »wenn ich nicht schriebe.« Aber sie schreibt ja, und wir lesen es. Schreibend erscheint ihr die Religion weiterhin als eine prekäre, der Geschichte unterworfene Sache. Der Glaube – versichert uns der Schluß nicht ohne Ironie – ist »eine pikierte Pflanze / Die andere Blüten treibt«. Blüten der Poesie, die in der Dunkelheit aufleuchten.

Ursula Krechel: Jäh erhellte Dunkelheit. Gedichte. Jung und Jung: Salzburg und Wien 2010.

Das Leben kommt aus den Flüssen
Mario Luzi: Auf unsichtbarem Grunde

Als 1935 Mario Luzis erster Gedichtband *La barca* erschien, wurde der damals Einundzwanzigjährige als jüngster Vertreter der »poesia ermetica« begrüßt, die damals in Blüte stand. Man sah in ihm einen Fortsetzer Ungarettis, Montales und Quasimodos; also einen Poeten, der die orphische Tradition der italienischen Lyrik fortsetzte. Luzi, 1914 im toskanischen Castello geboren, studierte Romanistik, er verkehrte in den literarischen Zirkeln des Florentiner Cafés »Le giubbe rosse« und arbeitete an den damaligen nichtfaschistischen Zeitschriften wie *Campo di marte* mit.

Aus *La barca* hat der Sechsundachtzigjährige noch 2000 in Berlin gelesen und sich an diese frühe Florentiner Zeit erinnert: »Das war in den Jahren«, sagte Luzi in einem Interview, »in denen die Dichter vor dem Faschismus die Flucht antraten, sich vom öffentlichen Leben abwandten und sich dem Geheimnis, der Innenschau und der Suche nach der Tiefe zuwandten.«

Nach dem Zweiten Weltkrieg trat Luzi aus dieser hermetischen Isolation heraus. Er suchte und fand den Anschluß an die Moderne, etwa an Eliots »Waste Land«. Wichtige Gedichte dieser Zeit bündelte 1960 der Band *Il giusto della vita*. Hier sucht die Poesie die Gnade, hier zu sein, »im Rechten des Lebens, im Werk der Welt«. Doch die veristische Idylle verdunkelte sich. Die Überschwemmung von Florenz (1966) wurde für Luzi zum Symbol der drohenden Apokalypse. Er projizierte Dantes Inferno auf Rimbauds »Saison à l'Enfer« – auf die Moderne und ihr Prinzip der Zerstörung. Als Gegenmacht beschwor er jenes verborgene Reich, das »auf unsichtbarem Grund« errichtet ist.

Mit dem Band *Su fondamenti invisibili* von 1971 setzt die Auswahl ein, die Guido Schmidlin für die Edition Akzente übersetzt hat. *Auf unsichtbarem Grund* reicht mit etwa hundert Gedichten in Luzis Spätwerk. Schmidlin, der lange mit Luzi befreundet war, ist 2010, fünf Jahre nach dem Tod des Freundes, verstorben. So ist dieser Band ein Vermächtnis beider.

Mario Luzi war kein Heiliger, sondern ein weltzugewandter Dichter. Doch seine Absage an Gewalt, an Konvention und Mode war absolut. Er haßte die Gewalttätigkeit des modernen Staates und der modernen Zivilisation und hielt den Markt für etwas, das alles zu nichts entwertet. Er spottete in den Sechzigern über die kaugummikauenden »compagni«, die ihn vor die Alternative »sich retten« oder »untergehn« stellen wollten. Er setzte auf den *fundamentalen* Schriftsteller, »der vielleicht das ganze Leben darauf verwendet, ein Buch zu schreiben«. Luzi war selber solch ein Autor, ein Poet im Sinne Mallarmés.

Die Buchtitel, die Schmidlins Auswahl zugrunde liegen, zeigen etwas von der fast heiligmäßigen Strenge seiner Intentionen: *In der Schärfe der Entzweiung*, *Für die Taufe unseres Stückwerks*, *Themen und Motive eines heiligen Gesangs* und – versöhnlich-milde – *Ein Rosenstrauß*.

Der wohl bezeichnendste Titel ist *Für die Taufe unseres Stückwerks*. »Taufen heißt Benennen. Darin ist Bewegung«, schreibt Schmidlin, und hebt einige der Naturbilder Luzis heraus, darunter die Forelle, »die mit ihrem Schwung und Sprung die Stromschnelle überwindet.« Er hätte auch an Montales berühmtes Gedicht »L'anguilla« (Der Aal) erinnern können, das die Lebenskraft und die Gemeinschaft allen Lebens feiert.

Ähnlich Mario Luzi. Montale liebte das Meer, Luzi die Flüsse. In seinem Zyklus »Il corso dei fiumi« (Der Lauf der Flüsse) gibt es die prägnanteste Formel für seine Dichtung: »Das Leben wird geboren zum Leben, / das ist das Ereignis, das / ist seine einzige Wahrheit.« Diese Wahrheit hält uns der immer noch zu wenig bekannte Mario Luzi in seinen groß angelegten nüchtern-hymnischen Gedichten vor Augen.

Mario Luzi: Auf unsichtbarem Grunde. Gedichte. Zweisprachige Ausgabe. Auswahl, Übersetzung und Nachwort von Guido Schmidlin. Hanser: München 2010.

Die Vierzigjährigen
Dirk von Petersdorff: Nimm den langen Weg nach Haus

In den alten Zeiten, als man an die Avantgarde glaubte, gab es nur die eine Richtung: vorwärts! Dann kam das Anything goes der Postmoderne, aber wie und wohin sollte es gehen? Einer der damals Jungen wußte es. Der sechsundzwanzigjährige Dirk von Petersdorff nannte 1992 sein Debüt so munter wie entschieden: *Wie es weitergeht.* Freilich sagte er nicht: ob nach vorn oder zurück. Er hielt sich listig alle Optionen offen. Man begrüßte ihn als den »Schelm unter den Postmodernen«, erkannte aber nicht, welcher Art dieses Schelmentum war – es war geboren aus der romantischen Ironie, aus Schlegel und Novalis.

Inzwischen sieht man deutlicher. Petersdorff ist ein retrograder Avantgardist. Er ist in einer Vergangenheit unterwegs, die wieder Zukunft werden möchte. Der Weg nach Innen führt durch die Oberfläche. Der Glaube steht unter Vorbehalt. Alles Leben ist erst einmal Kunst, ehe es wieder Leben werden kann. Das zeigt faszinierend der neue Gedichtband *Nimm den langen Weg nach Haus.* Er faßt das Beste aus früheren Bänden mit der jüngsten Produktion zusammen. Er markiert Petersdorffs Position, man möchte sagen sein *Programm.* Sein Immer-nach-Hause betreibt keine Resteverwertung romantischer Versatzstücke, plakatiert keinen Warhol-Siebdruck der Blauen Blume. Petersdorff praktiziert mit Schlegel die Ironie als »Form des Paradoxen«.

Dieser Vorbehalt scheint schon beim frühen Petersdorff auf: »am / Grund der Diskurse schwimmt ein Fisch, / ein Fisch, der nicht zu fassen ist.« Da kaschiert noch die postmoderne Gelenkigkeit jenen tiefen Ernst, der wenig später in einem Gedicht über Lady Di zutage tritt. Er dringt durch Dianas panischen Ausruf: »Could you possibly tell me, what can I do with / my bloody life?« eine ältere Frage, nämlich die des antiken Gnostikers Valentinus: »Wohin sind wir / geworfen? Wohin / eilen wir ...«

Aber wie davon sprechen, wie davon singen? Da ist die Klage über die Moderne fällig, die das Lied nicht mehr kennt. Eichendorff, Brentano, Heine und Brecht sangen, sagt Petersdorff: »doch / wir! Wir haben keine Lieder, / unsre Dichter reden rum.« Nun ist Petersdorff der letzte, der rumreden möchte. Sind also neue Lieder fällig, sind sie möglich, und wer singt sie? Er macht sich ein Programm, er geht ans Werk. Er schreibt moderne Liebesgedichte, aber auch Paraphrasen auf Lieder aus dem Wunderhorn. Etwa auf das wunderbare »Lass rauschen, Lieb, lass rauschen« – und so geht eine Strophe bei Petersdorff: »Denn einer will noch reden, / vielleicht ging es zu schnell, / ich hör die Autos rauschen, / es wird schon wieder hell.«

Und da wir bei den alten Mustern sind, lesen wir ein anderes Gedicht von Autos: »Der alte rote Golf.« Es ist ein nostalgisches Stück über vergangene Reisen, vergangene Lieben: »Dieses frühe Gebiet haben wir ganz geteilt: / Kopf ans Lenkrad gelehnt, Schluchzen im Nebensitz.« Das ist Erinnerungslust, nicht ohne Ironie traktiert. Haben wir bemerkt, daß wir Zeilen aus einer asklepiadeischen Ode gelesen haben?

Das Hauptstück des Bandes ist der Zyklus »Die Vierzigjährigen«, zwölf Sonette in der Machart Shakespeares. Da geht es um eine ganze Generation, um ihre Gefühle und Befindlichkeiten, ihre Hoffnungen und Enttäuschungen. Da erscheinen Zeitgeisttypen wie die »Hardrockfee« oder »dein neuer Freund, der Galerist«. Da ist vom »Elektropop« die Rede, vom »Barfußtanzen« und vom »Cremen des Gesichts«. Manche Sonettschlüsse liefern gern Snapshots mit lockeren Pointen: »Der Mann macht langsam die Krawatte frei, / der Junge schiebt sein Mountainbike vorbei.« Das Eingangssonett »Alter Freund, alte Freundin« zeigt ein Paar, das wie die anderen Phänotypen dieser Generation zu keinem haltbaren Lebensentwurf findet: »Ich seufze plötzlich auf im Sommerwind, / und du brauchst einen Mann, du willst ein Kind.«

Diese Vierzigjährigen kommen ohne den Dichter aus, dem – wie Goethe – edlen Seelen vorzufühlen der wünschenswerteste Beruf wäre. Der neusachliche Romantiker – selber inzwischen ein Mann Mitte 40 – hat seine Vitalität einzusetzen, seine Lust an Sprache und an Bildern, in denen das Leben aufleuchtet. Als Intellektueller ist er, altmodisch gesprochen, ein Sucher. Im Titelgedicht durchstreift er die Nacht und beschwört, was die Assoziationen ihm zutragen. Er macht sich Mut mit dem mehrfach wiederholten Satz, mit der Beschwörung: »Nimm den langen Weg nach Haus.« Und wo wäre das? In Gedichten, die auf der Höhe der Zeit sind – in ihren Zweifeln und ihrem Charme. In Gedichten wie denen Dirk von Petersdorffs.

Dirk von Petersdorff: Nimm den langen Weg nach Haus. Gedichte. C.H. Beck: München 2010.

Hier stehe ich und dies hab ich empfunden
H.G. Adler: Andere Wege

H.G. Adler (1910-1988) war einer der letzten Autoren der einst so lebendigen Prager deutschen Literatur. Er zeichnete stets mit den Kürzeln seines Vornamens, weil Eichmanns Stellvertreter für das tschechische Protektorat ebenfalls Hans Günther hieß. Elias Canetti, mit dem Adler befreundet war, hat den Satz geprägt: »Das Schicksal der Menschen wird durch ihre Namen vereinfacht.«

Zu diesen rigorosen »Vereinfachungen« gehörte, daß Adler, im assimilierten, liberalen Judentum aufgewachsen, im Herbst 1942 nach Theresienstadt deportiert wurde, später in ein Nebenlager von Buchenwald und andere Lager. Er überlebte und kehrte nach Prag zurück, wo er für sich und seine deutsche Sprache keinen Platz fand. So emigrierte er 1947 nach London, das er nur zu seinen Reisen verließ.

Die deutsche Sprache blieb Adlers Refugium. In ihr verfaßte er seine große Untersuchung zur Judenverfolgung *Der verwaltete Mensch* (1974), wie seine Erzählungen und den autobiographischen Roman *Panorama* (1968). In der Sprache seiner Verfolger schrieb Adler auch seine Gedichte – von seiner Prager Jugend an, über die Zeit seiner Lagerhaft hinweg bis in seine letzten Londoner Jahre. So kamen etwa 1200 Gedichte zusammen, von denen nur der kleinste Teil zu seinen Lebzeiten veröffentlicht wurde.

Dieses nahezu unbekannte lyrische Werk liegt nun, aus Anlaß von Adlers hundertstem Geburtstag, in einem großen Sammelband vor. Der Titel bezeichnet die Besonderheit seines Schaffens: Es sind durchaus *Andere Wege*, die Adlers Leben und Dichtung nahm. Michael Krüger nennt Adlers Lyrik einen dunklen erratischen Block, »der die Brutalitäten des allzu langen 20. Jahrhunderts in sich verkapselt hat«. Und Katrin Kohl, die Mitherausgeberin, erklärt Adlers Sonderstellung durch seine tiefe Einbettung in die literarische Tradition. Adler hat sich den klassischen Kanon völlig zueigen gemacht. Er gab ihm im Verbund mit seinem jüdisch geprägten Glauben die Kraft, geistigen Widerstand zu leisten und Zeugnis von der Verfolgung der Juden abzulegen.

Exemplarisch ist das Gedicht »Zueignung« mit seinem Goethe entlehnten Titel. Die erste Strophe lautet: »Ein Lied, ein neues Lied beginnt / Und strömt weithin zu unbekannten Stunden: / Das Wagnis gilt. Ob es gewinnt? / Hier stehe ich und dies hab ich empfunden.« Das hat etwas von Lutherischer Bekenntnishaftigkeit. Adler schrieb das Gedicht am 17.10. 1943 in Theresienstadt – als Einleitung für die am folgenden Tag gehaltene Lesung eigener Gedichte.

Noch heute vermitteln jene Gedichte, die Adler unter dem Titel »Theresienstädter Bilderbogen« zusammenfaßte, den stärksten Eindruck einer Poesie. Es sind Bilder aus einem Vernichtungssystem, das – Paul Celan vorwegnehmend – als »Totenmühle« bestimmt wird. Die Abläufe der Todesmaschinerie erscheinen unter Titeln wie »Auf dem Bahnhof«, »Durchsuchung«, »Verschickung« und »Totentanz«. Es sind Gedichte von starker Ausdruckskraft, die manchmal an Georg Heym erinnern. So beginnt »Zug der Gefangenen«: »Verstaubte Männer stampfen gliederschwer / Durch Gassentrichter müdgestelzten Schritt.« Das letzte Stück »Totentanz«, schrieb Adler an dem Tag, an dem auch seine Mutter nach Theresienstadt verbracht wurde.

Auch spätere Texte greifen die Thematik der Judenverfolgung auf, so der Zyklus, den Adler seiner in Auschwitz umgebrachten ersten Frau widmete. In den Gedichten der Nachkriegsjahre, in den Jahren seiner zweiten Ehe und der Geburt seines Sohnes Jeremy, entspannt sich der Ton. Adler erweitert seine lyrischen Vorlieben und bezieht auch englische Anregungen ein, so Dylan Thomas. Er nimmt Kontakte zur deutschen Nachkriegslyrik auf, zu Peter Huchel und Günter Eich. Ja, er schreibt einige Gedichte auf Tschechisch und läßt sich von der Konkreten Poesie anregen.

In seinem letzten, ein Jahr vor seinem Tod geschriebenen Gedicht »Heimkehr verwürfelter Welt« formuliert der Autor den Wunsch: »Und gebt den Getreuen, was sie verdienen.« Ein Vermächtnis, das in Adlers Gedichten aufbewahrt ist.

H.G. Adler: Andere Wege. Gesammelte Gedichte. Hg. von Katrin Kohl und Franz Hocheneder unter Mitwirkung von Jeremy Adler. Mit einem Geleitwort von Michael Krüger. Drava Verlag: Klagenfurt 2010.

Duft einer bitteren Orangenschale
Oskar Loerke: Sämtliche Gedichte

Wenn von großen, verkannten Dichtern die Rede ist, fällt auch der Name Oskar Loerke (1884-1941). Man könnte ihn den Berühmtesten unter den Verkannten nennen. Seine Gedichte stehen in allen Anthologien. Sein »Siebenbuch«, wie der Dichter die Summe seiner Gedichtbücher nannte, gilt als ein Massiv deutscher Landschafts- und Naturlyrik. Loerke fand die schöne Prägung vom »Grünen Gott«, und doch hat die gegenwärtige Lust am Grünen das Interesse an seiner Poesie nicht beleben können.

Schlechte Zeiten für Lyrik waren noch schlechtere für Loerke. Nur einmal, 1934, an seinem Fünfzigsten, schien das Blatt sich zu wenden. Der Jubilar, der als S. Fischer-Lektor den Prominenten ihre Manuskripte korrigierte, wurde mit Artikeln und Glückwünschen überhäuft. Gerhart Hauptmann nannte ihn »treu wie Gold« und ließ ihm aus dem Adlon Champagner schicken. »Der Ruhm ist ungeheuer«, schrieb Loerke überglücklich ins Tagebuch: »Ich muß nun die Überzeugung behalten, daß meine Verse nicht untergehen werden, bevor sie ihre Wirkung getan haben.« Freilich waren vom eben erschienenen Gedichtband *Der Silberdistelwald* ganze vierhundert Stück abgesetzt, die Hälfte davon Freistücke. Doch Loerke lebte in der Hoffnung: »Ob gehört, ob nie gelesen, / Hat nichts über uns entschieden.« Das letzte Gedicht schrieb er drei Tage vor seinem Tod im Februar 1941.

Nach 1945 gab es immer wieder Versuche, dem Dichter zur angemessenen Würdigung zu verhelfen. Wilhelm Lehmann warb unermüdlich für den Freund und Kollegen. Der Suhrkamp Verlag brachte eine zweibändige Werkausgabe, später auch Sammelbände der Gedichte; zuletzt in den achtziger Jahren. Dann verlor er offenbar die Lust, Loerkes Werk weiter zu pflegen. Höchste Zeit also für einen neuen Versuch, Loerke seinen Platz im Bewußtsein der Gegenwart zu verschaffen.

Uwe Pörksen und Wolfram Menzel haben Loerkes *Sämtliche Gedichte* in zwei schön gemachten grünen Bänden gesammelt und einen jungen Dichter für den einleitenden Essay gewonnen. Lutz Seiler, der im Wilhelmshorster Huchel-Haus lebt, ist selber ein Lyriker von Landschaft und Natur. Er scheint berufen, Loerke aus der naturmagischen Ecke herausholen und als Dichter einer »dinggroßen Welt« zu verstehen, wie Loerke sich selbst sah. Ihm fallen in seiner sensiblen Lektüre vor allem die Bäume und Wälder bei Loerke auf – eben

Loerkes »Wald der Welt«: »Eine Parallelwelt, in der alles gefunden werden kann, Musik, Lektüre, Geschichtsschreibung, die eigene Stimme sogar und daneben auch Güte und eine Gnade.«

Loerke gehört zu den Dichtern, für die die poetologische Reflexion ebenso wichtig war wie das Gedichteschreiben selbst. So enthält die Ausgabe neben sämtlichen Gedichten so berühmte Essays wie die Akademie-Rede »Formprobleme der Lyrik« (1928) und den Rundschau-Aufsatz »Meine sieben Gedichtbücher« (1936). Der erste Text erschien in der Nazi-Zeit noch einmal als »Das alte Wagnis des Gedichts«. Er mußte sich merkwürdige sprachpuristische Eingriffe gefallen lassen. So wurde »Polemik« durch »Streit« ersetzt, »Vision« durch »Einschau« oder »Nomenklatur« durch »Rufnamen.« Der schöne und lapidare Kernsatz einer modernen Poetik »Es gibt in der Lyrik keine anderen Probleme als Formprobleme« wurde zeitkonform aufgeweicht zu: »In der Lyrik zeigen sich alle Lebensfragen als Fragen der Form.« Die Ausgabe bringt die unverfälschten Originale und verweist auf solche Details im knappen, überaus nützlichen Anmerkungsapparat.

Sie dokumentiert zudem in einer Zeittafel Loerkes Vita, vor allem die »Jahre des Unheils«, wie sein Tagebuch die Jahre der Naziherrschaft nannte. 1933 wurde Loerke aus dem Amt des Sekretärs der Preußischen Akademie entfernt. Auf Wunsch Samuel Fischers, der um seinen Verlag fürchtete, unterzeichnete er das sogenannte »Treuegelöbnis vor dem Führer«. Trauer, Scham, Depression waren für Loerke die Folge. In seinem Testament bat er die Freunde darum, jeder Behauptung entgegen zutreten, er sei an einer Krankheit und nicht an den politischen Zuständen gestorben. Auf den November 1940 datierte er seinen stoischen »Leitspruch«: »Jedwedes blutgefügte Reich / Sinkt ein, dem Maulwurfshügel gleich. / Jedwedes lichtgeborne Wort / Wirkt durch das Dunkel fort und fort.«

Vielleicht sollte der mit Loerke weniger vertraute Leser mit dem Spätwerk beginnen, mit dem »Steinpfad«, dem »Kärntner Sommer«, den Gedichten der »Abschiedshand«. Er findet dort einen ebenso zarten wie widerständigen Geist, der von seinem »Berge versetzenden Glauben« an Natur und Poesie spricht und seine geliebten »Zeitgenossen vieler Zeiten« beschwört: Bach, Bruckner, aber auch Friedrich Rückert. »Mit Rückerts Gedichten« beginnt: »Was rufst du mich in dieser Zeit? – / Verhülle mich mein Sterbekleid! // Ihr Herz ist Kot, verjaucht ihr Hirn, / Was hebt sich noch das Taggestirn?«

Der Loerke-Kenner stößt auf politische Töne von einer unvermuteten kompromisslosen Schärfe. In der Folge »Fegefeuer«, die in den früheren Ausgaben fehlte, heißt es: »Ergrimme nicht, wenn nach den neusten Sitten / Dich Massenmörder gern erziehen wollen. / Nur sorge, daß sie unter deinen Tritten / Zur Hölle, kräftig angespieen, rollen.«

Dieser derb-innige Herzenswunsch wurde Loerke erfüllt, freilich nicht zu seinen Lebzeiten. Anders steht es mit Loerkes Ruhm, für den er sich die denkbar diskreteste Form ersehnte. Lutz Seiler spielt darauf an, wenn er uns am Schluß seiner Einführung zum Erinnern animieren möchte. Es sind Zeilen aus Loerkes »Gedenkzeit«: »Von einer bitteren Orangenschale / Ein wenig auf die Fingerkuppen reiben, / Man mags, mein eingedenk.« Um diesen Geruch tief zu empfinden, muß man lange und genußvoll in dieser grün illuminierten und unerschöpflichen Gedichtausgabe gelesen haben.

Oskar Loerke: Sämtliche Gedichte. Mit einem Essay von Lutz Seiler. Hg. von Uwe Pörksen und Wolfgang Menzel. Wallstein: Göttingen 2010.

Wenn man nur ganz am Leben wäre
Nadja Küchenmeister: Alle Lichter

Es gibt sie noch: die Familie mit Haus und Garten, mit Zimmern, darin »der saum der gardine am boden schleift«. Es gibt die Landschaft mit Provinzbahn und der »menschengruppe vor der dorfkapelle«. Es gibt das träumerische Ich, das sich melancholisch fragt: »wird denn auch dieser tag / einmal zu ende gehen?« Die da träumt – es ist eine junge Frau – hat ein dünnes Heft in der Jackentasche, »die seiten lose«. Es könnte ein Heft mit Gedichten sein, fremden oder eigenen, selbstgeschriebenen. Es könnten Gedichte von Nadja Küchenmeister sein, mit dem Titel *Alle Lichter*. So nämlich heißt das erste Buch der jungen 1981 in Berlin geborenen Autorin.

Nadja Küchenmeister hat das übliche Stück Biographie aufzuweisen, etwa das Studium von Germanistik und Soziologie. Umso mehr ist man auf das verwiesen, was ihre Gedichte bieten. Man könnte dafür altmodische Begriffe vorschlagen wie Interieur und Genremalerei. Altmodisch und eben deshalb bemerkenswert ist auch eine Lebensstimmung, die man längst vergangen glaubte: »verblasste bilder, dünne briefumschläge, so ist / die kaffeetafel jahrelang im gange.«

Aber es ist doch eine Restwelt, die zum Tode bestimmt ist. Die Dinge, die liebevoll ausgebreitet werden, »das glas mit mandarinenhälften, das tischtuch mit der weihnachsstickerei« – ergeben ein Vanitasstilleben. Sie verweisen darauf, daß im Nebenzimmer gestorben wird. Erstaunlich, mit welch liebevoller Feinmalerei die Autorin vorgeht. Erstaunlicher noch, wie sie sich selbst von dieser Fin-de-Siècle-Stimmung angezogen fühlt. Sie kultiviert ein leicht anämisches Ich. Man möchte an den jungen Rilke denken, wenn man Zeilen liest wie: »die blässe deiner haut kennt keine grenzen« oder »wenn man nur ganz am leben wäre für sekunden.«

Dabei kann Küchenmeister durchaus handfest sein. Eines ihrer besten Stücke zeichnet mit Empathie eine proletarische Figur (»oberarm mies tätowiert«). Die stehende Redensart des Mannes lautet: »die sachen haunwa aba bald mal wech.« Natürlich macht sie diesen Spruch nicht zum eigenen Leitspruch. Sie hält es mit der Nuance. Aber sie weiß auch, daß ihre Idyllik noch keine größere Perspektive hat. Deshalb wohl versetzt sie manche Gedichte mit Zitateinsprengseln, etwa von Rilke oder Eliot. Das wirkt prätentiös, doch es zeigt Ehrgeiz.

Nadja Küchenmeister arbeitet mit altmodischen Motiven, aber ihr Bewußtsein ist durchaus gegenwärtig. Zwischen Rilkes Engel und dem Walkman in der Hand sucht das Ich seine Position. Es kennt die Trauer und kokettiert wohl auch damit: »so blickt dich deine ungeformte / schwermut an. das weizenblonde deiner haare / die schluppen und der ringelpulli.« Modisches Understatement? Aber es wirkt frisch und naiv. Rührend selbstverliebt heißt es einmal: »jemand ruft jetzt // deinen namen, zwei silben, die du gerne / sprichst: na-dja, na-dja.«

Wir lächeln ein bißchen, doch es hat Charme, wenn Nadja Küchenmeister »alle Lichter« ansteckt.

Nadja Küchenmeister: Alle Lichter. Gedichte. Schöffling: Frankfurt am Main 2010.

Er reimt Gleichnis auf Köchelverzeichnis
Alexander Nitzberg: Farbenklavier

Alexander Nitzberg, der heute in Wien lebt, ist nicht nur in Moskau geboren (nämlich 1969) und hat aus dem Russischen übersetzt (nämlich Charms, Majakowski und Puschkin), er hat auch die Allüren eines russischen Dichters: Er ist ein Reim-Virtuose und ausgepichter Rezitator der eigenen Poesien. Er traut sich in seinem *Lyrik-Baukasten* (2005) sogar zu, Dilettanten das Dichten beizubringen. An Witz und Selbstgefühl fehlt es ihm nicht, was schon die Titel seiner früheren Bände bezeugen: *Getrocknete Ohren* (1996), *Im Anfang war mein Wort* (1998), *Na also! sprach Zarathustra* (2000). Gleichwohl hat der Lyriker Nitzberg bisher nicht die Resonanz gehabt, die der lyrische Mainstream anderen Autoren seiner Generation zutrug. Vielleicht bringt ihm (neues Spiel, neues Glück!) sein neuer Verlag (Suhrkamp) mehr Fortune.

Nitzberg, der Artist, setzt sein Spiel auf Risiko. Man möchte sein *Farbenklavier* ein Sprach–, ja ein Reimklavier nennen. Es ist auf riskante Reim- und Halbreimklänge gestimmt, wie sie die russischen Poeten seit alters lieben. Da reimt sich »Barsoi« auf »Gebräu«, »clamavi« auf »nah wie«, »thron ich« auf »zitronig« oder »Gleichnis« auf »Köchelverzeichnis«. Kein Zweifel: nicht der Gedanke erzeugt den Reim, sondern der Reim den Gedanken. Die lyrische Substanz entsteht aus den Klängen, die eine sensible und gewitzte Hand auf dem Sprachklavier erzeugt.

Gut. Das haben auch andere, nicht minder gewitzte Poeten getan – etwa jener Dichter, der seine Zivilisationskritik in die trunkene Flut seiner Reime und Rhythmen tauchte. Kein Zweifel: bei Nitzberg gibt es einen unüberhörbaren Gottfried-

Benn-Sound als Generalbass. Hinzu kommt, daß Nitzberg das artistische Moment dadurch betont, daß er die meisten Gedichte in eine einzige Form gießt, in eine schmale vierzeilige Reimstrophe mit verkürztem Schluß. Die geht etwa so: »Sterne: zu Licht erstarrtes / Tönen am Firmament. / Das silberne Horn Astartes / schallt permanent.« Da schallt die Glocke Big Benns – häufig, wenn auch zum Glück nicht permanent.

Doch Nitzberg moduliert diesen Sound immer auch ins Ironische. Er titelt seine »Ironies« englisch und endet seinen Götterhohn mit einem modischen Accessoire: »eine Seidenkrawatte. / Wenigstens *chic*!« Schreibt er eine »(Messe noire)«, so setzt er sie in Klammern, und sein Ruf aus der Tiefe endet augenzwinkernd blasphemisch. Dem Dichter ist eines klar: »Man kommt nur mit leichten Tönen / gegen den Himmel an.« Nitzberg thematisiert das Metaphysische erstaunlich oft, läßt aber offen, wie ernst er es meint. Doch er langweilt uns keinen Moment.

Deutlich und offenkundig ist Nitzbergs Faible für die Musik. Vor allem für die Musik Alexander Skrjabins, dessen von Sendungsbewußtsein durchdrungene kosmische Phantasiewelt ihn fasziniert. Nitzberg bringt als Hommage ein Gedicht von Ariadna Skrjabin in seiner deutschen Version, und eines der eigenen Skrjabin-Gedichte versucht die folgende Summe: »›Es gibt keinen Gott, weil ich da bin.‹ / Lilien und *Prométhée*. / Weltuntergänge. Skrjabin. / Zum Fünfuhr-Tee.« Zu diesem Tee reiche man Nitzberg-Gedichte, in kleinen Dosen.

Alexander Nitzberg: Farbenklavier. Gedichte. Suhrkamp: Frankfurt am Main 2012.

Wie viel Gigabyte hat dieser Fries
Gerhard Falkner: Pergamon Poems

Was kein Werk wird, nennt sich modisch ein Projekt. Ein solches entstand aus dem Auftrag der Staatlichen Museen zu Berlin, eine Reihe von Filmen zur Ausstellung »Pergamon –

Panorama der antiken Metropole« zu produzieren. Innerhalb dieses medialen Konzepts sollten Schauspieler lyrische Texte sprechen, und Gerhard Falkner wurde beauftragt, diese zu schreiben.

Aber nicht ein Medienmix im Dienste der Museumspropaganda steht zur Debatte, sondern Falkners Gedichte, die jetzt als *Pergamon Poems*, zusammen mit ihren Übertragungen ins Englische, als schmales Buch vorliegen – ganze 400 Verse gegen ein Weltwunder der Kunst. Als erfahrener Lyriker tat Falkner gut daran, aus den Gestaltungen des Pergamon-Altars einige wenige Figuren und Szenen herauszugreifen.

Wenn er von Apollon redet, ist Rilke nicht fern: »doch jeder Teil (der aus sich selber lacht) / bewahrt noch seinen Stolz aufs Ganze.« Glücklicher ist Falkner, wenn er Bildnerisches ins Filmische übersetzt. So ist ihm die Artemis-Gruppe »Actionkino« und er läßt Leto dem Stein entsteigen »wie eine Panzerfaust / die Fackel auf den Feind gerichtet.« Solch filmende Sprache konkurriert mit der Kamera, die in den fünf Clips der dem Buch beigegebenen DVD über die entsprechenden Partien der Bildwerke fährt. Damit wechseln jeweils fünf Jungschauspieler, die die Texte über Asteria, Aphrodite, Artemis, Apollon und Kybele rezitieren, leise, in vibrierender coolness.

All das mag die Emotionen bündeln, aber es schwächt die Gedichte, ihre Kraft, ihre Komplexität. Der einsame Leser kann sich zum Glück an ihre Bildkraft halten. Denn dort liegt ihre Stärke, nicht in ihren Reflexionen. Vor allem deshalb, weil Falkners Haltung der Antike gegenüber zwiespältig ist. Er möchte weder Bildungsphilister sein noch zynischer Popartist und schwankt so zwischen Antikenverehrung und Aktualisierungssucht. Das führt zu einer Rhetorik, die auf Beifall aus ist. So in der zweimal gestellten Frage: »Wie viele Gigabyte hat dieser Fries?«

Dabei ist Falkners Respekt vor der antiken Kunst- und Götterwelt echt und spürbar. Er sieht den säkularisierten Menschen unfähig zu Kunst und Metaphysik: »Das Schöne / (das wir kaum noch kennen) / denn uns erreichen vom Himmel allenfalls / heruntergeladene Klingeltöne.« Nur wird diese Zivilisationskritik ohne Verve vorgetragen – als Bedauern, daß der Zeitgenosse sein Leben im »Lustigen« verpuffen läßt. Man hätte sich von Falkners *Pergamon Poems* mehr Feuer gewünscht. Mehr riskante Schönheit.

Gerhard Falkner: Pergamon Poems. Gedichte. Kookbooks: Berlin 2012.

Purzelbäume und Edelsterne
Luc Bondy: Toronto

Mit zwei schmalen, konzentrierten Prosabüchern hat der Theater- und Filmemacher Luc Bondy viele anspruchsvolle Leser fasziniert. In *Meine Dibbuks*, autobiographischen Prosaminiaturen, verwandelt er aus der deutschen Vergangenheit herrührende Obsessionen in »verbesserte Träume«. In dem Kurzroman *Am Fenster* betreibt der ehemalige Regieassistent Donatey in nervösen Erinnerungsschüben die Archäologie seiner von den Nazis verfolgten Familie.

Nun überrascht Bondy mit einem neuen Genre, mit Lyrik. Er ergreift das Medium mit schöner Ungeniertheit. Es ist nicht seine Sache, mit den Gedichten des Bandes *Toronto* im Mainstream einer selbstreferentiellen Lyrik mit zu schwimmen. Seine Phantasie geht aufs Ganze, indem sie die Hürden von Versmaß und Reim ignoriert und den Leser im Parlando seiner lyrischen Evokationen und Anekdoten unterhält.

Dazu benötigt Bondy keine extravaganten Motive. Er hält sich gern an das alt-bewährte Thema von Liebesglück und Liebesleid. Ihm gewinnt er groteske und illusionslose Varianten ab. So die Geschichte vom dürren Mädchen Evelyn Klaus, das sich aus dem Fenster des Wiener Hotels Imperial stürzt. Oder – schon weniger pointiert – die Romanze von den Liebenden, die drei Jahre in einem Wohnwagen leben, bis der Überdruß sie überfällt und sie sich trennen.

Bondy ist durchaus ein Liebhaber von Plots, die Pointen haben. Am besten aber ist er dort, wo er die Pointe ausspart. Besonders schön etwa in dem Gedicht von der Frau, die einen »Verlierer« liebt. Da lautet der Schluß : »Es regnet, es schneit. / Die Sonne scheint.« Mit solch schlichten Wendungen kommt in manche Verse ein Märchenton, der die Banalität des Alltags verzaubert.

An Weihnachten lieber im Bett bleiben – wer hätte sich das nicht schon einmal gewünscht? Bondy malt uns aus, wie das misslingen muß. Doch das deprimiert uns durchaus nicht. Im Gegenteil: Wir nehmen auch seine negativen Befunde eigentümlich ermuntert zur Kenntnis. Wir lesen auch ein Gedicht zu Ende, dessen Titel verrät, was zu erwarten ist: »Mein Morgen ist ein missratener Purzelbaum.« Und wir nehmen Bondy sogar die Zeile ab, die das Mißlingen zum poetologischen Imperativ macht: »Jeden Tag dichte das Gedicht vom missratenen Tag.«

Zum Glück hält sich der Dichter nicht an seine Devise. Erstens dichtet Bondy wohl kaum jeden Tag – er begnügt sich mit knappen sechzig Seiten. Zweitens ist er durchaus zu Emphase und Enthusiasmus fähig, ja zur ausgeschmückten Schönheit. So in »Deine schöne Tochter«, dem bezauberndsten Stück des Bandes. Bondy gibt galant den Troubadour, wenn er anhebt: »Deine schöne Tochter, wie schön / deine schöne Tochter ist! / Ihr Haar: dunkel glänzend, / eine Nacht voller Edelsterne.« Davon möchte man mehr lesen. Wer freilich bei den »Edelsternen« Edel*steine* gelesen hat, liegt falsch, doch er hat ein Wortspiel erwischt, das den Zauberer Bondy in Aktion zeigt.

Luc Bondy: Toronto. Gedichte. Zsolnay: Wien 2012.

Die Welt im Meer – eine poetische Gegengeschichte
Jeffrey Yang: Ein Aquarium

Nicht alle Tage finden die Dichter einen neuen Stoff für die Poesie. Der achtunddreißigjährige aus Kalifornien stammende Lektor und Lyriker Jeffrey Yang kann dieses Verdienst für sich in Anspruch nehmen: Sein in Amerika preisgekröntes Lyrikdebut, dessen zweisprachige Version *Ein Aquarium* bei Berenberg erschien, ist ein Abecedarium der Meereslebewesen von Abalone bis Zooxanthelle. Der Kritiker Eliot Weinberger streicht in seinem Vorwort den thematischen Zugewinn imponierend heraus. Von Walt Whitman bis Charles Olson hätten die Dichter zwar aufs Meer geblickt, sich aber allenfalls für die Mühsal des Fangs als für das Leben der Beute interessiert. Und die wunderbare Emily Dickinson – so Weinberger – verwendete das Wort »Fisch« nur einmal – und das metaphorisch.

Massenhaft dagegen und eher unmetaphorisch läßt Yang sein lyrisches Aquarium von Fischen und anderen Meerestieren wimmeln – vom Clownfisch bis zum Tintenfisch, von Krabbe und Qualle bis zu Seestern und Schwamm. Alle diese Lebewesen werden in ihrer jeweiligen Besonderheit erfaßt, zugleich aber in den Kontext weiträumiger geistiger Bezüge gestellt. Denn Yang ist ein Poeta doctus, nicht nur fit in Meereskunde, sondern auch in Historie und Philosophie, Kulturkritik und Ökologie.

Gleich der erste Text »Abalone« meint nicht bloß eine Meeresschneckenart, er spielt auf Aristoteles und Brueghel an sowie auf einen sehr fernen Kaiser Ingyo. Auch sonst fährt das Weberschiffchen der Bezüge durch Zeiten und Kulturen, von Herodot über Sor Juana zum Meister Zhuang und schafft eine Fülle von Referenzen, die an den Anspielungsreichtum Ezra Pounds erinnert.

Auch etwas anderes hat Yang mit Pound gemeinsam: nämlich eine kulturkritische Attitüde, die eine Kritik an den USA einschließt. Nur geht es bei ihm nicht gegen Wucher und USURA, sondern gegen die Vernutzung und Verschmutzung der Meere, vor allem gegen die ökologischen Folgen der US-amerikanischen Atomexplosionen im Pazifik.

Yang stellt der üblichen historischen, der gewissermaßen oberirdischen Historie eine Kulturgeschichte aus der Unterwasserperspektive entgegen: »Eine andere / Geschichte unter der Geschichte, von uns /un*wissend* geschaffen.« Zu ihren negativen Triebkräften gehört der »Traum / vom perfekten Fisch, der zum Alptraum wird« – es ist nichts anderes als der pervertierte American dream. So endet »Ein Aquarium« mit einem langen Text, der vom Gedicht nach und nach in einen kritischen Traktat übergeht. Unter dem Buchstaben Z erscheint der Begriff »Zooxanthellae«. Dies ist eine Alge, die symbiotisch mit der Koralle lebt, sie mit Sauerstoff und Nährstoffen versorgt und daher für das Leben der Korallenriffe wichtig ist. Diese Symbiose ist gegenwärtig bedroht. Nach 67

Atomtests sieht der Dichter die USA als den »Fisch, der alle Meere verschlingt«. Jeffrey Yang, der uns scheinbar bloß ein buntes Meeresaquarium vorführte, erweist sich als ein engagierter Poet. Seine Botschaft lugt gleich zu Anfang aus dem kleinen Gedicht »Barnacle« (Seepocke) hervor: »Never be ashamed of evolution.« Beatrice Faßbender übersetzt etwas blass: »Nur nicht für die Evolution schämen.« Man könnte entschiedener sagen: »Schäm dich nie für die Evolution!«

Jeffrey Yang: Aquarium. Gedichte englisch/deutsch. Mit einem Vorwort von Eliot Weinberger. Übersetzt von Beatrice Faßbender. Berenberg Verlag: Berlin 2012.

Mit der Zeit hieß sie Renate
Herta Müller: Vater telefoniert mit den Fliegen

Am Anfang – so erzählt Herta Müller – stand die Idee, den Freunden aus dem Urlaub statt einer Ansichtskarte »etwas Eigenes in den Umschlag zu stecken«: »Beim Zeitunglesen im Zug klebte ich ein Bildfragment und Wörter zusammen auf eine weiße Karte.« Will sagen: die Absenderin, die mit der Schere ihre Allotria trieb, dachte nicht an Kunst, nicht einmal an Kurt Schwitters' MERZ-Kunst; und doch entstand so etwas wie ein Kunstprojekt. Die Wörter boten sich dem Spiel an, und Herta Müller spielte mit den Wörtern: »Wahllos, wie mir schien, lagen sie auf dem Tisch. Ich schaute sie mir an und erstaunlich viele reimten.«

Irgendwann waren offenbar genug dieser bunten Klebebilder aus Wörtern und Bildfragmente zusammengekommen, und so ließ Herta Müller 1993 ein Schächtelchen mit 94 solcher Wort-Bild-Postkarten erscheinen. Sein Titel *Der Wärter nimmt seinen Kamm* spielte auf ihr Lebensthema an, auf Diktatur und Gewalt, Flucht und Exil. So entstanden kleine Allegorien der Macht, etwa »Der Diktator trägt einen Maulwurf als eine Kragenspange.« Oder auch der politische Klartext zweier zusammengeschnitzelter Zeilen: »Der Grenzer faltet die Hand / zum Schießen.«

Jetzt, fast zwanzig Jahre später, gibt es ein neues Collagenbuch von Herta Müller. Es ist opulenter und heiterer geworden – eine Augenweide zum Selberlesen und Verschenken. Dadaismus und Surrealismus wurden in ihm quasi familiär. Der Titel *Vater telefoniert mit den Fliegen* – ist das ein surrealistischer Jux? Oder das Mini-Psychogramm einer verstörten Seele? Immer noch gibt es Wortkombinationen, die man als Einsprengsel einer bösen politischen Realität lesen kann. So gleich zu Beginn: »Ich bekam eine Nachricht die klar wie ein Messer war.« In solchen Stücken ist auch das Personal der Diktatur anwesend: »Der Mann vom Geheimamt«, »Der Polizeichef hat an der Jacke mehr als 20 Knöpfe« und der Herrscher »war bloß noch koffergroß.«

Wer näher hinschaut, stößt auch auf Herta Müllers Resümee ihrer politischen Erfahrungen. Es spricht sich aus in der scheinbar ungeschickten zusammengeklebten Maxime: »Es hat wo man nicht reden darf gleich etwas POLITISCHES.« In der bunten Mischung der ausgeschnittenen Buchstaben wirkt das wie eine klandestine Botschaft. Und spätestens hier wird deutlich, daß der normale Buchdruck den subversiven Witz solcher Formulierungen nicht hätte wiedergeben können. Herta Müllers Collagen erinnern an solchen Stellen an die anonymen Botschaften aus Zeitungswörtern, wie sie Kriminelle aussenden, aber eben auch Leute, die Politisches unters Volk bringen wollen.

Freilich sind das nicht mehr die Bedingungen, unter denen die Autorin heute schreibt. Und so dient auch die Figur des Vaters wohl eher dazu, das vergangene, historisch Gewordene noch einmal zusammenzufassen: »Vater sagt der Krieg war auch woanders aber gefallen sind Wir.« Das erinnert an Brechts Svendborger Gedichte, also an Vergangenes. Jetzt telefoniert der Vater mit den Fliegen.

Heute dominiert in den Wortcollagen das heiter-groteske Spiel von Herta Müllers Einbildungskraft. Man darf nicht vergessen, daß sich ihre Collagen primär einem Vergnügen verdanken: dem Spaß an der durch den Zufall gelenkten Assoziation und am überraschenden Reim. Es war ein Urlaubsspaß, ehe er professionell wurde. Und noch der Profi-Spaß hat etwas Freies, Unschuldiges, Unambitioniertes: Erstaunlich viele

Wörter reimten. Davon lebt der Großteil der fast zweihundert Collagen. Manche erzählen kleine Geschichten, andere lassen sich als Nonsense-Gedichte à la Morgenstern lesen. So etwa eine sachliche Romanze wie von Erich Kästner, nur ins Surreale verrückt: »Immer wenn ich eine grosse Liebe hatte sagte der Mann war sie wie die Knospe einer Lilie aber mit der Zeit hieß sie Renate.« Oder ein Kurzgedicht in schlichten Reimen: »Die Ferne baut / Finessen aus Haut / der Kuckuck in mir / ein Nest aus Papier.«

Dieser schlichte Vierzeiler läßt sich ohne weiteres als poetologisches Programm von Herta Müllers Collagen fassen. Die Dichterin verschweigt freilich, daß sie selbst auch für die Finessen der Haut zuständig ist und nicht bloß für das Nest aus Papier. Ihr Hirn war wach, ihre Schere fleißig, und die Wörter gingen ihr gern auf den Leim.

Herta Müller: Vater telefoniert mit den Fliegen. Hanser: München 2012.

Nachwort:
Die Pflaumen im Eisschrank
Harald Hartungs Essays und Rezensionen zur Poesie

Einen »Kritikopoeten« hat sich der Dichter und Kritiker Harald Hartung einmal genannt, eine »Personalunion von Lyriker und Essayist«. Acht Gedichtbände hat er seit 1970 veröffentlicht, dann eine umfangreiche Sammlung aus alten und neuen Texten (*Aktennotiz meines Engels*, 2005), seither den neunten Gedichtband *Wintermalerei* (2010) und die zwischen Prosagedicht und essayistischer Reflexion balancierenden Notate *Der Tag vor dem Abend* (2012). Siebenundzwanzig Jahre lang, von 1971 bis 1998, hat er, in vieler Hinsicht Nachfolger Walter Höllerers, an der Technischen Universität Berlin Geschichte und Theorie der Lyrik gelehrt, zeitweise auch am Poetikinstitut der Universität Leipzig. Die umfangreiche Fortschreibung von Höllerers *Theorie der modernen Lyrik*, die er 2003 zusammen mit Norbert Miller unternommen hat, gehört ebenso zu den nachlesbaren Ergebnissen dieser Arbeit wie einige Essaybände – und eine schier unüberschaubar große Zahl von Lyrik-Rezensionen, die im Laufe von mehr als drei Jahrzehnten in der Zeitschrift *Merkur* und im Feuilleton der *Frankfurter Allgemeinen Zeitung* erschienen sind. Bekannt geworden ist er mit Essays, die von Lyrik handeln (nur nicht von seiner eigenen), und den Anthologien *Luftfracht* und *Jahrhundertgedächtnis*, die wunderbare Poesie enthalten (nur nicht seine eigene).

Für seine Gedichte hat Harald Hartung Auszeichnungen erhalten wie den Droste-Hülshoff-Preis 1987, den Würth-Preis für Europäische Literatur 2004 und den Literaturpreis Ruhr 2012. Und für seine Essays hat ihm die Deutsche Akademie für Sprache und Dichtung 2009 den Johann-Heinrich-Merck-Preis für Essay und Kritik verliehen. Dieses poetisch-essayistische Doppelwerk könnte Anlass geben, ein altes deutsches Vorurteil ein- für allemal zu revidieren. Denn dieser Gelehrte ist einer der wichtigsten Lyriker in der gegenwärtigen deutschen Literatur. Und dieser Lyriker ist einer der gelehrtesten Kenner, der scharfsinnigsten Analytiker und souveränsten Vermittler lyrischer Weltliteratur, die wir im deutschen Sprachraum haben.

* * *

In Harald Hartungs großer Anthologie *Luftfracht. Internationale Poesie 1940 bis 1990* steht eines seiner Lieblingsgedichte, zugleich eine der lyrischen Ikonen der Moderne. Es ist W. C. Williams' Gedicht *This is just to say*:

> I have eaten
> the plums
> that were in
> the icebox
>
> and which
> you were probably
> saving
> for breakfast
>
> Forgive me
> they were delicious
> so sweet
> and so cold

Das ist alles, und es ist unauslotbar. Ein Zettel auf dem Küchentisch, eine prosaische Nachricht zwischen Liebenden, so ›realistisch‹, dass man sich das Gedicht unschwer als *objet trouvé* vorstellen kann, als einen nur durch Zeilenbrüche und Pausen versförmig eingerichteten Text. Und doch ist es voller leiser Hinweise auf die Beziehung zwischen Absender und Leser, auf Seelisches und Körperliches: die Sinnlichkeit der Geschmacksnervenreize, die Verbindung von Süßigkeit und Kälte, Dinge und Umstände, die sich auch als erotische Metaphern lesen lassen – die Pflaume, die nächtliche Versuchung –, die Bitte um Vergebung statt bloß um Verzeihung, die tiefe und selbstverständliche Zutraulichkeit, die von der Notiz mit keinem Wort behauptet, aber mit jedem gezeigt wird. Wie viel kühle und süße Wirklichkeit, welche Tiefe in der reinen Oberfläche! Der Beiläufigkeit der Mitteilung entspricht die musikalische Rhythmisierung ihres prosaischen Tonfalls. In der Lakonie, mit der ein alltäglicher (oder nächtlicher) Zettel zum Gedicht wird, ereignet sich die Verklärung des Gewöhnlichen, wird der Alltag zur Poesie.

In Hartungs Anthologie findet sich Williams' Gedicht genau in der Mitte. Das mag Zufall sein, doch diese Verse bilden so etwas wie den Polarstern, an dem sich die weltweiten Erkundungsfahrten des Anthologisten selbst, des Dichters und Kritikers, ausrichten. Es nimmt diese Position nicht wegen seiner spezifischen Ausdrucksformen ein, auch nicht wegen der spezifisch angelsächsischen Traditionslinie der Moderne, zu der es gehört und der Hartung sich verbunden fühlt, sondern in seiner Verbindung von Sujets, die gemeinhin als romantisch gelten dürfen, mit sachlicher und handwerklicher Präzision, in der Einheit von Understatement und dem, was Goethe »Weitstrahlsinnigkeit« nennt. Diese Einheit bildet so etwas wie das Urmeter, an dem sich alles kritische Maßnehmen des Rezensenten Harald Hartung orientiert. Dies vorausgesetzt, gibt es in Hartungs lyrischer Wunderkammer viele Schreibweisen; sie ist erfüllt von den unterschiedlichsten, gern auch dissonanten Stimmen. Wie Auden und Wallace Stevens, so gehören auch Philip Larkin und Eugenio Montale zu den Hausheiligen seines modernen Kanons, Tomas Tranströmer und Czesław Miłosz ebenso wie Frank O'Hara, Pasolini nicht weniger als Ungaretti, oder, nur wenig weiter entfernt, Emily Dickinson.

Es ist bezeichnend für diese Offenheit, dass Hartung die – mit Brecht zu sprechen – »pontifikale Linie« der modernen Poesie mit derselben Aufmerksamkeit verfolgt wie die »plebejische«. Darum geht er in seinem letzten Essayband *Ein Unterton von Glück* dem Umgang mit Odenmaßen in der Poesie des 20. Jahrhunderts ebenso aufmerksam nach, wie er, am anderen Ende des lyrischen Spektrums, in der neusachlichen Poesie Erich Kästners eine in die industrialisierte Metropole verschlagene empfindsame Naturlyrik wiederentdeckt. Derselbe Kritiker, der Inger Christensens streng gebaute Dichtungen als einen »Kosmos aus Sprache« bewundert und Oskar Pastiors Wörterspiele als strenges »Exerzitium«

begreift, rühmt Robert Gernhardt als einen »Profi des Leichten, das schwer zu machen ist«. Unterschiedlichstes ist ihm willkommen. Nur ist und bleibt er, wie Erich Kästner, den er als einen »Virtuosen des Mittleren« empfiehlt (und dessen Gedichte er ediert hat), »spinnefeind der unechten Tiefe, die im Land der Dichter und Denker nicht aus der Mode kommt«; so Kästner in einem essayistischen Selbstporträt. Man muss nur gleich hinzufügen: Hartung ist ihr feind um einer Dichtung willen, die man ohne Falsch »tief« nennen dürfte. Einer Dichtung wie der Verse über die Pflaumen im Eisschrank.

Denn bei Williams, so schreibt Hartung in einem hier auf Seite 76 nachzulesenden Artikel, »könnten junge Poeten auch heute lernen, ohne jemand imitieren zu müssen – man muss nicht gleich beim späten Celan anfangen«. Lernen, ohne imitieren zu müssen: die Eröffnung dieser Möglichkeit hat mit ebenjener Dichtungsauffassung zu tun, für die dieser Lyriker steht, mit einer Aufmerksamkeit, die nicht von der Poesie zum Poeten zurück-, sondern durch sie hinaus ins Freie geleitet wird: »Williams führt uns nicht auf seine Person oder Manier zurück, sondern ins Offene: in die Wirklichkeit.«

* * *

Wie die in Harald Hartungs Essays erörterten poetischen Vorbilder und poetologischen Fragen nicht ohne spürbare Folgen für seine eigene Dichtung geblieben sind, so haben sich aus seinen Arbeiten als Lyriker, als Kritiker und Lehrer Essaybücher ergeben, die das öffentliche Nachdenken über die moderne Poesie in Deutschland auf neue Grundlagen gestellt haben. 1975 erschien sein sachkundiger Rückblick auf *Experimentelle Literatur und Konkrete Poesie*, 1985 die Lagebeschreibung *Deutsche Lyrik seit 1965*, 1996 eine glänzende Porträtgalerie gegenwärtiger Welt-Lyrik von Pound und Pessoa bis zu Brodsky, Walcott und Inger Christensen, in dem umfangreichen Band *Masken und Stimmen*.

Seine Gedichte hat Hartung, immerhin schon seit 1957, veröffentlicht unter so schönen und gewissermaßen halblauten Titeln wie *Reichsbahngelände* oder *Langsamer träumen*, *Arte povera*, *Das gewöhnliche Licht*, *Wintermalerei*. Ganz genau und alltäglich klingt das alles, ganz leise und leicht, und dabei geht es um Gedichte auf Leben und Tod. In ihrer gar nicht gewöhnlichen Beleuchtung zeigt sich, was Goethe, in durchaus eigener Sache, einen »realistischen Tic« genannt hat. Manchmal ist Hartung, der Bergmannssohn aus Herne, als »Neorealist« beschrieben worden. Und oft hat er selbst von seinem Bemühen gesprochen, das Wirkliche als Wirkliches zu fassen und Stilisierungen ebenso zu meiden wie die naive Mimesis. So kommen selbstreflexive »Snapshots« zustande wie dieser, der nur fünfmal zehn Silben umfasst:

> Ein paar einprägsame Fotos werden
> immer geschossen aus solchem Anlaß
> etwa an einer Straße wo dann zwei
> Männer liegen wovon der eine noch
> lebt während das Foto geschossen wird

Als Kritiker und Poetologe wie als Poet ist Hartung ein Meister der präzisen Aussparung, der unaufdringlichen Reflexion: ein Lehrer der Lakonie. Die spektakuläre Sprachgeste ist bei ihm die eben deshalb bewegende Ausnahme. Gerade als die Ironie zeitweise unter dem Slogan »irony is over« verabschiedet werden sollte, blieb Hartung ihr höflicher und entschiedener Verteidiger. Ihren subtilsten Ausdruck findet sie in seinem spielerischen und durch das Spiel hindurch wieder ernsthaften Umgang mit Sonetten und Ghaselen – und erst recht in jener Silben zählenden Metrik, die Hartung in seinen poetologischen Essays beschrieben hat und die schwebend die Balance hält zwischen spröde prosaischem Duktus und rhythmischer Akzentuierung. Wie Auden und Sylvia Plath geht der Belesene so zurück hinter das Gleichmaß des Jambenflusses wie hinter die versförmig umbrochene Prosa, gewinnt er dem silbenzählenden Prinzip nuancierteste Ausdrucksqualitäten ab. Zu ihnen gehört auch die Spannung zwischen dem Schema und der Abweichung, die es erst ermöglicht.

Diese prosaische Verstechnik enthält in nuce Hartungs Poetik, und sie sagt einiges auch über den Umgang des Kritikers und Essayisten mit dem Gedicht. Sie kreist um die Idee einer verborgenen Ordnung (und der Verborgenheit der Ordnung), einer Schönheit, die sich beinah verlegen ins Unauffällige und

Ungefällige kleidet. Ihr Ziel ist die überspielte Tiefe, die auf skeptische Distanz gebrachte und doch nicht aufgegebene Hoffnung, der verlangsamte Traum. Es ist die ironische Resignation, die einen unauflöslichen Restbestand an Renitenz umhüllt (und deshalb auch die letzten Dinge sehr zart berühren kann).

Die Dichtung Harald Hartungs verwirklicht exemplarisch ebenjene Poetik, die der gleichnamige Essayist proklamiert: »eine Überwindung der sterilen Gegensätze von Artistik und Engagement, hermetischer und offener Poesie oder wie die Gegensatzpaare sonst heißen.« Seit die Ausgabe seiner gesammelten Gedichte im Jahr 2005 ihm endlich den verdienten Ruhm als Lyriker eingebracht hat, lesen sich darum auch Hartungs poetologische Essays anders und neu; sie zeigen gewissermaßen ihren doppelten Boden, auch wenn er über seine eigene Arbeit nur ausnahmsweise, dann allerdings auch umso lehrreicher geschrieben hat. »Notizen im Glashaus« lautete schon die Überschrift des Schlusskapitels in seinem Lyrik-Buch von 1985; im Untertitel »Über Lyrik schreiben« hat er damals das Wort »(Über)« unauffällig eingeklammert.

Hatte Hartung schon sein Buch zur deutschen Gegenwartslyrik mit der Doppelperspektive auf das Schreiben von und über Lyrik beendet, so standen am Ende auch des Essaybandes *Ein Unterton von Glück* (2007) Bemerkungen »Über einige Erfahrungen beim Schreiben von Lyrik«: Erinnerungen an die eigenen lyrischen Anfänge, Bekenntnisse zu Lieblingsdichtern. Nun in erklärtermaßen ganz eigener Sache formuliert Hartung eine leidenschaftliche Verteidigung einer Poesie als genauer Form – in unauffälligen metrischen Regulierungen beispielsweise, die kein Leser bemerken muss und die doch dem Autor jene produktive »Erschwerung der Form« auferlegen, in der die russischen Formalisten einst einen Fundamentalsatz aller Poesie erkannt haben. Das, was Valéry die »errechneten Verse« genannt hat, entfaltet in diesem Werkstattbericht einen ganz eigenen poetischen Glanz, in der ironischen Aneignung der Sonettform ebenso wie in Inger Christensens zauberischem Spiel mit mathematischen Prinzipien.

* * *

Wo immer also der Essayist und Kritiker Hartung über Poesie und Poetik schreibt, da entwickelt der Theoretiker Hartung aus der praktischen Anschauung seine Poetik, und da gibt der gleichnamige Dichter Einblick in seine lyrische Werkstatt. Da zeigt er, wie man Gedichte macht. »Machen oder Entstehenlassen«, heißt eine 2001 gehaltene Rede, die – wen wundert es – das Benn'sche Entweder-Oder als eine Scheinalternative ausweist. Tatsächlich hält Hartung Lyrik für lehrbar; der Begriff des »Meisters«, so hat er bemerkt, müsse nicht immer nur an den des Jüngers denken lassen; er verbinde ihn lieber mit dem des Lehrlings.

Meisterschaft ist für diesen Meister das Ergebnis eines Handwerks – in jenem Sinne des Wortes, den sein programmatischer Essay im *Merkur* 1999 proklamierte und der mittlerweile fast schon redensartlich geworden ist. Dabei stammt die Beschreibung der Lyrik als der »Sache der Hände« aus einem Brief Paul Celans an Hans Bender: »Und diese Hände wiederum gehören nur *einem* Menschen […] Nur wahre Hände schreiben wahre Gedichte.« Um Menschen und um Wahrheit geht es, und gerade deshalb ist im Augenblick des Schreibens die *poiesis* zuerst *techné*. Gerade deshalb geht es, wo immer der Lyriker und Essayist Harald Hartung auf Wahrheit aus ist, zuerst um die Fügung der Motive, um den Fall der Verse, um das Zählen von Silben. »Dem Romanautor«, liest man in einem seiner Essays, »verübelt niemand, dass er von Thema, Plot und Hauptfiguren redet«, allein der Lyriker soll noch immer »singen, wie der Vogel singt. […] Selbst Kritiker misstrauen der poetologischen Reflexion, sie hätten sonst nicht das Wort ›Kopflastigkeit‹ erfunden.«

Nicht zufällig sind einige der ihm liebsten und nächsten Dichter diejenigen, denen die Reflexion und Selbstkritik ihrer Schreibpraxis noch dringlicher waren als die großen Entwürfe der Metaphysik und die Geschichtsphilosophie. »Was waren das für Zeiten, in denen das Handwerk noch geholfen hat«, ruft er aus, bezeichnenderweise als eine offene Frage, und anstelle einer Antwort verweist er auf jene Widmung, die T. S. Eliot dem *Waste Land* vorangestellt hat: »For Ezra Pound, *il miglior fabbro*.« Auch die in der Rolle des *fabbro* betriebene Kunst des kritischen Essays über die Poesie ist eine

Sache der Hände, und hier wie dort müssen die Hände danach sein.

Gerade weil Hartungs Essays gern mit Beobachtungen zu handwerklichen Fragen beginnen, bleiben sie auch dort anschaulich, wo es hinaufgeht in die Höhenlagen ästhetischer Theorie. So führt schon eine frühere Studie unter dem bescheidenen Titel »Über einige Motive der Droste« gerade deshalb an jenen Punkt, an dem es in diesen Dichtungen um Sein und Zeit geht, weil die Aufmerksamkeit auf durchaus technische Schreibverfahren gelenkt wird. Über Ernst Meisters Verwandtschaft mit W. C. Williams und über die metrische »Atemwende« in Robert Schindels Versen hat Hartung maßgebliche Essays geschrieben. Und für die jüngste deutsche und internationale Lyrik von Dirk von Petersdorff bis zu Jan Wagner, von Jeffrey Yang bis zu Tomaž Šalamun ist dieser Kritiker der kundigste Begleiter, den man sich wünschen kann – als Leser wie als Autor.

In seinen Besprechungen ihrer jeweils neuen Gedichtbände liegt dem Poeten und Kritiker, dem Kritikopoeten Hartung daran, seine Maßstäbe offenzulegen, indem er sie anwendet, sie in der Praxis überprüft und notfalls aufs Spiel setzt. Bereitwillig macht er sich angreifbar, lädt sogar zum Widerspruch ein, weil er weiß, dass Poesie ohne Dissidenz nicht zu haben ist. Weil der Kritiker Harald Hartung die Dogmengeschichte der lyrischen Moderne besser kennt als die meisten seiner Kollegen und Mitstreiter, eben deshalb ist er außerstande, zum Dogmatiker zu werden. Gewiss, auf der Hut vor der enttäuschten Liebe und dem Absturz aus dem Höhenflug des Enthusiasmus ist Hartung zum notorischen Skeptiker geworden, vorsichtig noch im Lob. Die schönste Ausdrucksform seiner Skepsis ist die Höflichkeit der Diskretion und der aufmerksamen Distanz.

Harald Hartungs Gedicht-Rezensionen verbinden darum Distanz und Empathie ebenso selbstverständlich wie Strenge und Lässigkeit, bis in die Nuancen des Tonfalls. Und soviel lieber er lobt als verreißt, so nimmt er doch den Goetheschen Grundsatz sehr ernst, dulden heiße beleidigen. Denn, um das Goethewort zu vervollständigen, »Toleranz sollte eigentlich nur eine vorübergehende Gesinnung sein; sie muss zur Anerkennung führen.« Wo aber diese unmöglich ist, da hat auch die Duldung ihr Recht verloren.

Und die größte Skepsis des Kritikers Hartung gilt der deutschen Kunstreligion und ihren neu- und nachromantischen Fortwirkungen bis in die Gegenwart. Wo immer die dionysische Trunkenheit zur Selbstbesoffenheit der Dionysiker zu werden droht, da erinnert er an die Möglichkeiten eines lyrischen Realismus als Aufmerksamkeit für die Dinge (auch für die Dinge, die unsere Wörter sind), als »realistischen tic« und als Liebe zu jener Ironie, die Thomas Mann eine Form der Lebensfreundlichkeit genannt hat. Doch, heilig kann auch ihm, dem großen Nüchternen, die Poesie werden: dort, wo sie sich ans »Heilignüchterne« hält, wo sie nicht in die Sackgasse der falschen Feierlichkeit und Selbstfeier gerät, sondern wo sie die Pflaumen im Eisschrank entdeckt, als seien sie eine Offenbarung, süß und kalt.

* * *

Der vorliegende Band, der in enger Zusammenarbeit mit dem Autor zusammengestellt wurde, versammelt einige seiner jenseits der Tagesaktualität lesenswerten Kritiken aus der *Frankfurter Allgemeinen Zeitung*, gegliedert nach den Dezennien von 1980 bis in die unmittelbare Gegenwart. Jeder der drei Teile wird eingeleitet durch einen über die Einzelbände hinausblickenden Überblicks-Essay aus dem *Merkur*. Dabei sind ›Verrisse‹ nur ausnahmsweise aufgenommen worden; umso mehr Gewicht aber wurde auf die Balance zwischen Neuerscheinungen und kanonischen Texten, von deutschsprachiger und internationaler Poesie gelegt und auf die Verbindung von Neuerscheinungen junger und Wiederentdeckungen älterer Poesie.

Für Harald Hartung ist die mit Williams als Weg »ins Offene: in die Wirklichkeit« verstandene und betriebene Lyrik längst zu einer Lebensform geworden. Von dieser redend, kann selbst er ausnahmsweise ein großes Wort gebrauchen. »Ich suchte in Formen Halt – und fand in ihnen Freiheit.« Dieser prosaische Satz, gesagt in einer programmatischen Rede, klingt selber fast wie ein Vers. Und er kommt einem Bekenntnis wohl so nahe, wie das bei diesem sonst so diskreten und bekenntnisscheuen Dichter-Kritiker möglich ist. Was da mitschwingt, das haben alle Leser Hartungs in diesen Gedichten und Essays erfahren. Er selber hat es formuliert im Titel seines früheren Essaybandes: *Ein Unterton von Glück.*

Heinrich Detering

Drucknachweise

Aber wo bleibt das Gelächter? FAZ, 7. November 1987.
Auferstehungswunder. Als: Kein Wein, kein Weihrauch. FAZ, 3. Februar 1996.
Das fliegende Schiff. FAZ, 14. September 1996.
Das Gedicht bist du. Als: Die Zeit, sich zurückzuziehen, ist nah. FAZ, 7. Dezember 2002.
Das Gedicht, die Daten und die Schöne Zunge. Merkur 674, Heft 6, 59. Jg., Juni 2005, S. 504-515.
Das Geschlecht des Klanges. Als: Grüner Dorn der Welt, der sich durchs Frauenherz hinausbohrt. FAZ, 13. Januar 2001.
Das irdische Paradies der kleinen Dame in Weiß. FAZ, 14. Oktober 2006.
Das Leben kommt aus den Flüssen. FAZ, 2. November 2011.
Der ältere Bruder des Philosophen. Als: Sendboten des Feuers mit blaubeerfarbenen Lippen. FAZ, 6. Dezember 2003.
Der Cartesianische Taucher. Als: Madeleines aus Bitterfeld. FAZ, 7. Oktober 2003.
Der Droste reicht sie das Wasser. Als: Tiger im Regen. FAZ, 15. April 2005.
Der Flaneur als Luftgeist. Als: Göttlich, wer das Staunen nie verlernt. FAZ, 3. Juli 2004.
Der Kampfplatz ist die Poesie. Als: Klinge und Klang. FAZ, 26. Mai 2001.
Der Klumpen Hoffnung. Als: Spitzel mit hausgemachter Soße. FAZ, 30. November 1999.
Der Mensch ist keine Maschine. Als: Das Paradox der Schwäche. FAZ, 22. Mai 1982.
Der Name eines Virus. Als: Der Virus der Poesie. Die Horen 211, 48. Jg., 3. Quartal 2003, S. 169 f.
Der Wein liebt die Bäume. FAZ, 7. Juli 1997.
Der Welt abhanden gekommen. Als: Niemandem gefügig. FAZ, 21. Januar 2006.
Der Zahnstocher – ein kleiner Robespierre. FAZ, 4. Oktober 2006.
Dichter des Auges, Dichter des Nennens. Als: Keine wie du, Sulamit! FAZ, 29. November 2002.
Dichterin als Pietà. Als: Meine Seele wird immer für Dich da sein. FAZ, 27. Juli 2009.
Die Erforschung des Schmerzes. Als: Gedichte und ihr Gegenteil. FAZ, 13.September 1997.
Die Fahnen von einst sind weggepackt. Als: Fahnen von einst. FAZ, 12. Januar 2002.
Die Form des Leidens, Vers um Vers. FAZ, 31. März 2003.
Die Gnade der Genauigkeit. FAZ, 8. Januar 1983.
Die heftigen Bilder. Als: Den Winter aus der Sprache treiben. FAZ, 21. April 1984.

Die Krähe als Flugzeug. Als: Was bleibet aber, machen die Dichter ein. FAZ, 29. September 2007.

Die pfälzische Sappho. Als: Auf der Heide knistert das Kraut. FAZ, 2. Mai 1998.

Die Pflaumen im Eisschrank so süß und so kalt. Als: Harter Kern der Schönheit. FAZ, 12. November 1991.

Die Piste ragt ins All. Als: In der Nacht eines Gottes, der nie war. FAZ, 26. November 2004.

Die Rose im Schädel. Als: Die Zärtlichkeit meiner Rose im Schädel. FAZ, 2. Juli 2008.

Die schönen und gefährlichen Launen der Poesie. FAZ, 16. Juni 2007.

Die Stimme und der Stein. FAZ, 23. Juli 2004.

Die Straßen komme ich entlang geweht. Als: Sanfter Dichter mit blauen Augen. FAZ, 4. Juli 2009.

Die Unwirklichkeit des Innersten. Als: Im Wortgefängnis. FAZ, 7. Mai 2001.

Die Vierzigjährigen. Als: Gesänge für die Hardrockfee. FAZ, 27. November 2010.

Die Welt im Meer – eine poetische Gegengeschichte. Als: Fisch der Träume. FAZ,17. Januar 2013.

Duft einer bitteren Orangenschale. FAZ, 11. Juli 2011.

Ein arabischer Hölderlin. Als: Stern hinter Wolken. FAZ, 8. Februar 2003.

Ein Genie des Schmerzes. Als: Und alle Kinder säßen unter meinen Zweigen. FAZ, 9. April 2005.

Eine hohe klare Musik. Als: Mozarts drittes Gehirn. FAZ, 28. Mai 2009.

Endspiel, Spielende. Als: Letzte Lieder, liebesnah. FAZ, 19. März 2002.

Engführung mit Ohrensausen. Als: Der Feuerlöscher als Blasebalg. FAZ, 5. Juli 1986.

Entfaltung, Blüte, oder Nichts. Als: Fleißig in den Wind gesät. FAZ, 18. März 2003.

Er geht über die Hügel. Als: Auf Dauer kein Verlass. FAZ, 22. Januar 2008.

Er glaubt an Bilder, nicht an Gott. Als: Tristesse und Glorie der Straße. FAZ, 13. Oktober 2007.

Er reimt Gleichnis auf Köchelverzeichnis. Als: Köchelverzeichnis der Lyrik. FAZ, 21. Juni 2012.

Er rückt das Meer von der Stelle. Als: Wehrlos wie eine Wolke. FAZ, 30. Mai 1998.

Er treibt mit Ersetzen Scherz. Als: Rilke muß noch besser werden. FAZ, 21. Juli 2006.

Er verspricht den Himmel auf Erden. Als: Entenhals und Silberfisch. FAZ, 24. Februar 1996.

Fahndungsraster für das Erhabene. Als: Die Welt als Täuschung. FAZ, 10. Oktober 1998.

Flimmernde Muster. Als: Verschwiemelte Muster. FAZ, 4. Januar 2000.

Friulanischer Quell – teutsch. Als: Dunkler Enthusiasmus. FAZ, 26. November 2010.

GB? Groteske Bellezza! FAZ, 16. Februar 2004.
Gottes Videospiel. Als: Wettessen der Löwenbändiger. FAZ, 25. November 2000.
Guten Tag: Gedicht. Merkur 456, Heft 2, 41. Jg., Februar 1987, S. 147-153.
Heiliger im Dienst der Poesie. FAZ, 25.Mai 2007.
Herr Sade und das gefesselte Mädchen. Als: In die Haut gebrannt. FAZ, 28. Juli 2003.
Hier stehe ich und dies hab ich empfunden. Als: Dies hab ich empfunden. FAZ, 29. Juni 2011.
In der Maske von Lowry. Als: Dämonen sollen verbluten. FAZ, 7. Januar 1984.
In Winterzungen. FAZ, 8. Januar 2005.
Keine Delikatessen mehr. Als: Ein Tropfen Zitrone. FAZ, 18. April 1998.
Keine Eule der Minverva. Als: Tagträume in der Grauzone. FAZ, 24. Oktober 1988.
Kleines, doch auch großes Blech. FAZ, 14. Juni 2003.
Leg dein Genom auf mein Genom. Als: Wenn Pegasus scharrt. FAZ, 12. Januar 2005.
Liebe ist nicht alles. Als: Chaos stiften auf vierzehn Zeilen. FAZ, 29. Dezember 2008.
Mag Metaphysik. Als: Auf den Grund gegangen. FAZ, 31. August 1999.
Meilen zu gehen. FAZ, 25. Januar 2003.
Mit der Zeit hieß sie Renate. Als: Ein Nestbau aus Papier. FAZ, 6. Dezember 2012.
Nur unsere Träume sind nicht gedemütigt. FAZ, 14. September 1985.
Odysseus in der Unterwelt. Als: Der Listenreiche. FAZ, 9. Oktober 2001.
Petrarca, sächsisch. FAZ, 29. April 1989.
Placebos, Kwehrdeutsch, Vaterlandkanal. Merkur 513, Heft 12, 45. Jg., Dezember 1991, S. 1145-1152.
Prüfung der Trauer. Als: In elf Zeilen um die Welt. FAZ, 24. Juni 1989.
Purzelbäume und Edelsterne. FAZ, 1. November 2012.
Radwechsel während der Fahrt. Als: Macht nichts, Genosse. FAZ, 10. Oktober 1995.
Revolte gegen den Tod. Als: Blitzartiges aus Lakonien. FAZ, 7. Dezember 2009.
Sammler leuchtender Augenblicke. Als: Ein Tag für Impressionisten. FAZ, 7. Februar 2010.
Scheinwerfer über der Grenze. Als: Felder von Rosen und rote Alfa Romeos. FAZ, 7. August 1993.
Schwarzerde – Freiheitserde. Als: Schwarze Erde. FAZ, 1. Juni 1996.
Schwingen in Schonhaltung. Als: Geschonte Schwingen. FAZ, 25. September 2004.
Spatz oder Taube. Als: Der Löwe hat Zahnweh. FAZ, 26.November 2009.
Tiefe Stimme. Als: Tiefe Stimme der Poesie. FAZ, 9. Februar 2002.
Trüffel und Pferdeäpfel. FAZ, 21. März 2000.
Ulbricht leider ist tot. FAZ, 6. Dezember 1988.
Und das Gedicht ist Verzicht. FAZ, 6. September 1986.

Versuchung durch den Dämon. Als: Leiser Charme, ernste Versuchung. FAZ, 15. März 2001.

Verweile doch. Als: Mit den Augen sehen, wozu das Herz schlägt. FAZ, 19. November 2005.

Was ist eigentlich das Glück. Als: Seelenwagen mit Reifenpanne. FAZ, 12. Februar 2002.

Was wiederholt geschehen ist. FAZ, 2. Juli 1998.

Wenn man nur ganz am Leben wäre. Als: Engel mit Walkman. FAZ, 17. April 2010.

Wer noch ein Lied hat. FAZ 4. März 2006.

Wie Buchstaben sich entzünden. Als: Der Glaube ist eine pikierte Pflanze. FAZ, 2. August 2010.

Wie viele Gigabyte hat dieser Fries. FAZ, 4. Oktober 2012.

Wiedervereinigung. FAZ, 22. Oktober 1988.

Wir brauchen die Niederlage. Als: Brennstoff Niederlage. FAZ, 19. April 1997.

Witwer und Schamane. Als: Sing mir ins Ohr, Blutbißchen. FAZ, 6. Oktober 1998.

Wo ein Vater ist, ist auch ein Erbrecht. Als: Destillierte Traumgestalten. FAZ, 5. September 2001.

Woran Kafka schuld ist. Als: Wenn alles zum Vorschein kommt. FAZ, 18. März 2006.

Wunderlandnahme. FAZ, 24. März 2004.

Zungenkunst. Als: Es ringelt sich ein Gedicht. FAZ, 2. November 1996.

Zurück zu Eichendorff und Rheinprovinz. Als: Sprudelverse. FAZ, 8. März 2004.

Dank

Der Autor dankt allen Redakteuren und Redaktionen, die seine Kritiken anforderten und zum Druck brachten.

Register

Abbott, Jack Henry 30
Achmatowa, Anna 89
Adamov, Arthur 180
Adler, H.G. 331-333
Adler, Jeremy 333
Adonis 109-111, 205
Adorno, Theodor W. 29, 148
Arendt, Hannah 165
Aichinger, Ilse 37
Ajgi, Genadij 265, 325
Alberti, Rafael 180, 283
Alkaios 163
Andersch, Alfred 77f., 282
Anderson, Sascha 62-66
Andreas-Salomé, Lou 21
Anouilh, Jean 180
Apollinaire, Guillaume 191
Arcimboldo, Giuseppe 56
Arendt, Erich 184
Aristoteles 343
Arnim, Bettina von 255
Arp, Hans 10, 13
Artaud, Antonin 156, 162
Artmann, H.C. 326
Ashbery, John 197-201, 270
Auden, W.H. 118, 135f., 198, 349, 351
Augustinus 213
Auster, Paul 194-197

Bach, Johann Sebastian 18, 21, 336
Bachmann, Ingeborg 67, 111-114, 246, 249, 251, 309
Bálint, György 258
Bâsho (Matsuo Bashō) 48
Baudelaire, Charles 139, 181, 236, 275, 298
Becker, Jürgen 44-46, 197, 235
Beckett, Samuel 166, 207
Beethoven, Ludwig van 34, 218
Bei Dao 174-176

Benjamin, Walter 56, 155, 298, 312, 322
Bender, Hans 353
Benn, Gottfried 12, 15, 18, 30, 70, 73, 75, 92, 94, 129, 139, 141, 143, 170, 193, 221, 240f., 243, 263, 279, 283, 318, 338f., 353
Bereska, Henryk 166
Berkeley, George 19f.
Bernhard, Thomas 286
Bérulle, Pierre de 209
Bevilacqua, Giuseppe 140
Beyer, Marcel 174
Biermann, Wolf 131, 254
Binding, Rudolf G. 128
Bishop, Elizabeth 96
Blackwood, Caroline 24
Blanchot, Maurice 265
Blass, Ernst 312-314
Bloch, Ernst 306, 308
Bobrowski, Johannes 50, 149, 184, 251f., 306
Boesch, Hans 250
Bohr, Niels 121, 123
Boissevain, Eugen Jan 303
Bondy, Luc 341-342
Bonnefoy, Yves 236-239
Borchardt, Rudolf 302, 305, 312
Borchers, Elisabeth 125-127
Borges, Jorge Luis 294
Born, Katharina 152
Born, Nicolas 75, 139, 151-153
Bossert, Rolf 267-269
Bourdet, Edouard 208
Bowles, Paul 219
Brandt, Willy 182
Braun, Volker 47, 49, 52, 149
Brecht, Bertolt 11, 14, 43, 47, 53, 55, 67, 85, 103, 149, 154f., 172, 225, 257, 330, 345, 349
Brems, Hugo 158
Brentano, Clemens 330

Breschnew, Leonid Iljitsch 81f.
Brinkmann, Rolf Dieter 8, 16, 48, 70, 75
Britting, Georg 39, 127, 129
Brodsky, Joseph 92, 135f., 174, 204, 265, 326, 350
Bronfen, Elisabeth 108
Brontë, Emily 161
Bruckner, Anton 336
Brueghel, Pieter d. Ä. 343
Bucharin, Nikolaj 89, 91
Büchner, Georg 156, 158
Buchwald, Christoph 183, 185
Budjonny, Semjon Michailowitsch 49
Burckhardt, Carl Jacob 251
Burghardt, Juana 182
Burghardt, Tobias 182
Burke, Edmund 124
Byron, Lord 223, 313

Calvino, Italo 157
Canaletto 321
Canetti, Elias 177, 258, 331
Caravaggio, Polidoro da 200
Cardenal, Ernesto 86-88
Carossa, Hans 251
Carroll, Lewis 245
Carson, Anne 159-163
Cäsar, Gajus Julius 227
Cassirer, Paul 312
Ceauşescu, Nicolae 82, 268, 287
Celan, Paul 9f., 17, 70, 75, 139-142, 144, 148, 153ff., 166, 187, 190, 204, 207, 223, 252, 280, 306, 326, 333, 350, 353
Césaire, Aimé 283
Chaplin, Charles 89
Char, René 266
Charms, Daniil 338
Chlebnikow, Welimir 63
Chomsky, Noam 210
Chopin, Frédéric 219
Christensen, Inger 210-213, 349f. 352
Claudius, Matthias 229
Claus, Hugo 156-159

Coninck, Herman de 159
Conrad, Joseph 246
Contini, Gianfranco 323
Corbière, Tristan 300
Corino, Karl 300
Cornell, Joseph 168
Coward, Noël 156
Creeley, Robert 22, 282f.
Csejka, Gerhardt 268
Csollàny, Maria 158
Curtius, Ernst Robert 283f.
Czechowski, Heinz 52

Dalos, György 261
Dante Alighieri 87, 122f., 157, 211, 328
Darwish, Mahmud 205
David, Israelischer König 49
De Kooning, Willem 199
Dedecius, Karl 166, 216, 262
Demetz, Peter 36
Demski, Eva 131
Demuth, Charles 76
Descartes, René 217
Desnos, Robert 236
Dickinson, Emily 275-281, 343, 349
Diderot, Denis 326
Dietz, Günter 186, 188, 315
Dillon, George 303
Domin, Hilde 308-311
Donne, John 136
Dostojewski, Fjodor Michailowitsch 314
Dove, Richard 222-223
Droste-Hülshoff, Annette 252, 255f., 354
Duncan, Isadora 34
Dutli, Ralph 90ff.
Dylan, Bob 29, 184

Egger, Oswald 133-134
Eich, Günter 265, 333
Eichendorff, Joseph von 40, 61, 193, 229, 234, 236, 330
Eichmann, Adolf 163ff.
Einstein, Albert 123

Eliot, T.S. 22, 73 f., 118, 181,
 186 f., 227, 284, 302, 328, 337,
 353
Eluard, Paul 186, 236
Elytis, Odysseas 185-190, 314 f.
Emerson, Ralph Waldo 277
Empedokles 122
Enright, Denis Joseph 99-101
Enzensberger, Hans Magnus 18,
 61, 76, 80, 118, 123, 168, 211,
 240, 283, 292, 306
Epikur 29, 157 f., 191

Falkner, Gerhard 29-31, 160 f.,
 163, 339-341
Faßbender, Beatrice 344
Fejtő, Ferenc 261
Filips, Christian 324
Fischer, Samuel 335
Frazer, James George 118
Freud, Sigmund 259
Fried, Erich 13, 62, 113
Frisch, Max 112
Frost, Robert 201-205, 275
Fuchs, Günter Bruno 184
Fuchs, Jürgen 131
Fühmann, Franz 71

Gadamer, Hans-Georg 309
Gagarin, Juri Alexejewitsch 219
Galilei, Galileo 123
George, Stefan 26, 290, 313
Gerhardt, Paul 241
Gerhardt, Rainer Maria 281-285
Gernhardt, Robert 41-44, 350
Ginsberg, Allan 22, 74
Goethe, Johann Wolfgang 24,
 53, 73, 100, 205, 222, 229, 234,
 275, 304, 331 f., 349, 351, 354
Goll, Claire 141
Gomringer, Eugen 142, 224
Gorki, Maxim 177
Grass, Günter 7, 139, 146-148,
 156 f., 184, 256, 286
Graves, Robert 118
Greve, Ludwig 228
Gross, Walter 249-252
Grössel, Hanns 210

Gruenthal, Lola 280
Grünbein, Durs 47-48, 69-71
Grünzweig, Dorothea 247-249
Gryphius, Andreas 242
Gunn, Thom 223
Gustafsson, Lars 18-21, 101,
 211, 307

Haavikko, Paavo 101-104
Habeck, Robert 116
Hacks, Peter 49-52
Hafner, Fabjan 271
Hahn, Ulla 14, 61, 228-231
Hamburger, Michael 163-165
Hamm, Peter 251
Handke, Peter 7, 44, 214,
 296-298
Hardwick, Elizabeth 24
Harig, Ludwig 84
Härtling, Peter 190
Haufs, Rolf 182-185
Hauptmann, Gerhart 334
Heaney, Seamus 95-99
Hegel, Georg Wilhelm Friedrich
 53, 71, 126, 217, 259
Heidegger, Martin 110, 166,
 205 f., 266
Hein, Manfred Peter 102, 247
Heine, Heinrich 154, 312, 330
Heißenbüttel, Helmut 9, 224
Hemingway, Ernest 163
Hensel, Kerstin 67-68
Hensel, Klaus 268 f.
Heraklit 189, 217
Herbert, Zbigniew 31-35, 216,
 218
Herder, Johann Gottfried 94
Hesse, Eva 284
Hesse, Hermann 127, 300
Heym, Georg 333
Higginson, Thomas Wentworth
 277 f., 281
Hilbig, Wolfgang 299-302
Hiller, Kurt 312
Hirsch, Rudolf 309
Hitler, Adolf 71, 184, 303, 326
Hoffmann, E.T.A. 322

Hofmann, Gert 171f.
Hofmann, Michael 171-174
Hofmannsthal, Hugo von 142, 163
Hölderlin, Friedrich 30, 67, 84, 154, 163, 166, 186, 188f., 205f., 214, 225, 291, 308
Höller, Hans 111ff.
Höllerer, Walter 151, 211, 283, 347
Holz, Arno 69, 133
Homer 122, 160
Honecker, Erich 51, 65, 254
Hopper, Edward 233
Horaz 167, 193, 239, 271
Huchel, Peter 149, 184, 220, 333f.
Hughes, Ted 105, 115-120
Hummelt, Norbert 234-236
Hüsmert, Waltraud 158

Illyés, Gyula 260
Ingold, Felix Philipp 265-267
Ionesco, Eugène 180
Iuga, Nora 285-288

Jabès, Edmond 265
Jaccottet, Philippe 213-216
Jackson, Helen Hunt 277
Jäger, Manfred 63
Jandl, Ernst 62, 92, 143f., 224f.
Jänicke, Gisbert 102
Jansen, Erich 149
Jarrell, Randall 23
Jaspers, Karl 128
Jelinek, Elfriede 286
Jens, Walter 309
Jesaja 162f.
Jesus von Nazareth 157, 170, 209
Johnson, Lyndon B. 23
Jong, Erica 104
Joyce, James 75, 98, 169
József, Attila 257-261
Jünger, Ernst 286

Kafka, Franz 171f., 174, 176, 270, 272, 294
Kaschnitz, Marie Luise 309

Kassner, Rudolf 251
Kästner, Erich 11, 257, 314, 346, 349f.
Kaußen, Jutta und Wolfgang 118, 120
Kavafis, Konstantinos 135
Keats, John 97
Kemp, Friedhelm 209, 213, 237ff.
Kempner, Friederike 266
Kennedy, John F. 202
Kierkegaard, Sören 217, 236
Kirsch, Rainer 52-55, 253
Kirsch, Sarah 13, 67f., 131, 252-257
Kirsten, Wulf 139, 149-150
Kitaj, R.B. 199
Kiwus, Karin 13
Klee, Paul 321
Kleist, Heinrich von 260
Klimt, Gustav 233
Kline, Franz 199
Kling, Thomas 61f., 69-70, 72, 92-94
Kloos, Barbara Maria 7, 11-12, 17
Klopstock, Friedrich Gottlieb 50, 133
Ko Un 125
Koch, Helmut H. 87
Koeppen, Wolfgang 125, 172
Kohl, Helmut 127
Kohl, Katrin 332
Köhler, Barbara 67
Kolbe, Uwe 47, 69, 71-72
Koppenfels, Werner von 280
Kozmutza; Flóra 260
Kramer, Theodor 149
Krašovec, Metka 270ff.
Kraus, Karl 296, 302
Krechel, Ursula 325-327
Krolow, Karl 125, 127, 190-194, 223, 310
Kronfeld, Arthur 223
Krüger, Michael 55-57, 222, 332
Krüger, Thomas 226-228
Kubin, Wolfgang 176
Kübler, Gunhild 279f.

Küchenmeister, Nadja 336-338
Kühn, Johannes 83-86
Kunert, Günter 61
Kunze, Reiner 35-39
Kürenberg 94

Labé, Louise 210, 305
Lachmann, Peter 166
Laing, R.D. 212
Langgässer, Elisabeth 127 ff.
Larkin, Philip 96, 198, 233, 250, 349
Lasker-Schüler, Else 249
Lautréamont 181
Lehmann, Wilhelm 128, 191, 203 f., 242, 255, 279, 334
Lehnert, Christian 239-241
Leiris, Michel 265 f.
Lentz, Michael 224-226
Lessing, Gotthold Ephraim 45
Liedtke, Klaus-Jürgen 307
Llosa, Mario Vargas 87
Loerke, Oskar 36, 191, 255, 279, 333-336
Lord, Otis Phillips 276
Lowell, Amy 201
Lowell, Robert 22-26, 105, 107, 162
Löwenstein, Hilde (Hilde Domin) 311
Lowry, Malcolm 26 f.
Ludwig II. von Bayern 26
Lukrez 87, 273
Lumumba, Patrice 157
Luther, Martin 332
Luzi, Mario 327-329

MacDiarmid, Hugh 98
MacNeice, Louis 118
Majakowski, Wladimir 257, 338
Malkowski, Rainer 317-320
Mallarmé, Stéphane 110, 328
Mandelstam, Ossip 53, 89-92, 265
Mandelstam, Nadeschda 91
Mann, Thomas 257 ff., 355
Marc, Franz 321

Marey, Étienne-Jules 123
Marlowe, Christopher 96
Marquardt, Axel 194
Marti, Kurt 250
Marx, Karl 49, 227, 259, 308, 316
Masaccio 123
Maurer, Georg 53
Mayröcker, Friederike 139, 142-144, 148, 225
Meier, Wibke 293
Meister, Else 151
Meister, Ernst 30, 151 ff., 222 f., 354
Menzel, Wolfram 334
Meyer-Clason, Curt 22
Michaux, Henri 283, 294
Michelangelo Buonarotti 123
Mickel, Karl 52, 67 f., 71
Millay, Edna St. Vincent 302-306
Miller, Norbert 347
Miłosz, Czesław 167, 231-234, 264, 349
Mommsen, Theodor 93
Mondrian, Piet 222
Montale, Eugenio 78, 135, 327, 329, 349
Moore, Marianne 162
Morawetz, Silvia 108
Morgenstern, Christian 346
Morgner, Irmtraud 68
Mörike, Eduard 84, 225, 240
Mozart, Wolfgang Amadeus 21, 307
Müller, Heiner 49
Müller, Herta 268, 286, 344-346
Musil, Robert 312
Muth, Daniel 261
Myers, Lucas 118

Naum, Gellu 287, 269
Newton, Isaac 123
Niedermayer, Max 283
Nietzsche, Friedrich 109, 214, 217, 223, 284
Nitzberg, Alexander 338-339
Novak, Helga M. 130-132

Novalis 29, 188, 205, 207, 212, 322, 329

O'Hara, Frank 349
Ohnesorg, Benno 183
Olson, Charles 22, 151, 282 ff., 342
Ondaatje, Michael 159
Opel, Adolf von 112
Oppen, George 195
Orozco, Olga 180-182

Paetzke, Hans-Henning 80
Palm, Erwin Walter 309 ff.
Paluch, Andrea 116
Papagos, Alexandros 315
Papenfuß-Gorek, Bert 62-65
Parmigianino 199 f.
Pascal, Blaise 217
Pasolini, Pier Paolo 113, 323-325, 349
Pasternak, Boris 89
Pastior, Oskar 10, 39-41, 92, 139, 144-146, 148, 224, 326, 349
Penck, A.R. 65
Pessoa, Fernando 122, 214, 279, 350
Petersdorff, Dirk von 329-331, 354
Petrarca, Francesco 52 ff., 123, 145, 223, 228
Petri, György 80-83
Pfister, Manfred 22, 24 ff.
Picasso, Pablo 179
Pinthus, Kurt 283
Pirandello, Luigi 180
Piranesi, Giovanni Battista 20
Pissarro, Camille 314
Platen, August von 43, 223
Plath, Sylvia 105 ff., 111, 115, 117 f., 351
Platon 96, 237
Plessow, Günter 304, 306
Poe, Edgar Allan 167, 275, 302
Poiss, Thomas 293
Pollock, Jackson 199
Ponge, Francis 265, 273 f.

Popa, Vasco 294
Pörksen, Uwe 284, 334
Poschmann, Marion 242-244
Pound, Ezra 22, 73 f., 120 ff., 162, 166, 195 f., 201, 203 f., 225, 279, 283 f., 294, 302, 306, 343, 350, 353
Pozzi, Catherine 208-210
Priessnitz, Reinhard 94
Proust, Marcel 13, 208, 289
Puschkin, Alexander Sergejewitsch 338

Quasimodo, Salvatore 327
Querner, Kurt 150

Rech, Benno und Irmgard 84
Rembrandt 157, 245
Reznikoff, Charles 194-197
Rifka, Fuad 205-207
Rilke, Rainer Maria 13, 28, 61, 103, 118, 135, 181, 192, 205, 209 f., 215, 230, 265 f., 269, 273, 278, 290, 313, 318, 337, 340
Rimbaud, Arthur 181, 221, 289, 328
Ritsos, Jannis 177-179, 314-317
Rivers, Larry 199
Roosevelt, Franklin D. 23
Rosa, Salvator 233
Rossetti, Christina 305
Roth, Joseph 172
Rothko, Mark 199
Różewicz, Tadeusz 125, 165-168
Rubens, Peter Paul 157
Rückert, Friedrich 336
Rühmkorf, Peter 84
Rumohr, Carl Friedrich 289

Saalfeld, Martha, 127-130
Sachs, Nelly 309
Sade, Marquis de 210, 212
Saint-John Perse 283 f.
Šalamun, Tomaž 270-273, 354
Sappho 77, 94, 160, 162, 223, 229
Sartorius, Joachim 73, 76, 198, 201

Schacht, Hjalmar 312
Schädlich, Hans Joachim 286
Schedlinski, Rainer 62-66
Scheidt, Werner vom 127f.
Schenkel, Elmar 118
Scheuermann, Silke 244-247
Schindel, Robert 139, 153-155, 354
Schlegel, Friedrich 329f.
Schmidlin, Guido 328
Schmidt, Arno 62, 281
Schnebel, Dieter 225
Schonauer, Franz 184
Schopenhauer, Arthur 217
Schrott, Raoul 120-125
Schumann, Thomas B. 313
Schwitters, Kurt 63, 344
Seferis, Giorgos 98, 186, 314
Seiler, Lutz 219-222, 334, 336
Seneca 156
Senser, Armin 134-136
Sereni, Vittorio 77-80
Sexton, Anne 104-108, 162
Shakespeare, William 156, 158
Sidney, Philip 96
Sieburg, Friedrich 284
Simic, Charles 168-171, 270, 292-295
Skrjabin, Alexander 339
Skrjabin, Ariadna 339
Snodgrass, W.D. 107
Sokrates 162, 213
Söllner, Werner 268
Solomos, Dionysios 188
Sonnevi, Göran 306-308
Sontag, Susan 159
Spender, Stephen 118
Stafford, Jean 24
Stalin, Josef 54, 71, 89ff., 131
Stallworthy, John 107
Stampa, Gaspara 223, 305
Šteger, Aleš 273-275
Stein, Gertrude 275
Steinberg, Saul 168
Sternheim, Carl 312
Stevens, Wallace 95, 194, 199, 349

Stevenson, Anne 117
Stifter, Adalbert 85, 142
Strätling, Uda 279, 281
Süskind, Patrick 172
Szondi, Peter 326
Szymborska, Wisława 262-264

Tabori, George 257
Tauschwitz, Marion 309
Techel, Sabine 7, 12-14, 17
Tellkamp, Uwe 321-323
Theodorakis, Mikis 186
Theokrit 202
Thomas, Dylan 97, 333
Thoreau, Henry David 202
Trakl, Georg 205, 223
Tranströmer, Tomas 101, 307, 349
Treichel, Hans-Ulrich 7, 14-15, 17
Trilling, Lionel 202

Ulbricht, Walter 49, 51, 254
Ungaretti, Giuseppe 78, 327, 349
Urban, Peter 271

Vágó, Márta 260
Valéry, Paul 208f., 352
Vergil 94, 202, 213
Verlaine, Paul 312
Vermeer van Delft, Jan 25
Vierneisel-Schlörb, Barbara 188
Villon, François 122, 154
Vollert, Lars 204

Wadsworth, Charles 276
Wagner, Jan 288-292, 354
Wagner, Richard 7, 15-17, 268
Walcott, Derek 216, 350
Walser, Alissa 160
Walser, Martin 139
Waterhouse, Peter 7, 9-11, 17, 164f.
Weber, Werner 249
Wedekind, Klaus-Peter 178, 315
Weidner, Stefan 206
Weinberger, Eliot 342f.
Weiss, Peter 212

Weißglas, Immanuel   140
Whitman, Walt   74, 197, 199, 275, 342
Wichner, Ernest   287
Wiedemann, Barbara   141
Wilde, Oscar   288
Williams, William Carlos   22, 48, 73-77, 194 ff., 283, 285, 301, 348 ff., 354 f.
Wilson, Edmund   303
Winkler, Eugen Gottlob   223

Winter, Helmut   100 f.
Wittgenstein, Ludwig   10
Wondratschek, Wolf   26-29
Wordsworth, William   202

Yang, Jeffrey   342-344, 354
Yeats, William Butler   96, 98

Zagajewski, Adam   216-219
Zukofsky, Louis   195
Župančič, Oton   270
Zwetajewa, Marina   265

Inhalt

Die achtziger Jahre

Guten Tag: Gedicht
*Fünf neue Lyriker: Peter Waterhouse,
Barbara Maria Kloos, Sabine Techel,
Hans-Ulrich Treichel, Richard Wagner* 7
Der Mensch ist keine Maschine
Lars Gustafsson: Die Stille der Welt vor Bach 18
Die Gnade der Genauigkeit
Robert Lowell: Gedichte 22
In der Maske von Lowry
Wolf Wondratschek: Die Einsamkeit der Männer ... 26
Die heftigen Bilder
Gerhard Falkner: der atem unter der erde 29
Nur unsere Träume sind nicht gedemütigt
Zbigniew Herbert: Bericht aus einer belagerten Stadt 31
Und das Gedicht ist Verzicht
Reiner Kunze: eines jeden einziges leben 35
Engführung mit Ohrensausen
Oskar Pastior: Lesungen mit Tinnitus 39
Aber wo bleibt das Gelächter
Robert Gernhardt: Körper in Cafés 41
Wiedervereinigung
*Jürgen Becker: Gedicht von der
wiedervereinigten Landschaft* 44
Keine Eule der Minerva
Durs Grünbein: Grauzone morgens 47
Ulbricht leider ist tot
Peter Hacks: Die Gedichte 49
Petrarca, sächsisch
Rainer Kirsch: Kunst in Mark Brandenburg 52
Prüfung der Trauer
Michael Krüger: Idyllen und Illusionen 55

Die neunziger Jahre

Placebos, Kwehrdeutsch, Vaterlandkanal
Anmerkungen zur jungen Lyrik (1991) 61

Die Pflaumen im Eisschrank so süß und kalt
William Carlos Williams: Der harte Kern der Schönheit 73

Scheinwerfer über der Grenze
Vittorio Sereni: Grenze / Frontiera 77

Radwechsel während der Fahrt
*György Petri: Vorbei das Abwägen,
vorbei die Abstufungen* 80

Auferstehungswunder
Johannes Kühn: Leuchtspur 83

Er verspricht den Himmel auf Erden
*Ernesto Cardenal: Gesänge des Universums /
Cántico Cósmico* 86

Schwarzerde – Freiheitserde
Ossip Mandelstam: Die Woronescher Hefte 89

Zungenkunst
Thomas Kling: morsch 92

Das fliegende Schiff
Seamus Heaney: Verteidigung der Poesie 95

Wir brauchen die Niederlage
D.J. Enright: Gedichte 99

Der Wein liebt die Bäume
Paavo Haavikko: Gedichte! Gedichte 101

Die Erforschung des Schmerzes
Anne Sexton: Selbstportrait in Briefen 104

Er rückt das Meer von der Stelle
Adonis: Die Gesänge Mihyârs des Damaszeners . . . 109

Keine Delikatessen mehr
*Ingeborg Bachmann: Letzte, unveröffentlichte
Gedichte, Entwürfe und Fassungen* 111

Witwer und Schamane
Ted Hughes: Birthday Letters – Der Tiger tötet nicht 115

Fahndungsraster für das Erhabene
Raoul Schrott: Tropen. Über das Erhabene 120
Was wiederholt geschehen ist
Elisabeth Borchers: Was ist die Antwort 125
Die pfälzische Sappho
Martha Saalfeld: Die Gedichte 127
Der Klumpen Hoffnung
Helga M. Novak: solange noch Liebesbriefe eintreffen 130
Flimmernde Muster
Oswald Egger: Herde der Rede 133
Mag Metaphysik
Armin Senser: Großes Erwachen 134

Im neuen Jahrhundert

Das Gedicht, die Daten und die Schöne Zunge
Sieben Dichter in ihren Gesamtausgaben 139
Trüffel und Pferdeäpfel
Hugo Claus: Gedichte. 156
Das Geschlecht des Klanges
Anne Carson: Glas, Ironie und Gott 159
Die Unwirklichkeit des Innersten
Michael Hamburger: In einer kalten Jahreszeit 163
Versuchung durch den Dämon
Tadeusz Różewicz: Zweite ernste Verwarnung 165
Gottes Videospiel
Charles Simic: Grübelei im Rinnstein 168
Der Kampfplatz ist die Poesie
Michael Hofmann: Feineinstellungen 171
Wo ein Vater ist, ist auch ein Erbrecht
Bei Dao: Post bellum 174
Die Fahnen von einst sind weggepackt
Jannis Ritsos: Die Umkehrbilder des Schweigens ... 177
Tiefe Stimme
Olga Orozco: Die letzten Splitter des Lichts 180

Was ist eigentlich das Glück
Rolf Haufs: Aufgehobene Briefe 182

Odysseus in der Unterwelt
*Odysseas Elytis: To Axion Esti / Gepriesen Sei –
Oxópetra Elegien / Westlich der Trauer* 185

Endspiel, Spielende
*Karl Krolow: Im Diesseits verschwinden –
Die Handvoll Sand* 190

Dichter des Auges, Dichter des Nennens
Paul Auster entdeckt Charles Reznikoff 194

Das Gedicht bist du
John Ashbery: Mädchen auf der Flucht 197

Meilen zu gehen
Robert Frost: Promises to keep / Poems – Gedichte . . 201

Ein arabischer Hölderlin
Fuad Rifka: Das Tal der Rituale 205

Die Form des Leidens, Vers um Vers
Catherine Pozzi: Sechs Gedichte 208

Herr Sade und das gefesselte Mädchen
Inger Christensen: det / das 210

Entfaltung, Blüte, oder Nichts
Philippe Jaccottet: Der Unwissende 213

Der ältere Bruder des Philosophen
Adam Zagajewski: Die Wiesen von Burgund 216

Der Cartesianische Taucher
Lutz Seiler: vierzig kilometer nacht 219

GB – Groteske Bellezza
Richard Dove: Aus einem früheren Leben 222

Kleines, doch auch Großes Blech
Michael Lentz: Aller Ding 224

Der Name eines Virus
Thomas Krüger: Michelangelo rising 226

Leg dein Genom auf mein Genom
Ulla Hahn: So offen die Welt 228

Der Flaneur als Luftgeist
Czesław Miłosz: DAS und andere Gedichte 231

Zurück zu Eichendorff und Rheinprovinz
  Norbert Hummelt: Stille Quellen 234
Die Stimme und der Stein
  *Yves Bonnefoy: Beschriebener Stein
  und andere Gedichte – Gebogene Planken* 236
Die Piste ragt ins All
  *Christian Lehnert: Ich werde sehen,
  schweigen und hören* 239
Schwingen in Schonhaltung
  Marion Poschmann: Grund zu Schafen 242
Wunderlandnahme
  Silke Scheuermann: Der zärtlichste Punkt im All . . . 244
In Winterzungen
  Dorothea Grünzweig: Glasstimmen 247
Der Welt abhandengekommen
  Walter Gross: Werke und Briefe 249
Der Droste reicht sie das Wasser
  Sarah Kirsch: Sämtliche Gedichte 252
Ein Genie des Schmerzes
  Attila József: Ein wilder Apfelbaum will ich werden 257
Verweile doch
  Wisława Szymborska: Der Augenblick 262
Er treibt mit Ersetzen Scherz
  Felix Philipp Ingold: Wortnahme 265
Wer noch ein Lied hat
  Rolf Bossert: Ich steh auf den Treppen des Winds . . . 267
Woran Kafka schuld ist
  *Tomaž Šalamun: Lesen: Lieben –
  Ballade für Metka Krašovec* 270
Der Zahnstocher – ein kleiner Robespierre
  Aleš Šteger: Buch der Dinge 273
Das irdische Paradies der kleinen Dame in Weiß
  Emily Dickinson: Gedichte – Wilde Nächte 275
Heiliger im Dienst der Poesie
  Rainer Maria Gerhardt: Umkreisung 281
Die schönen und gefährlichen Launen der Poesie
  Nora Iuga: Gefährliche Launen 285

Die Krähe als Flugzeug
  Jan Wagner: achtzehn pasteten 288
Er glaubt an Bilder, nicht an Gott
  Charles Simic: Die Wahrnehmung des Dichters –
  Mein lautloses Gefolge 292
Er geht über die Hügel
  Peter Handke: Leben ohne Poesie 296
Die Rose im Schädel
  Wolfgang Hilbig: Gedichte 299
Liebe ist nicht alles
  Edna St. Vincent Millay: Love is not all 302
Eine hohe klare Musik
  Göran Sonnevi: Das brennende Haus 306
Dichterin als Pietà
  Hilde Domin: Sämtliche Gedichte – Die Liebe im Exil 308
Die Straßen komme ich entlang geweht
  Ernst Blass: Das Werk in drei Bänden 312
Revolte gegen den Tod
  Jannis Ritsos: Martyríes / Zeugenaussagen – Monovassiá 314
Sammler leuchtender Augenblicke
  Rainer Malkowski: Die Gedichte 317
Spatz oder Taube
  Uwe Tellkamp: Reise zur blauen Stadt 321
Friulanischer Quell – teutsch
  Pier Paolo Pasolini: Dunckler Enthusiasmo 323
Wie Buchstaben sich entzünden
  Ursula Krechel: Jäh erhellte Dunkelheit 325
Das Leben kommt aus den Flüssen
  Mario Luzi: Auf unsichtbarem Grunde 327
Die Vierzigjährigen
  Dirk von Petersdorff:
  Nimm den langen Weg nach Haus 329
Hier stehe ich und dies hab ich empfunden
  H.G. Adler: Andere Wege. 331
Duft einer bitteren Orangenschale
  Oskar Loerke: Sämtliche Gedichte 333

Wenn man nur ganz am Leben wäre
Nadja Küchenmeister: Alle Lichter 336
Er reimt Gleichnis auf Köchelverzeichnis
Alexander Nitzberg: Farbenklavier 338
Wie viel Gigabyte hat dieser Fries
Gerhard Falkner: Pergamon Poems 339
Purzelbäume und Edelsterne
Luc Bondy: Toronto 341
Die Welt im Meer – eine poetische Gegengeschichte
Jeffrey Yang: Ein Aquarium 342
Mit der Zeit hieß sie Renate
Herta Müller: Vater telefoniert mit den Fliegen 344

Nachwort: Die Pflaumen im Eisschrank
Harald Hartungs Essays und Rezensionen zur Poesie 347
Drucknachweise 357
Register 361

Bibliografische Information der Deutschen Nationalbibliothek
Die Deutsche Nationalbibliothek verzeichnet diese
Publikation in der Deutschen Nationalbibliografie;
detaillierte bibliografische Daten sind im Internet
über http://dnb.d-nb.de abrufbar.

© Wallstein Verlag, Göttingen 2014
www.wallstein-verlag.de

Vom Verlag gesetzt aus der Stempel Garamond
Umschlaggestaltung: Susanne Gerhards, Düsseldorf
unter Verwendung einer Abbildung von Premium/Easyfotostock
Druck und Verarbeitung: Pustet, Regensburg

ISBN 978-3-8353-1380-4